# 行動科学で
# より良い社会をつくる

## ソーシャルマーケティングによる社会課題の解決

瓜生原葉子［著］

Creating a Better Society with Behavioral Sciense:
Solving Social Issues through Social Marketing.

文眞堂

# 推薦のことば

　コマーシャルマーケティングによる膨大な知的及び実践的な蓄積を，地球環境，地域コミュニティ，社会制度あるいは市民生活など各種のより広い領域の問題解決のために適用し，望ましい社会の実現を目指そうとするソーシャルマーケティングの主張が登場し，実践的な展開を見せるようになってから現在までそう長い年月は経過してきていない。しかし，Philip Kotler を初めとする多くの碩学たちの積極的な提唱や関与によって，近年ソーシャルマーケティングは国際的にも注目され，様々な形での適用が見られている。その基本図書となる 1 冊が生まれた。

　本書は，著者である瓜生原葉子先生が，30 年前に豪州ブリスベンの病院で臓器移植を受けた子供と父親と出会い，それを契機に，重い病気を抱える子供たちを初めとする社会的弱者としての患者を救済するだけでなく，広く「困っている人を救える社会を作りたい」との強い思いを抱き，その実現を目指して人生半ばにして研究者の道を選び，以降一貫してそのテーマの下で研究を進めてこられたご努力の結晶である。

　本書での論述の基調は，公益財団法人吉田秀雄記念事業財団が長年にわたって行ってきている研究助成事業の一環として，「ソーシャルマーケティングによる移植医療の課題解決～臓器提供意思表示率の向上～」というテーマの下に，2 年間にわたる継続研究として平成 28 年度の助成を受け，同 30 年 3 月に財団事務局に提出された研究成果としての論文にあると見ることができる。なお，同論文は，助成研究の優れた成果に対して贈呈される「助成研究吉田秀雄賞（第 16 回）」を見事受賞したことを付記しておきたい。同選考委員会では 14 名の広告論やマーケティング論，消費者行動論を初めとする様々な分野の研究者が委員として選考に当っており，厳しい審査で定評のある中で満票に近い形で授賞が決まった稀有な事例であった。

　上述の受賞論文がやや実践向きの性格を有していたのに対して，本書の構成

並びに論述内容は表題が一部示唆しているようにより学術的であり，研究書としての性格を有している。臓器提供意思表示率の向上という究極的な目標に向かって，関連する経営学・健康医学・社会心理学など，多様な学問分野の学術的考察について，ソーシャルマーケティング論や行動科学をはじめとしてその基礎から幅広く考究を加え，特に消費者行動論的な枠組みの中で人々の意思表示行動についての実態調査を行って綿密な分析・検証を行うだけでなく，その結果の国際比較をも行い，意思表示行動のメカニズムを明らかにしている。また，その普遍化を試み，「向社会行動のメカニズム」として他の social good な行動へも適用できる余地を示している。さらに，日本全体の意思表示率の向上につながる，その基盤をつくれたことが何ものにも代え難い社会貢献であろう。論述は体系的・包括的であるだけでなく，学術的・実践的にもきわめて優れた著作になっている。

　本書を通読するたびに強く感じることは，著者が社会的弱者を初めとする人々に対して抱いている一貫した「慈愛」である。そのことが，学術的な論及や検証という中性的な論述内容が主体であるにも拘わらず，本書の論述に人間的な温もりを与える形になっているように思われる。30 年前の初志を貫徹され，このような素晴らしい著書をまとめられた瓜生原先生へ心からの敬意を表すると同時に，同じような問題意識を持つ研究者，社会活動家を初めとする方々，にぜひご一読・ご参照を頂きたく，まことに僭越とは存じながらここに強くご推薦申し上げる次第である。

　末筆になったが，先生が今後もこうした問題意識を持続され，さらに考察を拡げ，また掘り下げられて，本書の主題である臓器提供意思表示の問題だけでなく，多くの類似の社会的課題に対しての貴重な知見と提言を世に問うて下さることを心から期待している。

　　令和 2 年 10 月

早稲田大学　名誉教授

公益財団法人吉田秀雄記念事業財団研究助成　選考委員長

日本広告学会　元会長

亀井　昭宏

# 推薦のことば

　新型コロナウイルス感染症（COVID-19）の広がりとともに「行動変容」という用語をしばしば耳にするようになった。諸外国のような罰金を伴う強制措置が行われない状況下の日本では，一人一人が自発的に行動を変えること，すなわち「行動変容」の重要性が高まっている。しかし，今までの行動習慣を変えたり，新しい行動習慣を身に付けたりするのは容易ではない。どのように行動変容を促せばよいのか，その一つの方法を明確に示したのが本書である。人々が行動に関心をもち，自発的に行動するまでのメカニズムと行動促進因子を解明した学術書であるが，それに基づく実践的な行動変容の手法をも具体的に示している。

　本書の主題であるソーシャルマーケティングに類似した考え方は，医学分野では，健康行動論として発展してきた。健康に良いとわかっていることでも，実行できなかったり継続できなかったりする。まめな手洗いなど感染防止の基本行動も然りである。こうした行動を変えるために，人間行動の理解とエビデンスに基づいた介入を設計し，健康の維持・増進を行う体系的な枠組みである。医療分野の目的である「健康の維持と増進のために望ましい行動」への変容と，ソーシャルマーケティングの目的である「社会に望ましい行動」への変容は，人々の「ウェルビーイング」という同じ究極の目的を目指している。本書は，このような異なる学問領域で発展してきた理論体系を俯瞰し，社会の本質的な目的に向けてこれらを統合している。

　私が学んでいた大阪大学では，「医学概論」という医の哲学を教える講義があり，当時の澤瀉久敬教授から，医学について「医学の使命は病気を治すことではなく，病人を治すことである。否，病人のみが彼らの対象ではない。生，老，病，死に悩む人間の伴侶たることこそ，医者たるものの使命であり，誇りである。医者は単なる科学者であってはならない」と教わったことを，今でも鮮明に覚えている。大阪大学の原点である「適塾」を創設された緒方洪庵先生

は，1857 年に「ヒポクラテスの誓い」の精神を教えたドイツのフーフェラン
ドの内科書を翻訳され，「扶氏医戒之略」として日本に紹介された。それは，
医師に対して「人の為に生活して己の為に生活せざるを医業の本体とす。安逸
を思わず名利を顧みず唯おのれをすてて人を救わんことを希ふべし。人の生命
を保全し人の疾病を複冶し人の患苦を寛解するの外他事あるものにあらず。」
から始まる 12 か条で構成されている。医学・医療の本質は，決して，細分化
された専門性に基づく科学的成果にのみ対応するものではなく，幅広い人間を
取り巻くあらゆる社会環境の中に存在する人そのものを取り扱うものとして教
えられてきたのだと思う。

　本書は，人を中心として医学と社会科学との融合を試みている。「臓器提供
の意思表示行動」を具体的な行動として検討しているが，医学分野での議論に
留まらず，社会科学分野で明らかにされてきた行動科学理論，利他性，社会規
範，知識，コミュニケーションなどの視座から，多面的な調査と考察を積み重
ねている。細分化された学問の中で論じるのではなく，人間の行動を中心に据
えて，その人間行動へのアプローチ方法を学際的・重層的に論じている。その
結果，普遍性の高い行動モデルを構築し，多様な健康行動，向社会行動へも適
用できる展望を示したことが，本書の優れた点であり，社会に対する大きな貢
献でもあると考える。健康行動に関わる全ての医療関係者に，是非ご一読，ご
活用いただきたい。

　最後に，移植医療に長年携わる立場で申し上げたい。移植医療とともに歩み
50 年が経過した。この間，日本人の臓器提供に関する意識は変化し，臓器を
提供したいと思う人は，提供をしたくないと思う人の 2 倍となった。しかし，
自分の意思を表示している人は 13% にすぎない。国民へのアプローチ方法を
転換する時期にきているのではないだろうか。知識伝達型の啓発活動から，科
学的根拠に基づいて意思決定・意思表示への「行動変容」を促す活動へと転換
することが望まれる。本書は，それに資する理論，エビデンス，行動メカニズ
ム，実践方法を具体的に示しており，得られた知見が第 14 章 4 節に集約され
ている。移植医療に携わる人々には，これらを参照した活動を展開されること
を期待している。それが，一人でも多くの国民の意思を尊重する社会につなが
ると信じている。

　本書が，人々の健康を願う医療従事者の必携の書となり，本書に基づく実践によって健康行動が増え，より健康で幸せな社会に寄与することを心より願っている。

　2020 年 11 月

国立大学法人大阪大学　名誉教授
一般社団法人日本医学会連合，日本医学会　会長
公益社団法人日本臓器移植ネットワーク　理事長

門田 守人

# 推薦のことば

　私たちは，日ごろ自分たちの行動を変えたいと思っても，なかなか変えられない現実に直面している。以前からの惰性であったり，周囲からの同調圧力であったり，理由はさまざまであるが，変えようと思っていてもなかなか変えることが難しい。

　折しも，新型コロナ感染症対策により，相手と対面しての会話は避けたり，他者との距離を取ったりなど「新しい日常」が要請されてはいるが，そう急に求められても，これまで慣れ親しんできた日ごろの行動をおいそれと改めることは容易ではない。

　感染症対策だけではない。私たちの身の回りを少し注意深く観察すれば，行動を変えることが必要なのに変えられない局面は多々ある。街中でのポイ捨て防止や資源ごみの分別，高齢者へのちょっとした配慮や親切，障碍者の介護，災害復興支援活動への協力など，挙げ出すときりがない。昨今のSDGs（持続可能な開発目標）達成へ向けた機運の高まりも相俟って，私たち一人ひとりの行動を見直し変容していくことは，今日，ますますその社会的重要性を増しているといってよい。

　こうした，今まさに必要となる最重要な論点を真正面から取り上げ，私たちの行動を変えるうえで大いなる示唆に富んだ好著が，このたび上梓されることとなった。瓜生原葉子氏による本書『行動科学でより良い社会をつくる ─ソーシャルマーケティングによる社会課題の解決─』である。

　本書の鍵概念となるのが「行動変容マネジメント」である。各人の行動決定要因を科学的に明らかにし，介入のためのプログラムを策定，実行，評価することで社会に良い行動へと変容を促すことが，この概念の肝となっている。

　意外に思われるかもしれないが，実は，経営学においては，本来重要であるはずの「個人の行動変容」について，正面から検討されることはこれまで殆どなかった。組織の「意思決定」が経営学上の重要概念で，「制度を知り，戦略

を立て，組織をつくり，人を動かす」プロセスにおいて，「人を動かす」に先行する組織の在りよう，組織の構造や過程こそが人間行動を直接的に規定する主要因であるという暗黙の了解があったためである。なるほど，個人の心理や感情に着目したモチベーションやコミットメントといった概念からも人間行動は分析されてはいるが，経営学である以上，組織目標の達成や指揮命令への従属との関わりにおいて分析されざるを得ない制約もあり，個人の行動変容を介した社会問題の解決という壮大な重要課題に真正面から挑んだ経営学的研究は，少なくとも我が国においては，これまで皆無であったといってよい。

　著者である瓜生原氏は，神戸大学大学院経営学研究科 MBA 課程を経て博士課程に進学され，その後は学究の道を歩まれているが，もともと移植医療の実務に携わったご経験もあり，彼女の一貫した研究関心は，必要な人が必要な時に治療を受けられるよう，日本では少ない臓器移植をいかに増やすか，そのために個人は何をし，組織はどうあらねばならないかという点にあった。その成果の一端は，前著『医療の組織イノベーション』（中央経済社，2012 年刊）として世に問われており，既に高い社会的評価を獲得しているが，このたび上梓された本書においても，この臓器移植の問題を新たに「行動変容」という鍵概念を基軸に据えて見事に分析し，学界にも実務界にも興味深い有益な結論を得ることに成功している。

　本書は，いわば経営学の既存の意思決定パラダイムを拡張し，個人の行動とその変容をも射程に収めた優れた学術研究書であり，かつ個人や組織の実践にも大いに有益な指針を含む指導書でもある。経営学研究者にも，実務に携わるビジネスパーソンにも，是非ご一読をお勧めしたい良書である。

　2020 年 9 月

神戸大学大学院経営学研究科　教授
日本経営学会　理事長
日本学術会議　第 1 部会員

上林　憲雄

**Recommendation for** 'Creating a Better Society with Behavioral Science: Solving Social Issues through Social Marketing' by Dr Yoko Uryuhara.

This new book by Dr Uryuhara is a welcome and timely addition to the global literature on developing more effective, efficient and ethical social programmes. This new book is especially relevant at this point in history as the world is facing a number of complex and serious challenges such as global warming, inequality, aging populations and the ongoing impact of the Corona virus pandemic. Now more than ever we need to synthesise what we know about what works and what we know about implementing successful social programmes. This new book makes a valuable contribution to this synthesis and in so doing it is extremely timely.

As the title of the book makes clear creating better societies can be achieved by the application of the growing understanding we now have about the impact of behavioral science insights together with the organising power of social marketing principles and systemic planning and evaluation. In the book Dr Uryuhara brings together up-to-date social marketing theory and practice and blends this understanding with examples of how behavioral science can be applied to improve the impact and efficiency social programmes. The books chapters cover how to understand social challenges, the role of behavioral sciences and social marketing and how to develop behavioral change programmes.

The book blends together Dr Uryuhara's insights derived from over thirty years of study about how to both understand behavioral challenges posed by all the big problems we face with a logical setting out of the theory and practice learning that we now have available to design, implement and evaluate interventions that seek to foster pro-social behaviour across areas as diverse as, health, global warming and sustainability. In the book Dr Uryuhara uses her deep understanding to provide a number of new insights and models about behavioral change programme design drawing on her practical experience in the field of Transplantation Medicine and other key areas of concern.

This book, the first of its kind in Japanese, also makes a significant contribution to the growing global literature in the fields of both behavioral sciences and social marketing. Given the scope and importance of this new book it should be read by student's managers and policy makers with an interest in developing more effective citizen focused interventions. The book should also be core reading for all those people who are interested in learning more about how to construct and apply what we now know about good practice in social marketing and behavioral influence for social good.

November, 2020

Jeff French PhD, MBA, MSc, DipHE, BA, Cert.Ed.

Professor of Social Marketing Brighton University Business School

Visiting Fellow Kings Colledge University of London

Emeritus Board member of The International Social Marketing Association

# 目　次

# 第 I 部
# 社会課題解決へのアプローチ

# 第Ⅱ部
# ソーシャルマーケティングによる意思表示行動の変容

# 第Ⅲ部
# 行動変容マネジメント

# 図表目次

## 【表】

第 I 部

# 社会課題解決への
# アプローチ

# 第1章
# なぜ行動科学が重要なのか

 **1.1　一人一人の行動の積み重ねがより良い社会をつくる**

　2030 年—ちょうど今の大学生たちが社会で活躍する頃，社会はどうなっているのであろうか。ノーベル平和賞を受賞したムハマド・ユヌス氏は，「貧困博物館」ができている状態，すなわち，世の中から貧困が無くなり，博物館でしか見ることができないような社会を目指したいと述べている（Yunus, 2009）。人間の意志により，社会課題を過去の出来事にすることは可能であり，その時に向け，あらゆる努力を続けることの重要性が示唆されている。

　2030 年までに達成したい目標が，SDGs（Sustainable Development Goals：持続可能な開発目標，以下 SDGs）として定めらた。持続可能な世界を実現するための 17 のゴール，169 のターゲットから構成され，地球上の誰一人として取り残さない（leave no one behind）ことが誓われている。より良い世界を目指し，政府関係者のみならず，企業，研究者，市民が目標の重要性を理解して連携し合うことが重要である。また，全ての国の人たちが，自らの毎日の暮らしに向き合い，身近な社会課題に関心を持つこと，自分のできる範囲で行動を起こすことが重要と考える。すなわち，「みんなが当事者」であり，「ソーシャルグッド（social good）な行動[1]」を自発的に促すことへ視点を注ぐことが鍵である。

　SDGs 達成へのアプローチや方法は多様であるが，筆者は，その 1 つの方法として，一人一人の行動をより良い社会を形成する方向へ変容させること，すなわち「behavior change for social good」に着目している。例えば，食品ロスの問題を解決するためには，政策が重要であるのと同時に，一人一人が自分ゴトと捉え，日々食品の廃棄しないような行動をとることが肝要である。上流，

下流どちらの視点も大切なのである。一人一人の行動を，社会に望ましい行動へと促す手法として，「ソーシャルマーケティング」が国際的に注目され，英・北米・豪では広く適用されている。

　ソーシャルマーケティングの統一の定義は，第 2 章で詳細に述べるが，端的にいえば，個人や社会全体の利益のために行動を変革させることを目標とした「社会課題解決プログラム」を策定するための体系的な枠組みである。態度の変化で終らすではなく，「行動」の変容にこだわること，多様な分野の理論や知見を用いる学際的なアプローチを行うことが鍵である。また，机上論ではなく，社会に出て，当事者の行動できない理由・障壁を十分に調査し，その障壁を取り払う施策を実行し，その結果について観察・測定し，評価し，次につなげていくことが肝要である。さらにソーシャルマーケティングには，理論と研究と実践は連続したものと捉え，行き来しながら結び付けられる専門家の存在が不可欠であり，これらをつなぐ人材育成も重要である。

　一人一人が，1 つ 1 つの社会課題に向き合い，自分の立場でできることを考え，勇気をもって行動し続けること，さらに，まわりに勇気をもって行動している人がいれば，彼（女）らを認め，ともに手を携えて歩むこと，これらの積み重ねとして「勇気ある行動を認め合い，連鎖する社会」が形成されることが，社会課題解決の基盤となる。

## 1.2　向社会行動変容プログラム

　より良い社会をつくるため，「社会に望ましいとされる行動」への変容を促進させることが必要であるが，その実現度は，その関与度などに依存すると報告されている（Kotler and Andreasen, 2003）。向社会行動変容プログラムは表 1-1 のように分類されているが，3 つの主要要素（関与度が高いか低いか，行動が 1 回限りか継続的か，個人的か集団的か）で 8 つのカテゴリーに分類される。このうち，関与度が高く，継続的な行動は，行動変容の難易度が高く，さらに，グループによる決定の場合は最も難しいと言われている。

　「関与（involvement）」は，コマーシャルマーケティングにおける購買の意思決定プロセスに重要な概念である。例えば，Mitchell（1979）は，関与を

「特定の刺激や状況によって引き起こされる興味や動因の量を示す内的な状態変数」と定義している。自分のイメージ形成との関連性，自分の価値観や信念にとっての重要性，結果に対して知覚された不安や誤った決定への危険性がその構成要素である。つまり，商品・サービスが，消費者のイメージをつくりあげるなど高度に個人的な重要性をもっていたり，誤った意思決定により高い社会的リスクや心理的リスクを負う場合は，「高関与」の購買とよばれる。ソーシャルマーケティングの視座では，「より良い社会づくりに必要な行動」が，個人の価値観や信念に大きく関与していたり，行動した結果が社会的・心理的リスクを負う可能性がある場合，高関与型の行動と考えられる。

　本書における一連の研究では，具体的な社会課題として，個人の「臓器提供への意思決定，意思表示」行動に焦点を当てている。この行動は，まず，向社会行動（prosocial behavior）の 1 つと捉えることができる。向社会行動とは，自己の利益より他者の利益を優先する利他主義に基づいて行われる意図的かつ自発的な行動であり，利他行動より広い概念と定義されている（小田ら，2013）。ただし，本研究では，決して臓器を提供する行動を向社会行動としているのではない。「提供するかどうか意思決定し，その意思を媒体に表明し，家族と共有しておく行動」を向社会行動とする立場である。次に，カテゴリーに関して，変容の難易度が高い「高関与，継続的」に分類されると考えられ

表 1-1　向社会行動変容プログラムの分類

| | | 低関与度 | 高関与度 |
|---|---|---|---|
| 一回限りの行動 | 個人 | ・慈善事業への寄付<br>・投票への登録<br>・医療扶助制度への登録 | ・献血 |
| | グループ | ・州の憲法改正への投票 | ・クラブの制限的な会員規約への反対投票 |
| 継続的な行動 | 個人 | ・エレベータ内での禁煙 | ・禁煙，薬物の中止<br>・家族計画の実施<br>・**臓器提供への意思決定，意思表示**<br>・骨髄ドナー登録 |
| | グループ | ・時速 55 マイルで走行<br>・道路の右側通行 | ・全志願制の軍隊構想への支援 |

出所：Kotler and Andreasen（2003）を筆者が改変。

る。登録そのものは 1 度すればよいわけではなく，何度でも変更可能で，常に意思決定の結果を継続的に考え続けるからである。

　本研究では，高関与型向社会行動について，そのメカニズムと行動促進因子を明らかにし，多様な行動への可能性を考える。

## 1.3　移植医療の課題解決を志した理由

　本書では，多様な社会課題のうち，移植医療における「臓器提供の意思表示」率が低いという社会課題に焦点を当てているが，その問題意識の原点は，30 年前に遡る。

　「ありがとう」― 1990 年の初夏，海外で肝移植を受けた 1 歳男児のお父様の言葉，そしてギュッと握りしめた手にこめられたお父様の思いを叶えたいとの思いが，一連の研究の原点である。

　サンド薬品（現ノバルティスファーマ）に入社して 2 年目の 1990 年 6 月，免疫抑制剤「シクロスポリン」の研究開発を担当していた筆者は，肝移植患者のご家族とお会いする機会があった。まだ生体肝移植が日本で始まったばかりの頃，ほぼ同い年の若いお父様がどんな思いでオーストラリアでの渡航移植に踏み切ったのか，そのご苦労を交えたお話を伺っていた時，「ありがとう。この子の命が救われ元気になったのも，あなたの薬のおかげです。この子が長生きしていつまでも私たちに笑いかけてくれるよう，頑張ってください。そして，海外に行かなくても移植を受けられる社会をつくってください。本当にありがとう」と，涙を流しながら私の手を強く握ってくださった。

　今でも鮮明に覚えているこの瞬間が，研究の出発点である。「必要な人が必要な時に臓器移植を受けられる社会」を構築したいとの強い思いは消えず，その実現に向けて，40 歳で経営学の門戸を叩き，45 歳で研究者に転向した。

　現在，日本には臓器移植を待っている人が 14,000 人いる。そのうち，移植を受けられる人はわずか 300 人，「2％のキセキ」といわれている[2]。あの日から 30 年たった今もなお，移植を受けるために渡航するご家族はあとを絶たない。

　本研究の立場は，決して臓器移植推進ではない。「提供したい」，「提供した

くない」どちらの意思も大切である。「提供したくない」人の意思を尊重できる方法は，その意思を表示して家族に伝えていただくことである。「提供したくない」人の意思を尊重したうえで，「提供したい人」と「提供してほしい人」が結ばれる社会を築きたいのである。日本国民の約 4 割は「臓器を提供したい」と思っている（内閣府世論調査，2017）。しかし，その意思を家族に話したり表明できないでいるため，移植を待っている人にその意思が届いていない。一方，考えたことすらない人も約 4 割存在する。このような状況を変えることが必要なのである。

　代替治療法のない臓器不全（肺，心臓，肝臓，膵臓，腎臓，小腸を対象）の治療として，臓器移植は唯一の根治治療法であり，その重要性は高い。日本は，世界最高水準の移植医療技術を有するにもかかわらず，その機会を享受できず，年間 4,000 人以上が亡くなっている。その可能性の低さから海外で移植を受ける人があとを絶たず，他国に頼る日本の姿勢は世界的な倫理批判を受けている。この状況は，SDGs の目標 3「すべての人に健康と福祉を」，目標 10「人や国の不平等をなくそう」に関する課題を抱えているといえる。まず，この移植医療についての深刻な問題が社会に認知される必要がある。次に，一人一人がその問題に向き合い，意思決定や意思表示行動を起こすことが，解決の第 1 歩となる。この「行動変容」を促すことを通して，長年日本が抱えてきた問題の解決につなげ，微力ながら社会に貢献したいと思う。

　これら一連の研究を生涯かけて行い，30 年前のお父様との約束を果たし，少しでも多くの救える命を救いたい—それが，本書の主題である具体的な社会課題への問題意識である。

## 1.4　学生と共に社会実装研究を行う理由

　この課題に取り組む過程で気づいたことがある。それは，長年移植医療の分野に身を置いている筆者自身の思いが先行しており，一般市民の気持ちに寄り添えていなかったことである。このことは，ともに社会実装をしている学生から学んだ。

　移植医療と臓器提供の意志表示について説明している厚生労働省のパンフ

レットには,「あなたの意思で救われる命があります」と書かれている。長い間,このメッセージに違和感を感じたことはなかったし,むしろ好印象を抱いていた。しかし,ある日,とある商学部生が「これって臓器提供に YES を強要していませんか？」と言った。その時,私ははっとし,自分がいかに移植寄りの視点に立っており,一般の視点で考えていなかったことを痛感した。社会課題の解決は,専門家だけではできない。より多くの市民と共に考え行動する必要がある。そのための方策,メッセージづくりにおいて,一般の声に十分に耳を傾けることから始めなければいけない。このことに気づき,猛省したのであった。また,一般の声を聴くにあたり,学生たちの忌憚ない意見はとても有益であることにも気づかされた。一般と同様な感覚を持ちながらも,何が必要なのかを明確に提示する技能に長けているからである。

　そこで,学生たちと共に,一般の声を聴き,十分に調査をしたうえで,「社会に望ましい行動」を促すための障壁を取り払い,ベネフィットを提供するための具体的な施策を実行し,その効果を検証することとした。社会実装を研究として行う組織として,研究室内に「Share Your Value Project（以下,SYVP）」を 2015 年 4 月に創設したのである。学部 3 年生を中心としたアクションリサーチプロジェクト組織である（Uryuhara, 2020）。一人一人が様々な社会課題に思いを馳せ,主体的に深く考えて行動し,その価値（value）ある考えや行動を共有（share）し,認め合い,それらが連鎖する社会を創りたいという思いを『Share Your Value』にこめている。

　世の中には多様な問題が山積しているが,そんな中,SYVP は,大学生が独り立ちをして初めて手にする保険証,初めて取得する免許証に記載欄がある「臓器提供意思表示」の存在が認知されていないこと,その表示率が 12.7%（内閣府, 2017）と低いことに着目していている。身近な存在ではあるが,その存在に気付いている人は決して多くはない。さらに,正しい知識を入手して意思決定し,表示する（行動する）までは至っていない。「臓器提供の意思表示」という課題に向き合い,どうすれば関心を持ち,意思決定を後回しにせず,納得した意思決定を促せるのか,さらにその意思決定を表明して,大切な人に共有できるのか,について深く考え行動することは,全ての課題解決の基盤となるからである。皆で理論を学び,先行研究を調査し,意思表示行動に関

心がない人，関心はあるが意思表示すべきかどうか決めかねている人，意思表示しようと心に決めたが実行していない人など，様々な思いを調査・分析し，各段階で最も効果的な介入方法を考え，実行し，その効果を測定している。また，分析を行い，効果的な方法のメニューを開発している。さらに，知識獲得，態度変容，行動変容のメカニズムを探究し，様々な行動を促すモデルを確立することを目指している。

 ## 1.5　本書の目的と特色

　SDGs の達成に向けて，政府，企業，市民団体などが様々な取り組みをしている現在，「どうすれば課題解決につながるのか」を模索している。本書は，学術書ではあるが，行動科学に基づき，ソーシャルマーケティングを活用したプログラムの実践を通して，人々の行動変容を促すことが，その1つの答えであることを示すものである。

　本書の目的は3点ある。まず，**社会課題解決のアプローチとして，個々人の行動を社会に望ましい方向に変容させることの重要性を伝えること（社会的意義）**である。2点目に，**具体的な施策を考えるにあたり，行動科学の理論やエビデンスに基づくことが重要であり，本研究で導出した「高関与型向社会行動のメカニズム」を提示すること（学術的意義）**である。3点目は，具体的な施策を策定・実行するためには，マーケティングコンセプトと多様なアプローチとの統合・展開を図ること，すなわち**「ソーシャルマーケティング」を適用することの有用性を提示し，その正しい理解と社会実装の方法を具体的に示すこと（社会的・実践的意義）**である。

　そして，本書の究極の目的は，社会課題の解決の一助となった具体的な実装例を示し，読者の考えと行動そのものの変容に寄与することである。読者一人一人が，身近な社会に望ましい行動を行うきっかけになれば，それが積み重なり，さらに連鎖し，より良い社会をつくることができるのではないかと思う。

　本書の特色は4点ある。1点目は，**多様な背景と立場を持つ人々を対象としている**ことである。行動科学，マーケティングに関心を寄せる研究者に留まらず，医療従事者，社会課題を解決したいと志す非営利組織，企業の人々などが

読み手となり，立場を超えて異なる視座で考え，行動することの重要性に気づくきっかけを提供したいと思う。

　2点目は，**多面的な学術的貢献を有する**ことである。本書の研究は，これまでの研究が個別に検討してきた，価値観や知識をはじめとする決定要因の特定，諸因子の作用メカニズム，外部からの介入の効果を横断的に検討し，行動変容の促進に向けた行動モデルを構築したものである。その貢献の1つは，臓器提供の意思表示行動を具体的なテーマとしているが，意思表示行動のメカニズムの普遍化を試み，「高関与型の向社会行動」のメカニズムとして他のsocial goodな行動へも適用できる余地を示したことではないかと考える。もう1つの貢献は，国際比較調査結果も踏まえ，宗教・利他性・社会規範，価値観やその作用など，多面的な考察を行うことにより，1つの行動に対して学際的に論じる示唆を与えていることである。

　3点目は，**実践につながり，社会に直接的に貢献する**ことである。社会課題の解決に資する行動を促すため，英米で活用されている手法を概観し，さらに，イギリスのSTELaモデル，アメリカのLee and Kotlerモデルなどソーシャルマーケティングを計画・実装するためのプロセスについて，その意味することを解説し，第Ⅱ部でそれを用いた実装結果を詳細に記している。したがって，様々な社会課題について，その具体的な解決の方法を示し，読んだ日から実践可能である。

　4点目は，**研究の在り方について示唆を与えている**ことである。基礎となる研究は筆者が単独で行っているが，実証の段階では，学生と共に自治体や市民団体などの協力を得てアクションリサーチを行っている。それにより，次世代を担う若者たちの論理的思考だけではなく，課題発見力，創造性，主体性を醸成することができた。さらに，多様な社会課題に向き合い意思決定する態度が身に付いた。このような研究スタイルの可能性についても示唆している。

## （1.6）　本書の構成

　本書は，3部・14章から構成されている（図1-1）。その構成と概要は次のとおりである。

　第 I 部では，本書のタイトルである「良い社会をつくる」ために行動科学がどのように貢献しているのかを示す。第 1 章では，序章として，一人一人の「社会に望ましい行動への変容」の積み重ねがより良い社会につながり，行動科学的アプローチが重要であること，本書の目的，特徴，マーケティングの分野でなぜ移植医療の課題に取り組むのか，筆者が 30 年間抱き続けた問題意識を述べ，それをどのようなプロセスで分析したのかを概説する。第 2 章では，副題，かつ，実証研究の基礎となっている「ソーシャルマーケティング」について，歴史，定義の変遷と国際的なコンセンサス，枢要なクライテリア，イギリス，アメリカ，オーストラリア，カナダのプロセスモデルを概観し，特に，実践のために必要な計画策定をわかりやすく論じた STELa モデル，Lee and

図 1-1　本研究の流れ

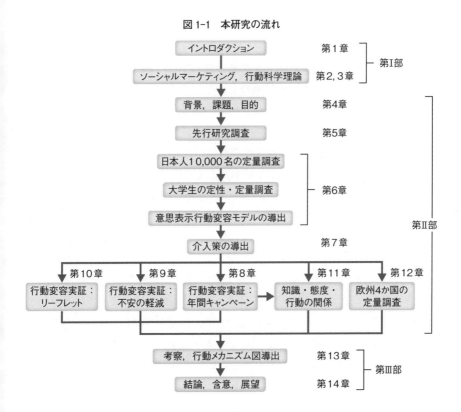

Kotlerモデルを説明する。第3章では，行動変容を促す代表的な複数の理論について，個人，個人間，集団に整理して説明する。その中でも，本書では「行動変容ステージモデル」を適用し研究を進めることを示す。

　第II部は，具体的な社会課題としての「臓器提供の意思表示行動」という高関与型向社会行動について，行動決定要因を明らかにし，アクションリサーチ組織での実践を通して，意思表示を促す新しい価値の創造，態度・行動変容を測定する尺度の開発，セグメント別の行動変容手法の開発を行い，科学的手法の標準化を行う。さらには，結果から明らかにするメカニズムを，向社会行動のモデルとして普遍化する。研究の幹である。

　まず第4章で，多様な社会課題の中で，移植医療に着目し，「臓器提供意思表示率が低い」という課題に焦点を当てて研究をしている背景，目的，方法について述べる。

　第5章では，臓器提供の意思決定，意思表示行動について，高関与型向社会的行動という視点も含め，意思決定行動に関する理論を網羅的に調査する。消費者行動，健康増進行動などの人間行動を説明する理論，コミュニケーションや移植医療の理論などを網羅的に調査し，これまでの研究が個別に検討してきた，価値観や知識をはじめとする決定要因の特定，諸因子の作用メカニズム，外部からの介入の効果を横断的に論じ，学際的につなぎながら整理する。

　第6章では，「意思表示行動促進の最適化モデル」を導出する。まず，日本人を代表するサンプル10,000名を抽出した定量調査を行い，日本人の意思表示行動の現状を把握し，意思表示行動に影響を及ぼす因子を特定する。さらに，私学社会科学系大学生を対象とした定性・定量調査を行う。大学生を対象とする理由は，一人暮らしを始めて保険証を初めて手にする，初めて運転免許証を取得するなど，意思表示媒体を新しく入手する機会が最も多い層だからである。大学生の90％以上が非医療系で社会科学系が最も多く，その84％が私学に所属しているため，私学社会科学系大学生を対象とすることで標本の代表性を持たせる。これらの分析結果を総合して，行動変容の各行動段階から次の段階に移行する行動決定要因，効果的なコミュニケーション手法を特定する。また，ターゲットオーディエンス，メッセージ，メッセンジャー，コミュニケーションチャネルを明確にする。

　これらを基に，第 7 章では，Lee and Kotler モデルに則って介入策を導出する。これにより，どのように実装に向けて計画すればよいのかを示す。この介入策を，アクションリサーチ組織 SYVP で実装した詳細な方法と分析結果について，第 8 章から第 10 章で述べる。第 8 章は，行動変容ステージモデルに則った年間キャンペーンである。その残された課題を踏まえ，不安の軽減により焦点を当てた 1 日型ワークショップについて，第 9 章で述べる。第 10 章は，長期間にわたり，広く一般にオンラインとオフラインでアプローチした手法である。

　第 11 章では，行動モデルで重要な知識，態度，行動の関係について，既存のデータと大学生を対象とした新規データを用いて詳細に分析し，論じる。

　第 12 章では，日本よりはるかに臓器提供者数が多い欧州諸国における共通の行動決定因子があるのか，それは日本にもあてはまるのか，より国際的に普遍的なメカニズムの解明と行動決定因子の特定を目指して，国際比較調査を実施する。対象国はスペイン，フランス，ドイツ，イギリスである。臓器提供方式の制度は 2 種類あり，前者 2 カ国は opting-out，後者 2 カ国は日本と同様 opting-in 制度を採用している。国を越えて共通な行動決定因子を特定し，深く考察することで，行動モデルの普遍化を目指す。

　第Ⅲ部は，第 13 章において，研究を総合し，高関与型向社会行動のメカニズムとその行動促進因子を導出し，多様な行動への適用の可能性を示唆する。第 14 章では本研究の総括として，本研究を要約し，理論的含意と実践的含意を記し，今後の研究課題と展望を述べる。

　最後に，本書では，『**行動変容マネジメント**』という新しい概念を提唱している。本書における定義は，**行動科学の諸理論とベースとなるメカニズム，先行研究，対象者への深い調査によるインサイトから行動決定要因を明らかにし，介入プログラムを策定，実行，評価を行うことで，社会に良い行動へと変容を促し，社会の課題を解決すること**である。また，このプロセスの基盤となるのが「**ソーシャルマーケティング**」である。「社会を構成する一人一人が，様々な社会課題に関心を持ち，主体的に社会に良い行動を始め，それが連鎖する社会をつくる」ことが『行動変容マネジメント』の目的であり，その意味することを伝えたい。

**注**

1)　Social good とは，地球環境，地域コミュニティなどの「社会」に対して良い影響を与える活動や製品，サービスの総称，またはそうしたサービスを通じて社会に貢献する取り組みのことを意味する。ここでは，社会に良い影響を与える行動という意味で使っている。

2)　生体からの臓器移植も受けられるが，ここでは，脳死，または心停止からの臓器提供による移植の数を示している。Green Ribbon Campaign「数字でわかる臓器提供」https: //www.green-ribbon.jp/innumbers/より。

# 第 2 章
# ソーシャルマーケティング

　本書の第Ⅱ部においては，「臓器提供に関する意思決定と意思表示」という行動の変容を促すことに挑んでおり，その方法として，ソーシャルマーケティングを用いている。ソーシャルマーケティングとはどのようなものであり，どのように適用すればよいのだろうか。本章では，ソーシャルマーケティングの歴史，定義，適用に不可欠なクライテリア，立案と実装のプロセスなどについて記述する。

## 2.1　ソーシャルマーケティングの歴史

　ソーシャルマーケティングの誕生は，1950 年代に遡る。ニューヨーク市立大学シティカレッジの心理学者 G.D. Wiebe が「なぜ友愛を石鹸のように売ることができないのか？（Can brotherhood be sold like soap?）」と問いかけた（Wiebe, 1951）。これがきっかけとなり，商業目的にのみ使用されると捉えられていたマーケティングコンセプトを社会領域に拡大することについて，マーケティング分野内の議論が始まった。1960 年代には，マーケティング学者たちが，マーケティングを社会問題解決のために適応範囲を広げる提案を始めた（Kotler and Levy, 1969）。ソーシャルマーケティングは，時代の流れの中で，商業マーケティングと社会科学の 2 つの分野から複合的に誕生した分野といえる（図 2-1）。

　「マーケティング」というビジネス色の強い言葉が使われているゆえに，ソーシャルマーケティングは未だ誤解を受けることが少なくない。しかし，要は，消費者に「購入」という行動をとらせることを可能とする強力なビジネスツールを，逆転的発想で「社会や個人にとって良い結果を生む行動」へと変容させるために使う，というのがソーシャルマーケティングのコンセプトであ

図 2-1　2 つの分野から複合的に誕生したソーシャルマーケティング

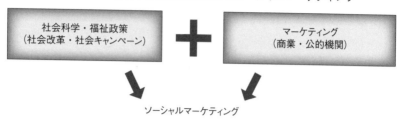

出所：French et al. (2010) を筆者が翻訳。

る。

　まず，マーケティング学者たちが主張したのは，マーケティングの概念を市場取引から交換（exchange）へと移行することであった。これにより，商品やサービスを金銭と交換する購入・販売に限定されず，金銭ではないモノ・コトと交換できるようになり，マーケティングの適用範囲が拡大した。例えば，魅力的と思われる政策に対して投票をする（政策と投票の交換），疾病に罹患することを予防するためにワクチン接種を受ける（疾病予防とワクチン接種の交換）などである。

　これに伴い，社会問題の解決にマーケティングが応用され始め，社会課題の解決を目的とした非営利組織や公共機関がマーケティングを活用する動きへと拡がった。一方，営利企業が，利益追求への反省から，社会的利益も重視し，活動の対象を環境問題など非営利的な活動に拡大することが提起された（Lazer and Kelly, 1973）。これらは，「ソサイエタルマーケティング」と呼ばれ，その後に提唱された CSR（Corporate Social Responsibirity：企業の社会的責任）に近い概念と整理された（Andreasen, 2012）。一方，保健分野では，公衆衛生の維持（Lefebvre and Flora, 1988）や健康に関する問題の解決（MacFadyen et al., 1999）の活動が，ソーシャルマーケティングの事例として捉えられるようになった。

　ソーシャルマーケティングの実践は，Kotler らの検討より前の 1960 年代前半に保健分野で開始されており，発展途上国における家族計画が最初であった（Manoff, 1985；Ling et al., 1992）。スリランカでは，薬剤師や小さな店を通じて避妊薬の分布を調査するプログラムが開始され（Davies and Louis, 1977），

家族計画（Black and Harvey, 1976；Schellstede and Ciszewski, 1984；Vernon *et al.*, 1988；Janowitz and Bratt, 1992；Williams, 1992；Yaser, 1993；Thapa *et al.*, 1994）に加え，心血管系疾患予防（Shea, 1990a；Shea, 1990b；Farquhar *et al.*, 1990；Williams and Flora, 1995），禁煙（Black *et al.*, 1993），大学生のアルコール摂取減少（Black *et al.*, 1994；Gries *et al.*, 1995；Glider *et al.*, 2001；Gomberg *et al.*, 2001），栄養素摂取（De Pee *et al.*, 1998；Torres, 1998），マラリア予防蚊帳の使用（Schellenberg *et al.*, 1999；Schellenberg *et al.*, 2001；Rowland *et al.*, 2002），経口補水療法（MacFadyen *et al.*, 1999），定期的な運動（Black *et al.*, 2000；Sallis *et al.*, 2003）などに対して適用され，公衆衛生分野で広く用いられてきた。

　ただし，これらのプログラムの多くは，主に地域の健康管理に関連するものであり，ソーシャル広告やソーシャルコミュニケーションが主であった。これらを再検討することで，1990 年代から 2000 年代にかけて，ソーシャルマーケティングの概念と，基盤となる理論が大幅に拡張・統合された（Dann, 2010）。その結果として，適用範囲も，気候変動と持続可能性（McKenzie-Mohr and Smith, 1999；Marcell *et al.*, 2004；Gordon *et al.*, 2011）などの環境分野，公共交通機関の利用（Cooper, 2007），ギャンブル防止（Messerlain and Derevensky, 2007；Powell and Tapp, 2008；Gordon and Moodie, 2009）など，様々な社会課題へと拡がった。

　では，世界各国ではどのように展開されてきたのだろうか。カナダでは，1970 年代から保健省がソーシャルマーケティングを医療政策の要の戦略として組み込んでいた（Lalonde, 1974）。

　1980 年代には世界保健機構（World Health Organization，以下 WHO）がソーシャルマーケティングという言葉を使用し始めた。ソーシャルマーケティングが行動を変革する戦略として注目され，価値が高まるにつれ，研究のための多様な資源，実務家との基盤形成，ソーシャルマーケティングの専門家集団としての組織，ソーシャルマーケティングの基準の開発などが必要となった（White and French, 2010）。

　米国では，疾病管理予防センター（Centres for Disease Control and Prevention，以下 CDC）が，ソーシャルマーケティングを公衆衛生の中核的な戦略

として承認し，1999 年，ワシントン D.C. にソーシャルマーケティング研究所（Social Marketing Institute）が設立された。2010 年に発行された米国民の健康 10 年指針「ヘルシーピープル 2020（Healthy People 2020）」には，公衆衛生分野においてソーシャルマーケティングの活用能力を高めることが盛り込まれた（US Department of Health and Human Services, 2010）。

　イギリスでは，政策にソーシャルマーケティングを採用することが白書に含められた（Department of Health, 2004：21）ため，薬物および喫煙行動の抑制，肥満抑制，食生活の改善，生活習慣病予防などの医療福祉政策に，ソーシャルマーケティングが積極的に適用されるようになった。さらに，2005 年，国立ソーシャルマーケティングセンター（National Social Marketing Centre, 以下 NSMC）が設立され，表 2-4 で示す「ソーシャルマーケティングの 8 ベンチマーク・クライテリア」がつくられた。これにより，ソーシャルマーケティングの鍵となる考え方が標準化され，それを用いたプログラムの有効性が高まった。

　オーストラリアでは，2009 年にオーストラリアソーシャルマーケティング協会（Australian Association of Social Marketing, 以下 AASM）が設立され，2013 年にはグリフィス大学に，学術と実装を両立する研究所 Social Marketing@Griffith（以下，SM@Griffith）が設立された。SM@Griffith は，オーストラリア最大の学術的なソーシャルマーケティング研究所であるが，独自の形成的研究方法（formative insights）を開発してプログラムの実効性を高め，政府，非営利団体，NGO，社会的企業などの学者・実務家と協力関係を構築し，多様な分野の社会課題の解決に寄与している。

　このように，各国で政策や社会課題の解決にソーシャルマーケティングを活用する流れとなり，その人材育成や研究の進化も不可欠となった。Kelly（2013）の報告によると，アメリカには学部レベルで 12 大学，大学院は 11 大学院，イギリスには 3 大学と 5 大学院，カナダには 2 大学と 1 大学院，オーストラリアでは 2 大学と 3 大学院，スイスで 1 大学院において，ソーシャルマーケティング教育プログラムが提供されている。

##  ソーシャルマーケティングの専門家集団

　ソーシャルマーケティングの研究と実装の拡がりと共に，学術的な発展を目的とした専門職集団も組織されてきた。まず，最初に設立されたのは，国際ソーシャルマーケティング協会（International Social Marketing Association，以下 iSMA）である。これは，2008 年，イギリスのブライトンで開催された世界ソーシャルマーケティング会議（Global Social Marketing Conference）の「ビジョンセッション」に対応して設立されたものである。イギリスの Jeff French とアメリカの Craig Lefebvre が先頭に立って，ソーシャルマーケティングの実践に特化した国際協会のコンセプトをつくりあげ，その年の後半には，設立請願書に 500 を超える署名が寄せられ，2010 年に設立された。この協会の目的は，社会全体の利益のために世界中でソーシャルマーケティングの使用と開発を促進することである。各地域の代表者などで構成された理事が，その総合戦略の策定に努めている。筆者は日本の代表者としての役割を担っている。

　さらに，各地域でソーシャルマーケティング学協会が形成され，それぞれの地域で，一般市民や政策立案者に対してソーシャルマーケティングに関する理解と教育を促進している。また，政策立案および実行への活用の提唱，学術の向上に努めている。さらに，iSMA がそれらの連携支援を行う役割を担う。

　各地域で最初に設立されたのが AASM であり，2009 年の国際ソーシャルマーケティング学会（the International Social Marketing conference）に参加したオーストラリアの研究者たちがイニシアティブをとり設立に至った。次に設立されたのは，欧州ソーシャルマーケティング協会（European Social Marketing Association，以下 ESMA）である。2011 年にロンドンで開催された会議で協会の基礎を築き，2012 年 11 月リスボンで開催された初めての学会で正式に設立された。北米においては，2012 年に太平洋岸北西部ソーシャルマーケティング協会（Pacific Northwest Social Marketing Association，以下 PNSMA）が Nancy Lee 主導のもと組織された。ソーシャルマーケティングの専門家を育成する教育，実務に関連する情報交換のためのフォーラムを提供している。

その後，2016 年 6 月には，北米ソーシャルマーケティング協会（Social Marketing Association of North America，以下 SMANA）が設立された。カナダ，カリブ海諸国，中央アメリカ，メキシコ，米国におけるソーシャルマーケター，行動科学者，経済学者，環境保護心理学者，環境教育者，娯楽教育者，健康コミュニケーター，デザイン思想家など，あらゆる分野の社会変革を目指す団体で構成されていることが特徴である。

　翌年の 2017 年，ワシントン D.C. で開催されたソーシャルマーケティングに関する世界会議（World Social Marketing Conference）において，南米，アフリカへの拡大の実現に向けて話し合いがなされた。南米地域の学協会を設立す

表 2-1　世界のソーシャルマーケティング協会

| 協会名 | 設立年 | 代表者 | website |
|---|---|---|---|
| 国際ソーシャルマーケティング協会（International Social Marketing Association：iSMA） | 2010 | Jeff French（Professor at Brighton University Business School） | https://isocialmarketing.org/ |
| 豪州ソーシャルマーケティング協会（Australian Association of Social Marketing：AASM） | 2009 | Ross Gordon（Professor at Queensland University of Technology） | https://www.aasm.org.au/ |
| 欧州ソーシャルマーケティング協会（European Social Marketing Association：ESMA） | 2012 | Jeff French（Professor at Brighton University Business School） | https://europeansocialmarketing.org/ |
| 太平洋岸北西部ソーシャルマーケティング協会（Pacific Northwest Social Marketing Association：PNSMA） | 2012 | Nancy Lee（President of Social Marketing Services inc.） | https://pnsma.org/ |
| 北米ソーシャルマーケティング協会（Social Marketing Association of North America：SMANA） | 2016 | Emily Patterson（Founder of Bee Measure） | https://smana.org/ |
| 南米ソーシャルマーケティング協会（The Latin America Social Marketing Association：LAMSO） | 2018 | Vilarmina Ponce（Consultant of CRONICAS：Centre of Excellence in Chronic Diseases） | http://www.mercadeosocial.org/ |
| アフリカソーシャルマーケティング協会（The African Social Marketing Association：ASMA） | 2018 | Duncan Musumba（Uganda Health Marketing Group） | なし |

出所：筆者作成（2021 年 3 月現在）。

るという考えは，2014 年より創設メンバーが他の協会との協力体制を構築しており，この会議後に学協会を設立するためのワーキンググループが正式に発足した。このグループは，ブラジル，コロンビア，ペルーのソーシャルマーケティング担当者で構成されており，彼らは，各国の社会課題にどのように対応できるかについて意見交換を重ね，調査も行ったうえで，2018 年に南米ソーシャルマーケティング協会（The Latin America Social Marketing Association，以下 LAMSO）の設立に関するコンセンサスが得られた。アフリカでは，ウガンダ保健省のチーム（Uganda Health Marketing Group）が中心となってアフリカソーシャルマーケティング協会（The Africa Social Marketing Association，以下 ASMA）の設立準備を始め，2017 年 9 月にアフリカのソーシャルマーケティング会議を開催し，運営委員会を形成した。その後，実務家などとのネットワーク構築，資金調達を行い，2018 年に設立された。

　この 10 年間で急速に専門家集団が形成され，ソーシャルマーケティングの正しい理解と，実装による行動変容促進への努力が全世界レベルで行われている（表 2-1）。今後，さらに世界中でソーシャルマーケティングが活用されるためには，ソーシャルマーケティングの専門家は iSMA に参画して常に適切な情報を得て，一団となって共通の用語と戦略的計画モデルを採用していくことが推奨されている（Lee and Kotler, 2019）。

## 2.3　日本におけるソーシャルマーケティングの歴史

　日本においては，1995 年に Kotler and Roberto（1989）の『Social Marketing』が翻訳され，『ソーシャル・マーケティング―行動変革のための戦略―』（井関，1995）として出版されたのをきっかけに，保健分野で導入の検討が開始された。

　社会全体の福祉の向上を使命とする保健医療政策において，市場を細分化し，ターゲットを絞ることは新たな視点であると受け止められ（武村，1999），実際，田村らは老人保健計画の認知度向上に適用した（田村他，1996）。しかし，認知度は向上したものの，行動変容に結びついておらず，社会実装における行動変容の難しさが指摘されている（武村，1999）。また，2000 年に発出さ

れた「21 世紀における国民健康づくり運動」（健康日本 21）の第 3 章・基本方針，第 2 節・対象集団への働きかけの第 3 項に「ソーシャルマーケティングの活用」が含まれたが[1]，対象別の介入の一方法として示されており，トータルプロセスとして本格的な導入を進めるまでは至っていない。

　2000 年代に入り，マーケティング分野の研究者らにより，企業が社会的なマーケティングに関わる論拠の分類（薬袋，2003），交換概念の再検討（芳賀，2014），上流（規則，社会構造などを変革する）と下流（個人の行動変容に働きかける）との関係性（水越・日高，2017）などに着目した理論研究が重ねられてきた。

　環境分野においては，財の選択の際に環境により良いものを選ぶ行動を「グリーンコンシューマー行動」と称し，購買行動を通じて環境に社会を構築しようとする考えが推奨され（小谷，2016），公共交通機関の利用やごみの分別などの環境保全につながる行動を促進するために，マーケティングの手法が活用されている[2]。しかし，その行動変容に対してトータルシステムとしてのソーシャルマーケティングが導入されるには至っていない。保健分野においては，世界各地で事例や教育が蓄積されているため，日本においても，地域・産業・学校保健を担う保健スタッフを対象として，市民向け健康教育プログラムの一手法として，ソーシャルマーケティングが伝えられてきた（松本，2004；松本，2008；上地・竹中，2012）。

　一方，ソーシャルマーケティングの最も重要な目的でもある「社会実装による課題解決」についての報告は限定的であり，健康医療分野が中心である。西方ら（2009）は，介護予防プログラムに参加した高齢者の行動変容関連指標と費用対効果を分析し，高齢者への講演会が情報提供の手段として効果的であることを報告しているが，参加者がその後行動できたのかどうかについて，追跡調査まで至っていない。介入後の行動まで測定し，プログラム評価を行うのは容易ではないのである。

　行動変容まで測定・評価している実装例として，平井（2017）は，乳がん検診の受診行動に関して，目標意図，実行意図，がん脅威をベースにしたセグメント化した 3 つのターゲットを対象とし，調査と行動経済学の理論に基づく各層への適切なメッセージとリーフレットで介入を行い，行動が促進されたこと

を報告している。この研究は，ランダム化比較試験を用い，費用対効果の検証を行った（Ishikawa *et.al.*, 2012）ことが高く評価できる。さらに，調査，介入媒体の作成，介入のプロセスに民間のマーケティング実務者，行政担当者が深く関わり，理想的な実装形態で進められた事例である。

　筆者らは，本書で示す事例も含め，臓器提供の意思表示行動に関して，主に社会科学系大学生を対象とした年間キャンペーン（瓜生原，2018a），ターゲット別のイベント（瓜生原，2018a；瓜生原，2018b），自治体のリーフレット（瓜生原，2019a），中学・高校におけるワークショップ（大迫・瓜生原，2019；大西・大岩・瓜生原，2019）など多様な介入を行い，行動変容が認められた実装事例を報告している。実装では，自治体，医療機関，市民団体，教育機関が協同していることが特徴である。

　このように，我が国において，定義と基準に則ったソーシャルマーケティングによる本格的な行動変容実証例は限られており，国際標準から遅れをとっている状況である。その理由は 3 つ考えられる。1 つ目は，健康医学・経済学・経営学・環境学分野などの領域横断的なソーシャルマーケティング研究が推進されていないことである。2 つ目は，研究機関・企業・自治体などとの連携活動が必ずしも十分でないことである。3 つ目は，ソーシャルマーケティングの定義，基準，プロセス，盛り込むべき必須要素などが十分に理解され，普及していないこと，そのため実効性の高いプログラムが策定・実行されていないことである。すなわち，国内外の研究機関や企業・自治体などが持続的な連携や共同研究に取り組む学際的，かつ基礎研究と社会実装研究を融合した研究拠点が存在しないことが挙げられ，喫緊の課題である。この点は，特に国際的なソーシャルマーケティングコミュニティから指摘を受けており，日本におけるソーシャルマーケティングに関する研究拠点を設立し，国際的にコンセンサスのとれた定義，基準を浸透させ，将来的には日本の環境に適合したガイドラインや教育プログラムを策定することが，国際社会において求められている。

　これらの課題解決の一助となれるよう，本書では，本章でソーシャルマーケティングの定義，基準，プロセス，必須の要素などを詳細に記述している。国際標準を記した最初の書である。また，第 3 章で行動変容の基盤となる理論について，ソーシャルマーケティングとの関連性もふまえて記述している。さら

に，第 II 部では，実効性の高いソーシャルマーケティングプログラムの策定・実施・測定・評価方法について，具体的に示している。

 ## 2.4　ソーシャルマーケティングの定義

　ソーシャルマーケティングとは何か。ソーシャルマーケティング自体は理論ではない。個人や社会全体の利益のために行動を変革させることを目標として実施される「社会課題解決プログラム」を策定するための，学際的，体系的な枠組みである。心理的な変化で終らすのではなく，**「行動変容（behavior change)」にこだわること，多様な分野の理論や知見を用いる学際的なアプローチを行うことが鍵である。**

　ソーシャルマーケティングの実践そのものは，すでに 1960 年代前半に保健分野で開始されていたが，「ソーシャルマーケティング」という用語が使われ始めたのは，1971 年，Kotler and Zaltman が初めてその言葉の定義を行った時である。彼らは，ソーシャルマーケティングを「社会的なアイデアの受容性に影響を与えるように，製品計画，価格設定，コミュニケーション，流通，および市場調査を考慮したプログラムを設計し，実装し，コントロールすること（the design, implementation and control of programs calculated to influence the accept-ability of social ideas and involving considerations of product planning, pricing, communication, distribution and marketing research)」と定義した（Kotler and Zaltman, 1971)。これは，営利企業が行っているマーケティング活動を社会貢献活動にも拡大していくことを示したものである。

　その後，Andreasen（1995）は「ターゲットとなる対象者と社会の福祉の向上を目的として，彼らの自発的な行動に影響を及ぼすために作られたプログラムの分析，計画，実施，評価に対して商業分野のマーケティング技術を応用すること」と定義した。また，Kotler and Lee は「社会（公衆衛生，安全，環境，そしてコミュニティ）に便益をもたらすターゲットの行動に対して影響を与えるために，価値を創造・伝達・流通させるマーケティングの手法および原理を適用し，ターゲット自身と社会に便益をもたらすプロセスである」と定義している（Kotler and Lee, 塚本監訳, 2010)。すなわち，より良い社会をつく

るためにマーケティングの手法と原理を用いるという考え方であり，その主体は，企業から非営利組織などに拡大した。

　さらに，Andreasen ら（1994, 2006）は，「ソーシャルマーケティングの目的は行動変容である。社会に良い行動について認識し，行動を変える事に対して良い印象を促すだけでは不十分であり，実際に行動をとるかどうかを成果と捉えるべきである」と，行動を変革をすることの重要性を主張した。

　では，各国でソーシャルマーケティングを牽引してきた第 1 人者たちはどのように定義しているだろうか。表 2-2 に各人の定義をまとめたが，行動変容に焦点を当てることは当然とし，それに留まっていない。共通して言えるのは，「社会に最も有益な方法を考えること，そのためにも優先的に介入するターゲットを定めること，体系的なプログラム策定プロセスを用いること」である。

　このように多様な定義が存在するため，ソーシャルマーケティングの本質が理解されないまま使用されることが生じ，世界的に合意のとれた定義を策定する必要に迫られた。そこで，2012 年 2 月，iSMA と ESMA のワーキンググループが，ソーシャルマーケティングの統一の定義について協議をはじめ，2013 年 4 月 AASM が加わった。定義策定のプロセスにおいて大切にされたことは，①ソーシャルマーケティングを実践する団体に対して共通の説明ができることを目的とし，統一定義が認識されることで優れた実践が増え，それらを収集して広めることを目指す，②定義は，ソーシャルマーケティング実践の目的と本質の両方に焦点を当てる，③ソーシャルマーケティングの理論と実践の発展に伴い定義に改良が重ねられる，④可能な限り明確で実質的で意味を失うことなく，英語以外の言語に翻訳できる，⑤できるだけ短く，簡潔にする，の5 点であった。

　また，iSMA，および ESMA のメンバーに対して，定義の中に必要不可欠な要素が事前に調査され，167 名から回答があった。回答者の 40%以上が必要と答えた要素は，①目標行動を定め測定する（set and measure behavioural objectives），②介入対象者への調査結果と洞察を用いる（uses audience insight and research），③社会の利益を生み出すことに焦点を当てる（focus on the production of social good），④対象を絞って介入する（use audience segmentation to understand and target interventions），⑤介入プログラムの策定

表2-2　ソーシャルマーケティングの代表的な定義

| 専門家 | 原文 | 日本語訳 |
|---|---|---|
| McKenzie-Mohr<br>（カナダ） | Social markrting is a process that involves (a) carefully selecting whicha behaviors and segments to target, (b) identifying the barriers and benefits to these behaviors, (c) developing and pilot testing strategies to address these barriers and benefitsm abd, finally (d) broad scale implementing of successful programs. | ソーシャルマーケティングは，（a）対象とする行動やセグメントを慎重に選択し，（b）その行動に対する障壁と利点を特定し，（c）それらに対処するための戦略を開発してパイロット・テストを行い，（d）成功したプログラムを大規模に実装する一連のプロセスである。 |
| Jeff French<br>（イギリス） | Socail marketing is a set ot evidence- and experience- based consepts and principles that provide a systematic approach to understanding behaviour and influencing it for social good. It is not a science, but raher a form of Technik, a fusion of science, practical know-how, and reflective practice focusing on continuously improving the performance of programmes aimed at producing net social good. | ソーシャルマーケティングは，社会的利益につながる行動とそれに影響を及ぼす因子を理解するための体系的なアプローチであり，一連のエビデンスと経験に基づく概念，および原則である。ソーシャルマーケティング自体は科学というよりはむしろ，真の社会的利益を生み出すプログラムの実効性を継続的に改善することに焦点を当てた一種のテクニック，科学の融合，実践的なノウハウ，熟考された実践である。 |
| Nancy Lee<br>（アメリカ） | Social markrting is a process that useses marketing principles and techniques to change priority audience behaviors to benefit society as well as the indivisual. This strategically oriented discipline relies on creating, communicating, delivering, and exchanging offerings that have positive values for indivisuals, clients, partners, and sociery at large. | ソーシャルマーケティングは，ターゲットとする個人と社会に利益をもたらす行動変容を促すために，マーケティングの原則とテクニックを適用するプロセスである。この戦略志向の分野は，個人，クライアント，パートナー，および社会全体にポジティブな価値を創造し，伝え，提供する。 |

出所：Lee and Kotler（2019）p. 8 を筆者が翻訳・改変。

に，データ，研究結果，エビデンス，理論を用いる（apply data, research, evidence and behavioural theory in developing programmes），⑥短期的なインパクトと投資利益率，長期的なアウトカムを厳密に評価する（rigorous evaluation and reporting of short-term impacts, ROI and longer-term outcomes），⑦体系的な計画とマーケティングマネジメントの手法を用いる（Use systematic planning and marketing management methodology）ことであった。これらが

考慮され，2013 年夏，3 団体の理事会において合意された定義は以下のとおりである。

*Social Marketing seeks to develop and integrate marketing concepts with other approaches to influence behaviours that benefit individuals and communities for the greater social good. Social Marketing practice is guided by ethical principles. It seeks to integrate research, best practice, theory, audience and partnership insight, to inform the delivery of competition sensitive and segmented social change programmes that are effective, efficient, equitable and sustainable.*

ソーシャルマーケティングとは，マーケティングの概念と様々な手法を結びつけることにより，「ソーシャルグッド」の実現に向け，個人やコミュニティー全体としての行動の変容を促すことを目指すものです。ソーシャルマーケティングの実践は，倫理要綱の遵守を基本とします。その上で，調査を実施し，最も適切な方法を選び，学説・理論に基づいて，対象者・協力者のインサイトを組み合わせることで，目指す行動と競合する行動を意識し，対象グループに合った，効果的，効率的，公平で持続可能な「より良い社会をつくるための取り組み」を提供することを目指しています。

注：本翻訳はソーシャルマーケティング研究センターで行いました。ソーシャルマーケティングは，ダイナミックに進化する分野であり，今後，定期的に見直し，修正される予定です。

この定義について，より多くの人に理解を促し浸透させることが，各地域の専門家集団の使命である。今後，各国の実践例を蓄積する中で定義や原則を改良し，さらには，ソーシャルマーケティングにおける効果的かつ倫理的な実践を導くための行動規範を開発することが要諦である。

## 2.5　コマーシャルマーケティングとの違い

ソーシャルマーケティングはコマーシャルマーケティングと比較して，3 つの点が異なるといえる（Andreasen and Kotler, 2007；Andreasen, 2012）。

1 点目はターゲットが異なる点である。コマーシャルマーケティングにおい

ては，最大利益に結び付く商品やサービスの購買者，消費者をターゲットとする。一方，ソーシャルマーケティングは，最も行動変容に携わることとなる人々をターゲットとする。行動に関して，顧客，企業間の2者だけではなく，多くの人々と団体が関わっているため，ソーシャルマーケティングのターゲットには，現存の市民のみならず，将来の子供たちも含められ，行政の活動では直接対象となっていない層さえも対象となる。

　2点目は何を促進するかということである。コマーシャルマーケティングでは，自社商品や自社サービスの購買行動を促進するが，ソーシャルマーケティングにおいては，社会，そしてその社会に住む個人にとってより良い「行動の変化」そのものを商品と捉えて促進していく。

　3点目にして最大の違いは「目的」である。コマーシャルマーケティングは，市場調査や広報宣伝活動を通して，商品の購買行動促進を目指す。一方，ソーシャルマーケティングにおいては，社会的に望ましい「自発的な行動」を促すことを目的とする。そのため，成果指標も売上のような財務指標ではない。数字で顕著に表れる売り上げとは異なり，行動の変化が目標となるため，その成果をどのような指標で測定するのか，独自に生み出す必要があり，効果測定は複雑になる場合が多い。例えば，運動を促進するのであれば，1日の歩数，MVPA（Moderate-to-Vigorous Physical Activity：中等度以上の身体活動）値，健康的な食事を促進する場合は，野菜や果物の消費量変化などがそれに当たる。また，社会的成果を目指すステークホルダーも行動の変化に関わってくるため，一商品に対する一購入のように明確な指標は特定できない。一人一人の行動の積み重ねが最終的には社会的インパクトにつながるのであるが，その成果が表れるには時間がかかり，数年先の未来であることも多く，何が影響したのかについての識別は困難である。測定指標については今後の課題でもある。

##  2.6　ソーシャルマーケティングの捉え方

　French（2017）は，ソーシャルマーケティングを3つの階層で整理している（図2-2）。

図2-2　ソーシャルマーケティングの構成モデル

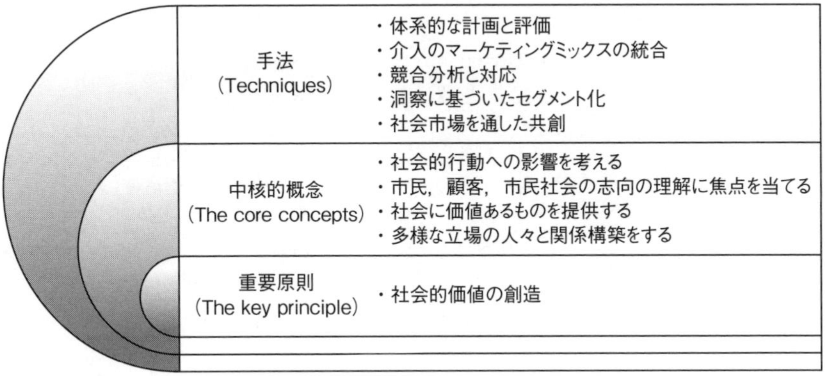

| 手法<br>(Techniques) | ・体系的な計画と評価<br>・介入のマーケティングミックスの統合<br>・競合分析と対応<br>・洞察に基づいたセグメント化<br>・社会市場を通した共創 |
| 中核的概念<br>(The core concepts) | ・社会的行動への影響を考える<br>・市民，顧客，市民社会の志向の理解に焦点を当てる<br>・社会に価値あるものを提供する<br>・多様な立場の人々と関係構築をする |
| 重要原則<br>(The key principle) | ・社会的価値の創造 |

出所：French（2017）p. 24 図2.1 を筆者が翻訳・改変。

　第1層目は「重要原則（the key principle）」であり，それは「社会的価値の創造（social value creation）」である。ソーシャルマーケティングは，個人，コミュニティ，社会，またはグローバルレベルでの資源の交換を通じて，社会的価値の増加，または社会問題の解決をもたらすことを目的としている。

　第2層目は「中核的概念（the core concepts）」であり，まず，社会的行動への影響を考えること（social behavioural influence）である。後述の下流，中流，上流どこにアプローチすることが適切かを考慮することも含まれている。次に，市民，顧客，市民社会の志向の理解に焦点を当てる（citizen/customer/civic society-orientation focus）こと，すなわち，介入策の計画には，定性的・定量的なデータ収集を組み合わせ，多様な研究分析を使用して統合し，市民の信念，態度，行動，ニーズ，欲求に関する理解することが基本となるのである。三番目は，社会への贈り物（social offerings）という考え方であり，市民らに，アイデア，理解，サービス，経験，システム，環境など価値あるものを提供する。四番目は，関わる人々の関係構築（relationship building）につながることである。

　第3層目は「手法（techniques）」である。これらの手法自体は，コマーシャルマーケティングでも採用されており，ソーシャルマーケティングに固有のものではない。しかし，洞察に基づくセグメント化を行い，調査結果やエビ

図 2-3　ソーシャルマーケティングの下流，中流，上流の考え方

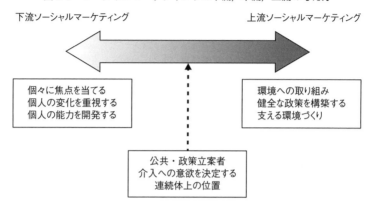

下流ソーシャルマーケティング　　　　　　　　　上流ソーシャルマーケティング

個々に焦点を当てる
個人の変化を重視する
個人の能力を開発する

環境への取り組み
健全な政策を構築する
支える環境づくり

公共・政策立案者
介入への意欲を決定する
連続体上の位置

出所：Hoek and Jones（2011）を筆者が改変。

デンスに基づき，多様なステークホルダーと共に，マーケティングミックスを統合した介入プログラムを策定していくことは，社会実装の有効性と効率を高めるのである。

　一方，ソーシャルマーケティングは，図 2-3 のように，社会を川の流れにたとえて働きかける対象により，下流，中流，上流と分類する（Andreasen and Herzberg, 2005；Hoek and Jones, 2011）。下流の対象者とは，行動変容を促す対象の個人である。中流の対象者とは，家族，友人，近隣住民，同僚，教師，医療提供者，コミュニティリーダーなど，個人をとりまくグループにおいて影響を与える人々である。上流の対象者とは，政治家，企業，NPO，メディア，法律家，セレブリティなど，社会全体に影響を及ぼす立場の人々である。社会全体の利益を考えたとき，どの層へアプローチすることが最適であるかを考え，プログラムを策定することが重要である。

##  2.7　ソーシャルマーケティングの枢要なクライテリア

　ソーシャルマーケティングは，しばしば，教育や情報提供，知識提供型の健康推進キャンペーンと混同される。しかし，図 2-4 に示すとおり，知っているだけでは，人はなかなか行動に至らない。望ましい行動をとらなければいけな

図2-4　行動に影響を与える因子

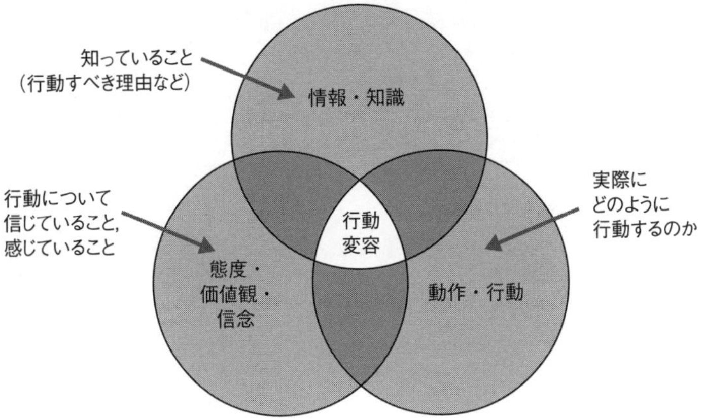

出所：筆者作成。

い背景やもたらされる結果を知り，その重要性を感じ，納得し，行動するための具体的な方法を理解する必要がある。これらを体系的に形作るものがソーシャルマーケティングである。

　そこで，人々に対して，ソーシャルマーケティングの概念と原則の理解，ならびに，一貫したアプローチを促進するため，Andreasen（2002）は6つの「ベンチマーク・クライテリア」を提唱した。これは，1980年代，90年代に研究されたソーシャルマーケティングの中核要素である顧客志向（Lefebvre and Flora, 1988；Andreasen, 1995），交換（Leather and Hastings, 1987；Lefebvre, 1996），体系的な計画的アプローチ（Andreasen, 1995）などを含めた集大成である。その6要素は，表2-3のとおりであり，これら全てをプログラムに含むことの重要性が主張された。

　イギリスでは，この6つのベンチマーク・クライテリアをさらに発展させ，理論とインサイトを加えた「8つのベンチマーク・クライテリア」がNSMCから提唱されている（表2-4）。

　これらのベンチマーク・クライテリアがどの程度ソーシャルマーケティングを用いた社会実装プログラムに適応されているかについて，研究者が実際にレビューしている。Carins and Rundle-Thiele（2014）らが行ったAndreasenの

表 2-3　Andreasen の 6（six）ソーシャルマーケティングベンチマーク・クライテリア

| 基準 | 内容 |
|---|---|
| ①行動変容<br>(Behavior change) | 行動変容を介入プログラムのデザイン・評価の中枢に据える。具体的に何の行動を変える必要があるのか，目的を明確にする。 |
| ②顧客調査<br>(Audience research) | ①対象者が前提のプログラムである事を理解し，対象者の事前調査を行い，②プログラム実施前に介入要素をテストし，③実行中も常にモニターする。 |
| ③セグメント化<br>(Segmentation) | 限られた状況で最大の効果を発揮できるよう，介入するセグメントグループを特定する。 |
| ④交換<br>(Exchange) | 交換は行動変容戦略の成功の鍵である。対象者が何と引き換え（交換）に行動を変える事になるのか，代わりに提供できるものはそれに値する価値があるものかを戦略の中心として理解する。 |
| ⑤マーケティングミックス<br>(Marketing mix：4Ps) | マーケティングミックス（4Ps）を統合的に用いること。<br>目標の行動が対象者にとって魅力的な商品（Product）となる情報を，対象者の好むメディア（Promotion）で，便利で簡単にアクセスできる場所（Place）に流す。一方，価格設定や行動を変えるために対象者が犠牲にするもの（Price）はなるべく抑えるように努める。 |
| ⑥競合<br>(Competition) | 行動に対する競合に注意を払い，把握するようにする。 |

出所：Andreasen（2002）を筆者が改変。

「6 ベンチマーク・クライテリア」を基にした健康的な食生活に関するシステマティックレビューでは，より多く基準を満たしたプログラムの方が行動変容の効果が高かった事が確認された。Kubacki ら（2015a）は，2000 年から 2012 年に実施されたアルコール摂取行動に対する 23 のソーシャルマーケティングプログラム研究についてシステマティックレビューを行い，6 ベンチマーク・クライテリアを満たしている方が，行動を確実に変容させていることを明らかにした（表 2-5）。さらに，レビュー領域は拡げられ，子ども（Kubacki et al., 2015b），成人（Kubacki et al., 2017），高齢者それぞれの年齢層に関する運動に関する研究（Fujihira et al., 2015），ポイ捨て禁止に関する研究（AlMosa et al., 2017），禁煙に関する研究（Almestahiri et al., 2017）についてもレビューされているが，いずれも，6 ベンチマーク・クライテリアをより多く用いること，理論をプログラムの計画・実行・評価に含めることの重要性が示されている（Luca and Suggs, 2013）。最近では，NSMC の「8 ベンチマーク・クライテリア」に基づく食品廃棄問題に関する 23 報のレビュー（Kim et al., 2019）な

表2-4　NSMCの8（eight）ソーシャルマーケティングベンチマーク・クライテリア

| 基準 | 内容 |
|---|---|
| ①行動<br>（Behaviour） | 実際の**行動変容**を目的とする。<br>(Aims to change people's actual behavior.)<br>・明確な**行動**に焦点を当てて介入を行う。行動に対する知識や心理的な印象，信条などを超えて「行動する事」が第1の目標である。<br>・現実的な目標設定をする。具体的に**何**の行動を，**いつ**までに変える事を目指し，どのようにその効果を測定するか，指標と基準が設定されていること。 |
| ②顧客志向<br>（Customer orientation） | 対象者に焦点を当てる。多様な方法を用いた調査や様々なデータに基づき，対象者の生活様式や，行動変容への課題を理解する。<br>(Focuses on the audience. Fully understands their lives, behaviour and the issue using a mix of data sources and research methods.)<br>・調査には質的・量的調査を組み合わせるなど様々な調査方法やデータを組み合わせる。<br>・インタビューやフォーカスグループに留まらず，エスノグラフィーなどの調査手法も用いる。<br>・ステークホルダーの理解を得て，マーケティングミックスのプランに組み込む。<br>・介入の前に，対象者を使ったパイロットテストを実施する。<br>・対象者と地域コミュニティーに積極的に参加してもらう。 |
| ③理論<br>（Theory） | 行動を理解し，介入を考えるために行動科学の理論を用いる。<br>(Uses behavioural theories to understand behaviour and inform the intervention.)<br>・介入対象者への調査を実施したのち，どの行動理論の適用が適切であるか選定する。<br>・理論をマーケティングミックスの道標として応用する。<br>・理論を基盤として仮説を導出し，パイロットテストでその適切性を確認する。 |
| ④インサイト<br>（Insight） | 対象者への調査から「実行可能なインサイト」，すなわち，介入方法の開発につながる要素を特定する。<br>(Customer research identifies 'actionable insights' – pieces of understanding that will lead intervention development.)<br>・対象者の行動に影響を与える人物や対象，動機づけられるものについての深く理解する。<br>・行動する際，何が感情的もしくは物理的な障壁となっているのか識別する。<br>・対象者の識見を基に，行動を変えるに値する程魅力的な交換が成り立っているか適切な介入方法を計画する。 |
| ⑤交換<br>（Exchange） | 対象者にとって行動を変え，行動し続ける事の何が得となり損になるのかを考慮する。行動を変える事がその対象者にとって十分魅力的であり，その代わりに諦めなければならなくなる物事が最小限と思える施策を導出する。<br>(Considers benefits and costs of adopting and maintaining a new behaviour；maximises the benefits and minimises the costs to create an attractive offer.)<br>・認識された，または実際のメリット・デメリットについて包括的かつ明確に分析する。 |

| | ・介入対象者にとっての価値を考慮する。対象者への調査結果，インサイトに基づき，インセンティブとなる報酬を提供する。 |
|---|---|
| ⑥競合<br>（Competition） | 介入対象者にとって何が競合なのか，対象者の時間，興味などを十分に考慮して理解する。<br>（Seeks to understand what competes for the audience's time, attention, and inclination to behave in a particular way.）<br>・介入対象者の時間や興味を奪う要因に対処する。<br>・競合となる行動への影響を最小限にし，行動をとることに対して提供されるもの（交換に与えられるもの）を明確にする戦略を開発する。 |
| ⑦セグメント化<br>（Segmentation） | 洋服にたとえるのであればフリーサイズ的なアプローチを避け，細かなセグメントにあったアプローチにする。すなわち，共通の特性を持つ介入対象者のセグメントを特定し，そのセグメントに合った介入をテイラーメイドする。<br>（Avoids a 'one size fits all' approach：identifies audience 'segments', which have common characteristics, then tailors interventions appropriately.）<br>・セグメント化は，顧客志向と洞察から導き出される。<br>・セグメント化は，従来の人口統計学的，地理的または疫学的分類に留まらず，行動や心理学的データを利用し，適切な規模を特定する。 |
| ⑧マーケティングミックス<br>（Marketing mix） | 行動変容をもたらすために，多様なマーケティングミックスを使用する。意識向上だけで終わらせず，実際に行動が変わることを目指すのが肝である。<br>（Uses a mix of methods to bring about behaviour change. Does not rely solely on raising awareness.）<br>・マーケティングミックスの全ての要素（製品，価格，場所，プロモーション），および主要な介入方法（通知，教育，サポート，設計，制御）を使用する。<br>・プロモーションは，メッセージを伝えるだけでなく，対象ユーザーに製品，価格，場所，メリットを提供するために使用する。 |

出所：http://www.thensmc.com/sites/default/files/benchmark-criteria-090910.pdf を筆者が翻訳・改変。

　ども行われ，同様の結果が得られている。さらに，独自項目を展開したベンチマーク・クライテリアを基に成人の運動分野の研究報レビュー（Xia, Deshpande and Bonatesm, 2016）が行われるなど，ベンチマーク・クライテリアについてもさらなる研究が進められている。

表2-5　6 ソーシャルマーケティングベンチマーク・クライテリアと成果に関する評価

| 著者 | 適用された基準の数 | アウトカム[a] | ①行動目標 | ②介入対象者 | ③基礎調査 | ④交換 | ⑤マーケティングミックス[b] | ⑥競合 |
|---|---|---|---|---|---|---|---|---|
| Glider et al. (2001) | 5 | + | ○ | × | ○ | ○ | ○ (3) | ○ |
| Rothschild et al. (2006) | 5 | +/* | ○ | × | ○ | ○ | ○ (4) | ○ |
| Glassman et al. (2010) | 4 | + | ○ | × | ○ | × | ○ (2) | ○ |
| James and Skinner (2009) | 4 | + | ○ | × | ○ | ○ | ○ (3) | × |
| Rivara et al. (2011) | 4 | +/* | ○ | × | ○ | ○ | ○ (2) | × |
| Thompson et al. (2013) | 4 | + | ○ | × | ○ | ○ | ○ (3) | × |
| Aalto et al. (2003) | 3 | * | ○ | × | ○ | × | ○ (3) | × |
| Diamond et al. (2009) | 3 | | × | × | ○ | ○ | ○ (3) | × |
| Eckert et al. (2010) | 3 | | × | × | ○ | ○ | ○ (2) | × |
| Glik et al. (2008) | 3 | | × | ○ | ○ | × | × | ○ |
| Kypri et al. (2005) | 3 | + | ○ | × | ○ | × | ○ (3) | × |
| Rundle-Thiele, et al. (2013) | 3 | | × | × | ○ | × | ○ (2) | ○ |
| Brown (2004) | 2 | +/* | ○ | × | ○ | × | × | × |
| Clapp et al. (2005) | 2 | + | ○ | × | ○ | × | × | × |
| Glik et al. (2001) | 2 | | × | ○ | ○ | × | × | × |
| Lock et al. (2000) | 2 | | × | × | ○ | × | ○ (4) | × |
| Mattern and Neighbors (2004) | 2 | +/- | ○ | × | ○ | × | × | × |
| Murphy et al. (2012) | 2 | * | ○ | × | ○ | × | × | × |
| Perkins et al. (2010) | 2 | + | ○ | × | ○ | × | × | × |

| | | | | | | | | |
|---|---|---|---|---|---|---|---|---|
| Slater et al. (2006) | 2 | + | ○ | × | ○ | × | × | × |
| Gomberg et al. (2001) | 1 | -/＊ | × | × | ○ | × | × | × |
| Payne et al. (2011) | 1 | + | × | × | ○ | × | × | × |
| Vinci et al. (2010) | 1 | | × | × | ○ | × | × | × |
| | a＋：ポジティブな結果が報告されている，－：ネガティブな結果が報告されている，＊：行動変容が認められなかった。<br>b 介入で使用されたマーケティングミックスの数。 | | | | | | | |

出所：SM@Griffith 発行の "HOW TO INCREASE BEHAVIOUR CAHANGE?"（https://www.griffith. edu.au/griffith-business-school/social-marketing-griffith/how-to-increase-behaviour-change）を筆者が改変。

## 2.8　ソーシャルマーケティングに類似する概念

　前節で述べた基準は，単純なチェックリストではなく，統合された概念の集合であることが強調されている。1 要素だけではなく，統合された要素を含むプログラム，かつより良い社会を目指す（for the greater social good）行動変容を目的としているものを真のソーシャルマーケティングと称するのである。Lee and Kotler（2019）は，以下とは区別し，ソーシャルマーケティングの正しい理解を注意喚起している。

### ① ソーシャルチェンジ
　社会を変革する方法は，科学（例えば治療薬や治療方法を開発する），技術革新，アドボカシー，法律など多様である。ソーシャルマーケティングはその 1 つのアプローチである。

### ② 教育
　一般的に教育とは，知識を得ることにより，意識を高めたり，理解を深めたりすることである。行動変容促進の重要な因子であるが，教育のみでは必ずし

図 2-5　教育，法律，ソーシャルマーケティングの違い

出所：https://www.i-socialmarketing.org/about#.XxDtbBNxddh を筆
　　　者が改変。

も行動を起こせないため，ソーシャルマーケティングとは区別する。ただし，
教育により行動に至る人もいる。反対に法律などの罰則規定がないと行動でき
ない人もいる。人々の行動に対する教育，法律による働きかけとの違いを端的
に示しているのが図 2-5 である。
　一般の人々を正規分布に当てはめると，「Show Me」，「Help Me」，「Make
Me」の反応段階に分けることができる。「Show Me」は，リテラシーが高く，
行動を変える必要性があるという根拠について教育するだけで，望ましい行動
へと変わる。「Make Me」は法律で罰則規定を決めた後でないと行動を変えな
い人々である。これらの，どちらでもない段階に当てはまる大多数の人々が
「Help Me」である。必要性は理解しているが，なかなか行動できない人たち
である。その障壁，動機づけを明確にし，これに働きかければ，行動できるよ
うになる。すなわち，ソーシャルマーケティングによる介入が最も効果的な層
である。
　その例として，犬の散歩時の糞処理に関する行動を挙げる。人と動物の共通
感染症が存在するため，糞をそのまま放置することは危険であり，その糞処理
は飼い主の責務である。「Show Me」の人々は，人獣共通感染症の問題を正し

く教育すれば，自発的に行動を起こす。「Make Me」の人々は放置し続けるので，行政として罰則規定を設けるなどして望ましい行動（糞を適切に処理して持ち帰る）へと促さなければならない。一方，「Help Me」の人々は，頭では処理して持ち帰る必要性を理解しており，意識もある。しかし，なかなかその行動ができない。その行動できない理由を調査し対策を行うことが重要である。米国ワシントン州のある地域で調査を行ったところ，ビニール袋を家から持参し忘れることが最も多い理由であった。そこで，同地域では，町の各所に，動物の糞処理用ビニール袋を設置した。この施策により，人々の行動は劇的に変化した。このように，人々の行動できない理由を明確にして対処し，自発的に「望ましい行動」へと導くことに焦点を当てている点がソーシャルマーケティングの特徴といえる。

### ③ ヘルスコミュニケーション，行動経済学，ナッジ

　いずれもソーシャルマーケティングを構成する重要な要素であるが，トータルシステムとしてのソーシャルマーケティングとは位置づけが異なる。具体的には，ヘルスコミュニケーションは健康保健分野の行動変容の介入戦略として用いる。行動経済学は，人々が選択したり行動を起こす理由を説明する理論であり，行動促進因子やそれに基づく介入方法を考える際に用いる（第3章）。ナッジも同様であり，第3章3.4.3に示すとおり，ソーシャルマーケティングにおける革新的な介入戦略に用いられる。

### ④ ソーシャルメディア（マーケティング），コーズプロモーション

　ソーシャルメディア（マーケティング）とは，Twitter や Facebook などの SNS（ソーシャルネットワーキングサービス）などインターネット上のソーシャルメディアを用いて情報発信や消費者との交流を行うことにより，企業や商品の認知度や関心，購買意欲を高めることであり，プロモーション手法の1つである。一方，コーズプロモーションは，地球温暖化など社会課題についての意識を高めるためにデザインされたプロモーションである。いずれも，意識を高めるための手段として有用であるが，トータルシステムとしてのソーシャルマーケティングとは異なる。

図 2-6　ソーシャルマーケティングと類似概念

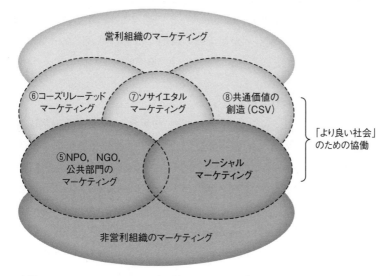

出所：French and Blair-Stevens（2010）p. 33 図 3.2 を筆者が改変。

　また，French and Blair-Stevens（2010）は，営利組織，非営利組織が主体となって行うマーケティングを図 2-6 に示すとおり分類・図式化している。

　これらの区別において最も大切なのは**第一の目的（primary purpose）が社会的利益（socal good）**かどうかである。図に示す営利組織（企業）のマーケティング諸活動において，社会利益が重要な視点とされてはいるが，やはり第一の目的は経済的な利益である点において，ソーシャルマーケティングとは一線を画すと考えられている。また，各活動に，第 7 節で述べた 8 つのベンチマーク・クライテリアが含まれているかどうかを検討することも，識別に役立つ。それぞれのマーケティング活動を，ソーシャルマーケティングと区別し，正しく理解することが重要である。しかし，さらに大切なことは，営利，非営利組織が，それぞれの活動を促進しながら，「より良い社会」の実現に向けて協働することである。

## ⑤ NPO, NGO, 公共部門のマーケティング

　NPO などの非営利組織が行うサービス，例えば新しく開館する美術館のチ

ケットを売る，ミュージアムショップでグッズを売る，ボランティアの募集などは，その組織で行う財やサービス，人などに対するマーケティング活動である。「より大きな社会的利益」が第1義の目的ではない場合，ソーシャルマーケティングとは区別する。

#### ⑥ コーズリレーテッドマーケティング

コーズリレーテッドマーケティングとは，コーズ（cause，社会的大義）を自社の製品・サービスのプロモーションに活用する取り組みである。CSRの新たな方向性のひとつとも位置付けられている（Smith & Alcorn, 1991）。

Varadarajan and Menon（1988）は，コーズリレーテッドマーケティングの概念について，「良きことを行なうことによって，企業が利益を得るという方法であり，販売促進（sales promotion），フィランソロピー（philanthropy），スポンサーシップ（corporate sponsorship），無償の善行（corporate good Samaritan acts），広報（public relation）などの活動の合成物ではあるが，それらとは区別されるマーケティング活動である」と規定した。また，消費者が，企業から示された社会的大義（社会課題解決）への寄付を伴う商品を購入し，その寄付金額を用いて企業が社会課題解決に寄与するマーケティング活動であると定義した。

日本のコーズリレーテッドマーケティングの代表事例は，ボルヴィックとNGOであるユニセフが協働して展開した「1ℓ for 10ℓ」キャンペーンである。代金に寄付額が上乗せされ，消費者がボルヴィックを1ℓ分購入すると，その寄付額の累計がユニセフに寄付され，ユニセフが井戸ポンプをマリ共和国に設置することで，安全な水を10ℓ供給できるという仕組みである。マリ共和国は，井戸が少ないため，安全な水を飲むことができず乳幼児死亡率が高い，子供たちは水を汲むために学校に行けないなどの問題を抱えていた。消費者は，寄付金付きの水を購入することで，その問題解決に貢献できるのである。実際，2007年度は，約4,200万円がユニセフに寄付された。ユニセフは井戸のポンプ60基を修復し，さらに20基を新設することで，合計約31,427名が清潔で安全な水を使用できるようになった。同時に，売上が26％増加したことも報告されている[3]。

表2-6　ソーシャルマーケティングとコーズリレーテッドマーケティングの違い

| 項目 | ソーシャルマーケティング | コーズリレーテッドマーケティング |
|---|---|---|
| 恩恵を受ける対象 | ● 社会全体<br>● 対象市場の個人 | ● 社会的大義に関わる団体，個人<br>● 企業（製品の購入による） |
| 目的と成果 | ● より良い社会につながる個人の行動の増加 | ● 購買行動または寄付行動の増加<br>● ブランド・企業・製品のイメージに対する意識の向上<br>● 消費者のロイヤルティの向上<br>● ブランドの切り替え |
| 市場の視点 | ● 商品やサービスは無形である。<br>● 競争は目に見えるものではなく，変化に富む傾向がある。 | ● 商品は有形と無形が混在する傾向がある。<br>● 競争はより具体的でカテゴリー化される傾向がある。<br>● 購買力のような経済的要因がより重要視される傾向がある。 |

出所：Pharr & Lough（2012）表1を筆者が改変。

　では，コーズリレーティッドマーケティングは，どのような点でシャルマーケティングとは異なるのであろうか。Pharr and Lough（2012）は，その違いを表2-6のようにまとめている。

　消費者の社会貢献意識の高まりにより，コーズリレーテッドマーケティングは社会に大きな成果をもたらすと考えられる。社会課題の解決に寄与するものの，それを用いて売り上げ増，企業イメージの向上を目的としており，社会的利益が第一の目的となっていないため，ソーシャルマーケティングとは区別される。

## ⑦ ソサイエタルマーケティング

　ソサイエタルマーケティングとは，企業のマーケティング実施において，企業利益や顧客の満足を充足するだけではなく，社会全体の幸福を維持・向上させるという考え方である。

　この用語は，第1節で述べたとおり，Lazer and Kelley（1973）により提唱された。彼らは，企業の多様なマーケティング活動を，利潤動機を超えた社会的責任領域と深く関わる視点で捉えた。そこで，「従来の企業利益追求型のマネジリアルマーケティングに欠如していた，社会的責任や社会倫理などの社会

志向的な次元を含むマーケティング」として，ソーシャルマーケティングを定義づけた。しかし，この概念と定義は，Kotler and Zaltman（1971）が提唱したソーシャルマーケティングとは異なっており，「ソサイエタル・マーケティング（societal marketing）」と呼ばれ，区別された（Fox and Kotler, 1980）。

　ソサイエタルマーケティングを先進的に実施した企業の事例として，ザ・ボディショップが挙げられる。環境と動物の保護を企業の方針とし，動物実験を必要としない天然原料，しかも社会経済的に恵まれない地域の原材料を積極的に使用したオリジナル化粧品を製造している。また，環境保護の観点から，簡素でリサイクル可能なパッケージを採用している。さらに，地域社会を支援するプログラムを推進するなど，多様な社会課題への対策を企業の中心的な価値において社会の幸福をも追求している。

　しかし，企業利益，顧客満足，社会の幸福のバランスを求めており，社会的利益が第一の目的ではないため，ソーシャルマーケティングとは区別される。

## ⑧ 共通価値の創造（Creating Shared Value： CSV）

　CSV は，経済的価値を創造しながら，社会的ニーズに対応することで社会的価値も創造するという考え方で，Porter and Kramer（2011）により提唱された。2006 年に発表された「競争優位の CSR 戦略」で検討されていた概念を発展させたものである。「creating」には単なる価値の再配分ではなく，価値創造で分配するパイを増やすという意味が込められており，それまで「企業の利益と公共の利益はトレード・オフ」として捉えられていた概念を覆すものであった。

　CSV の事例として，住友化学の「オリセット® ネット」という事業が挙げられる。アフリカでは，蚊の媒介が原因となるマラリアで年間約 44 万人が亡くなっている。犠牲者の多くは 5 歳以下の子供たちであり，30 秒に一人の割合で幼い子供たちの命が奪われている。さらには，マラリアに罹患することにより，就業や教育の機会を失うことで貧困から脱却できないという悪循環に苦しみ，アフリカの経済損失は年間推定約 1.2 兆円に至る。この深刻な社会課題を，日本で昔よく使われていた蚊帳（かや）の製造・販売で解決を試みた事例である。

　同事業は，①防虫剤を練り込んだ蚊帳という自社技術を活かした製品によって，マラリアによる死亡を減らすという社会課題を解決する（製品を通じた社会課題の解決），②タンザニアで約 7,000 名の雇用を生み出す（バリューチェーンを通じた社会貢献），③アフリカの小学校などへの教育支援を行う（産業クラスターを通じた社会貢献）という CSV の 3 要素をすべて実現している。

　このように，CSV は社会課題の解決に資する重要な活動であるが，経済的利益と社会的利益の両立を目指しており，前述の⑥，⑦と同様に，社会的利益が第一の目的となっていないため，ソーシャルマーケティングとは区別される。

## 2.9　ソーシャルマーケティングのプロセスモデル

　ソーシャルマーケティングは体系的かつ計画的なプロセスである。イギリスNSMC によると図 2-7 のような流れをたどる。まず，①社会問題解決のために計画を立ち上げ，②対象の課題を細かい範囲に設定し（Scope），③その計画をさらに実行可能な形へと発展させる（Develop）。その計画を④実行し（Implement），⑤介入プログラム効果などを評価し（Evaluate），どのように行動変容が変化したか，成功要因または失敗要因等を分析するのである。

　他国のモデルと共に表 2-7 にまとめたが，いずれも基本的なプロセスは同様である。重要なのは，感覚的な思い付きのみでキャンペーンやイベントの内容を決めることではない。目標とその行動変容の対象者を定め，何が行動を変える障壁（barrier）となっているのか，何が行動を変える動機となり，行動を変えたらどんな得（benefit）が本人にもたらされるのかを理解したうえで介入策を定めることが重要である。

　特に，調査に基づき介入を策定するプロセスにおいて，豪州 SM@Griffith

**図 2-7　ソーシャルマーケティングのプロセス**

出所：イギリス NSMC の資料を基に筆者が改変。

## 表2-7　各国におけるソーシャルマーケティングのプロセス

| | 目標の明確化 | 影響因子の調査 | 介入策導出 | 実行 | 評価 | フォローアップ |
|---|---|---|---|---|---|---|
| イギリス NSMC | ①対象範囲の決定（scope） | ②プログラム内容の開発（develop） | | ③実行（implement） | ④評価（evaluate） | ⑤フォローアップ（follow up） |
| イギリス Strategic Social Marketing（STELa モデル） | ①範囲の設定（scoping）1）行動目標とSMART目標の設定（setting behavior goals and SMART objectives）2）状況と影響を与える因子の分析（analysing the situation and influencing factors） | ①範囲の設定（scoping）3）介入対象者を理解する（understanding target audiences） | ①範囲の設定（scoping）4）交換する価値の開発（developing exchange/propositions）5）ソーシャルマーケティング介入の選択（selecting social marketing interventions）②パイロット試験の実施（test）6）パイロットテストを行う（pre-testing and piloting）③実行（enact）7）実行計画（planning implementation） | ③実行（enact）8）実行の開始と管理（initiating and managing implementation） | ④評価とプランの見直し（learn and act）9）評価と報告（evaluating and reporting） | ⑩学びのレビューと構築（reviewing and building learning） |
| アメリカ CDC | ①課題の明確化（describe the problem） | ②市場調査実施（conduct market research） | ③戦略の策定（create marketing strategy）④介入の策定（plan the intervention）⑤プログラムと評価方法の策定（plan program and evaluation） | ⑥実行と評価（intervention and evaluate） | | |
| カナダ Doug McKenzie-Mohr | ①変容すべき行動の選択（selecting behaviours） | ②障壁とベネフィットの特定（Identifying barriers and benefits） | ③介入戦略の開発（developing strategies）④パイロットテスト（piloting） | ⑤大規模実行と評価（broad-scale implementation and evaluation） | | |
| オーストラリア SM@Griffith | ①構築（built）②参画（engate）③共創出（co-create） | | | ④実行（implement） | ⑤評価（evaluate） | ⑥フォローアップ（follo-up） |

| WHO<br>※保健領域に<br>特化 | ①行動目標案を定義する（define the preliminary behavioursl objectives）<br>②状況分析（perform rapid situation analysis）<br>③目標の精緻化（refine objectives） | ④全体戦略のデザイン（design overall strategy）<br>⑤具体的な活動と予算の策定（prepare detailed action and budget） | ⑥実行をモニターし評価する（monitor and evaluate interventions） |
|---|---|---|---|

出所：筆者作成。

のモデルは特徴的であり，事前調査（formative research）を重視している。

　具体的には，事前調査において，まず，対象の問題・行動に関するシステマティックレビューを行う（systematic literature review）ことから始まる。システマティックレビューとは，一般的に，先行研究を網羅的に調査し，同質の研究をまとめ，バイアスを評価しながら分析・統合を行うことである。これから解決しようとしている問題について過去の事例からどんなアプローチがとられてきたか，何がすでにわかっていて，何がまだわかっていないか，成功要因は何かなどを学ぶために行われるプロセスである。目標行動に関する先行研究について，学問分野横断的に多角的に調査・評価することから始めるプロセスは，ソーシャルマーケティングの本質を物語っている。

　次に，介入対象者や関係者に調査を行い（例：アンケート，インタビュー等），その結果から対象者と専門家と共に介入プログラムデザイン草案を作っていく（co-design）。その中から生まれた提案を実際のプログラム内容に反映させ（design），その内容を実行可能な形に精緻化し（refine），パイロットテストを行い（pilot），評価し（evaluation），改良が必要であればプログラム実施前に改善を行う。

　このプロセスで特筆したいのは，マーケティングの本質である対象者（消費者）の声を中枢に据えるアプローチである。例えば専門家から「やってほしい」内容や行動をトップダウンで伝えるだけではなく，対象者の「なぜ行動できないか，どうしたら行動したいと感じるか」というボトムアップの双方の流

れを作り出すことにより，社会システム内での妥協点を割り出すことができる。共創するプロセスが，本格的な実装時の実効性を高めることに寄与するのである。

　さらに，介入プログラムの計画策定プロセスについて，カナダの Doug McKenzie-Mohr は，①範囲を細かく定める（scoping），②優先順位を決める（prioritizing），③対象者を選定する（selcting），④対象者について理解する（understanding），⑤介入デザインを決める（desingning），⑥実行の仕方，評価方法を定める（managing）ことを提唱している。また，Lee and Kotler（2016）はソーシャルマーケティング計画の 10 ステップを詳細に提示している。

## 2.10　STELa モデル

　上記モデルのうち，全プロセスが詳細に示されている French（2017）の STELa モデルについて記述する。このモデルは，4 つのステップ 10 のタスク，22 の活動で構成されている（表 2-8）。以下，詳細に述べる。

### 【ステップ 1】範囲の設定（Scoping）
#### ●タスク 1：行動目標と SMART 目標の設定（Setting behavior goals and SMART objectives）
① 行動が必要な理由を説明する（Explain why action is needed）

　特定された社会的問題に対して，なぜその行動が必要なのか明確に理由を説明する。問題を特定し，その規模，社会的・経済的・政治的への影響を調べることが有用なアプローチにつながる。介入の理論的根拠と必要性について，関係する全ての人々が理解できる言葉で説明する必要がある。

② 介入対象と行動目標を特定する（Identify the target groups and behaviour goals）

　介入の対象となるターゲット層と行動を特定する。意図したターゲットグループの行動に影響を与えることで，特定された問題の解決につながるという仮説が成り立っていることが重要である。

表 2-8　STELa モデル

| ステップ | タスク | 活動 |
|---|---|---|
| 範囲の設定<br>(Scoping) | 1）行動目標と SMART 目標の設定 | ①行動が必要な理由を説明する |
| | | ②介入対象と行動目標を特定する |
| | | ③測定可能な目標を設定する |
| | | ④状況分析を行う |
| | 2）状況と影響を与える因子の分析 | ⑤競合分析を行う |
| | | ⑥エビデンスとデータを収集・吟味する |
| | | ⑦活用資源を特定する |
| | 3）介入対象者を理解する | ⑧介入対象者に関するインサイトを収集する |
| | | ⑨介入対象者のセグメント化 |
| | 4）交換価値の開発 | ⑩行動促進戦略の策定 |
| | | ⑪価値提案を開発する |
| | 5）ソーシャルマーケティング介入の選択 | ⑫介入の「タイプ」と「形態」を選択する |
| | | ⑬費用便益分析の設計 |
| テスト<br>(Testing) | 6）パイロットテストを行う | ⑭可能性のある介入のテスト |
| | | ⑮パイロットプログラムのインパクトに関するレポート |
| 実行計画<br>(Enacting) | 7）実行計画 | ⑯介入計画策定 |
| | 8）実行の開始と管理 | ⑰パートナー，リスク，機会の管理 |
| | | ⑱プロセス報告 |
| 評価とプランの見直し<br>(Learn and Act) | 9）評価と報告 | ⑲アウトカム評価 |
| | | ⑳調査結果の報告 |
| | 10）学びのレビューと構築 | ㉑フォローアップ活動の特定 |
| | | ㉒今後の含意を特定する |

出所：French（2017）P. 36，表 3.1 を筆が翻訳・改変。

③ 測定可能な目標を設定する（Set objectives that can be measured）

②で決めた行動目標について SMART な目標を開発する。SMART とは，specific（具体的），measurable（測定可能な），achievable（達成可能な），relevant（関連のある），time-bound（時間制限のある）の頭文字を合わせたものであり，各行動目標は，SMART の 1 つ以上の要素が含まれている必要がある。

● タスク２：状況と影響を与える因子の分析（Analysing the situation and influencing factors）

④ 状況分析を行う（Perform situation analysis）

　介入を開始する前に，プログラムに影響を与える可能性がある主要な問題，または介入対象者の受容性を特定することが大切である。その際，SWOT（強み，弱み，機会，脅威）分析，PESTLE（政治的，環境的，社会的，技術的，法的，倫理的問題）分析は，潜在的な新しい戦術を導出するのに役立つ。

⑤ 競合分析を行う（Perform competition analysis）

　望ましい行動を採用するためには，それを妨げる要因や障壁を分析することが重要である。例えば，子どもを対象に食後すぐに歯磨きをする行動を促したい場合，競合とは，おもしろいテレビ番組が続けて放映されることや，お菓子が食卓に常にのっていることである。この分析を正確に行うことが，効果の高い介入プログラムの作成につながる。

⑥ エビデンスとデータを収集・吟味する（Review evidence and data）

　取り組む課題に関する既知の情報，学術論文，メタアナリシス，ケーススタディレポート，インタビューなどの公開および非公開の情報を収集する。これらから倫理的リスクなども特定し，その軽減策も計画に含むことが求められる。

⑦ 活用資源を特定する（Map and record assets）

　これから立案するプログラムで活用可能なあらゆる資源，例えば，調査・実装・評価に役立つ潜在的なパートナー，利害関係者の組織，コミュニティ，および個人を特定する。

● タスク３：介入対象者を理解する（Understanding target audiences）

⑧ 介入対象者に関するインサイトを収集する（Gather target audience insights）

　インタビュー調査，フォーカスグループ，観察研究などの定性的な調査，および定量的な対象者調査を利用して，対象者の知識，態度，行動に関する情報を

収集する。インサイトとは，本人も気づいていない無意識の心理であり，顧客に質問すればすぐに答えが返ってくる表層的なニーズとは異なり，探ろうとしない限り偶然見つからない潜在的な欲求である。

　インサイトの重要性を示す有名な例として，米ゼネラル・エレクトリックのMRIの事例が挙げられる。病院のMRIの検査において，検査を受ける子どもたちが怖がり80%が受診前に鎮静剤を打たなければならないという課題があった。その解決策として，MRI装置と検査室の壁に絵を描き，まるで海賊船の中のように仕上げ，子どもたちが海賊たちに見つからないようにじっと隠れているというアトラクションに変えることとし，鎮静剤を打つ子どもは10%にまで激減した。装置を改良するという方向に進めがちであるが，母親へのインタビューから「入退院を繰り返している子どもたちは，外遊びをする機会を逸失している」というインサイトを得たため，子どもたちへ新たな価値を創造・提供したのである（瓜生原，2020d）。

⑨ 介入対象者のセグメント化（Segment your audiences）

　セグメント化とは，同様の信念，態度，行動パターンを共有するサブグループに，対象者を分けることである。ソーシャルマーケティングの効果を上げるためには人口統計学，疫学，サービス利用のデータを超えて，人々の信念，態度，理解，観察された行動パターンに関するデータを含めてセグメント化することが重要である。

●タスク4：交換価値の開発（Developing exchange propositions）

⑩ 行動促進戦略の策定（Develop behaviour promotion strategy）

　介入対象者のインサイトと理解に基づいて，提案された行動が介入対象者にとってどのように位置づけられるのかを明確にする。例えば，予防接種を受けるという行動を促進する場合，予防接種を受けることによってどのような感情的・身体的利益が得られるか，受けにいく時間や手間をどのように削減できるかを明らかにする。この際，行動を採用することにより個人が得られる新しい価値を生み出すことが重要である。

⑪ 価値提案を開発する（Develop the value proposition）

　収集した介入対象者のインサイトとデータに基づいて，彼（女）らが望ましい行動へ評価するものを最大化し，認識するコストと障壁を最小化する方法を，セグメント毎に設定する。これらの組み合わせによりプロモーション戦略を導出し，価値あるプログラムとする。

● タスク5：ソーシャルマーケティング介入の選択（Selecting social marketing interventions）
⑫ 介入の「タイプ」と「形態」を選択する（Select intervention 'forms' and 'types'）

　目標とする行動への変容を促すための介入を策定する時，介入の「タイプ」（表2-9）と「形態」（図2-8）の組み合わせを選択する。

　介入の4つの「形態」は，2軸の要因によって定義される。横軸は，報酬（インセンティブ）または罰則を使用して特定の行動を促すかどうか，縦軸は，意識的または無意識的な意思決定に影響を与えることを目的とするかどうかであり，これらの組み合わせにより，4形態に分けられる。行動に影響を与えるためにインセンティブを使用する「ハグ（Hug）」と「ナッジ（Nudge）」，罰則を使用する「ショーブ（Shove）」と「スマック（Smack）」である（図2-8）。

　この4つの言葉をわかりやすく理解するために，親が子どもに正しい行動—例えば歯磨きや片付けなどをさせようとしている場合を想像してほしい。

　「ハグ」は，抱擁。つまり，望ましい行動を認知して実行している人に対して，金銭，満足感，自尊心などの外的・内的報酬やインセンティブを提供する。例えば，図2-8中に示すとおり，ワクチン接種を認知している人が接種を受けると報酬をもらえる仕組みである。

　「ナッジ」とは，そっと後押しする，すなわち無意識のうちに望ましい行動ができるように導くことである。臓器提供の意思に関するopting-out制度が代表例である。ワクチン接種の例では，接種の重要性をあまり認知していない保護者が，拒否の意思を示さない限り，学校の子供たちにワクチン接種が行われるデフォルト設定を提供する。すなわち，気づかないうちに接種に導かれているのである。

表 2-9　STELa モデルの介入タイプ

| 規制と動機付け (Control) | 法律や規制の力を使うことや，社会的利益のための個人，組織，市場の行動への動機づけや罰則を課す拘束力を持つこと。<br>（調整，ルール，必須条件，拘束，制限，警察，実施，規制，立法，インセンティブなど） |
|---|---|
| 伝達 (Inform) | 事実や態度をやり取りし，行動をするように説得したり，提案すること。<br>（通知，通信，トリガー，刺激，リマインド，強化，認識，説明など） |
| デザイン (Design) | コミュニティの発展，安全を支援する環境を作ること。<br>（製品，環境，組織システム，テクノロジー，プロセスの変更設計など） |
| 教育 (Educate) | 重要な意思決定をする権限を与えることや利益があると気付かせること，変化や個人の進歩のためにスキルを身に付けること。<br>（有効化，訓練，スキル開発，刺激，奨励，動機付け，批判的思考スキル開発など） |
| 支援 (Support) | 相互に合意された社会的優先事項を支持するためにサービスの提供，アクセスの実質的な支援，アクセスの促進を行うこと。<br>（ソーシャルネットワーキング，ソーシャルモビリティなど） |

出所：French（2017）p. 39，図 3.6 を筆者が改変。

図 2-8　STELa モデルの介入形態

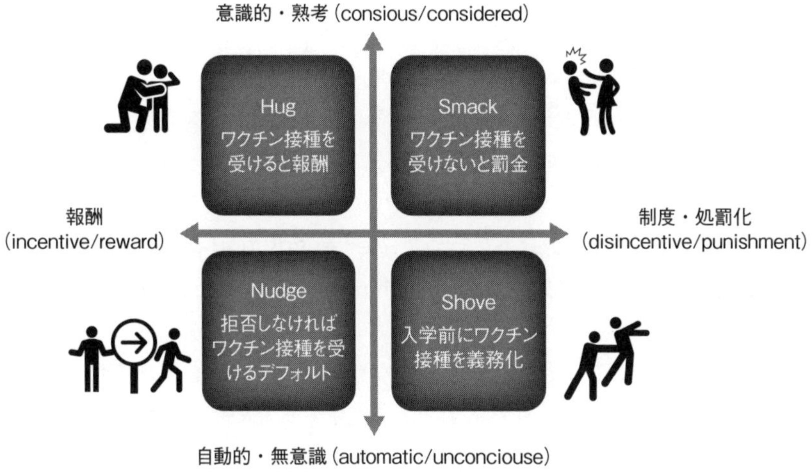

意識的・熟考（consious/considered）

報酬（incentive/reward）　　　　　制度・処罰化（disincentive/punishment）

Hug　ワクチン接種を受けると報酬

Smack　ワクチン接種を受けないと罰金

Nudge　拒否しなければワクチン接種を受けるデフォルト

Shove　入学前にワクチン接種を義務化

自動的・無意識（automatic/unconciouse）

出所：French（2017）p. 40，図 3.7 を筆者が改変。

　「ショーブ」は，ナッジと対照的に力をこめてどんと押す意味を持ち，望ましい行動ができない場合，無意識のうちに罰則を与える。例えば，速度を守れない人が多い道路において，道路をでこぼこにして，速度をおとさせるような

道路設計をする。ワクチン接種の例では，小学校に入る前にワクチン接種を必要条件とすることである。

「スマック」は，パシンとはたく音に由来する。つまり望ましい行動を認知しているのに行動しない場合に，罰則を与えることで行動を促す。ワクチン接種の例では，摂取を受けない人に罰則を与えることである。

これらの介入形態は全て適切な戦略である。また，多くの場合，単一の形態では不十分であり，これらの組み合わせが必要となる。介入対象者への調査結果や選考研究レビュー，エビデンスから効果的，かつ現実的な形態を選択する必要がある。

⑬ 費用便益分析の設計（Design in cost–benefit analysis）

介入計画を作成するときは，介入のタイプと形態が，行動促進を最大にし，かつかかるコストが最低になるよう，すなわち最大の費用便益を得られるように計画する。特に，新規の介入を計画・実装する場合に重要である。

## 【ステップ2】テスト（Test）

プロトタイプ介入の開発とテストを行う。同時に，データ収集・分析・評価方法も開発する。本介入の実効性を高めるため重要なプロセスである。

### ●タスク6：パイロットテストを行う（Pre-testing and piloting）

⑭ 可能性のある介入のテスト（Test each potential intervention and hypothesis）

ターゲット集団ごとに作成した潜在的な介入プログラムをそれぞれテストする。倫理的な問題と，パイロットテストを完了するために必要な許可の収集，評価方法も含めたテスト計画を策定したのち実施する。なお，正確な評価方法は，介入のタイプや形態，ターゲット集団の規模，時間規模，予算によって異なる。可能であれば，独立した研究者がパイロットテストの計画と評価を行うことが，本介入の価値の最大化につながる。

⑮ パイロットプログラムのインパクトに関するレポート（Report on the impact of the pilot programme）

　介入による認識，知識の獲得，態度，信念などへの影響もレポートに含め，これらを基に本介入プログラムを精緻化する。

## 【ステップ3】実行（Enact）

　このステップは，パイロットテストの結果に基づく介入計画の実行と管理である。このステップの最初に，完全なソーシャルマーケティング実行計画が作成される。これには，プログラムの管理方法，レポートの方法，リスクと機会の管理方法に関する詳細を含む明確な予算と評価戦略が含まれる。計画では，プログラムの影響と効率を監視する方法，プログラムの評価方法，資金提供者への報告方法について概説する。

## ●タスク7：実行計画（Planning implementation）
⑯ 介入計画策定（Intervention plan）

　パイロットテストの結果に基づき，完成度を高めた介入計画を策定するが，全ての利害関係者と共有し，以下の要素を含むことが不可欠である。

1. 問題の明確化
2. 状況分析および競争分析
3. 理論，エビデンス，事例研究から，目標行動に関して何がわかっていて，何がわかっていないのか
4. セグメント化と最終決定した介入対象者層
5. 各対象者層別の行動目標とSMART目標の明確化
6. 使用される介入のタイプと形態の組み合わせの詳細
7. 倫理的問題やその他のリスク，およびそれらへの対応方法
8. 各対象者層における予想される結果
9. プログラムのマネジメントと報告方法
10. 行動変容をもたらすために使用される資源
11. 予算とその使途
12. 短期的な変化，介入の効率（プロセス評価），望ましい行動（アウトカム）を含む評価方法

●タスク 8：実行の開始と管理（Initiating and managing implementation）

⑰ パートナー，リスク，機会の管理（Manage partners, risk, and opportunities）

　実行を担う各パートナーが，計画で約束したことを実現しているかどうかについて確認し，プログラムにどの程度従事しているかを記録する。また，予算の進捗管理を厳密に行い，最も費用対効果の高い方法で介入プログラムを提供できているかなどを確認し，適宜プログラム調整ができるシステムの確立も必要である。

⑱ プロセス報告（Report on process）

　プロセスと短期的なインパクトデータを収集し，その分析結果を，関連する全ての関係者に定期的に報告する。正確な進捗状況を共有することで，プログラム継続中に介入プログラムを調整でき，実効性の高さにつながる。

【ステップ 4】学びのレビューと次への展開（Learn and act）

　ソーシャルマーケティングプロセスの最後のステップは，プログラムのアウトカム，効率性，費用対効果，インパクトに関する最終結果の収集と普及に重点を置く。

●タスク 9：評価と報告（Evaluating and reporting）

⑲ アウトカム評価（Evaluate outcomes）

　タスク 1 の③で定めた SMART 目標に対する評価を行う。同時に，介入プログラムの達成度に対する利害関係者やパートナーの貢献も評価する。

⑳ 調査結果の報告（Report findings）

　利害関係者とパートナー，プログラム実施に関与したスタッフに調査結果を報告する。

●タスク 10：学びのレビューと構築（Reviewing and building learning）

㉑ フォローアップ活動の特定（Identify follow-up actions）

評価に基づき，政策立案者，計画立案者，専門スタッフ，コミュニティグ
ループ，およびその他の利害関係者やパートナーが取るべきフォローアップ行
動を設定する。また，出版物，会議でのプレゼンテーションなどを通じて，結
果や今後の展開について，より幅広い聴衆に広める方法を特定する。

㉒ 今後の含意を特定する（Identify future implications）

プログラムから得た学びと評価により，これらを今後どのように活かすのか
について，利害関係者やパートナーと共に検討し，合意する。さらに，
SWOT 分析，競合分析なども再評価し，継続的に行動変容を促すためにどの
ようなプログラムが適切か，検討し，次へと活かす。

# 2.11　Lee and Kotler モデル

次に，介入プログラム策定に特化したプロセスとして，Lee and Kotler
（2016，2019）の 10 ステップモデルを概観する。なお，本書の第 II 部では，こ
のステップに則って立案し（第 7 章），実装を試みたプロセスと結果（第 8 章
〜第 10 章）について記述し，本モデルの実効性の高さを示している。

## ① ステップ 1：背景・目的・焦点の明示（Establish Purpose and Focus）

介入プログラムの策定は，組織の活動として取り扱う社会課題を決定すると
ころから始まる。社会課題としてよく取り上げられるのは，健康に関する問題
や環境問題である。その社会課題を扱う背景は何なのか，何が問題なのか，何
がその問題に関係しているのか，活動に対して協力してくれる組織はあるの
か，などを先行研究調査などによって明らかにする。

次に活動の目的を設定する。ここで定める目的とは，目標やゴールより上位
のものである。目標やゴールは，対象となる層に促したい行動，知ってほしい
知識，定量化および測定が可能な行動変容の水準のような具体的なものを指
す。ここで設定する目的とは，対象者が望ましい行動をとった場合に得られる
最終的な社会的インパクト，すなわち，行動変容によって社会にどういう影響
を与えるかを意味する。

　さらに，計画の目的に寄与する選択肢の中から何に焦点を当て計画を進めるのかを決定する。焦点の明示の際には先行研究調査を行い，また，何に焦点を当てるか選択肢を絞っていく際には，具体的な行動が挙がっているか，他の組織がそこに焦点を当てて活動していないか，組織の設備は行動変容の促進に使えるものか，計画を進めるための人員や専門家などはいるか，そこに焦点を当てたとき社会問題解決に十分に寄与するか，といった指標が有効である。

## ② ステップ 2：状況分析（Analyze Situation）

　介入プログラムの目的を明確化したのちに行うことは，自らの組織についての状況分析である。これからの戦略や意思決定に影響を与える，あるいは関連する組織の強みと弱み，そして外部の機会と脅威について明らかにする必要がある。一般的にこれら 4 つを分析するために SWOT 分析を行う。SWOT 分析とは，自社の事業の現状分析からビジネス機会を明らかにするため，事業戦略やマーケティング計画を決定する際に用いられるフレームワークであり，ソーシャルマーケティングにおいてもこの分析方法が有効である。

　組織の内部環境に関する強み（strength）と弱み（weakness）を分析する際には，資金や時間，保有する情報量や情報へのアクセス手段は十分か，組織内で優先すべき活動が他にないか，組織内における活動への支持や支援は十分か，などに着目することが有効である。組織の外部環境は，組織自身がコントロールできないものであるため，組織にとっての機会（opportunity）と脅威（threat）を分析し，戦略の立案や意思決定を行う必要がある。外部環境を分析する際には，広告やメディアなどによって影響を受ける価値観や行動，新しい技術や製品の導入，政治や法的な要因などに着目することが有効である。組織が抱える課題，直面している外的な課題を組織内スタッフが共有し，理解することがこのステップでは重要である。

## ③ ステップ 3：介入対象者の選定（Select Target Audiences）

　活動によって介入する対象者を選定する。介入対象者選定のプロセスには 3 つの段階がある。まず最初に，市場をセグメント化する。セグメントとは，市場の中で共通の属性を持っている集団を指す。セグメント化には，人口統計

（性別，家族構成，収入など）や心理的傾向（保守的か，社交的かなど）といった変数が伝統的な基準としてよく用いられる。これに加えてソーシャルマーケティングでは，行動に焦点を当てているため，行動に関する変数（行動に対する態度）を用いることもある。

　次に，セグメントの大きさや重大度，マーケティングミックス（ステップ⑦参照）への対応性など，複数の変数を用いてセグメントの評価を行う。

　最後に，対象となる1つあるいは複数のセグメントをその中から選定する。その際，未分化マーケティング，差別化マーケティングといったアプローチがある。未分化マーケティングとは，セグメントの中で共通するものに注目して1つの戦略を立案し，全てのセグメントに当てはめる方法である。一方，差別化マーケティングとは，セグメント内で明確に区別が可能な場合に，それぞれのセグメントに合った戦略をとる方法である。また，ターゲットの選定の際，組織のミッションや資源に見合うか，組織が促したい行動の準備が対象者にできているかなどの基準を用いるのも効果的である。

## ④ ステップ4：行動目標とゴールの設定（Set Behavior Objectives and Goals）

　ソーシャルマーケティングには必ず「行動目標」が存在する。行動目標とは，最終的に介入対象者に影響を与えることで促したい，あるいは受け入れてもらいたい「望ましい特定の行動」である。目標である行動の動機づけのためには，介入対象者が知っておくべきこと，認識しておくべきことがあり，それらをそれぞれ「知識目標」および「信条目標」と呼ぶ。

　まず，行動目標を設定することから始めるが，1つか2つ程度で，簡単に説明できるように設定することが肝要である。次に知識目標，信条目標を設定する。知識目標は，行動目標を達成するために介入対象者が獲得すべき情報や事実であり，介入対象者にとって入手しづらく関心のないものが多い。具体的には，現状を指し示す事実や，望ましい行動から得られるベネフィットを示す事実，誤解を正す事実，知られていないような法律や制度が挙げられる。信条目標は，行動目標を達成するために介入対象者が認識すべき，あるいは信用すべき事柄であり，感情や価値観に関係する。認識すべき事柄としては，「個々の行動が重要である」，「その行動が周りからネガティブに見られない」，「その行

動へのコストには価値がある」といったものがある。

　これらの目標を設定したのち，介入プログラムのゴール，すなわち行動変容の望ましい水準を設定する。例えば，ソーシャルマーケティングによって「新生児の先天異常を減らす」ことを目的とする場合，行動目標を「女性に毎日400 mg の葉酸を摂取してもらう」と設定する介入プログラムを考える。この場合，ゴールを「18 歳から 45 歳の女性のうち，葉酸を含んだビタミンを摂取する人を 2008 年の 39％から 2014 年までに 50％にする」といったように具体的な水準として設定する。すなわち，ゴールは定量化でき，測定可能なものでなければならない。また，具体的かつ達成可能であり，期間を設ける必要がある。

### ⑤ ステップ 5：介入対象者の行動に影響を与える要因の明確化（Understand Barriers, Benefits, Motivators, the Competition）

　ステップ 1 から 4 を通して，誰に対して影響を与えるか，どのような行動を促すか，介入対象者の数や規模はどれくらいかを明確化できた。次に，ポジショニング，マーケティングミックスによる介入を策定するためには，介入対象者の意思決定および行動に影響を与える要因について理解する必要がある。

　介入対象者の意思決定や行動に影響を与える要因は，介入対象者が「望ましい行動」よりも好む行動（すなわち競合），「望ましい行動」に対して持っている知覚された障壁，その行動の代わりに求めるベネフィット，その行動をとるための動機づけの 4 つである。競合となる行動を明確化することで，のちのポジショニングが容易になる。また，介入対象者が持つ障壁を最小化し，求めるベネフィットを最大化することで行動変容をより促進することができる。動機づけは介入対象者ごとに異なるため，マーケティングミックスによるアプローチが必要になり，動機づけの明示が戦略を立案する際に一助となる。これらの要因は先行研究調査，インタビューなどによる定性調査，アンケートなどによる定量調査によって明確化することが好ましい。このステップにおいて多大な金銭，時間を費やすことをしてでも，4 つの要因を正確に把握することが重要である。

## ⑥ ステップ6：ポジショニングの明文化（Craft a Positioning Statement）

　介入対象者の意思決定や行動に影響を与える要因を明確化した次に行うことは，ポジショニングを明文化することである。一般的にポジショニングとは，介入対象者の頭の中に，自社製品・自社サービスについての独自のポジションを確保し，他社との差別化イメージを植え付けることを指す。例えば，日本のハンバーガーショップについて考える場合，マクドナルドは他社よりも庶民的で安価，フレッシュネスバーガーは他社よりも高価だがお洒落というポジショニングを確保している。

　ソーシャルマーケティングにおいては，競合する行動と比べて，促進したい「望ましい行動」について，介入対象者にどう考えてもらいたいか，あるいはどう見てもらいたいかを明らかにすることがポジショニングにあたる。ポジショニングにおいては，前項で明らかにした行動に影響を与える4つの要因を基にする。促進したい行動に対して新しい価値を創造すること，4要因のうち何に焦点を当てポジショニングを行うかを熟考することが重要である。すなわち，「促進したい望ましい行動」が「競合となる行動」よりもベネフィットが得られ，新しい価値が付与されることについて明文化し，ポジショニング・ステイトメントとする。

## ⑦ ステップ7：戦略的にマーケティングミックスを策定（Develop 4Ps）

　介入対象者が望ましい行動をするように促すために，戦略的なマーケティングミックス（4P戦略）を策定する。一般的に4Pとは，製品戦略（Product），価格戦略（Price），流通戦略（Place），プロモーション戦略（Promotion）の4つの戦略を指す。

　1つ目の製品戦略（Product）について述べる。ソーシャルマーケティングにおける製品には3つの製品レベルがある。1段階目が中核産物（Core Product），2段階目が現実産物（Actual Product），3段階目が拡張産物（Augmented Product）であり，段階順に考える必要がある。中核産物とは文字通り製品の中心となるものであり，望ましい行動をとることでターゲットが得られるベネフィットを指す。注意すべき点は，この産物が，組織の促したい行動や提供したいサービスではなく，介入対象者にとって最も価値のあるベネ

フィットでなければならない点である。例えば,「適度な運動」という行動を促したい場合の中核産物は,運動によって介入対象者が得られる「心身の健康」である。現実産物とは,「促したい行動そのもの」である。拡張産物は,行動変容を支える付加的な製品を指す。米国マサチューセッツ州の NPO「WalkBoston」は「1日30分のウォーキング」という行動を促進するための拡張産物として,ランチや仕事場などへのルートを書いたウォーキングマップを作成した。製品戦略においてはこれらの3つの段階について考慮する必要がある。

　2つ目の価格戦略(Price)であるが,ソーシャルマーケティングにおける価格とは,介入対象者が目標行動をとる際に支払うコストを指し,金銭的なものと非金銭的なもので構成される。金銭的なコストとしては行動を採用するに際して購入するモノやサービスの費用,非金銭的なコストとしては時間や労力,心理的なリスクなどが挙げられる。非金銭的なコストは,前ステップの「知覚された障壁」を調査する中で明らかになっていることが多い。そのため,ここでは,望ましい行動に対しての金銭的なベネフィットを増やす,あるいは非金銭的なベネフィットを増やす,金銭的なコストを減らす,非金銭的なコストを減らすような戦略を策定する必要がある。また,競合となる行動に対しての金銭的,非金銭的なコストを増やす戦略も有効である。金銭的なベネフィットは製品の値引きやギフトカードなどの付加的なもの,非金銭的なベネフィットは,社会的な課題などについて考える機会や時間を持ったこと(コミットメント)や周囲からの評価などが挙げられる。非金銭的なコストを減らす方法は,心理的なリスクに対して周囲からの評価を与える,行動のリスクに対して不安を払拭する情報を与える,身体的なリスクに対して社会的評価の高い組織からの承認・支持を頼む,などが挙げられる。

　3つ目に,流通戦略(Place)であるが,介入対象者が,行動をいつどこでとるかについて考える。できる限り介入対象者に便利,快いと感じさせ,好ましい行動を起こさせることが目的である。アクセスへの障壁や時間的障壁,心理的障壁を減らすことが戦略策定で重視される。行動する際に必要なものがあるように働きかける,行動する場所に関する心理的障壁を減らす,などの戦略が考えられる。場所に関する心理的障壁を減らす戦略の事例として,インター

ネット上で保護動物を見ることができ，ペットの里親になれるサービスが挙げられる。ペットの里親が見つからない原因，すなわち，障壁を分析した結果，保護施設に行くために時間がかかること，実際に施設に行っても自身の求める動物がいないという懸念が時間的・心理的障壁となっていることが明らかになった。そこで，Web サイトを立ち上げ，インターネット上で保護施設内の動物を見ることや，特徴などを写真付きで確認可能にすることで，双方の障壁を減らしているのである。流通戦略（Place）では，介入対象者にできる限り便利かつ快く望ましい行動をさせ，関連するサービスを享受してもらうような戦略を考えることが重要である。

　4つ目のプロモーション戦略（Promotion）とは，介入対象者に知ってほしいこと，行動する際にベネフィットが得られるということを伝達する，説得的なプロモーションのことである。プロモーションに必要な主な要素は，メッセージ，メッセンジャー，独創的なロゴやフレーズ，チャネルの4つである。メッセージとは介入対象者に行ってほしいこと，知識として知ってほしいこと，心の中に認識してほしいことを指す。メッセンジャーとはメッセージを伝える人物やキャラクターのことであり，介入対象者の行動に影響を及ぼす。チャネルについては，いつどこでメッセージが届く必要があるかを考える。大勢に対してのメッセージであれば Web サイトや，Twitter，Facebook などの SNS を用いるのが有効であり，特定の介入対象者に対するものであればダイレクトメールなどが有効である。メッセージは，簡単で明快，覚えやすい，かつ介入対象者のベネフィットに焦点を当てることが重要である。

## ⑧ ステップ8：評価の計画（Determine Evaluation Plan）

　計画の微調整をしながら設定したゴールに達成し，その効率性を高めるためには，活動の評価測定が必要である。評価測定には主に4つの方法があり，どのような評価測定を行うか決定する。

　1つ目の測定方法は「入力測定（Input Measures）」である。最も簡単な評価測定方法であり，計画に対してどれほどの資源が使われたかを測定する。ここで扱う資源とは，費やした資金，組織に属するスタッフの時間などを指す。資源を数量化することがこの測定では重要である。

　2つ目の測定方法は「アウトプット測定（Output Measures）」であり，活動について評価する。行動に影響を与えるための活動に対する介入対象者の反応や反響に焦点を置く。評価指標としては，組織のプロモーションがどれほどの人や世帯に到達しているか，どれほどの頻度でその組織のプロモーションや情報発信に触れるか，メディアに報道されているか，などが挙げられる。

　3つ目は「アウトカム測定（Outcome Measures）」であり，活動による介入対象者の行動，知識，信条における変化を測定する。行動や知識の変化を数値化して評価することで，ステップ4で設定したゴールと比較してどれほど達成したかを測ることができる。行動変容の評価として，「アウトカム測定」が必須である。

　4つ目は「インパクト測定（Impact Measures）」であり，この方法が最も手間と費用がかかる。なぜならば，介入対象者の行動の変化が社会問題に対してどのような社会的インパクトをもたらしたかを測定するからである。例えば，飲酒運転の減少を行動目標とした場合，評価対象となるインパクトは，飲酒運転が減ったことでどれほどの人が以前よりも助かっているのかである。また，高齢者の運動促進を行動目標とした場合，インパクトは，運動の結果，高齢者の病気やケガがどれだけ減少したのかである。

## ⑨ ステップ9：予算の設定（Establish Budgets and Find Funding）

　まず，計画の草案に基づいて資金がどれくらい必要かを鑑み，予算を設定する。次に，現時点で組織が利用可能な資金と必要な資金を比較する。この比較により，介入対象者やゴール，戦略を修正する必要が生じる場合，あるいは，追加資金の調達が必要になる場合がある。こうした修正などを踏まえ，自組織が保有する資金を把握し，提携組織（自治体やNPO法人など）から確保可能な資金を反映させ，最終的な予算を設定する。

## ⑩ ステップ10：実施計画を書く（Write Implementation Plan）

　期間内，予算内に組織が何をするのか，実施計画を明確にし，それに基づき戦略を具体的な行動に移す。実施計画の重要な要素として，「何を行うのか」，「誰が責任を負うのか」，「いつ行うのか」，「どれほどの費用が掛かるのか」が

挙げられ，これらを明示する必要がある。計画のフォーマットは簡略なものから複雑なものまで様々である。活動の期間は基本的には 1 年ほどであるが，理想とされるのは 2 年から 3 年間の中期活動計画である。介入対象者や活動の焦点，目標や戦略的なマーケティングミックス，評価測定の計画など，明確な実施計画はマーケティングプランそのものである。

　ソーシャルマーケティングの介入プログラムを計画する正しい方法は 1 つではない。重要なのは，プロセスの一部のみを実施するのではなく，以上のステップを確実に行うことである。そのことにより，実効性と費用対効果の高い社会課題解決の介入プログラムが可能となる。また，これらを実装するスタッフへの教育，得られた知見をフィードバックするシステムも不可欠である。

### 注

1)　『健康日本 21 の推進にはマーケティング手法を社会政策に応用したソーシャルマーケティングが必要である。例えば，マスメディアによる情報提供，企業による商品・サービスの開発と提供，保健医療専門家によるサービスの提供および働きかけなどである。個人の生活習慣の改善という観点から見ると，生活習慣が変わるためには一般に知識の受容，態度の変容，行動の変容という三段階を経るといわれている。その順にマスメディア，小集団による働きかけ，一対一のサービスが効果が高いとされている。』と記載されている。https://www.mhlw.go.jp/www1/topics/kenko21_11/s0.html

2)　例えば，吉野は環境保全につながる個人の行動を促すためにマーケティングを用いることを「環境マーケティング」と定義しているが，「環境マーケティング」の定義は多様であり，国際的に統一された定義は報告されていない。

3)　ボルヴィックホームページの『支援・寄付結果報告 2007 年』（http://www.volvic.co.jp/ csr/1lfor10l/action/07result.html），キリンホールディングス『アニュアル レポート 2007』（http://www.kirinholdings.co.jp/ irinfo/library/annual/pdf/ar2007.pdf）を参考にした。

# 第3章
# 行動変容を支える理論

　本書では，社会課題の解決の1つの方法として，ソーシャルマーケティングを用いて人々の行動変容を促すことを主題にしている。そのためには，前章で述べたとおり，適切な理論を用いることが要諦である。

　そもそも理論とは何か。様々な見解があるものの，一言で言うなれば，理論とはバラバラで複雑な事柄を法則的に説明し，その認識を発展させるために筋道をつけて組み立てたものである。さらに細かくいえば，相互関係を持つ概念（concept）[1)]を説明するものであり，一般可能性（generalizability）と検証可能性（testability）を要件とするものである。抽象化されているが，人々の行動の理由を説明するための基盤となる。また，理論は，なぜ問題が存在するのかを説明し，知識，態度，自己効力感など修正可能な要因を同定するのに役立つ「説明の理論（explanatory theory）」と，介入方法の開発に役立つ「変革の理論（change theory）」に大別される。さらに，モデル（model）は，ある状況下で説明するために複数の理論や経験的な知見に基づき創られたフレームワークであり，一つの理論だけでは説明できない場合に用いられる。

　行動変容の挑戦が漠然とした困難な旅であれば，理論はその旅を導く地図でありコンパスである。なぜ対象となる現象が現在の形になっているのか，なぜ人々はその行動をとっているのか，政府はなぜ今の政策を行っているのか…。ソーシャルマーケティングにおいて，理論は，目の前に漠然と広がっている現象を，筋が通った形で理解するために重要なツールなのである。

　したがって，行動変容を促すためには，多様な分野の行動に関する理論，モデルとエビデンスを組み合わせ，最適化した介入を計画する必要がある。本章では，下流である個人を対象とした理論から上流の社会システムに関わる理論まで，多様な分野の行動理論をFrench（2017）に沿って分類し，各理論について概観すると共に，ソーシャルマーケティングとの関連性についても考察す

る。

# 3.1　個人レベルの行動理論

　個々に焦点を当てた行動変容に関する理論は広範囲であり，知識，態度，信念，動機付け，自己概念，学習，過去の経験および技能，ならびに自己認識などが行動の重要な決定要因として含まれる。

　ここでは，心理学，健康行動学，組織行動論を横断的に概観し，時系列で，レスポンデント条件づけ・オペラント条件づけ，動機づけ理論，認知的不協和理論，健康信念モデル，トランスセオリティカルモデル・行動変容ステージモデル，合理的行動理論・計画的行動理論，防護動機理論について述べる。

### 3.1.1　レスポンデント条件づけ，オペラント条件づけ

　動物やヒトの示す行動のうち，その種や個体に備わった行動だけではなく，生まれた後の経験によって変容するものがある。この，経験により行動が変容する過程は，条件づけ（conditioning）とよばれ，「レスポンデント条件づけ（respondent conditioning）」と「オペラント条件づけ（operant conditioning）」との2種類がある。

　「レスポンデント条件づけ」は，古典的条件付け（classical conditioning）ともいわれ，刺激と刺激を時間的に接近させて呈示することによって，その関係を学習させる条件づけの方法である。Pavlov（1927）によるイヌを使った唾液条件づけ実験で知られている。生理的な反応（唾液がでる）をもたらす刺激A（肉片を与える）に先行して，他の刺激B（ベルを鳴らす）を与え続けると，刺激Aがなくても刺激Bだけで同じ生理的な反応が生じるようになる（ベルを鳴らすだけで，唾液がでるようになる）現象である。私たちが，梅干が酸っぱいと学習し，梅干を見ただけで唾液が出ることも，経験から学習し，後天的に獲得する反射である。また，犬に突然咬みつかれかけて非常に怖い経験をした場合，その犬ではないとわかっていても全ての犬に近づくと動悸が激しくなる。「レスポンデント条件付け」は，誘発刺激が強い恐怖や不安といった情動反応を引き起こす場合，一回でも成立する。このような一回で成立する

行動はなかなか消えることがなく，自分では制御できないこともこの行動の特徴である。

　一方，「オペラント条件づけ」とは，道具的条件づけ（instrumental conditioning）ともいわれ，自発的，もしくは道具を使った反応（行動）に対して，強化刺激を与えて，その行動の頻度が増加することを意味する。レスポンデント条件づけが生理的反応なのに対して，オペラント条件づけは自発反応であるのが特徴である。

　Skinner（1953）による有名なネズミの実験では，ブザーが鳴ったときに，偶然ネズミがレバーを押すと餌が出てくるようにしておく（強化刺激）と，ブザー（弁別刺激）が鳴ったときにレバーを押す行動（オペラント行動）をする頻度が高くなる。すなわち，オペラント行動の直後に，報酬などの刺激である強化子（reinforcer）を与え，強化（reinforcement）することで行動生起頻度を増大させるのである。

　また，オペラント条件づけは，応用行動分析として日常に利用されている。例えば，買い物をする（行動）とポイントが貯まり（強化子），一定のポイントが貯まると特典がもらえる（報酬）というシステムは，消費者の特定の行動を増やしたり強化するためにトークン（代理貨幣）と呼ばれる報酬を与えるトークンエコノミー法が適用されている。最終的に目標とする行動を獲得するために，その行動を小さなステップに分け，その行動がとれた時に褒める（強化子）ことがある。段階的に獲得へ導いていく方法はシェイピング法（行動形成法/漸次的接近法）と呼ばれ，あらゆる業界のマネジメントなどに用いられている。

## ソーシャルマーケティングとの関連性 ●

　これらの条件づけは，報酬，インセンティブ，または罰則が行動を継続させる要因として考え得ることを示唆している。介入プログラム策定の際，特に，望ましい行動を維持させる段階において有用である。行動を変えることに対してプラスとなる面を出して推奨し，同時に，現在の行動を続けることに対して不安などネガティブな面を提示することが効果的と言われている。しかし，このアプローチによる副作用については諸説あり，行動を変えない人々に対して

の差別や偏見を生み出してしまう一因にもなりかねないので注意が必要である（Lefebvre, 2011）。

### 3.1.2　動機づけ理論

　個人を動機づける理論には，内容理論（content theory）と過程理論（process theory）に分けられる。前者は，何に動機づけられるのかを示した理論で，Maslow（1954）の「欲求階層説（Maslow's hierarchy of needs）」，McGregor（1960）の「X, Y 理論（Theory X and Theory Y）」，McClelland（1961）の「達成動機づけ理論（achievement motivation theory）」，Herzberg（1966）「動機づけ-衛生理論（motivation-hygiene theory）」，Alderfer *et al.,*（1972）の「E.R.G. 理論（Existence, Relatedness and Growth theory）」が含まれる。この中で最も有名な「欲求階層説」は，人間は，ある欲求が充足されて初めて次の段階の欲求により動機づけられるというものである。具体的には，生理的欲求（人間が生きていくために最低限必要な，生理現象を満たすための欲求であり食物，排泄，睡眠など），安全欲求（誰にも脅かされることなく，安全に安心して生活をしていきたいという欲求であり，雨・風をしのぐための住居を欲するというものから，戦争などの争いごとのない環境で過ごしたいという欲求まで含まれる），社会的欲求（集団に属したり，仲間から愛情を得たいという欲求），承認欲求（他者から，独立した個人として認められ，尊敬されたいという欲求），自己実現欲求（自分自身の持っている能力・可能性を最大限に引き出し，創造的活動をしたい，目標を達成したい，自己成長したいという欲求）という順に動機づけられると説明されている。（図 3-1 参照）

　一方過程理論は，どのように動機づけられるのかを示した理論で，Hull（1943）の「動因低減理論（drive reduction theory）」，Adams（1963, 1965）の「衡平理論（equity theory）」，Vroom（1964）「期待理論（expectancy theory）」が含まれる。「期待理論」は，動機づけの強さは，その行動を起こせば何らかの仕事成果が出るであろうという見込み「期待（expectancy）」と，仕事成果がもたらす報酬の魅力度「誘意性（valence）」と，仕事成果が報酬をもたらすのにどれだけ役に立つか「道具性（instrumentality）」との積である，すなわち，行動を起こして得られる成果の先にあるコトの魅力の度合いが高い

**図 3-1　マズローの欲求階層説**

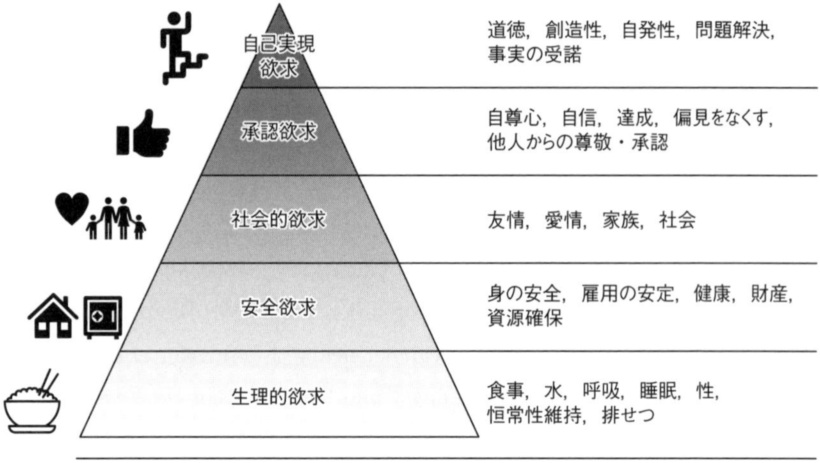
自己実現
欲求
道徳，創造性，自発性，問題解決，
事実の受諾
承認欲求
自尊心，自信，達成，偏見をなくす，
他人からの尊敬・承認
社会的欲求
友情，愛情，家族，社会
安全欲求
身の安全，雇用の安定，健康，財産，
資源確保
生理的欲求
食事，水，呼吸，睡眠，性，
恒常性維持，排せつ

出所：French（2011）を筆者が改変。

**図 3-2　Vroom の期待理論**

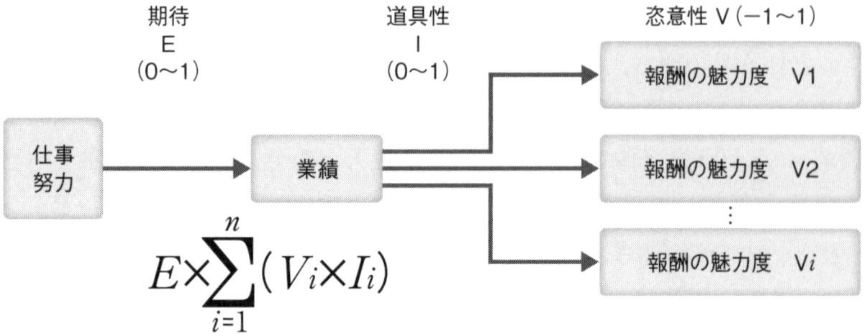
期待
E
(0〜1)
道具性
I
(0〜1)
恣意性 V (−1〜1)
仕事
努力
業績
報酬の魅力度　V1
報酬の魅力度　V2
報酬の魅力度　Vi

$$E \times \sum_{i=1}^{n} (V_i \times I_i)$$

出所：Vroom（1964）を基に筆者作成。

と，人はそのための行動を起こすという理論である（図 3-2）。誘意性には，賃金だけでなく昇進，表彰など非物質的な報酬も含まれる。また，仲間からの非難などネガティブなものも含まれる。これら複数の誘意性を合わせてプラスの方向に大きくなると行動促進につながる。

**ソーシャルマーケティングとの関連性** ─────────────── ●

　人々の行動の原動力である動機を理解することは，行動への影響要因を探索するうえで重要な要素である。期待理論における誘意性の総和を高める施策は，実効性の向上につながるなど応用性も高い。モチベーションの理解というと，個人のモチベーションに注目してしまいがちであるが，個人を取り巻く地域コミュニティーや社会がその行動変化をどうサポートするか，中流・上流レベルの行動変容に対するモチベーションも理解する必要がある（Andreasen, 2002）。Wymer（2011）は，個人のモチベーションのみを注視することは，問題の根本にある本質から目を逸らすことであると警鐘を鳴らしている。モチベーションを理解する理論が重要であることに疑いはないが，行動変容を長期的に持続可能なものにするためには，個人の周りに存在する経済や社会を理解する理論も併用し，広い視野を持つことが重要である。

### 3.1.3　認知的不協和理論

　認知的不協和とは，行動や考えの矛盾によって生じる不快感のことである。Festinger（1957）により提唱された「認知的不協和理論（cognitive dissonance theory）」とは，自分の考えと行動が矛盾したときに感じる不安を解消するため，考えを変更することによって行動を正当化する現象を説明した理論である。

　例えば，次の日の仕事のことを考え早く寝るべきだと思っているのに，つい夜更かしをしてしまう場合，「早く寝るべきだ」という考えと，「夜更かしする」という行動が矛盾しているため，不快感を覚えるはずである。そこで「私は夜のほうが良いアイデアが浮かぶから起きているのだ」と考えを変えれば，「夜のほうが調子がよい。だから夜更かししている」と，考えと行動の矛盾が解消されるため，不快感がなくなる。このような「認知的不協和の解消」による行動の正当化は，人々が日常的に行っているものである。

**ソーシャルマーケティングとの関連性** ─────────────── ●

　認知的不協和は，行動と態度の衝突を強調するプロセスを通じて介入に効果を発揮させることができる。

図 3-3 認知的不協和理論のソーシャルマーケティングへの応用

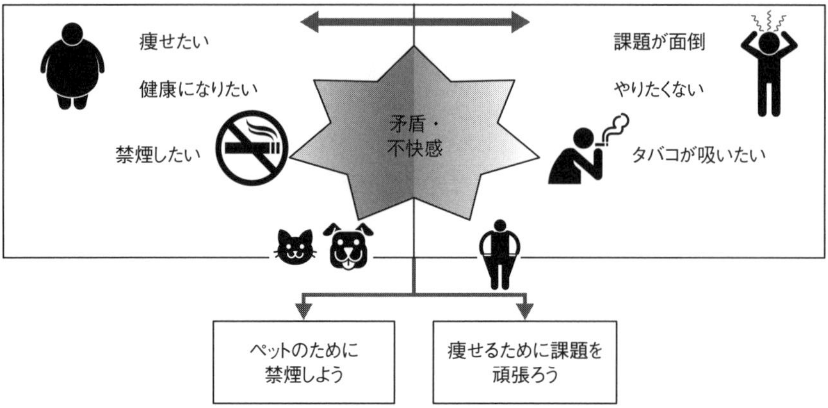

出所：筆者作成。

　一例として，Axson and Cooper（1985）のダイエットの実験が挙げられる。彼らは，肥満解消クリニックへの参加者に，ダイエットとは無関係の課題を与え，3週間後ダイエットの結果を評価した。Aグループには簡単な課題を与え，Bグループには多大な努力が必要な課題が与えられた。その結果Bの方がダイエット効果が高かった。その理由として，Bグループは，「ダイエットがしたいのに，無関係な課題をやらされている」と嫌な気持ちになった，すなわち認知的不協和が生じ，「この課題はダイエットと関係ある」と考えることによって認知的不協和が解消され，課題とダイエットの両方を頑張ったと考察することができる。

　また，ミシガンで犬猫の飼い主を対象に行われたアンケート調査では，ペットへの受動喫煙による健康被害情報を知った28％の飼い主が禁煙に挑戦したいと回答した。喫煙者にとって禁煙は簡単なものではないが，大切なペットへの受動喫煙のリスクがあるという情報で認知的不協和が生じ，その解消のために飼い主たちが自宅は禁煙にしようと思うモチベーションを高める効果をもたらしたのである（Milberger *et al,* 2009）（図 3-3）。

### 3.1.4　健康信念モデル

　「健康信念モデル（health belief model）」は，1950年代に米国公衆衛生局の社会心理学者たちにより開発された。その当時，結核の検診のために無料のX線検査サービスを提供したにもかかわらず参加が少なく，その理由を説明するために研究されたのである（Hochbaum, 1958；Rosenstock, 1960）。健康に関する意思決定と行動に焦点を当てた最初の社会的認知モデルの1つであった。その後，1970年代および1980年代にJanz and Becker（1984）らによって改良され，予防行動などに広く適用されるようになった。

　「健康信念モデル」は，人が健康に関する推奨行動をとるようになるためには，「このまま行動しなければ将来的に病気になるなど健康に『危機感』を感じ，その行動をとることのコストより利益の方が大きいと感じ，自分でその行動をとれると確信できることが不可欠」と説明されている。本モデルの6つの重要な構成概念は以下のとおりである。

➤ 認知された罹患可能性（perceived susceptibility）：自分が病気や不健康な状態に陥る可能性についての本人の主観的な認識。

➤ 認知された重大性（perceived seriousness）：病気や不健康な状態に陥った際の重症度や，放置した場合の身体的結果（死亡，後遺症など）や社会的結果（失職，差別など）の深刻度についての本人の主観的な認識。

➤ 認知された利益（perceived benefits）：推奨される行動から得られると考えられる利益についての本人の主観的な認識。例えば，禁煙によるお金の節約，健康を気遣う家族へ喜びをもたらすなど，健康とは無関係な利益も含む。

➤ 認知された障害（perceived barriers）：行動への妨げになるものやその程度に関する本人の主観的な認識。時間，金銭的なコストのみならず，面倒，行動への恐怖感，結果への不安（自分だけ禁煙したら友達との関係が悪くなるかもしれない）なども含まれる。

➤ 行動のきっかけ（cues to action）：行動の引き金になり得る内的・外的な要因。内的な要因とは，疾患や不健康な状態への脅威感を増大させるような症状の出現，外的な要因とは，メディア報道，医療者や家族からの勧め，受診勧奨システムなどである。

➤ 自己効力感（self-efficacy）：推奨される行動を自分はうまく実行できるという自信。

　健康に関する信念間の組み合わせにより，推奨行動をとらなければいけないという危機感とそれをうまくできるという自己効力感が醸成され，そこに個人的な背景や行動のきっかけが作用して，推奨行動へと促進されるのである（図3-4）。一方，デモグラフィック変数や社会心理変数など様々な修飾因子が健康信念モデルに追加されてきた。このような変数は，それ単体が個人の行動を変える原因になるのではなく，身体的（健康状態など），環境的（メディアなど）事柄を基に行動を促すきっかけになると理解することが重要である。

図 3-4　健康信念モデル

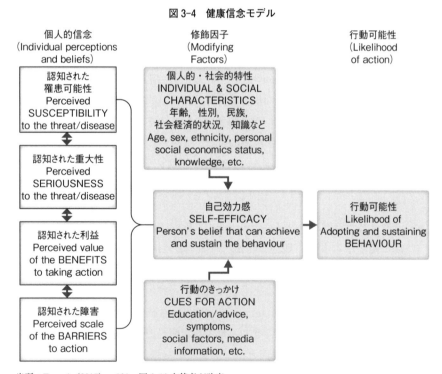

出所：French（2017）p. 101，図 6.10 を筆者が改変。

ソーシャルマーケティングとの関連性 ─────────────────── ●

　本モデルは，健康行動の変容に多数応用されてきた（Glanz *et al.*, 2015）。乳がん検診（マンモグラフィー）受診における個別化プログラムに関するレビューでは，本モデルが最も有用であることが報告されている（Sohl and Moyer, 2007）。大腸がん検診受診に関するランダム化比較試験においては，本モデルに基づく個別性の高いプログラム群（介入群）は，非個別化プログラム群（非介入群）と比較し，認知された重大性と利益が増加し，逆に認知された障害は減少し，モデルの有用性が示されている（Rawl *et al.*, 2012）。

　このように，本モデルは，認知される脅威感，および推奨される行動の有効性に焦点を当てており，その視点でセグメント化，メッセージの開発に応用される。セグメント化に関しては，対象者を脅威感，自己効力感のレベルでカテゴリーしてセグメント化することが可能である。メッセージ開発については，解決したい健康問題がどの程度深刻な個人的脅威であるか，かつ推奨行動がその脅威を回避するうえで有効かを理解させるメッセージの開発に役立つ。また，行動に対する障壁の克服や実施方法についてのメッセージ開発にも有用である。

　本モデルでは，異なる信念がどのように影響し合い，環境や経済などがどのように健康にかかわる行動に影響するかまでは明らかにされていない。また，人々の行動や信念，態度などが意思決定にどの程度影響するのかについても明確ではない。これらに留意して用いることが大切である。

### 3.1.5　トランスセオリティカルモデル・行動変容ステージモデル

　「トランスセオリティカルモデル（transtheoritical model）」は Prochaska（1997）によって創り出されたモデルで，ステージ概念を導入することで，様々な行動理論における変化のプロセスを統合したものである（Procaska and Velicer, 1997）。複数の理論横断的という意味でトランスセオリティカルと名付けられた。その核となる構成概念がステージである。

　Prochaska and DiClemente（1983）は，禁煙の行動変容はステージを通過しながら進むことを明らかにし，「行動変容ステージモデル（Stages-of-Change Model）」を提唱した。本モデルは，人間が行動を変容する際には，

図 3-5　トランスセオリティカルモデル

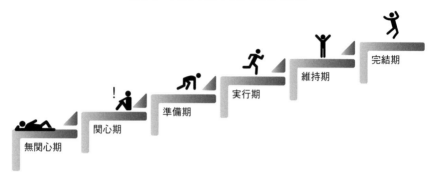

出所：筆者作成。

「無関心期（precontemplation，6 カ月以内に行動を起こそうと思っていない）」，「関心期（contemplation，6 カ月以内に行動を起こそうと思っているが実際には行動していない）」，「準備期（preparation，1 カ月以内に行動を起こそうとの意図があり，それに向けて何らかの行動を起こしている）」，「実行期（action，行動を起こして 6 カ月未満である）」，「維持期（maintenance，行動を変えて 6 カ月以上である）」，「完結期（termination，元に戻る気持ちはなく自己効力感が 100％ある）」の 6 つのステージを段階的に経るという考えを基盤にしたものである（図 3-5）。

　各ステージにおいて適切な介入を行うことが，行動促進に重要であるとされている。具体的には，「無関心期」は，行動を変化させる意思なく，問題をも否定している段階であるため，行動を変える必要性を感じさせる（感情的経験），メリットを意識させる（意識の高揚）ことが重要である。「関心期」では，問題や変化の必要性に気づき，行動変化を考え始める段階であるため，「不安・障害」を全て挙げて解決法を考える，できそうなことや身近なことに結びつける，ポジティブイメージ（自己の再評価）が有用である。「準備期」では，意思決定をし，行動のための準備を始める段階であるため，行動変容を行う際の誘因および報酬に着目する。また，行動開始を周囲に宣言（自己の解放）することも効果的である。「実行期」は，行動を変えたが習慣になっていない段階であるため，小さな目標の設定と達成により自己効力感を高めるこ

図 3-6　行動変容ステージモデルに基づく禁煙の事例

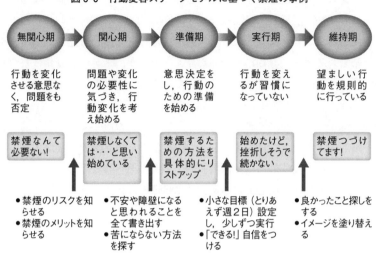

出所：筆者作成。

と，周りからのサポートを活用（援助関係）したり，継続しやすい環境作り（刺激統制）をすることで，「維持期」に移行できる。

　図 3-6 は禁煙の事例であるが，各段階において介入方法を変える必要性が示され，行動変容ステージは重要な視点をもたらしている。また，第Ⅱ部では「臓器提供の意思表示行動」について具体的に記述しているが，同様に，全く関心のない人と，すでに関心を持っているが意思決定にためらっている人では，価値観や知識レベルに違いがあることが推察され，行動を促進する上で効果的な働きかけも異なると考えられる。すなわち，各ステージにあった働きかけが必要と考えられる。

**ソーシャルマーケティングとの関連性**──────────────●

　このモデルは，大規模な意識・行動変化を徐々に構築する場合，特に習慣的な行動によく用いられる。実際，禁煙（Aveyard *et al.*, 1999 など），過度なアルコール摂取防止（Carbonari and DiClemente, 2000 など），食事・体重制限（Horwath, 1999 など），HIV 感染予防（Redding *et al.*, 2007 など），服薬コン

プライアンス（Johnston *et al.*, 2006 など），暴力の停止（Leversque *et al.*, 2008 など），高齢者の運動促進（Barke and Nicholas, 1990 など）といった様々な行動に応用されている。また，527 名の会社員を対象に運動増進プログラムを実施した結果，ステージ分類に基づいた介入群の方が，ステージ分類に基づかない介入群より，6 週間後に運動を維持している割合が高かった（Peterson and Aldana, 1999）と報告されているように，有用性が認められている。

　Prochaska ら（1992）の研究によると，ステージの前半では，認知的・感情的・評価的因子，後半ではコミットメントや他からの支援の影響が大きいことが示されている。具体的には，無関心期から関心期へ移行させるためには，意識向上，感情的体験，関心期から準備期は自己再評価，準備期から実行期は自己解放，実行期から維持期へは強化マネジメント，刺激コントロールなどが有用であると示唆されている。これらを基に形成的調査を行うことにより，適切な介入を策定することができる。

### 3.1.6　合理的行動理論・計画的行動理論

　「計画的行動理論（theory of planned behaviour）」は，「合理的行動理論（theory of reasoned action）」を基に生まれた，行動と心理的な因子間の関係性を表した理論である。Fishbein（1967）は，乳がん検診という行動の予測因子として，結果（がん予防）に対する態度よりも，行動（乳がん検診）そのものに対する態度の方が関連性が強いことを示した。すなわち，行動がもたらす結果に対する態度と，行動自体に対する態度（行動しようとする心の準備）を区別し，後者を，態度と行動をつなぐ「意図（intention）」と位置づけた。

　Fishbein and Ajzen（1975）が提唱した「合理的行動理論」は，行動の決定因子は「行動意図」であり，その行動に対する「態度（attitude）」と行動に関する「主観的規範（subjective norm）」により規定されるというものである。しかし，Ajzen は，実際に行動できるかどうかは，本人がどれだけ行動に関する知識や技能があるのかが重要，すなわち，意欲（行動意図）と能力（行動コントロール）の 2 つが揃ってはじめて行動に至ると考えた。そこで，対象行動への「行動コントロール感（perceived behavioral control）」が加わった「計画的行動理論」が提唱されたのである（Ajzen, 1985）。また，行動コント

ロール感が行動意図への独立した決定要因であるとも仮定されている。

　すなわち,「その行動に対して,行動によって導かれる結果に価値を感じ,世間や大切な人がその行動を推奨しており応えたいと思い,その行動をとるために必要な能力や資源があって容易だと思えば,行動へのやる気が起こり,行動を起こす」と要約できる。

　図3-7に示す本理論の重要な構成概念は,以下のとおりである。なお,理解しやすいように,臓器提供の意思表示行動を具体例として示す。

➤ 行動意図（behavioural intention）：その行動をとろうとする意欲（意思表示をしよう）

➤ 行動への態度（attitude towards behavior）：行動に対する気持ち（意思表示には価値がある）

➤ 行動信念（behavioural beliefs）：行動をとることで何らかの結果が生じるという思い（意思表示をすることで万が一の場合家族の心的負担を減らせる）

➤ 結果評価（evaluation ofbehavioural outcomes）：行動によってもたらされる結果に対する評価（家族の心的負担を減らせることはよいことだ）

➤ 主観的規範（subjective norm）：多くの人がその行動を支持するかどうかについての思い（一般の人は意思表示をした方がよいと思っている）

➤ 規範的信念（normative beliefs）：自分の大切な人がその行動を支持するかどうかについての思い（家族は意思表示をした方がよいと思っている）

➤ 遵守動機（motivation to comply）：大切な人の考えに従おうという思い（意思表示をした方がよいという家族の考えに従おうと思う）

➤ 行動コントロール感（perceived behavioural control）：その行動をとるかどうかについて自分の意思でコントロールできてるという感覚（私は自分で意思を決定し表示をすることができる）

➤ コントロール信念（control beliefs）：行動への促進・阻害因子を把握している,すなわち,行動に必要な知識,技術,資源を持っているという思い（私は意思表示に関する知識や媒体がある）

➤ 認知された影響力（perceived power）：それらの因子の行動への影響力を理解している,すなわち,それらの因子が行動を容易にするとの思い（私

図3-7　計画的行動理論

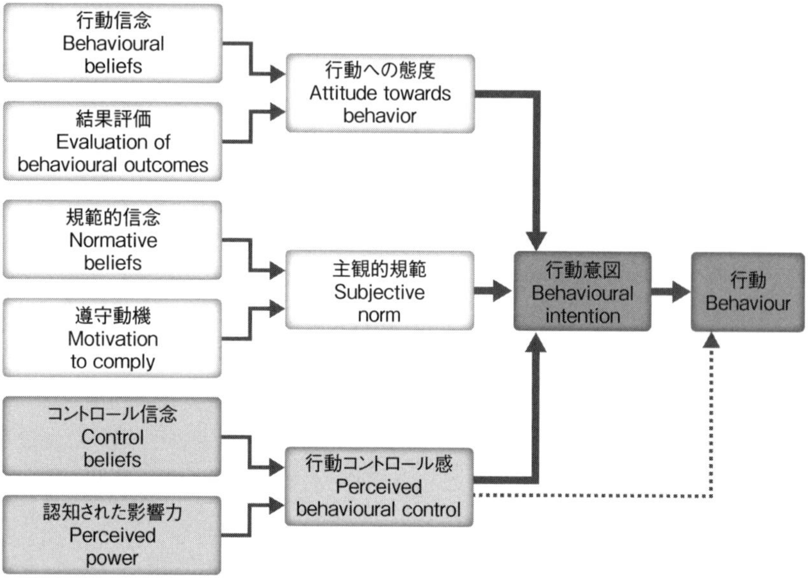

出所：Ajzen (1985) の図を筆者が改変。

は意思表示をの方法や媒体があるのでうまくできる）

　本理論は，1970年代から広く用いられているが，2002年，これに行動意図から行動への促進因子として，「知識と技能（knowledge and skill）」，「行動の重要性（salience of behavior）」，「環境的制約（environmental constraints）」，「習慣（habit）」が追加された「統合型行動モデル（integrated behavior model）が提唱された（Institution of Medicine, 2002）

**ソーシャルマーケティングとの関連性**─────────────────●

　「計画的行動理論」は，人間の行動変容を説明，予測する上で有用な理論であると考えられ，多数の研究がその有用性を検証してきた。定期的な運動（Wankel and Mummery, 1993；Kerner and Grossman, 2001），糖尿病における血糖コントロール（Wolffenbuttle *et al.*, 1993）など，習慣的な行動に対しての有用性も示されている。臓器提供の意思決定・意思表示においても検討され

図 3-8　防護動機理論

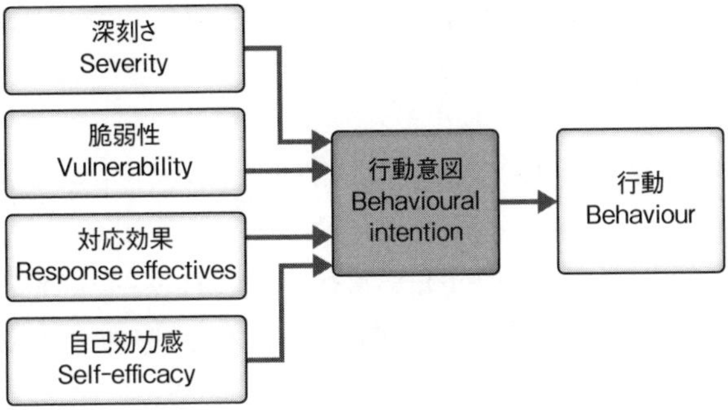

出所：French and Gprdon（2015）を筆者が改変。

ており，その報告については，第 5 章 4 節でレビューしている。

　本理論をメッセージの開発に適用する場合は，特に，主観的規範（その行動が社会的にどのように捉えられているか），対象者に影響を与える大切な人の視座（大切な人はどのように思うのか）に焦点を当て，行動意図につなげることが重要である。

### 3.1.7　防護動機理論

　1950 年代より，恐怖感情を起こさせることによって行動を促す「恐怖アピール（fear appeal）」が研究されてきた。しかし，人は感情のみで行動に至るわけではない。そこで，Rogers は，人が行動をとるのは，直面している問題に脅威を感じ，その問題から自分を守ろうとする動機が発生するためであると仮定し，「防護動機理論（protection motivation theory）」を提唱した（Rogers, 1975；Rogers, 1983）。

　図 3-8 に示すように，「深刻さ（severity）」，「脆弱性（vulnerability）」，「対応効果（response effectives）」，「自己効力感（self-efficacy）」という構成概念が行動意図（behavioural intention）に結び付き，行動を促す。すなわち，行動をとらなかった時に起こりうる事の重大性と，それに陥る危険性について認識し，推奨される行動をとるとその危険性を防御できるという効果を認知し，行動をうまくできると自信を持てれば，危険から自分自身を保護したいという

願望が生じ，行動へと動機づけられるのである。したがって，本理論では，望ましい行動をとった場合の得るもの（利益）と失うもの（コスト）の2点を，行動変容予想に使用する。

### ソーシャルマーケティングとの関連性 ————————————————●

「防護動機理論」は，社会心理学における説得コミュニケーションの基礎理論として，主に態度変容の研究で用いられてきた（Prentice-Dunn & Rogers, 1986）。ソーシャルマーケティングへの活用としては，予防のための動機づけ，ならびに自己防衛的な行動を促進させるために人の恐怖心をあおる説得的コミュニケーションに用いられてきた。世界的に見ても，感染症や生活習慣病の予防（Lwin *et al.*, 2010），防災（Daellenbach and Parkinson, 2017）など，防衛行動をとらなかった結果が深刻な結果をもたらす場合に頻用される理論である。

日本における応用例では，大学生398名を対象としたHIV予防意図と決定要因について検証がなされ，自己効力感，脆弱性，対応効果は正の関連が見られたが，深刻さは関連せず，理論は部分的に支持された（木村，1996）。一方で，大学生544名を対象とした行動（禁煙，アルコール摂取予防，歯科衛生，交通安全，HIV予防，心の病の予防）との関連調査では，深刻度，対応効果，自己効力感が説得効果を高める（木村，2000）と報告されており，さらなる検証が必要と思われる。また，恐怖の受け止め方，自己効力感，対応効果の認知には個人差があり，効果が限定的とする報告（kawachi, 2014）もあるため，適用には配慮が必要である。

なお，恐怖アピールは，健康信念モデルの「認知された重大性」，「認知された疾患可能性」と関連し，また，得るものよりも損失を重く評価し，それを回避する傾向があるプロスペクト理論（第4節1項）の応用としても活用される。

## 3.2　対人関係論

第1節では個人レベルの理論に焦点を当ててきたが，人は対人関係の中にい

る生き物であるという事実を忘れてはいけない。対人関係レベルの理論は，人との関わりや触れ合い，周りの環境などがどのように人の行動に影響を与えるのかについて，より広い視野で捉えることができる。本節では，個人間に影響を及ぼす理論として，社会的認知理論，ソーシャルネットワークとソーシャルサポート理論，認知的均衡理論，対人行動理論について概観する。

### 3.2.1　社会的認知理論

「社会的認知理論（Social cognitive theory）」は Bandura（1986）により提唱された包括的な行動理論であり，ソーシャルマーケティングで最もよく使われている理論の一つである。その基となった「社会的学習理論」は，人間の行動は，認知的要因（個人が情報を処理する能力，知識を応用する能力，選好を変える能力），行動要因（行動意図など），環境要因（社会的・物理的要因）の3つの要因が相互的に作用して形成されると説明されている。つまり，環境要因が認知プロセスや行動に影響し，また逆に認知プロセスや行動が環境にも影響を与えるという理論である。

　Bandura は，1961 年ボボ人形実験を実施した。対象となる 72 名の男児・女児を A：攻撃的なモデルに晒される（大人がボボ人形を攻撃する）24 名，B：非攻撃的なモデルに晒される（大人が他のおもちゃで遊ぶ）24 名，C：モデルに晒されない 24 名の 3 群に大別し，まず，同室に一緒にいるモデルとなる大人の行動を児童に観察させた。その後児童が 1 人になったときの行動をマジックミラー越しに観察するものである。その結果，A 群では攻撃的模倣行動が顕著であった（Bandura *et al.*, 1961）。この結果から，それまで人の行動促進で主流となっていた「オペラント条件づけ」とは異なる理論が提唱された。それは，人は，他者との関わりという経験を通して，他者の影響を受けて，社会的習慣，態度，価値観，行動を習得していくという「社会的学習理論（Social learning theory）」であった（Bandura, 1977）。また，他者の行動やその結果を手本として観察することにより，観察者の行動に変化が生ずる現象のことを「モデリング」と命名された。

「社会的学習理論」では，行動のモデリングは，観察対象に注意を向ける（注意），対象の行動の内容を記憶する（保持），実際にその行動を模倣してみ

図 3-9　社会的認知理論

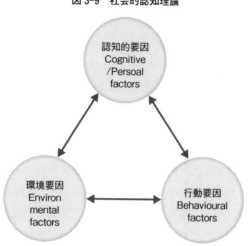

出所：French（2017）p. 94，図 6.6 を筆者が改変。

る（運動再生），学習した行動を遂行する意欲を高める（動機づけ）というプロセスで成立すると仮定された。しかし，このプロセスは，対象者が重要な人であるほど強化されるなどロールモデルにも左右され，環境要因が関係する，すなわち，環境要因が認知プロセスや行動に影響し，また逆に認知プロセスや行動が環境に影響を与えると考えられ，「社会的認知理論」（Bandura, 1986）へと改変された。

　「社会的認知理論」は認知的，環境，行動の 3 つの要因が動的に相互的に影響を及ぼす過程を表す。その主な構成概念は，図 3-9 のとおりである。

## ① 認知的要因（cognitive factors）

➤ 　知識（knowledge）：行動を起こすのに必要な知識，行動が与える影響についての知識。ただし，知識のみでは行動変容を起こすことは難しい。

➤ 　結果予測（outcome expectation）：行動に伴う結果（身体的，社会的）についての期待感や不安感。

➤ 　自己効力感（self-efficacy）：自分にはその行動を実行できるという自信。

➤ 　集団的効力感（collective efficacy）：集団として行動する場合の実行でき

るという自信。集団としての連帯意識が共通の利害のための行動につなが
り，その経験により，集団としての達成意欲や困難への耐性が高まり，行
動する自信につながる。

## ② 環境要因（environmental factors）

➤ 観察学習（observation learning）：他人の行動および行動結果を観察する
ことにより学ぶ方法であり，当事者にとって重要なロールモデルの行動に
より学習される。

➤ 規範信念（normative beliefs）：自分が所属する集団における行動の受容
度に関する思い。

➤ ソーシャルサポート（social support）：自分が所属するソーシャルネット
ワークで得られる支援。

➤ 機会と障害（opportunities and barriers）：行動を促進したり阻害する社
会的な環境特性。例えば，定期的に運動をするにあたり，ランニングコー
スが整備されていれば促進因子になるが，治安が良くない場合は障壁とな
る。

## ③ 行動要因（behavioural factors）

➤ 行動スキル（behavioural skills）：行動を実行するために必要な知識・技
能。行動スキルの習得には，自身の行動を系統的に観察する（自己モニタ
リング），小さな目標から長期的目標までを設定する（目標設定），行動の
できばえについて他者から助言を得る（フィードバック），小さな目標を
達成すると自分へのご褒美を与える（報償），複雑な行動の実施前・実施
中に新たな学びを得る（自己学習）が重要である。

➤ 行動意図（behavioural intention）：近い将来に行動したいという意思。

➤ 強化（reinforcement）と罰（punishment）：行動を起こしたときにさら
に促進するために快適な刺激（報償）を与えたり，ある行動を抑制するた
めに快適な刺激を除去すること（罪）など，有形・無形の報償や罰。

上記の中で，特に自己効力感に着目すると，図 3-10 のように自己効力感に

図 3-10　自己効力感に影響を与える因子

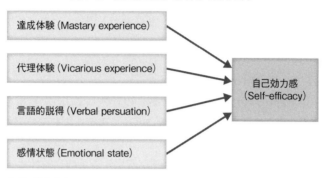

出所：筆者作成。

影響を与える因子として 4 点が挙げられている（Bandura, 1997）。

➤　達成体験（Mastary experience）：過去に成功（もしくは失敗）した体験のこと。過去に出来たか出来なかったかという経験が自信に大きく影響するといわれており，Bandura はこれが最も影響力の高い因子であるとしている。

➤　代理体験（vicarious experience）：自分に似た境遇の他人が何かを達成したり失敗したりしている事を見て，自分でもうまくできそうと思うこと。

➤　言語的説得（verbal persuasion）：自分に能力があることを言葉で表される，例えば「あなたならできる」と言われること。

➤　感情的状態（emotional state）：生理的な反応やその時どの様な気分で，感情を抱いているかという状態のこと。

　自己効力感は別の言葉で言えば「自信」である。つまり，個人がある行動を起こす自信を持つためには，過去に行動を起こした時に成功し，その行動をうまく成し遂げるためのコツを学ぶことである。その際，「あなたならできる」と言われてポジティブな感情を抱いたり，自分と似たロールモデルがうまく行動できるのを見れば，自己効力感は高まるのである。

**ソーシャルマーケティングとの関連性**————————————————●
　本理論は，ソーシャルマーケティングの介入により行動変容を起こすうえで

多くの示唆を与えている。

　まず，認知的要因の1つである「知識」は重要であるが，知識だけでは行動変容を起こすことはできない（Bandura, 2004）。例えば，子供が野菜を食べられるようにするためには，野菜は必須の栄養素があるという知識を与えても食べられるようにはならない。野菜を食べると風邪をひかない丈夫な身体になることを伝えたり（結果期待の促進），苦手なものがあっても食べられるようになった子どもの話をする（自己効力感の促進）などが必要である。

　禁煙に関するメタアナリシスからも，知識提供に社会的な影響を組み合わせて初めて実効性を有することが示唆されており（Thomas *et al.*, 2013），ソーシャルマーケティングの介入において，知識の提供とともに他の構成概念要素を組み合わせることが重要である。

　次に，認知的要因の「自己効力感」については，その有用性についての報告が散見される。例えば，運動習慣について，運動をすることに対する自己効力感が高い人ほど一定期間の後も運動を継続している報告がある（Sallis *et al.*, 1986；Kelly *et al.*, 1991；Sallis *et al.*, 1992；McAuley *et al.*, 1993；Sears and Santon, 2001）。

　自己効力感を高める方法として，一般的には過去の達成体験に最も影響されることが示されているが（Bandura, 1997），運動に対して代理体験が最も影響を与える因子との報告（Ashford *et al.*, 2010）もある。これは，観察学習が本理論で特徴的であることとも関連しており，自己効力感が，自身の体験のみならず他者の行動の成功・失敗を見ること（代理体験）によって向上することを強く示唆している。その際，自分との共通点があるロールモデルの行動をまねようとすることが報告されている（Bandura, 1997；Bandura, 2004）。

　したがって，介入プログラムを考えるにあたり，ターゲット層の性別，年齢，文化，社会経済層にマッチしたロールモデルを選び，「彼（女）らにできるのであれば自分もできる」と思わせることが，変容のきっかけとなる。言語的説得においても，ターゲット層の人々が信頼するロールモデルやオピニオンリーダーからのメッセージが有益である。

### 3.2.2　ソーシャルネットワーク理論とソーシャルサポート理論

　ソーシャルネットワーク（social networks）とは，家族，友人，知人，学校の同級生，会社の同僚など個人を囲む社会的関係における人と人の結びつきである。社会的関係において，ソーシャルネットワークは構造，ソーシャルサポートは機能に相当すると考えられる。

　「ソーシャルネットワーク理論（social networks theory）」では，人はそのネットワーク環境の中で行動し，ネットワークにおける位置が人々の行動に影響を与え，ネットワークの構造特性がネットワーク機能に影響を与えるとの前提で考えらえている。すなわち，個々人の活動自体の特徴ではなく，社会システムにおける個人間の結びつきのパターンの特徴に焦点を当てている。ネットワークの社会的構造そのものが，個人の行動や態度を決定するのに大きな役割を果たすという仮定に基づいているのである。

　ソーシャルサポートとは，社会における人とのつながりの中でもたらされる，精神的あるいは物質的な支援である。この領域の研究は，自殺率と社会階層・宗教・文化の関係性についての研究（Durkheim, 1951）に始まり，死別など人生のストレス要因に対するソーシャルサポートの重要性（Cobb, 1976），死亡率と公式・非公式の集団所属の関連性（Berkman and Syme, 1979）などが報告されている。Berkman and Syme の報告では，カリフォルニア州アラメダ地域の 30 歳から 69 歳の 4,725 名を対象に 9 年間追跡調査が行われた。その結果，教会への参加頻度，家族や友人との接触頻度が公式・非公式の集団に所属しているほど死亡率が低いことが示されている。

　House（1981）は，ソーシャルサポートを以下の 4 種類に分類した。

➤　道具的（insutrumental）サポート：金銭や必要なものを貸し与えたり，直接力を貸すなど，実際的なサポート。物的サポートとも呼ばれる。

➤　情報的（informational）サポート：当人が自分で問題の解決にあたることができるよう，必要な情報や知識を提供するサポート。

➤　情緒的（emotional）サポート：励ましたり，愚痴を聴いたり，相談役になったりなど，情緒面でのサポート。

➤　評価的（appraisal）サポート：当事者の行動が，良いか悪いか，社会的に好ましいか好ましくないかなど，適切な評価を与えるサポート。

　これらのソーシャルサポートには，ストレスへの認知を低める予防効果があるのみならず，ストレスを受けた状態にあっても身体的なアウトカムを軽減し得る「ストレス緩和モデル（stress-buffering model）」（Cohen and Willis., 1985）も提唱されている。

**ソーシャルマーケティングとの関連性**───────────────── ●
　本理論は，ソーシャルマーケティング戦略や戦術を開発する際に有用である。
　ソーシャルネットワークを用いた介入は，4つの戦略視座で応用できる。第1に変化エージェント（変化を引き起こす個人）に介入する場合であり，変化閾値の低い人をターゲットにしたり，オピニオンリーダー（影響力のある人）の活用である。第2にセグメント化であり，価値観を共有するグループを特定し，介入対象グループを絞る。第3にネットワークを用いた情報の拡散であり，人間関係の連鎖を利用し到達が難しい人々にも伝達する。第4はネットワーク構造そのものを変化させることであり，ネットワークの中にリーダーを加えて行動変容を先導させる，反対に，ネットワーク内で望ましくない行動に強い影響力を持つ個人を除去することである。
　ソーシャルサポートに関しては，多様な健康行動に適用されている。肥満に対する減量（Rabkin, 1982；Jeffery et al., 1984），高血圧治療薬の服薬遵守（Kirscht et al., 1981：Morisky et al., 1985；Stanton, 1987），運動（Hovell et al., 1990；Eyler et al., 1999；Sternfeld and Ainsworth, 1999；Stahl et al., 2001）などが報告されているが，いずれもソーシャルサポートが高いほど行動が実行される関係性が示されている。
　本理論の応用例として運動習慣を促すためには，励まし（情緒的サポート），供に運動をする（道具的サポート）など，ソーシャルサポートの種類を組み合わせて介入施策とすることが望ましい。その際，サポートが知覚されるように工夫することが大切である。

### 3.2.3　認知的均衡理論
　「認知的均衡理論（congnitive balance theory）」は Heider（1958）により提

唱された。「バランス理論（balance theory）」とも言われるとおり，自分，他者，対象の間には，均衡状態と不均衡状態があり，不均衡状態にある場合は，不均衡を解消するように動機づけられるという理論である。

　例えば，A（私は他者 X さんが好き：プラスの感情），B（他者 X さんは動物が好き：プラスの感情），C（私は動物が嫌い：マイナスの感情）の 3 つが掛け合わされるとマイナスの状態となるため，不均衡と認識し，その解消，すなわち三者の関係の掛け算がプラスになる状態に修正しようとする意識が働き，私が動物を好きになる，もしくは，私が他者 X さんを嫌いになるという態度変容が起こるのである。

　前出の「認知的不協和理論」では，登場人物が 1 人であり，個人の態度と行動の不一致，例えば，健康のために運動を推奨している人が運動していない場合に，矛盾を感じて行動を起こすものであったが，「認知的均衡理論」では，登場人物が 2 名以上存在し，その個人間における態度の不均衡に焦点が当てられている。

### ソーシャルマーケティングとの関連性 ──────────────── ●

　本理論の興味深い点は，態度形成の様々なパターンを単純な原理で説明したことである。また，自身と対象者の関係に加えて，第 3 者の存在が態度形成に関与する可能性を示唆した点にある。したがって，介入対象者の態度を推奨したい態度へと変容させたいとき，その態度をすでにとっており，その対象者が好む他者の態度を示すことが有用と考えられる。

### 3.2.4　対人行動の理論

　Triandis（1977）により提唱された「対人行動の理論（theory of interpersonal behaviour）」は，行動に影響を及ぼす重要な因子として，態度（結果に対する評価や信念），社会的要因（規範，役割，自己概念），感情（ある対象に向けられた激しい気持ち）と並んで「習慣」が考慮されている（図 3-11）。

　この理論は，我々の行動が 2 つの異なる経路，すなわち，行動意図を介する意図的経路と習慣を介する自動経路をたどっていることを示唆している。人間の脳は，自動的で処理が速い「システム 1（自動システム）」と，意識的で処

理の遅い「システム2（熟慮システム）」の2つのモードで思考を処理するという「二重過程理論（Dual process theory）」がStanovich and West（2000）により提唱されている。システム1とシステム2は，効率的に思考を分担し，最小の努力で成果を出せるように最適化されている。多くの場合，意思決定はシステム1によって素早く処理され，慎重な意図的意思決定はシステム2で行われる。ただし，それぞれに欠点があり，システム1では，本来の質問を簡単な質問に置き換えて考えてしまったり，限定的な状況下で判断をくだしてしまったりする。これは，第4節2項で述べる「ヒューリスティック（heuristic）」であり，迅速に答えを出せるが，それが正しいとは限らない。システム2の欠点は，過負荷状態では，予想外の注意を要することには気が付けないことである。これらの欠点の相互作用によって，ある状況下で起こる認知の偏りが認知バイアスである。

図3-11　対人行動の理論

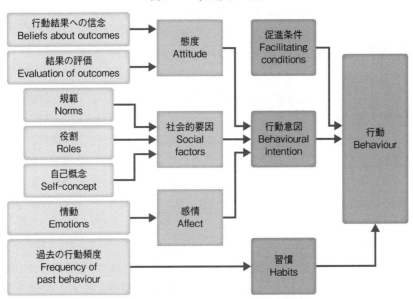

出所：French and Gordon（2015）を筆者が改変。

**ソーシャルマーケティングとの関連性**───────────────────── ●

　本モデルが適用された報告の一つに，医師が臨床診療において遠隔医療を使用する行動意図の予測因子評価がある。この報告では，行動採用に関して，専門的および社会的責任の認識が強く関連していた（Gagnon *et al.*, 2003）。一方，獣医の手指衛生行動に関しては，時間の制約と行動のための機器があるかどうかが，行動頻度と有意に相関していた，つまり，時間的プレッシャーから日頃の慣習的な行動が継続しており，それを変化させるための道具が必要であることが示唆されている（Kupfer *et al.*, 2019）。

　ソーシャルマーケティングにおける本理論の含意は，我々の意思決定や行動の多くが自動的・習慣的ということである。したがって，推奨行動の競合となる行動が習慣化している場合には，合理的な選択に基づく介入が必ずしも影響を及ぼさない可能性がある。人々が習慣的な行動を自分で認識し，次いで変化させるのを助けることが，行動の変化をもたらすための強力な方法である。例えば，減量を試みている人々が，食事日誌をつけることにより自身の食習慣に気づき，代替的な方法を模索し始め，そのタイミングで低カロリー食品提供などの介入をすることが 1 つの方法である。

## （3.3）　コミュニティ・グループにおける行動理論

　より良い社会全体を目指した行動変プログラムの開発には，政策，制度，環境整備，メディアを通じたコミュニケーションなどが重要である。同時に，社会システムがどのように機能しているのか，コミュニティ間，組織間でどのような変化が生じているのか，メディアを通じて情報がどのように拡散・浸透していくのかについて理解することが必要である。そこで，社会関係資本論，イノベーションの普及理論，システム思考について概観する。

### 3.3.1　社会関係資本論

　Coleman（1988）と Putnam（1995）によって開発された「社会関係資本論（social capital theory）」は，社会には，人々の信頼関係や規範など特定の社会機能である社会関係資本（social capital）が存在し，それは共有財として，社

会に様々なベネフィット（経済成長や健康など）をもたらすことを示唆している。Coleman（1988）は，社会関係資本（social capital）は，人的資本（human capital）と対応する概念であり，個人が所有するものではなく，人と人との間に存在する信頼，人間関係などであると定義した。また，Putnam（1995）は，信頼，規範，ネットワークなど，人々が協調していくことで社会の効率性を高めることのできる社会機能と定義した。

　社会関係資本の強さや弱さの変動は，犯罪率，教育成績，死亡率，罹患率，経済的パフォーマンスなどの重要な社会的結果の変動に反映される。

**ソーシャルマーケティングとの関連性** ─────────────── ●
　この理論の含意は，社会関係資本を構築，強化することが，効果的な社会プログラムの前提条件の 1 つとなることである（Bourdieu, 1986a）。

　ソーシャルマーケティングにおいて，ターゲット層の人々の関係を構築し，それらを個々に，かつ集合的に介入の開発に含めていくことは，行動に影響を与える強力な戦略となる。McKenzie-Mohr and Smith（1999）が「コミュニティベースのソーシャルマーケティング」と称するものは，本アプローチの一例であり，特定の行動に対処するだけでなく，他の社会的課題に対処するために使用可能なコミュニティの能力開発に焦点が当てられているのである。

### 3.3.2　イノベーションの普及理論

　Rogers（1995）により提唱された「イノベーションの普及理論（diffusion of innovations theory）」とは，新しいアイデア，製品，社会慣行が，社会の中で，あるいは社会から社会へとどのように広がるかを示したものである。

　イノベーションは，個人が既存の活動，製品，または信念を継続するか，それとも優れたものを採用するのか，その明確な選択を提示する。イノベーション採用のために必要な要件として，以下の 5 つが挙げられている。

➤　比較優位（relative advantage）：イノベーションがそれに取って代わるものよりも優れている程度。イノベーションは，製品，サービス，アイデア，行動プログラム，または政策と設定することができる。イノベーションの性能がコストを上回るか，ステークホルダーがその優位性を認めるか

どうかが重要点である。

➤ 適合性（compatibility）：イノベーションが，意図するターゲット層の価値，習慣，体験，要求とどの程度適合するか。新規性が高くても，大きな生活の変化を強要するものだと採用されにくいため，ターゲット層の個人生活に対しての近さがポイントである。

➤ 複雑性（complexity）：イノベーションが理解される程度。提案されたイノベーションがわかりやすく実施し易い場合，人々は行動を変える可能性が高い。

➤ 試用可能性（trialability）：イノベーションを完全に採用する前に，どれくらい試すことができるか。あまりコストをかけずにパイロット的に実施できる，もしくはあまり損害を被ることなくやめることができれば，採用される可能性が高くなる。

➤ 観察可能性（observability）：イノベーションが具体的な成果を生み出す可能性がどの程度あるかについて，測定可能で，社会的に見える度合い。新しいアイデアや技術が採用されていることが，周囲の人から観察されやすい場合に，そのイノベーションに関するコミュニケーションを促し，普及が促進される。

　また，「イノベーションの普及理論」では，イノベーションに対する態度に基づき，採用者がを以下の 5 つのカテゴリーに分類されている（図 3-12）。さらに，その比率がどのイノベーションでもほぼ同じであることも重要な点である。

➤ イノベーター（innovators：革新者，革新的採用者）：市場全体の 2.5%
　　新しいアイデアや行動を最初に採用するグループ。リスクを取り，社交的，科学的な情報源に近く，他のイノベーターとも交流する。アイデアや技術の革新性という点を重視するため，ベネフィットはほとんど考慮しない傾向がある。リスク許容度が高いため，のちに普及しないアイデアを採用することもある。

➤ アーリーアダプター（early adopters：早期採用者）：市場全体の 13.5%
　　他のカテゴリと比較すると周囲に対する影響度が最も高いため，普及の大きな鍵を握るとされている。「オピニオンリーダー」とも呼ばれる。社

交性が高く，イノベーターよりも取捨選択を賢明に行う。新アイデアや行動が提供するベネフィットが必ずしも万人に受け入れられるとは限らないため，広く浸透するかどうかはアーリーアダプターの判断や反応によるところが大きいとされている。

➤ アーリーマジョリティ（early majority：早期多数採用者）：市場全体の34.0%

　　新しい様式の採用には比較的慎重な人々の層。慎重派ではあるものの，社会システム成員の半数が採用する以前に新しいものを取り入れる。アーリーアダプターからの影響を強く受け，新アイデアや行動が浸透するための媒介層であることから，ブリッジピープルとも呼ばれる。

➤ レイトマジョリティ（late majority：後期多数採用者）：市場全体の34.0%

　　新しい様式の採用には懐疑的な人々の層。周囲の大多数が使用しているという確証が得られてから同じ選択をする。採用者数が過半数を越えた辺りから導入を始めるため，フォロワーとも呼ばれる。

➤ ラガード（laggards：採用遅滞者）：市場全体の16.0%

　　最も保守的な人々の層。流行や世の中の動きに関心が薄く，身内や友人とのみ交流する傾向にあり，変化を嫌い，イノベーションが伝統化するまで採用しない。中には，最後まで不採用を貫く人々もいる。他のカテゴリと比較すると社会的な影響力は低い。

　新しい発見，アイデアが政策，医療など社会へ応用されるまでには大きなギャップがあり（Green *et al.*, 2009），たとえ訴求性が高いものであっても自然に広がることはない（Glasgow *et al.*, 2004）。ギャップを埋めるためには，エビデンスに基づく介入と，その効果的な普及と実装（dissemination and implementation）が必要である（Glasgow *et al.*, 2012）。その有用な方法として，本理論は機能しているのである。

## ソーシャルマーケティングとの関連性　●

　本理論は，HIV 予防分野（Bertrand, 2004），運動促進分野（Owen *et al.*, 2006）などで頻繁に適用されてきた。また，農村社会学，医療社会学，経営学

図3-12　イノベーションの普及理論

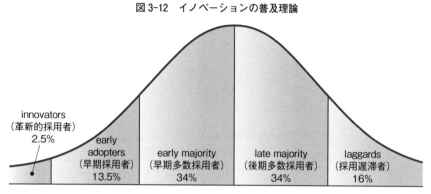

出所：Rogers（1995）を筆者が改変。

など多様な分野で応用されてきた。その有用性を示す論文も多数報告されている（Greenhalgh *et al.*, 2004；Greenhalgh *et al.*, 2005；Haider and Kreps, 2004；Green *et al.*, 2009）。

　本理論に基づく普及の戦略はソーシャルマーケティングとの関連性を有しており，活用度合いが高い。例えば，新しいアイデアや行動の採用に関して，社会には異なるグループが存在するという認識は，態度に基づくセグメント化とターゲット別戦略の開発を可能にする。また，ネットワークの中で重要な位置を占めるオピニオンリーダーをターゲットと設定することは有用である。

　一方，メッセージ戦略の開発においては，新しいアイデアや行動によって得られるベネフィットを提示し，行動の実施方法を単純明快な表現で説明すると良い。すでに行動を採用している人（イノベーター）が他の人々に対して推奨を促すこと，特にアーリーアダプターへのアプローチが鍵である。

### 3.3.3　システム思考

　「システム思考（systems thinking）」は，複雑な問題解決へのアプローチとして開発された一連の理論である（Checkland, 1981；Senge, 1990；Flood and Jackson, 1991；Argyris and Schon, 1996）。システム思考は，個々の要素を分析するプロセスを通じて要因を分解するのではなく，全体的なシステムの影響とその構成要素が相互作用する方法を理解することに焦点を当てている。

　システム思考は，単一のアプローチや理論の実装ではなく，行動の最中にもそれらの出来事を意識的にモニターし反映させる「反省的実践」，および継続的な探求のアプローチが意図されている。したがって，システム思考法は，多様なステークホルダーが関与し，原因と影響が複数存在するより複雑な問題に取り組む場合に，特に適している。

　ソーシャルマーケティングは，単一の理論を適用させるのではなく，一連の理論を体系的に使用して，特定行動に影響を与える個別化戦略を開発しようとするため，システム思考の一形態と捉えることもできる。

## 3.4　行動経済学の貢献

　近年，我々が直面する様々な分野の問題を解決できる可能性が高い「行動経済学（behavioural economics）」が注目されている。ソーシャルマーケティングの介入を策定するにあたり，行動経済学の諸理論が適用されている報告が散見され，その貢献がめざましい。現実社会において，人間の行動は不確実性の下で行われ，選択自体も合理的でない場合が多い。したがって，「人間は，暗黙のうちに限られた情報で簡便に意思決定したり，心理的バイアスがかかった行動をしてしまう」といったように，人間の行動はシステマティックに合理性から乖離する。このシステマティックな合理性からの乖離に焦点を当てる「行動経済学」は，完全に合理的な個人を仮定する古典的な経済学よりも，人間行動をより適切に理解し，予測精度を高めていると考えられる。

　本節では，行動経済学の主要な理論を概観し，ソーシャルマーケティングとの関連性を考察する。

### 3.4.1　プロスペクト理論

　プロスペクト（prospect）とは予測や見込みを意味し，「プロスペクト理論（prospect theory）」は，予想される損益や確率などの条件によって，意思決定がどのような影響を受けるかをモデル化したものである。Tversky and Kahneman（1979）は，不確実な状況における人の行動の典型的なパターンとして，①利得よりも同じ額の損失に対してより深刻に受け止める，すなわち，

得るより失うことに対する拒否感が強い（損失回避：loss aversion），②「利益を得る」場面では，確実に取れる利益を選択する（危険回避：risk aversion）のに対して，「損失がある」場面ではむしろ危険志向的な行動をとる（危険受容：risk seeking），③わずかな確率であっても発生する確率が正であれば，その確率を過大に評価する（非線形確率加重：nonlinear probability weighting）と主張した。

## ソーシャルマーケティングとの関連性

　プロスペクト理論を根拠にもつ心理バイアスの代表的なものとして，情報の提示方法としての「フレーミング効果」がある。フレーミング効果とは，情報を提示する際に，「認知された現実のいくつかの側面を選び，これを強調することによって，意思決定を誘導する効果」と解釈できる（Entman, 1993）。代表的なものとして，望ましい行動を取ることによって「得られるもの」を強調するポジティブな「ゲイン／利得フレーム（gain frame）」と，望ましい行動を取られないことによって「失わせるもの」を強調するネガティブな「ロス／損失フレーム（loss frame）」がある。

　Tversky and Kahneman（1981）は，対象者に以下の4パターンのメッセージを用いてアジアの疾病が600名に与える影響について情報提供し，その選好度を測る「アジアの疾病」と称される古典的な実験を行った。

　A：もし対策プログラムAを採択するのであれば，200名が助かるでしょう。（ゲイン・フレーム×確定的な結果）

　B：もし対策プログラムBを採択するのであれば，3分の1の確率で600名全員が助かり，3分の2の確率で誰も助からないでしょう。（ゲイン・フレーム×リスクを伴う結果）

　C：もし対策プログラムCを採択するならば，400名は亡くなるでしょう。（ロス・フレーム×確定的な結果）

　D：もし対策プログラムDを採択するならば，3分の1の確率で誰も亡くならず，3分の2の確率で600名全員が亡くなるでしょう。（ロス・フレーム×リスクを伴う結果）

　その結果，人々は，ゲイン・フレームを用いた場合はBよりもAを選好し，

ロス・フレームではCよりDを選好した。計算したらわかるように，どのプログラムを実行しても生存者は200名，死亡者は400名である，4メッセージは本質的には同じことを示している。しかし，フレームにより整合的ではない反応であったことから，問題設定の方法，すなわちフレーミングの違いが，人々の認識を変化させたと考えられる。人は，利益を得る立場では，リスクを避けて確実に手に入れることを優先し，損失を受ける立場では，リスクを冒してでも最大限に回避する行動を選択する傾向が明らかになった。つまり，フレーミングは，同じ選択肢であっても，その表現方法によって意思決定が変わることを示唆しており，有効なメッセージの伝達方法として活用されている。

　実際の適用事例として，ビーチにおける日焼け止めの使用，子供への予防接種実施などが挙げられる。ビーチで余暇を楽しんでいる人を対象に，「SPF15以上の日焼け止め剤を使用すれば，あなたの肌の健康と寿命を守ることができる」というゲイン・フレームメッセージと，「SPF15以上の日焼け止め剤を使用しなければ，あなたの肌の健康と寿命を守ることができませんという」ロス・フレームメッセージを提示し比較したところ，ゲイン・フレームメッセージを受け取った人の方が日焼け止め剤の使用が高かった（Detweiler *et al.*, 1999）。一方，子供の予防接種実施について，「あなたの子供に3種混合ワクチンの予防接種を受けさせなければ，これらの疾患から守ることはできない」というロス・フレームメッセージの方が，「あなたの子供に3種混合ワクチンの予防接種を受けさせれば，これらの疾患から守ることができる」というゲイン・フレームより予防接種の実施率が高かった（Abhyankar *et al.*, 2008）。

　両者の違いから，フレーミングの適用に際しては，ターゲット層が推奨する行動に対してどの程度のリスクを認知しているかどうかが鍵と考えられる。また，第1節7項のフィア・アピールと関連し，ロス・フレームを用いたメッセージは，ゲイン・フレームを用いた場合より脅威の感覚を引き起こすことが明らかにされている（Cox *et al.*, 2006；Shen and Dillard, 2007）。対象者が推奨行動に対して高い自己効力感を持っている場合には，ロス・フレームメッセージが適切な脅威感を高めて説得力を持つ。一方，自己効力感が低い場合には，脅威の感覚から自己防衛的になり，効果が減弱する可能性がある。したがって，ターゲット層の自己効力感などにより，適用を考慮することが重要である

（Abraham and Kools, 2012）。

### 3.4.2　ヒューリスティック

　ヒューリスティック（heuristic）とは，必ず正解が得られるわけではないが，直感等を用いることにより素早く近似解を求める方法を指す。Tversky and Kahneman（1974）が説明してきた「ヒューリスティック（Heuristics）」とは，人間の意思決定のプロセスであり，人間が意思決定を行う際には，暗黙のうちに，簡便な方法，経験則に基づく法則，直感的な判断に基づいていることを意味する。

　ヒューリスティックには，「代表性ヒューリスティック」，「利用可能性ヒューリスティック」，「アンカリング（anchoring）」，「現状維持バイアス（status quo bias）」などの概念が含まれる。

　「代表性ヒューリスティック」とは，典型例と類似している事項の確率を過大評価しやすい現象のことである。例えば，コインを数回投げた時，下記 A と B で裏はどちらが出やすいかという Tversky and Kahneman（1974）によるコインの実験例が挙げられる。

　　A：表　裏　裏　表　裏
　　B：表　表　表　表　表

　多くの人は A と回答するが，実際には個々の事象は独立しているので，A と B の発生確率は同じである。その理由としては，我々は，コインに細工がなければ表と裏がランダムに出ることを経験的に知っているので，上記の場合 A のほうがランダムの典型例と類似していると判断されたと考えられる。

　「利用可能性ヒューリスティック」とは，関連情報を広範に収集することなく，思い出しやすい・入手しやすい情報に頼って判断する方法である。探せる記憶だけが事実になり，それらを高く評価するため，バイアスがかかってしまう。

　「アンカリング」は，先行するなんらかの外部刺激（アンカー）により，その後の判断が導かれてしまうことである。例えば，慈善団体が寄付を求めるとき，50 ドル・100 ドル・200 ドルの選択肢より，100 ドル・500 ドル・1000 ドルの選択肢の方が多くの寄付金を得られる。後者の方が，高いアンカー（数

字）を起点として判断されるからである。

　「現状維持バイアス」は，人は最も抵抗の小さな道を選ぼうとするため，他の行動選択を提示されても以前と同じ行動を続けることである（Samuelson and Zeckhauser, 1988；Kahneman *et al.*, 1991；Johnson and Goldstein, 2003）。

**ソーシャルマーケティングとの関連性** ─────────────────── ●
　日常生活において，人間はヒューリスティックに意思決定をする特徴を有するため，ソーシャルマーケティングの介入策を立案する際，その状況下で行動を促す方法を考える必要がある。

　利用可能性ヒューリスティックを利用する場合には，単純接触効果のように，何度も情報に触れさせる，思い出しやすいストーリーとともに情報提供するなどが挙げられる。

　アンカリングであれば，2 型糖尿病患者の食事療法のように，アンカーをお皿の大きさとして食事量を調整する（Pedersen *et al.*, 2007）などを介入策に取り入れるのも有用である。

　「現状維持バイアス」は，積極的に選ぶことなくデフォルト（初期設定）にしたがって受け身に行動する傾向を示しているため，推奨行動をデフォルトにしておくことが有用な施策になると考えられる。

### 3.4.3　選択アーキテクチャ（ナッジ）

　ナッジ（nudges）は，選択アーキテクチャ（choice architecture）という概念のもとに構築されている。判断が難しくて稀にしか起こらず，フィードバックが得られず，状況の文脈を簡単に理解できない意思決定をする場合，すなわち，考えても最良の意思決定ができない場合に選択させる仕組みである。また，nudge とは，「ひじでそっと突く，軽く押す」という意味であり，選択の余地を残しながらもより良い方向にそっと導くことである。

　Thaler and Sunstein（2008）は，ナッジを「選択を禁じることも，経済的なインセンティブを大きく変えることもなく，人々の行動を予測可能な形で変える選択アーキテクチャーのあらゆる要素」と定義している（セイラー・サンスティーン（2009），邦訳版 17 頁より引用）。そこで強調されていることは，

ナッジは命令や法的規則ではなく，介入を低コストで避けることができるものでなければならない点である。また，個人の選択を尊重している点である。

　第2節4項で述べたように，人間の情報処理システムには2種類あり，直感的・反射的で迅速な判断をするシステム1と，論理的に熟慮して判断するシステム2から構成されている。ナッジは，反射的なシステム1に働きかけるが，バイアスや錯覚を伴うので，それを是正するために別のバイアスや錯覚を利用する政策手段と理解できる（若松，2020）。

　この選択アーキテクチャのコンセプトは，ナッジのスペルによって表現されている。ナッジ（nudges）は，N＝iNcentive, U＝Understand mapping, D＝Defaults, G＝Give feedback, E＝Expected error, S＝Structure complex choices を意味している。Nの「インセンティブ構造」は，誰が利用し，誰が選ぶのか，誰がコストを払うのか，誰が便益を受けるのかを明確化する。Uの「マッピング」とは，選択と幸福度の対応関係を表し，トレードオフの判断が困難な問題に対して，マッピングを行う。Dの「デフォルト（初期設定）」は，PCのデフォルト設定等の例に示されるように，心理的に最も抵抗の少ない経路を初期的に付与するものである。Gの「フィードバック」は，特定の行動を起こした時に反応がすぐに返ってくる仕組みを作ることで，その行動の意味を認識させ，望ましい行動に誘導するものである。Eの「エラー予測」は，エラーを起こすことを予期し，ミスを起こす人間パフォーマンスを向上させる手段であり，ミスの前に警告を行う補完システムを意味する。また，エラーに対して可能な限り寛大となり得る仕組みを設定することも意味している。また，Sで表されている「選択肢の体系化」により，選択肢が複雑になり過ぎることの問題を回避する（八木・瓜生原，2019）。

　近年，ナッジは政策に積極的に応用されている。イギリスでは，2010年，内閣府傘下にThe Behavioural Insight Team（BIT，通称ナッジユニット，以下BIT）が設置され，行動経済学に基づく様々なメッセージや手法がランダム化比較試験で検証され，有用なものが政策にとりいれられている。アメリカにおいても，2015年9月の大統領令[2]において，国家科学技術会議（NSTC, National Science and Technology Council）のもとにSocial and Behavioral Sciences Team（SBST）が設置され，政策へのナッジの応用について助言が

なされている。

　BIT は，システム1に影響を与える要素を9つにまとめ，頭文字をとって，「MINDSPACE」と命名し[3)]，行動変容のためのツールとしている。これらをうまく活用していくことがナッジの効果を高める鍵である。

▶　メッセンジャー（Messengers）：私たちは，誰が伝えるのかに影響される。（we are heavily influenced by who communicates information.）

▶　インセンティブ（Incentives）：私たちは強い損失回避性など予測可能なヒューリスティックによるインセンティブに反応する。（our responses to incentives are shaped by predictable mental shortcuts such as strongly avoiding losses.）

▶　規範（Norms）：私たちは社会的・文化的な規範など，周りの人の態度・行動に影響される。（we are strongly influenced by what others do.）

▶　デフォルト（Defaults）：私たちは事前に設定された選択肢に従う。（we "go with the flow" of pre-set options.）

▶　顕著性（Salience）：私たちの注意は，斬新で自分に関連があるものに引き付けられる。（our attention is drawn to what is novel and seems relevant to us.）

▶　プライミング（Priming）：私たちの行動は，潜在意識に影響される。（our acts are often influenced by sub-conscious cues.）

▶　感情（Affect）：私たちは，気分の良いときには楽観的，良くないときには悲観的など，感情的に行動してしまう。（our emotional associations can powerfully shape our actions.）

▶　コミットメント（Commitments）：私たちは，一度コミットしたことに対して一貫した態度をとろうとする。（we seek to be consistent with our public promises, and reciprocate acts.）

▶　エゴ（Ego）：私たちは自分自身について気分が良くなるように行動しがちである。（we act in ways that make us feel better about ourselves.）

## ソーシャルマーケティングとの関連性　──────────────── ●

　第2章図2-8で示したとおり，ナッジは，4つのソーシャルマーケティング

の介入形態のうちの1つと考え得る。無意識のうちに望ましい行動ができるように プログラムを策定する場合に大変有用である。

　臓器提供の制度をopting-in方式からopting-out方式に変更することで臓器提供数が増加した報告（Johnson and Goldstein, 2003），末期肺がん患者が緩和ケアを受ける率がオプトアウト方式によって高まった報告（Halpern *et al.*, 2013）など，医療にも活用されている。また，一般の健康においても，ダイエットを促進するために，レストランのメニューにおいて低カロリー商品を前面に配置する（八木・瓜生原，2019），肥満対策としてカロリー摂取量を少なくするために，クラッカーの包装を小分けにする（Wansink, *et al.*, 2011），ファーストフード店のセットメニューの炭酸飲料をスモールサイズにする（Loewenstein, *et al.*, 2007），野菜摂取促進（Rozin *et al.*, 2011 など）について有用性が報告されている。さらに，貯金（Thaler and Benartzi, 2004 など），環境保護（Goldstein *et al.*, 2008），インフラ整備（Thaler and Sunstein, 2008 など）などのあらやる場面の意思決定において，ナッジの効果が確認されている。

## 3.5　理論の統合的枠組みと包括的な行動変容戦略の必要性

　上述のとおり，個人，個人間，コミュニティ・グループ（集団）レベルの理論を概観したが，各理論に限界が存在する。例えば，個人レベルの理論においては，一度限りの行動を基に開発された理論もあり，継続させるためには，他の理論との組み合わせが必要である。また，人は必ずしも合理的に行動選択をしているわけではないため，理論が常に適合するとは限らない。したがって，個人間レベルや環境要因を考慮した集団レベルのモデルも考慮する必要がある。

　ソーシャルマーケティングは，社会学，心理学，経済学，人類学，行動理論，教育，コミュニケーション理論，デザイン理論など，多くの分野の影響を受ける学際的な枠組みであり，効果的に社会的な行動に影響を与える行動理論とモデルは多数な分野に存在する（Noar and Zimmerman, 2005）。応用研究の分野（Tuck *et al.*, 1971）と言われる所以である。

　しかし，競合する理論や部分的に重複する理論が存在する可能性があり，理

解を深めるために複数のモデルを使用すること，複数の中から最も適切な理論およびモデルまたはそれらの要素を選択することが有用なアプローチ方法である。その際，関連する分野の専門知識を必要とする（Albarracin *et al.*, 2005；Michie *et al.*, 2005）ため，既存の縦割りの学問分野にとどまらず，横断的に学問分野を見渡し，「行動変容」という視座で考えることが肝要である。また，変容させたい行動を明確にし，その変容の決定因子，変化のメカニズムを理解する必要がある。

　様々な理論を鑑み，介入を開発する際には，考慮すべき重要な要素をまとめる枠組みが必要である。そこで，イギリスで The UK Social Reseach Unit が中心となってレビューがなされ，表 3-1 のようにまとめられた。

表 3-1　ソーシャルマーケティングの介入開発に重要な行動概念

| 要素 | 内容 |
|---|---|
| 意図<br>(Intention) | 行動変容を成功させるためには，個人は強い積極的な意思を形成する，もしくは，行動を遂行することにコミットしなければならない。したがって，「行動意図」の測定を評価プログラムに含めるべきである。 |
| 環境配慮<br>(Environmental<br>constraints) | 個々がおかれた環境下の障壁は，行動変容を困難にするため，「認識された障壁，実際の障壁」の測定は評価プログラムの重要な部分である。 |
| スキル<br>(Skills) | 個人は，行動を実行するために必要なスキルを有する必要がある。したがって，「知覚されるスキルレベル，サポートに気づき教育ツールを使える程度」についての測定は評価プログラムの重要な部分である。 |
| 態度<br>(Attitudes) | 行動変容への積極的な態度，特に変容によってもたらされる利点が，不利な点を上回るという信念をもつことが変容への重要な一歩である。したがって，「態度の変化」をモニタリングすることが重要である。 |
| 社会規範<br>(Social norm) | 個人の直接的な支援グループの影響，ならびに広範な社会的影響は，行動変容促進の重要な指標である。「友人，家族および社会の認識された態度」を測定することが，指標として機能する。 |
| 自己イメージ<br>(Self-image) | 個人の自己イメージの変化に伴い行動変容も起きるため，自己イメージの変化と行動変容の知覚を一致させる方法が有用である。 |
| 感情<br>(Emotion) | 行動の変化に肯定的であれば行動変容を起こすため，介入前後の「知覚された感情」について測定することが良い指標となる。 |
| 自己効力感<br>(Self-efficacy) | 様々な状況において，行動を実行できるという個人の確信が重要であるため，「知覚された能力および実際の能力」の測定は評価において重要である。 |

出所：French and Gordon（2015）p. 245, 表 8.1 を筆者が改変。

表 3-2　STELa モデルの介入タイプと The Behavioural Change Wheel の関係性

| | STELa モデルの介入タイプ | The Behavioural Change Wheel の介入要素<br>※（　）内は事例 |
|---|---|---|
| 規制と<br>動機付け<br>（Control） | 法律や規制の力を使うことや，社会的利益のための個人，組織，市場の行動への動機づけや罰則を課す拘束力を持つこと。（調整，ルール，必須条件，拘束，制限，警察，実施，規制，立法，インセンティブなど） | ③インセンティブ（Incentive）：報酬の期待を生み出す（抽選を利用して禁煙を誘発する）<br>④強制（Coercion）：罰を与えるしくみをつくる（過度のアルコール消費を減らすために値段を上げる）<br>⑥制限（Restriction）：ルールを使用して，競合となる行動を制限する（中毒の使用を減らすために 18 歳未満の人々への溶剤の販売を禁止する） |
| 伝達<br>（Inform） | 事実や態度をやり取りし，行動をするように説得したり，提案すること。（通知，通信，トリガー，刺激，リマインド，強化，認識，説明など） | ②説得（Persuasion）：コミュニケーションを使用して肯定的または否定的な感情を誘発したり，行動を刺激したりする（画像を使用して身体活動の増加を動機づける）<br>⑧モデリング（Modelling）：人々が望んだり模倣するための例を提供する（避妊を伝えるテレビドラマシーンの使用） |
| デザイン<br>（Design） | コミュニティの発展，安全を支援する環境を作ること。（製品・環境・組織システム・テクノロジー・プロセスの変更設計など） | ⑦環境の再構築（Environmental restructuring）：状況の変化（開業医において，喫煙行動についての注意喚起を画面上に載せる） |
| 教育<br>（Educate） | 重要な意思決定をする権限を与えることや利益があると気付かせること，変化や個人の進歩のためにスキルを身に付けること。（有効化，訓練，スキル開発，刺激，奨励，動機付け，批判的思考スキル開発など） | ①教育（Education）：知識や理解を深める（健康的な食生活を促進するための情報提供）<br>⑤トレーニング（Training）：スキルの付与（安全運転を促進する高度なドライバートレーニング） |
| 支援<br>（Support） | 相互に合意された社会的優先事項を支持するためにサービスの提供，アクセスの実質的な支援や促進（ソーシャルネットワーキング，ソーシャルモビリティなど） | ⑨能力補助（Enablement）：可能化能力や機会を増やすために手段を増やす/障壁を減らす（禁煙のための行動サポート，認知障のための薬物療法，肥満を減らすための手術，身体活動を促進するためのサポート） |

出所：French (2017) p. 39, 図 3.6 と Michie et al. (2011) 表 1 を基に筆者が作成。

　一方，第 2 章で記述した代表的なソーシャルマーケティングのプロセスに加え，近年，様々な分野で行動変容を促進する枠組みが提唱されている。イギリスでは，公衆衛生分野において，Michie ら（2011）が The Behavioural

表3-3　ソーシャルマーケティングの介入マトリックス

| | ハグ<br>(Hug)<br>行動に対するイン<br>センティブを提供 | ナッジ<br>(Nudge)<br>無意識のうちに<br>行動へ導く | ショーブ<br>(Shove)<br>無意識のうちに<br>罰則を与えること<br>で行動へ導く | スマック<br>(Smack)<br>罰則を与えること<br>で意識的に行動さ<br>せる |
|---|---|---|---|---|
| 規制と動機付け<br>(Control) | | | | |
| 伝達<br>(Inform) | | | | |
| デザイン<br>(Design) | | | | |
| 教育<br>(Educate) | | | | |
| 支援<br>(Support) | | | | |

出所：French（2011）図2を筆者が改変。

Change Wheel を提唱している。そのモデルの行動変容のための9つの介入要素について，第2章の STELa モデルの介入タイプと対比させ整理した（表3-2）。

　以上より，ソーシャルマーケティングの介入プログラムを開発する際には，理論と，ターゲット層への調査結果から導出されたインサイトを基に，例えば，French（2011）が提唱しているマトリックス（表3-3）を用い，介入のタイプや形態を具体化し，包括的な行動変容の戦略を策定することが要諦である。

注

1)　概念（concept）とは，ある事物の概括的で大まかな意味内容である。人が経験したり認知した事象を抽象化し，思考の基礎となる形に意味づけられたもので，理論を構築する主要な要素である。ある特定の理論の中で，特定の意味で用いられる場合には，「構成概念（condtruct）」と呼ばれる。

2)　The White House "Executive Order – Using Behavioral Science Insights to Better Serve the American People" (September 15, 2015). https://sbst.gov/

3)　https: //38r8om2xjhhl25mw24492dir-wpengine. netdna-ssl. com/wp-content/uploads/
2015/07/MINDSPACE.pdf

第 II 部

# ソーシャルマーケティングによる
# 意思表示行動の変容

# 第4章
# なぜ「意思表示行動」なのか

　本章では，多様な社会課題の中で，移植医療に着目し，「臓器提供意思表示率が低い」という課題に焦点を当てた研究を行っている理由，背景と目的，方法について述べる。

 ## 4.1　移植医療とは

　人間の体には，日常生活の中で機能が低下したり，事故や病気で機能を失ってしまうものが数多く存在する。これら機能低下を他のもので補ったり，機能しなくなったものを交換して治療する方法が古くから行われてきた。人工物では眼鏡や入歯が一般的であり，他人の体の一部を使用するものとして，皮膚や角膜などの組織移植がその例である。腎臓，心臓，肝臓などの臓器は，現時点において，機械により機能を完全に代行することは難しく，健康な臓器と交換することが唯一の根本治療法である。これが移植医療である。

　移植医療は，他の医療と異なり，医療者と患者だけではなく，第3者の善意による臓器提供により初めて成立するため，社会的な側面をも包括する。臓器移植を受ける人をレシピエント（recipient），臓器を提供する人をドナー（donor）と呼ぶ。臓器移植は，生体移植（生きているドナーから臓器提供を受ける）と死体移植（死亡したドナーから臓器提供を受ける）に大別され，死体移植はさらに，脳死移植（ドナーが脳死と診断された後に臓器が摘出される）と心停止移植（ドナーの心停止後に臓器が摘出される）に分かれる。本研究において論ずる臓器移植は，脳死，または心停止後の臓器提供による臓器移植と定義し，生体からの臓器移植は議論に含めない。

　移植医療の意義は4点挙げられる。第1に，末期臓器不全患者の唯一の根本治療法である。第2に，移植医療は患者へ生活の質の改善をもたらす。移植を

待っている間に受ける透析は，週に3回，1回につき4～5時間必要で時間的拘束が大きく，肉体的苦痛，水分・食事制限のため，仕事や日常生活に大きな支障をきたす。腎移植後には，これらが解消され生活の質が改善し，90％以上のレシピエントが社会復帰を果たしている（日本移植学会，2007）。第3に，移植医療は国に経済的効果をもたらす。臓器提供者数の増加に伴い，透析患者が腎移植を受けることができ，医療費削減効果が認められたとの報告も確認される[1]（Roels *et al.*, 2003；Whiting *et al.*, 2004）。第4に，移植医療は社会に融合する医療のあり方を提唱する。第三者の善意による臓器提供により成立するため，病院組織内の枠組みを超えた社会との関わりが非常に重要となり，社会基盤の整備が不可欠となる。

 ## 4.2　日本の移植医療における課題

　海外で心臓移植を受けるために渡航されたお子さんのニュースを見たり，「○○ちゃんを救う会」が募金をよびかけている場面に遭遇したことはないだろうか。なぜ，約3億円の寄付を募って渡航しなくてはいけないのか，不思議に思ったことはないだろうか。日本では，年間約1,600名が心臓移植を必要としている。しかし，米国では2カ月以内で受けることができる心臓移植も，日本では約3年待機する必要があり，その間に亡くなる患者も多数存在する[2]。さらに，小児にはその機会が少なく[3]，渡航移植を余儀なくされている。「なぜ，日本で移植を受けられないのだろう…」と何度も思いながら渡航移植を決断する家族の苦悩は計り知れない。

　iPS細胞など再生医療への期待が高まる昨今であるが，今この瞬間では，人から人への移植でなければ助けられない命もある。美談のように取り上げられることもある渡航移植であるが，日本は海外から批判を受けている。2008年5月「臓器取引と移植ツーリズムに関するイスタンブール宣言」が宣誓され，自国民の移植ニーズに足る臓器を自国で確保し，死体臓器移植を最大化する努力が必須となった（Steering Committee of the Istanbul Summit, 2008；小林，2008）。諸外国でも移植用臓器が不足する傾向にあり，他国に頼る日本の姿勢は世界的に問題視されてきたが，この宣言によりさらに批判は強くなってい

図 4-1　移植医療についての4つの権利

出所：(公社) 日本臓器移植ネットワークホームページ掲載の
「臓器移植解説集」。

る。また，欧州では日本人患者の受け入れを中止し，米国の一部のみとなっている。

　もし，自分や家族が脳死になったら臓器を提供するだろうか。もし，自身が臓器移植を必要とする病状となったら，それを受けたいと思うであろうか。その答えは様々であろう。移植医療に関して，国民全員には尊重されるべき4つの権利がある（図 4-1）。「提供する（あげたい）」，「提供しない（あげたくない）」，「受ける（もらいたい）」，「受けない（もらいたくない）」権利である。どれを選択するかは本人に委ねられ，尊重される。

　日本の移植医療の課題は，「圧倒的に臓器提供数が少ない」ことである。諸外国における脳死，および心停止後の臓器提供者数[4]を概観すると，2019年は，図 4-2 のように，スペイン，アメリカ，クロアチア，ポルトガル，フランスが上位を占め，最多のスペインは百万人あたり 49 名である。一方，日本は 0.99 名であり，常に最低レベルにある（DTIRODaT, 2019）。

　このため，3つの深刻な問題に直面している。1番目に，治療機会が逸失されている（医学的問題）。臓器移植は，代替治療法のない臓器不全の唯一の根治治療法であり，その重要性は高い。しかし，年間 4,000 名以上が移植を受けられず亡くなっている。前出のとおり，臓器移植を受ける機会は「2%のキセキ」とも呼ばれる。日本の移植医療技術の水準は非常に高い。例えば，心臓移植後の5年生存率は，世界平均が70%に対して日本は90.9%である（日本臓器移植ネットワーク，2020b）。しかし，それを享受できない日本の現状は，

図 4-2　世界の脳死および心停止下臓器提供者数（2019 年）

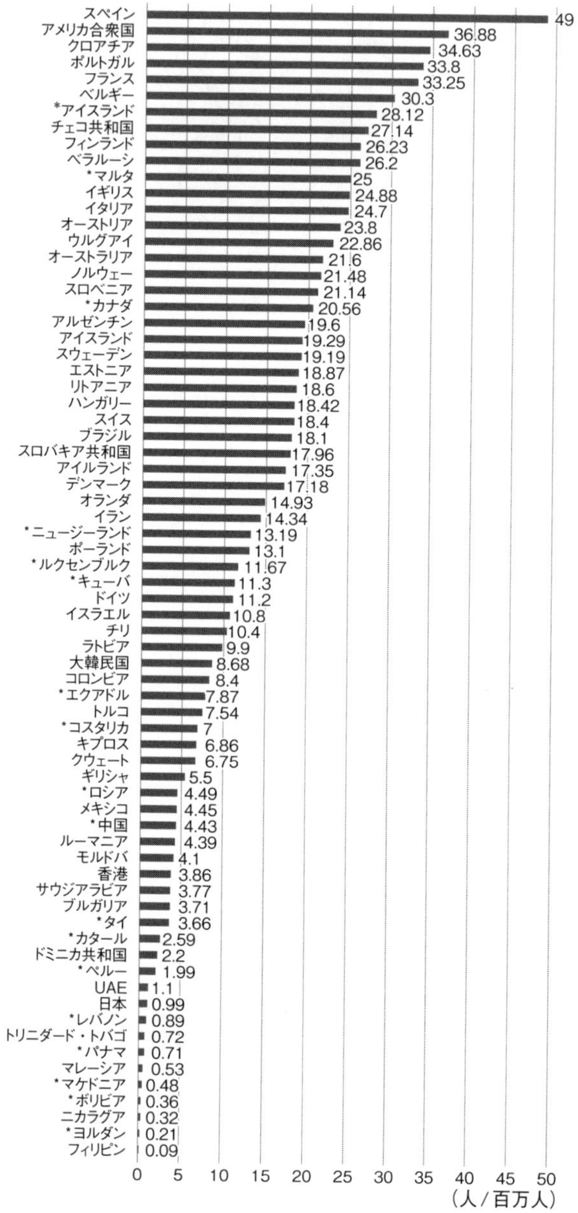
スペイン 49
アメリカ合衆国 36.88
クロアチア 34.63
ポルトガル 33.8
フランス 33.25
ベルギー 30.3
*アイスランド 28.12
チェコ共和国 27.14
フィンランド 26.23
ベラルーシ 26.2
*マルタ 25
イギリス 24.88
イタリア 24.7
オーストリア 23.8
ウルグアイ 22.86
オーストラリア 21.6
ノルウェー 21.48
スロベニア 21.14
*カナダ 20.56
アルゼンチン 19.6
アイスランド 19.29
スウェーデン 19.19
エストニア 18.87
リトアニア 18.6
ハンガリー 18.42
スイス 18.4
ブラジル 18.1
スロバキア共和国 17.96
アイルランド 17.35
デンマーク 17.18
オランダ 14.93
イラン 14.34
*ニュージーランド 13.19
ポーランド 13.1
*ルクセンブルク 11.67
*キューバ 11.3
ドイツ 11.2
イスラエル 10.8
チリ 10.4
ラトビア 9.9
大韓民国 8.68
コロンビア 8.4
*エクアドル 7.87
トルコ 7.54
*コスタリカ 7
キプロス 6.86
クウェート 6.75
ギリシャ 5.5
*ロシア 4.49
メキシコ 4.45
*中国 4.43
ルーマニア 4.39
モルドバ 4.1
香港 3.86
サウジアラビア 3.77
ブルガリア 3.71
*タイ 3.66
*カタール 2.59
ドミニカ共和国 2.2
*ペルー 1.99
UAE 1.1
日本 0.99
*レバノン 0.89
トリニダード・トバゴ 0.72
*パナマ 0.71
マレーシア 0.53
*マケドニア 0.48
*ボリビア 0.36
ニカラグア 0.32
*ヨルダン 0.21
フィリピン 0.09
0 5 10 15 20 25 30 35 40 45 50
（人／百万人）

注：* 2018 年の数値
出所：DTIRODaT（2019）

国連持続可能な開発目標（SDGs）の目標 3「すべての人に健康と福祉を」，目標 10「人や国の不平等をなくそう」に関する課題を抱えていると考えられる。

　2 番目に，国内の治療機会が少ないため渡航移植を余儀なくされ，他国に頼る日本の姿勢が世界的な倫理批判を受けていることである（倫理的問題）。前述のとおり，渡航移植が後を絶たないが，それは，他国の移植の機会を逸失させていることを忘れてはならない。自国民の移植ニーズに足る臓器を自国で確保することが世界的に要請されている。

　3 番目に，増え続ける透析人口に対応できる腎臓移植件数が確保できず，国民の医療費を圧迫している。2018 年 12 月における日本の透析患者数は 33 万 9,841 名で，前年より 5,336 名増加するなど，未だ増加傾向にある（新田他，2019）。透析費用は入院で年間 800 万円，外来で年間 500 万円であり，国民総医療費 42.6 兆円（2018 年度）の約 4% を占める。前節において，臓器提供者数が増加すると透析患者が腎移植を受ける機会が増え，医療費削減効果が認められたとの報告を提示した。日本においては，腎臓移植の機会が少ないため，年々増加する透析人口とそれにかかる医療費は，今後さらに深刻な問題になることが推察される。

## 4.3　課題解決のための総合戦略

　では，どのように問題の所在を捉えて解決すればよいであろうか。先行研究調査，欧州 23 カ国を対象とした制度，組織構造，人的資源管理，影響を及ぼす因子の重要度についてのアンケート調査，臓器提供の増加に成功した 5 カ国（スペイン，フランス，ドイツ，ベルギー，シンガポール）を対象としたインタビュー調査，93 カ国 6,482 名の医療従事者を対象とした定量調査から得られた知見を総合的に考察した戦略を図 4-3 にまとめた。取り組むべきことは，太枠で囲んだ 5 項目であるが，互いに影響し合う「multifactorial」を，重要性，実現可能性，タイミング，予算を鑑みながら優先順位をつけて実行しなくてはならない。その実施主体者の選定も重要である。法律・制度の変更，プロセス・クオリティマネジメントの導入については，国家主導で行うことが効果的と考える。医療スタッフの負担軽減施策，体系的人材育成プログラムについ

図 4-3　移植医療課題の解決に向けた「戦略オーケストラ」モデル

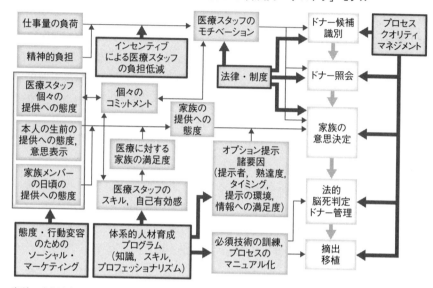

出所：瓜生原 (2016a) 415 頁，図 5 を筆者が改変。

ては，国と学会などが協同でフレームワークをつくり，地域レベルに委譲するのが望ましいと考える。また，提供に関する態度，意思表示行動への変容促進は，地域，市民レベルで実施することが有効と考える。これら多くのプレーヤーが各立場で主体的に役割を果たしつつ，それをまとめて，総合戦略を立てる専門組織と専任者，すなわち多角的視野と戦略的思考をもったオーケストラの指揮者が要諦と考え，「オーケストラモデル」と命名した。

　5 項目のうち，「態度・行動変容のためのソーシャルマーケティング」は重要な位置づけにある。なぜなら，ドナー家族だけでなく，医療従事者，それら全てを含む国民が，死後の臓器提供に対して考え，態度を決め，その意思を表明することは，根幹に位置するからである。

図 4-4　臓器提供数にかかわる二次元

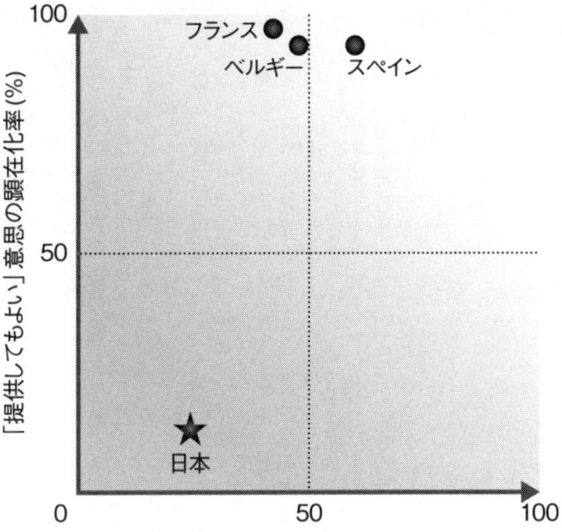

出所：瓜生原（2016a）を改変。

## 4.4　課題解決のための二次元

　別の視点で論ずる。日本は，臓器を提供したいと思っている人が 40％いるが，意思表示率は 12.7％（内閣府，2017）である。すなわち，「提供してもよい」意思の顕在化率（縦軸）が低く，提供をしてもよいとの意思が提供に結びつく割合（横軸）も低いことが，臓器提供が少ない理由と考えられる（図 4-4）。

　では，なぜ低いのであろうか。既実施の調査においては，法律・制度，知識，国家体制，病院内体制，病院内人材が重要な因子として抽出された（瓜生原，2012）。各次元について考えると，縦軸については，臓器提供方式が opting-out[5] ではないこと，意思表示率が低いこと，意思表示行動のメカニズムに則った啓発活動が行われていないことなどが挙げられる。横軸に関しては，病院内の提供プロセスが必ずしも円滑とは限らない施設が存在することが考えられる。

　欧州諸国においても臓器提供を増加させる必要に迫られているが，スペイ

図 4-5　「提供したい」人の意思を「受けたい」人にむすびつける戦略

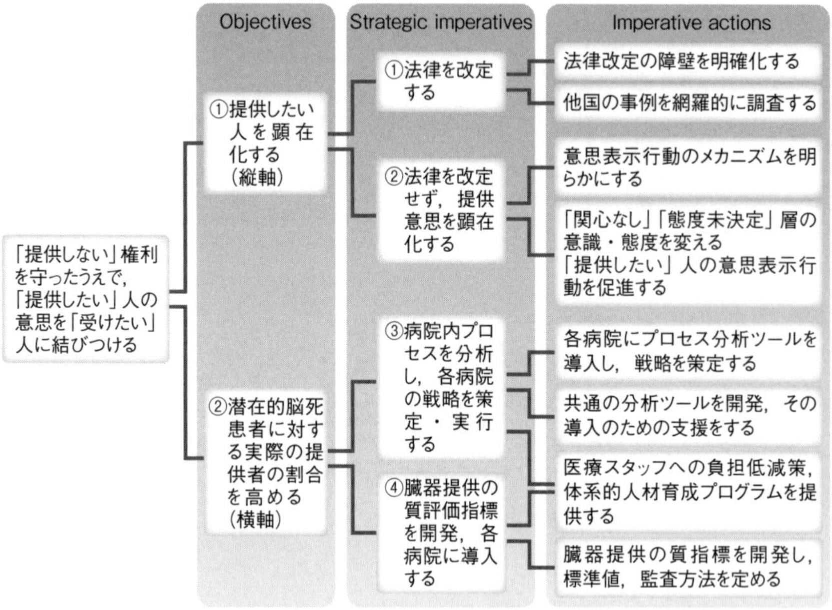

| Objectives | Strategic imperatives | Imperative actions |
|---|---|---|
| 「提供しない」権利を守ったうえで，「提供したい」人の意思を「受けたい」人に結びつける | ①提供したい人を顕在化する（縦軸） | ①法律を改定する | 法律改定の障壁を明確化する |
| | | | 他国の事例を網羅的に調査する |
| | | ②法律を改定せず，提供意思を顕在化する | 意思表示行動のメカニズムを明らかにする |
| | | | 「関心なし」「態度未決定」層の意識・態度を変える |
| | | | 「提供したい」人の意思表示行動を促進する |
| | ②潜在的脳死患者に対する実際の提供者の割合を高める（横軸） | ③病院内プロセスを分析し，各病院の戦略を策定・実行する | 各病院にプロセス分析ツールを導入し，戦略を策定する |
| | | | 共通の分析ツールを開発，その導入のための支援をする |
| | | ④臓器提供の質評価指標を開発，各病院に導入する | 医療スタッフへの負担低減策，体系的人材育成プログラムを提供する |
| | | | 臓器提供の質指標を開発し，標準値，監査方法を定める |

出所：瓜生原（2016a）図 3 を筆者が改変。

ン，ベルギー，フランスなど提供数が多い国々では，縦軸が十分に高いため，横軸を高める戦略に特化すればよい[6]。それに対して日本では，二次元のいずれをも高める必要がある。提供してもよいと思っている人の意思を顕在化し，その意思を提供に結びつけるしくみをつくることが肝要である。なお，図 4-3 に示すように，臓器提供に関する態度決定，意思表示を促すことは，臓器提供プロセスのうち，家族の意思決定に直接関わる。縦軸，横軸，両次元に影響を及ぼす重要点である。

　では，その二次元をどのように高めればよいのか。その課題解決に必要不可欠な戦略的活動を図 4-5 のように導出した。

　提供したい人を顕在化するための有効な手段の 1 つは，「①法律を改定する」，すなわち，臓器提供方式（臓器摘出要件）を変更することである。世界の臓器提供方式は「opting-in（または explicit consent）」と「opting-out（ま

たは presumed consent）」の2つに大別される。Opting-in は，「臓器提供を希望する」という明確な意思表示に基づき臓器提供が実施される。具体的には，本人が生前に「臓器提供を希望する」という意思を口頭，身分証明書，ドナーカード，ドナー登録などで表示していた場合である。本人が希望，拒否いずれの意思も明確に示していない場合は，臓器提供をするかどうかの意思決定は家族に委ねられる。Opting-out は「臓器提供を希望しない」と生前に明確に意思表示されていない場合，臓器提供を同意していたとみなされ（推定同意），臓器提供が実施される。ただし，実際の運用面では，基本的に家族の同意を確認する。両者の違いは，明確な意思表示をしていない人の取り扱いである。多くの国で90％以上の人が明確に意思表示しておらず[7]，彼（女）らを同意していたとみなす opting-out の方が「提供してもよい」と考える人が多い（縦軸の割合が高い）ことは明白である（Ginbel *et al.*, 2003；Abadie and Gay, 2006；瓜生原，2012）。

　事実，opting-out への変更により，オーストリア（Gnant *et al.*, 1991），ベルギー（Roels *et al.*, 1991；Vanrenterghem, 1998），シンガポール（Soh and Lim, 1992）では臓器提供数が増加している。これは，第3章4節で述べたナッジの典型例として提示されるものである。

　しかし，法律変更は容易ではなく，イギリスにおいては，1976年より国民意識調査が実施され，長年議論がなされてきた。国民の60％が opting-out を支持すると答えた（Haddow, 2006）2005年より10年後の2015年12月1日，ようやくウェールズで初めて変更され，2020年より全英で制度変更された（NHS, 2020）。国民の過半数の同意を得て実に15年が経過したのである。したがって，日本においても法律変更の障壁は多いと推察され，それらの障壁と障壁への対策を明らかにすること，イギリス，スイスなど近年導入が検討されてきた国々の取り組みについて，詳細に調査することが，今後必要と考えられる。そのうえで，国民の議論を醸成し，変更への機運を高めることが大切であるが，その道のりは容易ではなく，時間を要する。

　したがって，現時点で取り組むべき喫緊の課題は，「②法律を改定せず，提供意思を顕在化する」ことである。そのためには，まず，意思表示行動のメカニズムを明らかにすること，そのうえで，無関心層，態度未決定層に態度決定

を促し，「提供したい」と態度を決めている人を意思表示行動へと促すことが不可欠である。ここに焦点を当てたのが本書第Ⅱ部の研究である。

 ## 4.5　なぜ，意思表示行動に着目するのか

　移植医療の課題解決のために，意思決定と意思表示を促すことに着目した理由は前述のとおりである。Kotler and Andreasen（2003）が分類するように，死後，臓器を提供するか否かの意思決定は，個人の価値観や信念に大きく関与し，その意思表示行動は，社会へのインパクトが大きいため，「高関与型」の行動と考えられる。では，どのような場面で意思決定が必要となるのであろうか。

### 4.5.1　意思決定における焦点
　臓器提供に対する意思決定には，2つの側面がある（図4-6）。1つは，大切

図4-6　臓器提供に対する意思決定

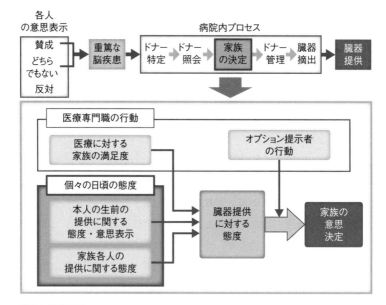

出所：筆者作成。

表 4-1　ドナー家族の意思決定に影響を及ぼす因子

| 家族の臓器提供に対する態度 | | 本人の態度 | | 医療満足度 | | 家族の意思決定 | | | |
|---|---|---|---|---|---|---|---|---|---|
| 知識 | 宗教的・文化的・利他的・規範的考え | 故人の生前の態度 | 臓器提供についての家族間の対話 | 医療に対する家族の満足度 | 故人のケアに対する満足度 | オプション提示者 | オプション提示のタイミング／オプション提示の環境 | 与えられる情報への満足度／オプション提示者の習熟度（教育含む） | オプション提示者の行動 |
| **臓器提供についての知識**<br>Moores et al., 1976<br>Corlett, 1985<br>Hessing & Elffers, 1986<br>McIntyre, et al., 1987<br>Basu et al., 1989<br>Nolan & Spanos, 1989<br>Wakeford & Stepney, 1989<br>Creecy & Wright, 1990<br>Horton & Horton, 1990<br>Gallup Organization, 1993<br>Shulz et al., 2000<br><br>**脳死についての理解度**<br>De Jong et al., 1998<br>Frutos, 1998<br>Jenkins, 1998<br>Siminoff et al., 2001<br>Rosel et al., 1999 | **宗教的考え**<br>Moores et al., 1976<br>Basu et al., 1989<br><br>**文化的考え**<br>Feldman, 1988<br>波平, 1990<br>Woo, 1992<br>Wheeler et al., 1994<br>Ohnuki, 1994<br>梅原, 1999<br><br>**利他的考え**<br>Cleveland & Johnson, 1970<br>Moores et al., 1976<br>Pessemier et al., 1977<br>Corlett, 1985<br>Parisi & Katz, 1986<br>Batten & Prottas, 1987<br>McIntyre et al., 1987<br>Basu et al., 1989<br>Batten, 1990<br><br>**規範的考え**<br>Cleveland & Johnson, 1970<br>Corlett, 1985 | | **臓器提供についての家族間の対話**<br>Burroughs et al., 1998<br>Harris et al., 1991<br>Tymstra et al., 1992 | **医療に対する家族の満足度**<br>Bart et al., 1981<br>Kozlowski, 1988<br>Cerney, 1993<br>De Jong et al., 1998<br>Siminoff et al., 2001<br>Rodrigue et al., 2006 | **故人のケアに対する満足度**<br><br>**死の伝え方**<br>Annas, 1988<br>Meisler &<br>Trachtman, 1989<br>Peele, 1989<br>Youngner et al., 1989<br>Jasper et al., 1991<br>Pelletier, 1992<br>Tymstra et al., 1992 | **コーディネーターによるオプション提示**<br>Kliger et al., 1994<br>Von Pohle, 1996<br>De Jong et al., 1998<br>Gortmaker et al., 1998<br>Shafer et al., 1998<br>Linyear & Tartaglia, 1999<br>Helms et al., 2004<br>Rodrigue et al., 2006<br>Salim et al., 2007 | **オプション提示のタイミング**<br>Garrison et al., 1991<br>Niles & Mattice, 1996<br>Von Pohle, 1996<br>De Jong et al., 1998<br>Evanisko et al., 1998<br>Gortmaker et al., 1998<br>Siminoff et al., 2001<br>Rodrigue et al., 2003<br>Rodrigue et al., 2006<br><br>**オプション提示の環境**<br>De Jong et al., 1998<br>Gortmaker et al., 1998 | **与えられる情報への満足度**<br>De Jong et al., 1998<br>Rosel et al., 1999<br>Siminoff et al.,2001<br>Siminoff &<br>Lawrence, 2002<br>Rodrigue et al., 2003<br><br>**オプション提示者の習熟度（教育含む）**<br>Rikker & White, 1995<br>Radecki & Jaccard, 1997<br>Evanisko, et al. 1998<br>Rosel et al., 1999<br>Siminoff et al., 2001<br>Roels et al., 2008 | |

出所：筆者作成。

な家族が脳死とされうる状態と判断され，限られた時間で臓器提供をするかどうかを家族が意思決定する場面である。もう１つは，日頃から自身の臓器提供について考え，提供の可否を意思決定し，意思表示を保険証，免許証，マイナンバーカードなどの媒体に行い，それを家族と共有することである。

　前者に関して，表4-1の先行研究調査から，意思決定は２段階のプロセスに分かれると考えらえる。まず，ドナー家族が提供すべきか否かを限られた時間で考える過程である。これに対しては，ドナー本人の生前の意思，家族メンバーの臓器提供に対する態度，施された医療に対する満足度が影響する。次の最終決断の過程においては，医療専門職の行動が大きく関与する（瓜生原，2012）。「最も困難な時に，最も不幸な家族に対して行われる最も難しい説明」とされる難しい局面であり，臓器提供についてのオプション提示をするタイミング，説明内容，説明態度など，医療専門職要因が高いため，本研究では議論をしない。一方，後者に関しては，国民全員が日常関わる自己の意思決定であり，本研究の焦点としたい。

### 4.5.2　意思表示の重要性

　では，意思決定で留まらず，意思表示がなぜ重要なのであろうか。万が一事故などで回復の見込みがなくなった場合，２つの視点で述べる。第１に本人の意思の尊重のためである。日本の現制度下では，生前の意思が表示されていない場合，家族がその意思を忖度をする。その際，本人の意思が伝わっていない場合，その意思を尊重できない可能性がある。特に，臓器を提供したくない人にとって，その意思が尊重されるためには，意思を明確に示しておくことが不可欠なのである。

　第２に，残された家族の心的負担を軽減するからである。限られた時間で家族が意思決定することは非常に困難である。その際に意思が明確に表示されていると，家族は迷うことが少ない（図4-7）。

　実際，厚生労働省の脳死臓器提供200例のまとめによると，本人の意思表示があった場合は，家族の自発的な申し出が88.1%（96/109例）であったのに対し，意思表示がない場合は52.7%（48/91例）と少なかった[8]。また，家族の承諾理由においても，前者の場合は100%が「意思表示の尊重」であったの

図4-7　臓器提供意思表示の重要性

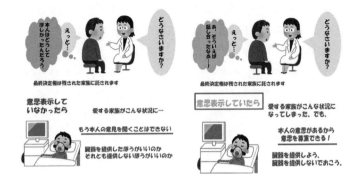

出所：筆者作成。

に対して，後者の場合は，「社会貢献」「生前の発言の尊重」「生命の永続」「家族としての思い」など多岐にわたり[9)]，明確な意思が表示されていない場合に，家族は心的負担を感じていることが推察される。一方，世論調査結果（内閣府，2017）においても，ご家族の誰かが脳死と判定され，その方が臓器提供の意思を書面に表示をしていた場合，その意思を尊重する人は国民の87％であった。

　これらの事実より，本人の意思の尊重，および残された家族の心的負担の軽減という点において，意思表示行動を促進することは重要である。

 **4.6　本書における研究課題**

　以上のように，自身の死後の臓器提供について，「提供するか否か意思決定し，その意思を媒体に表明し，家族と共有しておく行動」は，本人，家族，社会にとって「望ましい行動」であり，「向社会行動」と捉えることができる[10)]。さらに，第1章2節表1-1に記述したKotler and Andreasen（2003）の分類[11)]における，変容の難易度が高い「高関与，継続的」な行動と考えられる。個人の価値観や信念に大きく関与し，行動した結果が社会的・心理的リスクを負う可能性があるからである。

　この「高関与型向社会行動」である「臓器提供の意思表示行動」に関して，日本では，運転免許証，保険証，マイナンバーカード，意思表示カード，インターネット登録など世界で最も多様な意思表示手段が整備されているが，意思表示率は 12.7％に留まっている（内閣府，2017）。

　1997 年の臓器移植法の施行以来 20 年以上，大規模な啓発の努力がなされるなど，国家レベルでの取組みがなされているが，意思表示率が低率に留まっている現況を鑑みると，従来の知識伝達を主眼とする啓発活動では，行動に結び付くまでにギャップがあると言わざるを得ない。実際，諸外国おいても，マスメディアなどによる情報の提供やキャンペーンだけでは行動変容にはつながらないとの報告が散見される（Thomson, 1993；Jacob, 1996；Wolf *et al.*, 1997）。最近のメタアナリシスにおいても，個人間メッセージの重要性が示唆されている（Peters *et al.*, 1996；Feeley, 2009；Cameron *et al.*, 2013）。すなわち，意思表示行動の変容に結び付く，より深化した手法の開発と標準化が日本の喫緊の課題である。

### 注

1) ドイツではドナーアクション® が導入され，1 年後に臓器提供者数が 59％増加した。その結果，透析患者が腎移植を受けることができ，人口百万人あたり 226 万ユーロの医療費削減効果が認められた。カナダにおいても同様に腎臓移植が増加し，100 万カナダドルの医療費削減効果が認められた。なお，ドナーアクション® とは，病院内の臓器提供に至るプロセスを分析し，そのプロセス改善策を盛りこんだアクションプランを策定・実行する実践的なプログラムである。瓜生原（2012）に詳細を記載している。

2) 2014 年 12 月 31 日までに 939 名が心臓移植候補として登録された。なお，登録に到達できず亡くなる患者も多くいる。939 名中，国内で 222 名に心臓移植が行われたが，51人は渡航移植し，248 名は待機中に亡くなり，残りは現在も待機中である。国内で心臓移植を受けた人の待機期間は，平均 981 日（29〜3,838 日），status 1 での待機期間は平均 864 日（29〜1,707 日）であった。米国の status 1 の患者の待機期間 56 日に比較して，極めて長いのが特徴である。（日本心移植研究会，2016）

3) 2010 年 7 月の改正臓器移植法施行で，15 歳未満の脳死での臓器提供が可能となった。関係者の努力により周囲の理解が進み，2017 年以降特に提供数は増加している。しかし，2019 年 12 月 31 日までに実施された 15 歳未満からの臓器提供は 27 名，うち 6 歳未満からの心臓移植は 14 名であり，決して必要十分とは言い切れない。（日本臓器移植ネットワーク，2020a）

4) 以下，「臓器提供者数」と表記する場合には，人口百万人あたりの人数を意味する。具

体的な臓器提供者数を表す際は，人口百万人当たりの数字で示し，単位を pmp（per million population）とする。

5)　本章 4 節（同じ節）に詳細を記載。

6)　横軸は，スペイン 56.2%，ベルギー 48.3%，フランス 43.1%，スイス 33.5%である。最も臓器提供者数が多いスペインにおいても 56.2%であるのは，医学的禁忌（25%），家族の承諾拒否（13.2%），ドナー照会の未実施（3.2%）などがあるためである。

7)　Opting-out の国では，non-donor registry が導入されており，その登録率は最も低いスロバキアで 0.1%，最も高いオーストリアで 2%程度である。

8)　200 例の検証事例のうち，平成 22 年 7 月 17 日の改正臓器移植法施行前が 87 例（43.5%），改正法施行後が 113 例（56.5%）。本人の書面による意思表示があった事例は 109 例（改正法施行前が 87 例全例，改正法施行後が 22 例）。本人の書面による意思が不明で家族の承諾により提供に至った事例が 91 例であった。91 例における臓器提供の意思を把握するきっかけは，家族の自発的な申し出が 48 例（52.7%），主治医等からの選択肢提示が 43 例（47.3%）であった。

9)　具体的内容は，「社会貢献」：誰かの役に立ちたい，たくさんの人を助けたい，病で苦しんでいる方の役に立ってもらいたい，「発言の尊重」：本人が役に立ちたいと言っていたのを尊重したい，本人が意思表示カードを持ちたいと言っていたのを尊重したい，「生命の永続」：本人の一部がどこかで生きていてほしい，誰かの中で生き続けて欲しい，「家族としての思い」：臓器提供を成し遂げたことが誇りに思える，本人を失う悲しみから救われる，本人の死を無駄にしたくない，家族が最期にできること，誰かの中で生き続けていると考えられるなら家族の支えとなる，最期に本人らしいことをしてあげたい，臓器提供は本人を失うという悲しみ中での大きな希望であった。

10)　第 1 章 2 節で述べたとおり，決して臓器を提供する行動を向社会行動としているのではない。「提供する」「提供しない」に関わらず，自分の意思と向き合い，意思決定し，その意思を媒体に表明し，家族と共有しておく行動を向社会行動であるとする立場である。

11)　社会行動変容プログラムを 3 つの主要要素（関与度が高いか低いか，行動が 1 回限りか継続的か，個人的か集団的か）で 8 つのカテゴリーに分類している。このうち，関与度が高く継続的な行動は，行動変容の難易度が高く，さらに，グループによる決定の場合は最も難しいとされている。

124

# 第 5 章
# 意思表示行動についての文献的考察

## 5.1　はじめに

　第Ⅱ部の主題である「臓器提供への意思決定と意思表示に関する行動変容」は，移植医療や公衆衛生の領域はもちろんのこと，人間の行動変容を目指す営みであることから，心理学，行動経済学，コミュニケーション学などで研究が進められている。学際性が非常に豊かなテーマである。本章では，臓器提供への意思決定，ならびに意思表示行動を中心に，学際的な観点から先行研究の整理を行う。

　Healy（2006）は，米国の各地域における臓器提供の差異を構造的，組織的特徴による違いから説明し，利他性をはじめとする個人的な動機だけでは説明できないと結論づけた。確かに，対象者を取り巻く外的な環境も，対象者の臓器提供思表示に対する意図や実際の行動に大きな影響を及ぼす重要な要因であるが，本書では，各個人の行動変容促進へのアプローチを中心とした研究に焦点を当てる。

　以下，臓器提供の意思決定と意思表示を取り上げた研究を中心に，向社会行動を論じた多様な分野における研究を，3つの視座で整理する。第1は人間に内在するもの，第2はそれに対する作用メカニズム，第3は外部からの介入方法である。第1の内在するものは，外部刺激により短期間で変わらないと考えられる「価値観」と，外部刺激で変わる可能性がある「知識」に分けられる。価値観については，多様な分野で論じられているが，宗教，文化，利他性，援助規範，役割アイデンティティについて，臓器移植や意思表示に関連する知識を検証した研究を概観する。第2は，人間が有する価値観や知識が，人間の内部においてどのように作用し，行動へとつながっていくのか，そのプロセスに

着目した研究である。第 3 は，外部からアプローチすることによって，行動変容を促すことができるのではないかと考え，これを実践し，その効果を検証する研究である。対象者に提示される情報の見せ方や伝達する媒体，金銭的なインセンティブ，家族との話し合いの効果などを取り上げた研究を検討する。

 ## 5.2 価値観

### 5.2.1 文化・宗教

「臓器を提供する」という行為は，各社会や宗教における生死の捉え方に大きく左右されると考えられる。脳死が人間の死であるかどうか，自己に死を決定する権限があるかどうか，遺体をどう捉えるかといった点は，意思の決定やその表示に関わりがあると予測される。このことから，対象者を取り巻く文化や信仰する宗教が臓器移植意思表示行動に影響を及ぼすのではないかと考えられてきた。

その中には，文化や宗教が，臓器提供に否定的であるという主張もある。例えば，日本について，波平（1990）は，日本人には遺体を大切に扱う伝統があるため，脳死を受け入れられないと論じた。同様に，梅原（1999）は，臓器移植は日本人の感性にとって不自然なものであり，受け入れられないと議論している。

一方で，文化や宗教と臓器提供意思表示行動の関係を直接結び付けることに否定的な研究もある。例えば中村（2006）は，韓国における儒教に伴う文化と臓器提供の関係について考察し，儒教文化は阻害要因ではないと結論づけた。また筆者は，欧州 8 カ国（イギリス，スイス，スペイン，ドイツ，フィンランド，フランス，ベルギー，ポルトガル）を対象としたアンケート結果から，国レベルでの宗教と臓器提供数に一定の関係を見出すことはできないとの見解に至った（瓜生原，2012）。また，世界の主な宗教・宗派（仏教，カトリック，プロテスタント，ギリシャ正教会，クリスチャンサイエンス，ヒンドゥー教，ユダヤ教，イスラム教）における臓器提供，臓器移植に対する考え方を調査し，これらは臓器提供を否定していないと結論づけた（表 5-1）。

イギリスの NHS Blood and Transplant（NHSBT）では，仏教，キリスト

表5-1　各宗教の臓器提供・臓器移植に対する考え方

| 宗教 | 臓器提供に対する考え方 | 臓器移植に対する考え方 |
|---|---|---|
| 仏教 | 各人の良心に任せている。 | 各人の良心に任せている。 |
| キリスト教：カトリック | 慈善，兄弟愛，自己犠牲の行為として推奨している。 | 倫理的，道徳的に認められている。 |
| キリスト教：プロテスタント | 慈善行為として支持しているが，各人の判断に任せている。 | 医療措置として適切なものであれば可。 |
| キリスト教：ギリシャ正教会 | 人を救うためならば反対はしない。 | レシピエントの幸福のために必要であれば何ら反対はしない。 |
| クリスチャンサイエンス | 各人の判断に任せている。ただし，医学的な方法ではなく，精神的な方法に頼る。 | 各人の判断に任せている。（臓器提供と同様） |
| ヒンドゥー教 | 各人の判断に任せている。 | 各人の判断に任せている。 |
| ユダヤ教 | 支持し推奨している。 | 可 |
| イスラム教 | 許可されており，同意があれば可。 | 許可されている。 |

注：瓜生原（2012），124頁，表5-3を筆者が改変。

教，ヒンドゥー教，シーク教，ユダヤ教，イスラム教において，臓器提供がどのように捉えられているのか，その詳細をウェブサイトにおいてまとめている（NHSBT, n.d.）。現時点で掲載されているその詳細を見ると，いずれの宗教も臓器提供を否定していないことが分かる。以下，その詳細を記述する。

　仏教には，臓器提供を推奨する教えも，これを禁じる教えもない。状況によって判断されるべきものであるとされており，臓器提供に対する意見には幅がある。仏教において，人間の死は最大限の配慮と敬意を持って扱われるべき時間であり，死する人間の希望を尊重することが最も重要とされる。死者が臓器提供を希望していない場合には，臓器提供により他者の命を救うことによって，その希望を妥協することはできない。苦痛を和らげることを中心とする仏教では，死にゆく者の願いである場合には，臓器提供は寛大さ（generosity）の行為として肯定される。

　キリスト教において，臓器提供をするか否かは，個人的な選択によるものと理解されているが，それはお互いを愛し，他者のニーズを受け止めるというイエスキリストの教えを実践する行為であるとされている。永遠の命を信じるキリスト教徒にとって，死の前後に人間の身体に起こることは，どのようなこと

であっても神との関係に影響を及ぼすものではなく，移植のプロセスはキリスト教の道徳律において容認される行為である。

　ヒンドゥー教の経典には，臓器提供を支持する言及が数多く見受けられる。その宗教的知識を集めた聖典類をヴェーダ（Vedas）の中で，医療に関するものの中には，臓器移植について論じている部分がある。また，サンスクリット語の Dana は「無私無欲で与えること」を意味しているが，これは 10 の肯定的な義務や望ましい行動をリストした 10 のニヤマ（Niyamas）において 3 番目に掲載されている。

　シーク教では，報酬や評価を求めず，無私無欲で他者に奉仕すること（seva）が重視されており，それは臓器を他者に提供することも含まれる。シーク教において，臓器提供に関連するタブーはない。死後の魂は永遠に転生すると考えられており，人間の身体はその長い旅路において使われるものと理解されているため，死の瞬間や死後に，すべての臓器が失われずに身体にある必要はないと考えられる。他者の生命のために自身の臓器を提供することは，他者に与えることのできる最善のものであり，人類に対する究極的な奉仕であると理解される。

　ユダヤ教では，臓器提供を時と場合によって判断する。死に際しては，身体への不必要な干渉を避け，迅速に埋葬することが重視されるが，死者の尊厳（kavod hamet）を大切にし，死する者が臓器提供を希望する場合には，その希望が優先される。また死者の希望が判明している場合も，判明していない場合でも，残された家族が，ユダヤ教の権威に相談の上，最終的な判断を下すことがある。この場合，死者の尊厳を重視するという教えとの一貫性に疑問を呈する声もあるが，残された者への慰め（nichum aveilim）も軽視されてはならないのである。臓器提供が可能となる状態の捉え方には，幅がある。心臓が停止したことを決定的な死と捉え，その時点で初めてドナーから臓器が取り出されることを認めるユダヤ教徒がいる一方，脳幹死の時点での臓器提供を受け入れるユダヤ教徒もいる。

　イスラム教には，臓器提供について 2 つの考え方がある。1 つには，生きている者であれ，死んでいる者であれ，人間の身体には敬意を表すべきであり，傷つけることは許されないという考え方がある。その一方で，必要性があれば

禁じられていることも許容されるという考え方もあり，これにより臓器提供が支持されている。他者の命を救ったり，これを高めたりする上では，個人が失うものよりも，得られるものの方が多いという考え方である。またアッラーは，他者の命を救うものを大きく評価していることから，1995 年に Muslim Law (Shariah) Council は，Shariah のルールに基づき，苦痛を和らげ，命を救う手段として，臓器提供を認めた。その際，医療専門家が死を判断すること，脳幹死の場合にも臓器提供を可能とすること，臓器提供は報酬なく行われるべきであること，臓器の取引は禁じられること，ムスリムはドナーカードを持たなければならないこと，ドナーカードがない場合や臓器提供の意思が確認できない場合には，最近親者が最終的な判断をすることなど，いくつかの重要な点を明確にしている。Council によるこの方針は，複数の権威あるイスラム教の協会，アカデミーに支持されている。

　このように，仏教，キリスト教，ヒンドゥー教，シーク教，ユダヤ教，イスラム教のいずれにおいても，臓器提供は否定されていないのである。

### 5.2.2　利他性

　「誰かのために役に立ちたい」という思いや考えが，臓器提供の意思に肯定的な影響を及ぼすと論じる研究が数多く報告されている。利他とは，自分の損失を顧みず他者の利益を図ることで，利己の対義語であるが，例えば Morgan and Miller（2011）は，アメリカの成人を対象とした郵便調査から，利他性（altruism）が臓器提供意思表示と相関関係にあることを明らかにしている。また Radecki and Jaccard（1997）は，利他性が意思表示行動の重要な動機づけになっていると報告している。

　臓器提供は死後の良い結果を生む，臓器移植を待っている人の命を救う，誰かが臓器移植により恩恵を受けるなどの思いは，臓器提供に賛成の態度を促すと報告されている（Cleveland and Johnson, 1970；Moores et al., 1976；Corlett, 1985；Parisi and Katz, 1986；Batten and Prottas, 1987；McIntyre et al., 1987；Basu et al., 1989；Batten, 1990；Peters et al., 1996）。さらに，意思決定と属性の関係についての研究結果，臓器提供に賛成する割合が高いのは，中高年の女性（Pessemier et al., 1977），教育レベルと社会経済的地位が高い人（Cleveland

and Johnson, 1970；Pessemier *et al.*, 1977；Parisi and Katz, 1986) という傾向が認められているが，その背景にはこれらの属性の人々が，より利他的な意識が高いことがあると考察されている。

　利他性に関わるものとして，「他者指向性」の共感が挙げられる。そこには，常に相手の立場で考える「視点取得」，困っている人がいるとその人の問題が早く解決するといいと思う「共感的配慮」があり，これらは寄付の意向と相関すると報告されている（桜井，1988）。

　ただし，利他性の背景には，「誰かのために役に立っている」ということを「見せつける」という気持ちが働いている可能性もある。Grace and Griffin（2006）は，共感を示すリボン（Empathy Ribbon）をはじめとするチャリティグッズの購入は，利他的な目的よりも，他者にこれを見せつけることを目的としており，ここに「人目に付く共感（conspicuous compassion）」が働いていると論じた。

### 5.2.3　規範・役割アイデンティティ

　「誰かのために役に立ちたい」という利他的な考えに加え，「誰かのために役に立つことは良いことだ・望ましいことだ」いう規範的な考えもまた，臓器提供の意思決定や意思表示行動に影響を及ぼすと考えられる。

　その考え方の1つとして，援助規範が挙げられ，自分が不利になっても困っている人を助ける「自己犠牲」，自分より悪い境遇の人に何かを与えるのは当然と考えられる「弱者救済」がある。献血を行う人は自己犠牲，ボランティアは弱者救済の意向が高いと報告されている（箱井・高木，1987）。

　また，こうした援助規範が人間のアイデンティティ（自己同一性）の中で果たす役割に着目した研究も行われている。社会の中で自分が果たしている，あるいは果たすべきと考える役割に，自らのアイデンティティをどの程度見出しているかを捉える概念として，「役割アイデンティティ（role identity）」がある。White ら（2017）は，「金銭を提供する寄付者としてのアイデンティティ」，「時間を提供するボランティアとしてのアイデンティティ」，「献血ドナーとしてのアイデンティティ」を強く持つ人の方が，持たない人に比べて，それぞれの行動を起こす確率が高いことを明らかにしている。

　援助規範や役割アイデンティティは，行動を起こした際に，他者がどのように評価するかについて本人が認識することが基盤となっている。そのため，規範的な考え方は，対象者の言動に対して家族や友人がどう思うかという点に左右される。Cleveland and Johnson（1970）の研究では，臓器提供に反対の意思を示している人の主な理由は「家族が臓器提供に反対しているから」であることが明らかとなっている。また，Corlett（1985）の研究では，臓器摘出のために体が傷つけられることへの周囲の考えが臓器提供を拒否する理由とされている。個々人の拠り所とする集団での規範的な考えは，少なからず，個々人の考えに影響しているという示唆が導かれている。

## 5.3　知識

　個人の属性や持ち合わせている事柄と臓器提供意思表示行動に関する研究の中で，これまで最も多くの注目を集めてきたのが「知識」である。実に多くの研究が，臓器提供に関連する正しい知識を持ち合わせていることが，意思表示行動に肯定的な影響を及ぼすと結論づけている。

　その背景には，一般の人々が臓器提供に関する知識について誤解をしている実態がある。死亡する前に臓器が摘出される，時期を早めて死を宣告される，生命維持装置が移植のために必要以上に長く装着される，臓器摘出により遺体が大きく損傷される，脳死から生き返るなど，誤解があることを，数多くの研究が報告している（Cleveland and Johnson, 1970；Moores *et al.*, 1976；Corlett, 1985；Hessing and Elffers, 1986；Parisi and Katz, 1986；McIntyre *et al.*, 1987；Basu *et al.*, 1989；Nolan and Spanos, 1989；Wakeford and Stepney, 1989；Gallup, 1993）。

　Peters ら（1996）は，臓器提供に賛成の 51 名と反対の 51 名の相違点について検討したところ，反対した人々は，移植医療，特に臓器分配の公平性についての強い不信感を抱き，レシピエントに対する移植医療の有用性についての疑いを持ち，脳死の概念の受容が低いことが示された。臓器提供に関する理解不足，あるいは誤解が，臓器提供への否定的な意識につながっていることが示唆される。

　また，Horton and Horton（1990）は，ある町の 465 名の住人と 481 名の学生を対象に，移植に特化した知識と臓器提供に対する考え方の関係について調査を行った。その結果，臓器提供に否定的な人々は，3 つの理解不足が共通していた。第 1 に，臓器提供は宗教により否定されていると誤解していたことである。第 2 に，80％の人々がドナーには心臓死が必須であると回答するなど，脳死の理解が不十分であったことである。第 3 に，73％の人々がドナーカードの取り扱いについて誤解していたことである。これらのことから，臓器移植，および臓器提供に関する正しい知識と，臓器提供に対する考え方は，有意に相関すると結論づけている。

　臓器提供に関する誤解が多いということは，見方を変えれば，正しい知識を増やしていくことによって，臓器提供に対する考え方がポジティブに転換するということでもある（Shulz *et al.*, 2000）。教育レベルが高く，臓器提供に関する規則の認知度が高い人ほど，臓器提供の意思表示率が高いという報告もある（Mossialos *et al.*, 2008）。またトルコの大学生の間では，経済的な豊かさ，母親の教育レベル，医療分野に従事している親族の有無に加え，意思表示に関して十分な知識を有していると感じているか否かが，臓器移植への意思表示や考え方に影響を及ぼしていた（Sönmez *et al.*, 2010）。これらの研究成果から，臓器提供に関する正しい「知識」を提供することは重要であると考えられる。

# 5.4　作用メカニズム

　人間に内在する価値観や知識が，自動的に臓器提供への意思決定や，意思表示行動へとつながっていくわけではない。これらを行動変容へと結びつけるメカニズムに着目した。プロセスに関する諸理論を第 3 章で述べたが，このうち，「計画的行動理論」に基づき論じた研究を概観する。

　Powpaka（2008）は，「行動意図」につながる「行動への態度」，「主観的規範」，「行動コントロール感」の 3 つの要因の中でも，「態度」が臓器提供意思表示を左右する最大の要因となっていること，その「態度」は，臓器提供がもたらす結果の認識（perceived consequences of donating organs）の影響を受けることを明らかにした。しかし，「行動意図」に影響を及ぼす要素は，国に

よって異なる可能性も示唆されている。計画的行動理論を適用し，日本，韓国，米国の大学生を対象とした比較分析を行ったBresnahanら（2007）の報告では，全ての国において「態度」が意思表示の「意図」を左右する要素となっていることが示されたが，日本の大学生に限っては，「行動コントロール感」も，「意図」を左右する大きな要因であると結論づけている。またWu and Tang（2009）は，米国，香港，日本の大学生を対象に，臓器提供に対する「態度」と「主観的規範」と，臓器移植に関する家族とのコミュニケーションの関連性を比較検証した。その結果，日本の大学生は，臓器提供に対しての「態度」と「主観的規範」が最も低く，家族と話す割合も最も低いことが示された。

　Brietkopf（2006）は，「行動コントロール感」に関連する分析結果を報告している。米国の大学生を対象に，自身の臓器提供の意図について両親に打ち明けるかどうかについて調査したところ，自身の決断が変わる可能性がある，あるいは誤った決断をしたと考えている場合は，両親に打ち明ける可能性が低くなる一方，自身の決断を揺るぎのないものを捉えている学生は，両親に打ち明ける可能性が高いことが分かった。さらに，献血という向社会行動について，計画的行動理論を適用したReid and Wood（2008）は，「主観的規範」と「行動コントロール感」が，献血ドナーにならない意図に関連していることを明らかにしている。

　以上より，意思表示行動への意図を持つかどうかは，その行動への価値を感じているかどうか（態度），自身で意思決定や意思表示することに自信や誇りをもてるかどうか（行動コントロール感）が重要であることが示唆された。

## 5.5 外部からの介入方法

　人間が有する価値観や知識が行動意図にどのように作用するかを説明・予測するのではなく，人間の行動を変容させることに重きを置き，どのような外部からの介入が行動変容へとつながるのかを検討した研究も散見される。以下，選択アーキテクチャ，情報の提示方法，情報の伝達媒体，コミットメント，金銭的インセンティブの提供，家族との話し合いの効果の6視座から，先行研究

をレビューする。

### 5.5.1　選択アーキテクチャ（ナッジ）

　第 3 章で述べたとおり，ナッジは選択の余地を残しながらもより良い方向にそっと導くことである。

　臓器提供を増加させる文脈で，臓器提供方式を opting-in から opting-out に変更するナッジが有効と報告されている（Thaler and Sunstein, 2008）。提供に関して「意思決定と表示行動を主体的に行う」環境から，「特に反対でなければ行動（意思決定や意思表示）をしなくてもいい」環境に変化するためであり，当然と推察される。実際，ベルギー（Roels *et al.*, 1991；Vanrenterghem *et al.*, 1998），オーストリア（Gnant *et al.*, 1991），シンガポール（Soh and Lim, 1992；Low *et al.*, 2006）では臓器提供数が増加している。しかし，実際には制度変更のみでは増加しておらず，同時に院内体制の整備を行って初めて増加したのが現実である。例えば，オーストリアでは，制度変更に伴い，各臓器提供病院にフルタイムの院内コーディネーターを配置した。シンガポールでは，制度を変更したが提供者数は増加しなかったため，その原因であった近親者の承諾を得るプロセスの問題を解決できるよう，その後病院内の体制整備を行った。

　また，2015 年 12 月，イギリスにおいてウェールズで初めて opting-out へと変更されたが，変更後直ちに提供は増加していない。筆者は，ウェールズの一般市民の意識変化が，新しい制度の実効性に結び付いているかどうかについて分析した結果，肯定的な態度がとられる要因として，①家族と対話し，意思表示への関心を高め，態度決定しておくこと，②制度に対する正確な知識を提供し，理解度を高めること，③各自にとって「役に立つ」と思う多様な意思表示行動への価値を醸成することの必要性が確認された（瓜生原，2017）。

　すなわち，本介入方法をとる場合においても，十分に家族と対話し，臓器提供への関心を高め，意思決定や意思表示についての理解を深めておくことが不可欠と考えらえる。

## 5.5.2　情報の提示方法

　情報の提示方法について有効な概念として，Goffman（1974）が提唱した
「フレーミング」がある。第3章のプロスペクト理論で述べたとおり，フレー
ミングとは，認知された現実のいくつかの側面を選び，これを強調すること
（Entman, 1993）である。望ましい行動をとることによって「得られるもの」
を強調するポジティブな「ゲイン・フレーム」と，行動をとらないことによっ
て「失わせるもの」を強調するネガティブな「ロス・フレーム」がある。
　臓器提供の意思に関する研究について，Chien and Chang（2015）は，台湾
において，4パターンのメッセージ（ポジティブ×統計，ネガティブ×統計，
ポジティブ×ストーリー，ネガティブ×ストーリー）を対象者に提示し，いず
れかを読ませ，自身の意思への気持ちを7段階で回答させる実験を行った。そ
の結果，「統計」よりも「ストーリー」を読んだ人の方が肯定的であり，「ネガ
ティブ×ストーリー」のメッセージが有効であると結論づけた。
　韓国においては，Sun（2014）が，大学生を対象に，4パターンの公共広告
（ポジティブ×合理的，ネガティブ×合理的，ポジティブ×感情的，ネガティ
ブ×感情的）のいずれかを読ませ，臓器提供への態度や意思を回答させる実験
を行った。ポジティブな広告を見た対象者は，臓器提供に肯定的な態度を示
し，また，感情的な広告を見た人の方が，臓器提供に対する意思が高いことが
明らかとなった。このプロセスにおいて，利他性の程度，セルフモニタリン
グ[1]の程度，および問題への関与の程度が中間変数として作用していることも
示されている。
　Skumanich and Kintsfather（1996）は既存のメッセージに関連する研究か
ら最も効果的と考えられる，「臓器提供を肯定するポジティブなメッセージ」
と「恐怖心を否定する文章」を組み合わせたものを提示する実験を，大学生を
対象に行った。対象者を二群に分け，一方には，これを提示する前に，移植を
受ける患者の感情的なストーリーを提示し（介入群），もう一方にはストー
リーを提示しないで（非介入群）メッセージと文章を示した。その結果，介入
群の方が，臓器提供に対する関与の程度，および行動意図が高まった。つま
り，フレーミングの実効性を高めるもの，共感を呼び起こすきっかけとしてと
して，当事者の物語が有効であることが示唆された。

　また，臓器移提供に類似する行動として，卵母細胞の提供行動についても研究されている。Purewal and van den Akker（2010）は，イギリスと南東アジアの女性を対象に，ゲイン・フレームとロス・フレームの有効性を検証した。その結果，ゲイン・フレームのメッセージの方が，提供意思の表明が多いことが示されたが，その効果はイギリスの女性においてのみ観察された。また，骨髄ドナーの登録促進に注目したStudtsら（2010）の報告では，米国において，感情的なアピールと合理的なアピールの有効性が比較検討され，感情的な方が効果的であるという結論を得た。

　このように，メッセージを工夫することで，臓器提供への意思表示を促す効果が期待されることが明らかとなっている。しかし，それが一般啓発に応用されるには程遠く，Chien（2014）は，15 カ国 53 枚の臓器提供に関するポスターを分析し，その多くが直接的な訴えしか行っておらず，フレームの有効性が反映できていないと報告している。この研究において，グラフィックや文章を合わせること，セレブリティを登場させること，知識と統計を提供すること，臓器移植をめぐる誤解を解くこと，物語を使うこと，成功した移植のケースを提示すること，公共や他人の福祉を強調することなどを，ゲイン・フレームと組み合わせて提示することで，より効果的な行動変容が期待できると提言されている。

### 5.5.3　情報の伝達媒体

　臓器提供や意思表示に関する情報をどのような媒体で対象者に届けて行動変容を促すのかという視座からの研究も進められている。

　最も多くの人々にアプローチできる媒体は，テレビや新聞などのマスメディアである。しかし，オーストラリアにおける 12 カ月間のスポットテレビシリーズ（Thomson, 1993），フランスロレーヌ地区における 1 週間の新聞，テレビなどのキャンペーン（Jacob, 1996）の効果検証研究では，いずれも「意思表示行動」の増加にはつながっていないとの結論を導いている。一方，Callenderら（1997）は，米国ワシントンでマイノリティを対象に，マスメディアと講演など身近な情報提供の組み合わせを 15 年間実施したところ，意思表示をする人々と実際の臓器提供者が増加したと報告している。すなわち，

マスメディアの効果を高めるためには，対象者を絞り，長期間実施し，かつ能動的な行動を促すしかけと組み合わせる必要性が示唆されている。

　近年では，ソーシャル・メディアも有効な媒体として注目されている（Peter et al., 1996；Feeley, 2009）。例えば Cameron ら（2013）は，2012 年 5 月 1 日より，Facebook のプロフィール欄の一部に「臓器提供者（Organ Donor）」が追加されたことに着目し，これをきっかけに米国でのドナー登録者が大幅に増えたことを，州ごとのデータから明らかにしている。

　複数の媒体によるアプローチを比較研究した Stefanone ら（2012）は，3 年間に渡って，3 つの異なるタイプのオンラインキャンペーンを実施した。1 つ目は従来型のオンライン広告，2 つ目は，意識の高い学生が，SNS を通じて臓器提供を推進する形，3 つ目はドナー登録数を学生チーム対抗で競うチャレンジ・キャンペーンであった。主な対象者は大学生であったが，従来型のオンラインキャンペーンが，メッセージへの接触数という点では最大の効果をもたらしたものの，サイト訪問がドナー登録にはつながらなかったという結論を得ている。一方，学生による SNS での情報発信とチャレンジ・キャンペーンは，プロジェクトのウェブサイトへの注目，ドナー登録につながった。その他，若い世代などに焦点を当て，能動的に参画させる施策が効果的と報告されている（Mandell et al., 2006；Cantarovich, 2004；Matesanz and Dominguez-Gil, 2007）。

　以上より，マスメディアは，情報の接触機会が高い媒体として，人の認知に働きかけるには有用であるが，意思決定，意思表示という行動まで促すとは限らない。自らが発信するなど能動的な行動を含めることが重要な鍵であることが示唆された。

### 5.5.4　コミットメント（関与の程度）

　臓器移植意思表示を促す上で，本課題に関与する機会を提供することが効果的であるという報告がなされている。臓器提供について考えるという作業に費やした時間とエネルギー，すなわち「コミットメント（関与の程度）」が行動を起こすのである（Skumanich and Kintsfather, 1996）。

　例えば，ドナーカードに意思を記入する前に，臓器提供に関する簡単な質問に答える形式をとった場合，とらなかった場合より，提供を希望する人が多

かった（Cardcci *et al.*, 1984, 1989）。質問に答えることにより，臓器提供につ
いて考える時間を費やしたためだと解釈できる。

　また「関与の程度」が高い時に，意思表示手段を組み合わせて提供すること
も重要である。Horton and Horton（1990）が，ドナーカードの入手方法を知
らないことが，意思表示の障壁となっていると論じているとおり，意思表示へ
の意図が高まったとしても，それを表示する手段がなければ，意思表示という
行動にはつながらない。

　Sanner ら（1995）の研究は，関心が高まったタイミングで意思表示の手段
を提供することの重要性を示唆する結果を導いている。スウェーデンのある地
域において，5,600 名を 4 群に分け，臓器提供キャンペーン，およびドナー
カードの配布と臓器提供に対する態度の関係について検証した研究である。A
地区では講演，テレビ，ポスター，討議グループを用いた大規模キャンペーン
を 3 カ月以上実施，B 地区ではドナーカードと臓器提供に関する情報冊子を送
付，C 地区では両方を実施，D 地区は何も実施しない（コントロール）とし
た。介入実施前と実施後のドナーカードの所持率を比較したところ，A 地区
は 5%→ 5%，B 地区は 5%→ 12%，C 地区は 3%→ 13%，D 地区では 7%→
5%となった。キャンペーンを実施するだけでは，意思表示にはつながらず，
関心が高まったタイミングで意思表示の媒体を入手することで，「意思を表示
する」という行動につながることが示された。

　以上のように，コミットメントを高めた上で，意思表示の手段を提供するこ
とが重要であると考えられる。

### 5.5.5　褒賞・報奨金

　臓器提供意思表示に対する褒賞を導入することで，人々の行動変容を促進で
きるかどうかを検討する研究も進められている。

　献血という高関与型向社会行動については，Lacetera and Macis（2010）が
イタリアにおいて，一定回数献血を行った人にメダルを授与することの効果を
検証している。メダルを獲得できる献血回数が近づくにつれ，献血の頻度が高
くなることが明らかとなった。その際，メダルの授与が新聞等，公の場所で公
表されることが重要であるという結論を導いた。同じく献血に対する記念品授

与の効果に関する研究を行った Chell and Mortiner（2014）も，社会的な価値に重きを置く者の方が，記念品等の褒賞を伴った献血行動を取る傾向を明らかにしている。しかし，献血は１回で完結する行動であるため，意思決定の結果がその後も継続する臓器提供の意思決定，および意思表示行動にそのまま適用するのは適切とは言えない。

　多くの研究は，金銭的インセンティブの導入には倫理的に強い反発があり（Chkhoutua, 2012），行動変容には効果がないという結論を導いている（Pessemier *et al.*, 1977；Davidson and Devney, 1991）。Cosse and Weisenberger（1999）は，米国において臓器提供への金銭的インセンティブを導入することについて，人々の考えや感情を調査した。南東部における調査結果から，インセンティブが全面的に支持されているわけではないことを明らかにした。オーストラリアでの調査においても，Mayrhofer-Reinhartshber ら（2006）が，強いマイナスの反応を誘発する介入方法であると示している。韓国においては，Ahn and Park（2016）が報奨の種類や行動変容のステージなどから検証している。

　一方で，金銭的インセンティブを全面的に否定するのではなく，例えば葬式費用の負担や寄付という形で補填することを提唱する研究もある（Arnold *et al.*, 2002）。したがって，金銭的インセンティブによる介入方法については，今後も慎重に議論することが必要と考えられる。

### 5.5.6　家族との対話

　臓器提供についての家族間の対話が，意思決定に重要であるとの報告がある（Burroughs *et al.*, 1998；Harris *et al.*, 1991；Tymstra *et al.*, 1992）。また，家族と臓器提供に関するコミュニケーションを促すことが，意思表示に関する判断の促進につながるという報告もある。Afifi（2007）は，臓器提供に関する意思決定を，一個人によるプロセスではなく，双方向的に家族と共に説得していくプロセスとして捉え，これを前提とした介入をデザインすることを提唱している。

## 5.6　小括

　本章では，「臓器提供への意思決定と意思表示」について，様々な学問分野において進められてきた関連研究を，人間に内在している価値観と知識，それらへの作用メカニズム，外部からの介入方法の 3 つの視座に着目して学際的にレビューし，整理した。

　いずれの研究も非常に重要な視点や示唆を提供しているが，「臓器提供の意思決定と意思表示」を促進するためには，これらを体系的に把握・説明すると同時に，行動変容に向けた介入手法とその有効性を網羅的に議論することで，最適化モデルを探索する必要がある。

　「臓器提供の意思決定と意思表示」行動は，世界全ての国において重要な行動であるが，我々が把握する限りにおいて，これを体系的に説明すると同時に，行動変容に向けた介入手法とその有効性を網羅的に議論した研究は行われていない。したがって，第Ⅱ部の研究において，多様な視座で介入実証を行い，最適化モデルを構築・検証することは世界的にも重要な試みである。

　さらに，臓器提供意思表示のみならず，その他の「社会全体のベネフィットになる行動」のメカニズムに関する研究の礎となることが期待できる。

---

注
1)　セルフモニタリングとは，自分の行動や他者に与えている印象を客観的に観察して，適切な状態にしようとすること。

# 第6章
# 意思表示行動のメカニズムと 必要な介入の探索

## 6.1 はじめに

　日本人の意思表示行動についての現況を把握し，人々が臓器提供および意思表示について関心をもち，意思決定をし，意思表示行動に至るメカニズムを探索的に明らかにすること，行動を促進するために必要な介入を明らかにすることを目的とし，以下の調査を行った。

① 日本人の臓器提供，および意思表示の現状に関する先行研究調査
② 日本人の臓器提供，意思表示の現状に関する定量調査（対象：日本人10,000名）
③ 大学生の臓器提供，意思表示の現状に関する定性調査（対象：同志社大学商学部生）
④ 大学生の臓器提供，意思表示の現状に関する定量調査（対象：同志社大学生）

　本章では，各調査における方法と結果について述べる。

## 6.2 日本人の臓器提供への態度に関する先行研究調査

　日本で臓器提供が少ない理由として，多くの人々の頭には，日本人の臓器提供に対する意識が否定的だからとの答えが浮かんでくるであろう。では，本当に日本人の臓器提供に対する意識は否定的なのであろうか。一般の人々と臓器提供に関わる医療従事者の考えは異なるのであろうか。先行研究を基に考える。

　一般の人の考えについては，内閣府が実施している国民の臓器移植に対する

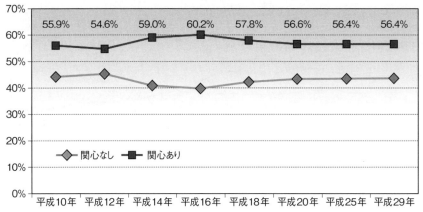

図6-1　日本における臓器移植への関心度の推移

出所：内閣府世論調査の結果をもとに筆者が作成。

意識調査が，その傾向を示している。臓器移植法施行後の平成10年10月（20歳以上2,157名），平成12年5月（20歳以上2,156名），平成14年7月（20歳以上2,100名），平成16年8月（20歳以上の2,125名），平成18年11月（20歳以上の1,727名），平成20年9月（20歳以上1,770名），平成25年8月20歳以上の1,855名），平成29年8月（18歳以上1,911名）の計8回実施されている。

　それらの結果によると，まず，臓器移植への関心度は56％で横ばいである（図6-1）。公益社団法人日本臓器移植ネットワークなどにより，マスメディア，インターネット，AC広告を用いた一般への啓発，ならびに各自治体や移植関連団体による啓発が行われているが，一般の関心度を高め，意思決定，ならびに意思表示行動を促進させるためには，既存の啓発方法を再考する時期にきていると考えられる。

　次に，臓器提供への態度であるが，「脳死後に臓器を提供したい人」は，31.6％（平成10年）から43.5％（平成20年）へと年々増加し続け，「提供したくない人」（平成20年：24.5％），を大幅に上回った。しかし，その後，提供したくない人は減少傾向ではあるものの，提供したい人は横ばいである（図6-2）。近年，「どちらでもない」人が増加し，三人に一人が態度を明確にでき

図6-2　日本における臓器提供への態度の推移

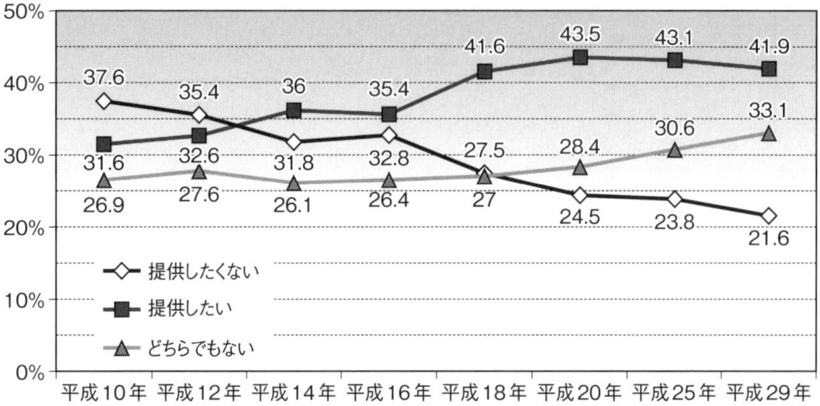

出所：内閣府世論調査の結果をもとに筆者が作成。

ていないことに注目すべきである。

　諸外国の状況については，2009年10月にEuropean commissionがEU圏の一般26,788名に対して実施している調査（EUROBAROMETER 72.3, Special Eurobarometer 333a）が報告されている。その結果（図6-3），欧州27カ国の平均は，提供したい55％，提供したくない27％，どちらでもない18％であった。日本は，欧州諸国と比較し，提供したいと考える率が低いが，むしろ，「どちらでもない」人が多いことに課題があると考えられる。

　なお，日本とほぼ同じ比率のブルガリア[1]について詳しくみると，最終学歴，家族との対話，制度に関する知識が影響を及ぼしていた。臓器提供をしたいとの意向は平均で42％であるが，最終学歴に関して，中学校（35％），高校（39％）より，大学以上（57％）が高かった。また，家族と臓器提供について会話をした経験がある人の提供意向（70％）は，経験がない人（同35％）より高く，制度について知っている人の提供意向（68％）は，知らない人（同39％）より高かった。この傾向は，EU全体でも認められ，家族との対話は，重要な因子であることが示唆された。

　では，医療専門職はどのように考えているのであろうか。医療専門職の臓器提供への態度について，世界と日本を対比させた報告は1報のみである

## 図 6-3　欧州各国の臓器提供への態度

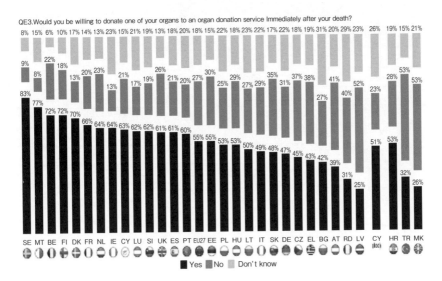

出所：http://ec.europa.eu/commfrontoffice/publicopinion/archives/ebs/ebs_333a_en.pdf

（Roels *et al.*, 2010）。Roels らは，11 カ国 245 病院，19,537 名の救急スタッフ（医師 3,422 名，看護師 13,977 名，その他 2,138 名）を対象とした意識調査を実施した。日本人は 2,681 名が含まれている。「Q1 臓器提供を支持しますか？[2]」，「Q2 ご自身の死後，臓器提供をしたいですか？[3]」，「Q3 家族（成人）が死亡した場合，その臓器を提供したいと考えますか？[4]」，「Q4 あなたの子供が死亡した場合，その臓器を提供したいと考えますか？[5]」の 4 つの質問に対して「はい，わからない，いいえ」の 3 段階で回答する形式とし，その結果（「はい」の回答率）を表 6-1 に示している。どの国においても一般的に，臓器提供に賛成かどうかと，実際に臓器提供をしたいと思うかには賛同率に差があり，また，家族の臓器提供に関しても，成人の場合より自分の子供の場合では賛同率が低下していた。自身の提供について日本は，医療スタッフ，一般ともに 50％を下回っていた。約 10 年前のデータであるため，現在は変化している可能性があるが，日本では医療専門職も含め，臓器提供について自分ゴトとして考える機会が少ないことが示唆された。

表6-1　欧州諸国と日本の救急スタッフの臓器提供に対する考え

| 国名 | Q1 提供の支持 | Q2 自身の提供 | Q3 家族（成人）の提供 | Q4 家族（子供）の提供 | Q2 に対する一般の回答（%） |
|---|---|---|---|---|---|
| ベルギー | 96.6 | 91.6 | 92.7 | 66.4 | 72 |
| フランス | 93.7 | 90.3 | 94.9 | 69.3 | 66 |
| ノルウェー | 97.8 | 86.5 | 92.1 | 65.3 | 64 |
| イタリア | 93.4 | 87.0 | 89.0 | 57.7 | 49 |
| スイス | 85.1 | 76.5 | 90.1 | 48.4 | none |
| オーストラリア | 93.7 | 82.9 | 91.4 | 58.5 | 39 |
| フィンランド | 96.9 | 90.5 | 94.6 | 67.5 | 72 |
| イスラエル | 88.4 | 63.6 | 69.0 | 30.8 | none |
| ポーランド | 92.2 | 81.8 | 77.8 | 31.7 | 53 |
| クロアチア | 89.7 | 77.3 | 75.0 | 24.8 | 53 |
| 日本 | 76.8 | 44.8 | 50.2 | 15.5 | 43.5 |
| 平均 ± 標準偏差 | 91.3±6.2 | 79.3±14.1 | 83.3±14.0 | 48.7±19.6 | --- |

注：表中の数字は「はい」と回答した人の割合（％）。
出所：Roels et al.（2010），Eurobarometer（2009 年 10 月実施結果），内閣府調査（2008 年 10 月実施結果）を参考に筆者が作成。

# 6.3　日本人の意思表示行動の現状に関する先行研究調査

　Opting-in を採用している日本の制度下では，臓器提供への態度を決定すると共に，その意思を公式の媒体に表示することが重要である。

　2017 年の内閣府調査結果，国民の意思表示率は 12.7％であり，2013 年の12.6％から増加していない。表 6-2 に示すように，意思表示をしていない理由は，「自分の意思が決まらないから，あるいは後で記入しようと思っていたから」，「臓器提供や臓器移植に抵抗感があるから」，「臓器提供には関心がないから」であり，2013 年の調査結果と比較し，その傾向は変化していない。若年層では，抵抗感より，意思決定の後まわし，無関心，知識不足が理由であることが特徴的である。また，本調査の限界は，どのような態度・行動段階にいる人の理由であるかわからないことである。

表6-2　年代別意思表示率と臓器提供の意思を記入していない理由

| 記入していない理由 | 全年代 | 18-29歳<br>(120) | 30-39歳<br>(155) | 40-49歳<br>(260) | 50-59歳<br>(134) | 60-69歳<br>(365) | 70歳以上<br>(395) |
|---|---|---|---|---|---|---|---|
| 意思表示率 | 12.7 | 17.6 | 23.8 | 17.8 | 13.5 | 7.9 | 5.9 |
| 自分の意思が決まらないから，あるいは後で記入しようと思っていたから | 25.4 | **32.5** | **38.1** | **34.6** | **31.1** | **20.5** | 11.6 |
| 臓器提供や臓器移植に抵抗があるから | 19.9 | 15.8 | **16.8** | **21.2** | **23.1** | **20.5** | **18.2** |
| 臓器提供には関心がないから | 17.0 | 17.5 | 16.1 | 11.2 | 12.3 | 19.7 | **22.5** |
| 臓器提供やその意思表示についてよく知らないから，あるいは記入の仕方がよくわからないから | 12.1 | **19.2** | 12.3 | 9.2 | 12.3 | 10.7 | 12.9 |
| 臓器提供をするかどうかは家族に任せたいから | 11.2 | 11.7 | 16.1 | 12.7 | 12.6 | 11.5 | 6.6 |
| 臓器提供や臓器移植には肯定的だが，意思表示はしたくないから | 9.2 | 10.0 | 9.0 | 11.5 | 8.1 | 10.4 | 7.3 |
| 拒否の意思を記入できることは知らなかったから | 5.0 | 6.7 | 3.2 | 4.6 | 3.0 | 5.5 | 6.8 |
| 拒否の意思を記入したくないから | 3.9 | 4.2 | 2.6 | 5.8 | 3.3 | 5.2 | 2.5 |
| 意思表示できるものを何も持っていないから | 3.8 | 5.0 | 1.3 | 1.9 | 4.2 | 3.8 | 5.3 |
| 臓器提供やその意思表示に家族が反対するから | 3.0 | 5.8 | 2.6 | 3.8 | 3.6 | 3.3 | 1.0 |

注：表中の数字は％，太字は理由の上位2項目
出所：移植医療に関する世論調査（内閣府大臣官房政府広報室，2017）。

　なお，opting-out制度の国では臓器を提供しないという時にのみ意思表示をするため，意思表示の意味が異なる。異なる制度が混在するため，本項目については，Eurobarometerで調査されていない。日本と同様のopting-in制度を導入しているドイツでは，1999年に1,003名に対して行われた電話インタビューの結果が報告されており，63％が自身の臓器提供をしたいと回答したが，ドナーカードを持っている，すなわち提供したいとの意思表示をしているのは11％であった。

**6.4** 臓器提供への態度と行動に関する仮説モデルの導出

　前節の医療専門職の調査で示されたとおり，一般的に臓器提供に賛成であること（平均91.3％）と，自身が死後の臓器提供したいと思うこと（平均79.3％）は等しくない。さらに，臓器提供したいと思っていても，その意思を書面などに表示することにも障壁が存在する。個々人が臓器提供について考えて態度（attitude）を決定することと，その意思を書面（ドナーカード，保険証，免許証，国家登録システムなど）に表示すること（behavior）には乖離があると考えられる。実際，第5章の先行研究調査をまとめると，図6-4のように，態度に影響を及ぼす因子と行動に影響を及ぼす因子の大多数は異なる。また，内閣府調査結果においても，性別，年齢，職業といったセグメントで意思

図6-4　臓器提供の態度，意思表示行動に関する先行研究のまとめ

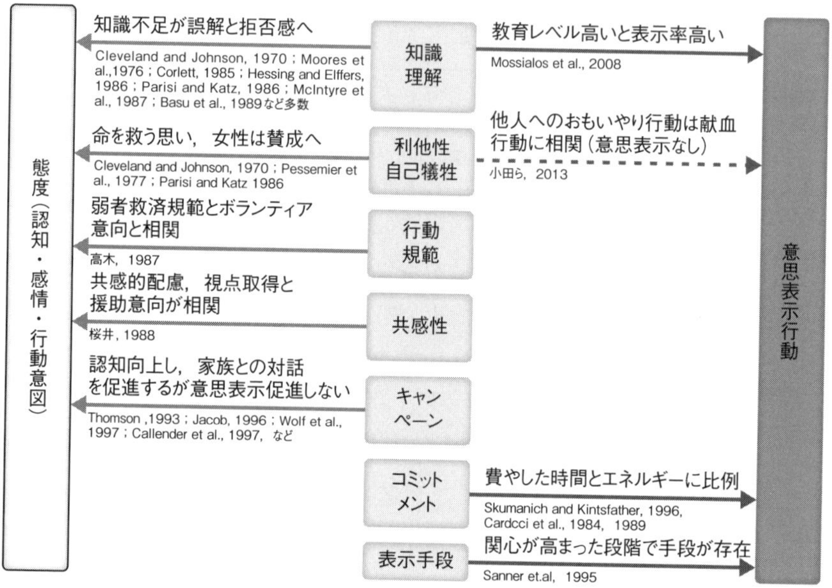

| 態度（認知・感情・行動意図） | | 意思表示行動 |
|---|---|---|
| 知識不足が誤解と拒否感へ<br>Cleveland and Johnson, 1970；Moores et al.,1976；Corlett, 1985；Hessing and Elffers, 1986；Parisi and Katz, 1986；McIntyre et al., 1987；Basu et al., 1989など多数 | 知識理解 | 教育レベル高いと表示率高い<br>Mossialos et al., 2008 |
| 命を救う思い，女性は賛成へ<br>Cleveland and Johnson, 1970；Pessemier et al., 1977；Parisi and Katz 1986 | 利他性<br>自己犠牲 | 他人へのおもいやり行動は献血行動に相関（意思表示なし）<br>小田ら, 2013 |
| 弱者救済規範とボランティア意向と相関<br>高木, 1987 | 行動規範 | |
| 共感的配慮，視点取得と援助意向が相関<br>桜井, 1988 | 共感性 | |
| 認知向上し，家族との対話を促進するが意思表示促進しない<br>Thomson ,1993；Jacob, 1996；Wolf et al., 1997；Callender et al., 1997，など | キャンペーン | |
| | コミットメント | 費やした時間とエネルギーに比例<br>Skumanich and Kintsfather, 1996, Cardcci et al., 1984, 1989 |
| | 表示手段 | 関心が高まった段階で手段が存在<br>Sanner et.al, 1995 |

出所：筆者作成。

表示率を集計しているが，各人がどのような行動段階にいるのか不明で，考察には限界があった。

　臓器提供意思表示行動の最適化モデルを構築するにあたり，核となる視点として，「行動変容ステージモデル」という枠組を応用する。本モデルは，第3章で詳細に述べたとおり，人間が行動を変化させていく上でステージを踏むという考え方である。各ステージにおいて適切な介入を行うことが，行動促進に重要とされる。

　本モデルを臓器提供の意思決定，および意思表示に適用したのが図6-5である。臓器提供意思表示を考える上で，全く関心のない人と，すでに関心を持っているが意思決定にためらっている人では，価値観や知識レベルに違いがあることが予測される。また，行動を促進する上で効果的な働きかけも異なると考えられる。さらに，すでに自らの意思は定まっているが，これを表示できていない人に対して求められるアプローチも，異なるものが望ましいと考えられる。こうした点を踏まえ，本研究では対象者がどの段階にあるかを見極め，変容を促進する上で効果的な介入やそのポイントを考案した上で，実際に介入を行い，その結果を検証していく。

　第5章の先行研究レビューの結果をこのモデルにあてはめ，図6-6のように

**図6-5　行動変容ステージモデルに基づく臓器提供の意思決定，意思表示**

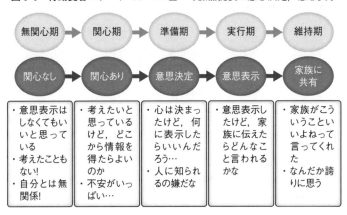

出所：筆者作成。

図6-6　仮説モデル図

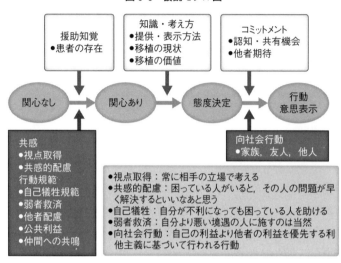

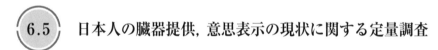

出所：筆者作成。

仮説モデルを導出した。

## 6.5　日本人の臓器提供，意思表示の現状に関する定量調査

### 6.5.1　調査・分析方法

　20歳以上の日本人を対象としたwebアンケート調査による定量分析を行った。まず，調査票は，成果変数（関心度，行動意図，意思表示行動），移植関連要因（知識，移植医療への考え方，コミットメント），個人の信条（向社会行動[6]，行動規範，援助規範[7]，共感性[8]），印象操作，個人特性で構成した。質問項目については，先行研究を参照し適宜リワーディングを行い，4名の専門家により表面的妥当性，内容的妥当性を確認した。回答尺度はリッカート7段階尺度（不同意―同意）を用いた（表6-3）。

　調査は，インターワイヤード社が提供するweb調査システム「DIMSDRIVE」を用い，10日間で2,000例（各年代，性別毎に200例）以上を目標とした。匿名性の担保，同意を得た者のみ回答できるしくみとし，倫理的配慮を行っ

表6-3　調査項目と回答形式

| 次元 | 次元 | 数 | 質問内容 | 回答形式 |
|---|---|---|---|---|
| 成果変数 | 関心度 | 5 | ボランティア，募金，献血，骨髄提供，臓器提供 | 7段階尺度 |
| | 態度<br>(行動意図) | 7 | ボランティア，募金，献血，骨髄提供・登録，臓器提供・登録 | 7段階尺度 |
| | 行動 | 7 | ボランティア，募金，献血，骨髄提供・登録，臓器提供・登録 | 5段階尺度 |
| 移植関連<br>要因 | 知識 | 7 | 移植の現状，提供の条件 | 4択 |
| | 移植への考え<br>(態度) | 22 | 移植への不安，身体の活用，移植の価値，意思表示の価値 | 7段階尺度 |
| | コミットメント | 5 | 共有機会，認知機会 | 5段階尺度 |
| 個人の<br>信条 | 向社会行動 | 21 | 家族，友人，他人 | 7段階尺度 |
| | 行動規範 | 12 | 他者配慮，公共利益，仲間への同調 | 7段階尺度 |
| | 援助規範 | 11 | 自己犠牲，弱者救済 | 7段階尺度 |
| | 共感性 | 10 | 視点取得，共感的配慮 | 7段階尺度 |
| バイアス | 印象操作 | 7 | 社会的望ましさ | 7段階尺度 |
| 特性 | 個人特性 | 7 | 年齢，性別，職業，最終学歴，住所，家族構成，年収 | |

出所：筆者作成。

た。

　回答者のうち，最後の質問で10問とも同じ回答を選択した人，印象操作が高い人（社会的望ましさ結果が平均 +2SD[9]を超える人）を除外することでバイアスを最小限にした。また，サンプルを日本の都道府県別人口構成に合わせるため，「都道府県，年齢，男女別日本人人口」（2013年10月1日現在，総務省統計局，2013b）を用いて，重みづけをして10,000名を分析対象とした。したがって，日本国民の現状を反映しているといえる。

　統計分析に関しては，移植医療への考え方については，SPSS（IBM SPSS Statistics 21）を用いて因子分析（主因子法，プロマックス回転）を行い，信頼性[10]と妥当性[11]を確認した。結果指標（関心度，行動）に影響を与える因子については，関心のあり・なし，意思表示のあり・なし，各群における各項目に対する平均値を算出し，SPSSを用いて両側t検定を行った（有意水準 $p < 0.05$）。さらに，「意思表示のきっかけ」について，IBM SPSS Text

Analytics for Surveys ver. 4.0.1 を用いて，テキストマイニングを実施した。

### 6.5.2　分析結果：援助行動間の違い

　5,357 名の回答を得，前出の方法でサンプルに重みづけをした結果，表 6-4 のとおりの標本分布となった。

　行動変容ステージモデルを基に，意思表示行動のステージを，①関心なし，②関心を持ち考え中，③態度決定（意思決定し，意思表示行動意図あり），④意思表示行動の 4 段階に設定した。関心度（意思表示行動ステージ②）は 43.4%，態度の決定のうち，臓器提供への賛同は 38.0%，意思表示行動意図（同③）は 36.9%，意思表示（同④）は 19.3%（③に対して 52.3%）であっ

表 6-4　標本の分布（性別，年代）

| 年代 | 男性 | 女性 | 合計 |
|---|---|---|---|
| 20 歳代 | 309 | 366 | 675　（6.8%） |
| 30 歳代 | 557 | 916 | 1,473　（14.7%） |
| 40 歳代 | 1,504 | 1,750 | 3,254　（32.5%） |
| 50 歳代 | 1,517 | 929 | 2,446　（24.5%） |
| 60 歳代 | 1,163 | 473 | 1,636　（16.4%） |
| 70 歳以上 | 451 | 65 | 516　（5.2%） |
| 合計 | 5,501　（55.0%） | 4,499　（45.0%） | 10,000　（100%） |

出所：筆者作成。

図 6-7　日本人 10,000 名における意思表示行動のステージ

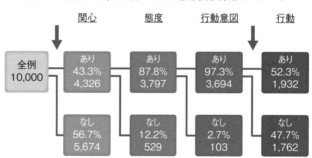

出所：筆者作成。

図 6-8　臓器提供意思表示の状況

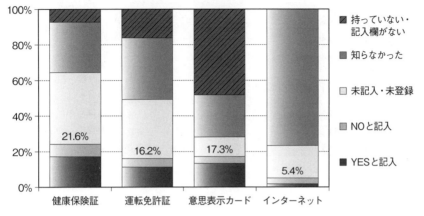

出所：筆者作成。

た。関心を持つ段階（①→②），態度を決めて行動に移す段階（③→④）の移行割合が低く，障壁があることが示された（図 6-7）。

　また，意思表示の媒体別の表示率については，図 6-8 に示すとおり，健康保険証における意思表示率が最も高かった。意思表示者のうち，YES は，意思表示カードで最も多く（79.2%），NO はインターネットが多かった（64.8%）。健康保険証はほぼ全ての人が所有しているが，35.7% が未記入，25.2% が知らなかったと回答しており，周知の必要があると考えられた。

### 6.5.3　分析結果：提供行動間の違い

　臓器提供以外の援助（提供）行動である募金への寄付，ボランティアも含めて，関心度，行動意図と行動について分析した。

　図 6-9 に示すとおり，関心度には大きな違いが見られなかった。また，図 6-10 に示すとおり，行動意図に関しても，意思表示行動は，他の行動と同等以上であった。しかし，実際の行動の割合は図 6-11 に示すとおりであり，行動意図より行動が上回る行為（寄付，献血，ボランティア）と下回る行為（意思表示，骨髄登録）に大別された。

図6-9　援助行動間の違い：関心度

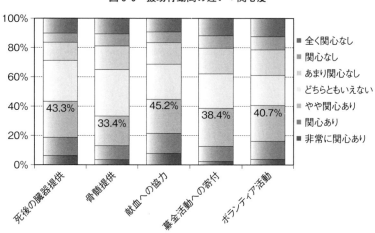

出所：筆者作成。

図6-10　援助行動間の違い：行動意図

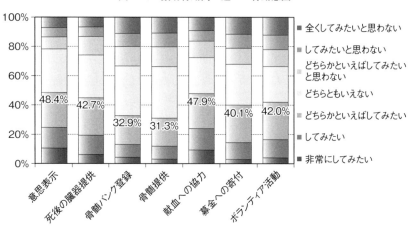

出所：筆者作成。

図6-11　援助行動間の違い：行動

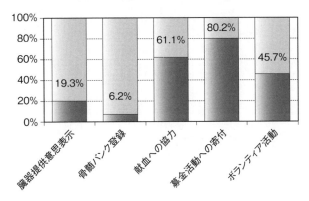

出所：筆者作成。

## 6.5.4　分析結果：臓器提供に関する態度

　臓器提供に関する態度について，因子分析の結果，4因子構造となり，全分散の73.0%を説明できた。各因子のクロンバックα係数は，0.906，0.931，0.827，0.674であった。信頼性，収束性妥当性，識別的妥当性を確認し，4因子を「提供への不安（提供する意思表示をしていると治療を最期までしてもらえないのではと危惧している等）」，「合理性（遺体は火葬してしまうだけだから他の人に臓器を有効利用して欲しい等）」，「提供の価値（他人の体の一部として生き続けることができるので家族の悲しみを減らすことができる等）」，「意思表示の価値（意思を伝えておけば，万が一のとき家族に負担をかけなくて済む等）」と命名した（表6-5）。

## 6.5.5　分析結果：関心の有無，意思表示行動の有無に影響を及ぼす因子

　関心のあり・なし，表示行動意図のあり・なし，意思表示のあり・なし，各群において，各項目に対する平均値を算出し，その差の両側t検定を実施（有意水準p<0.05）した（表6-6）。

　その結果，臓器提供に関心がある人は，関心がない人に比べて，「仲間への同調」という行動規範以外の個人の信条が有意に高かった。臓器提供への態度として，不安が有意に低く，その他の態度，知識，コミットメントは有意に高

表6-5　臓器提供への態度に関する因子分析結果

| | 因子 | | | |
|---|---|---|---|---|
| | 提供への不安 | 合理性 | 提供の価値 | 意思表示の価値 |
| 18. 提供する意思表示をしていると、家族の承諾がないまま臓器が摘出されてしまうと危惧している | .861 | .042 | .012 | -.027 |
| 20. 提供する意思表示をしていると、治療を最期までしてもらえないのではと危惧している | .828 | .055 | .004 | -.048 |
| 16. 臓器摘出により、遺体が大きく損傷される可能性があるのではないかという不安がある | .816 | -.029 | -.005 | -.002 |
| 17. 脳死から生き返ることがあるのではないかと思うので、脳死での臓器摘出には抵抗がある | .803 | .045 | -.063 | -.002 |
| 15. 臓器提供においては、脳死判定が安易に行われているのではないかという不安がある | .773 | .108 | -.136 | .030 |
| 12. 臓器が取り去られた遺体を家族や親しい人に見せたくない | .644 | -.133 | .075 | .013 |
| 11. 臓器を取られるのは怖い | .605 | -.200 | .112 | -.015 |
| 19. 提供する意思表示を家族に反対されるのではと危惧している | .575 | .089 | .105 | .017 |
| 13. 自身の体に他人の臓器を移植することは受け入れられない | .429 | -.298 | -.092 | .051 |
| 3. 死んだ後ならば、臓器を取られても痛くない気がする | -.045 | .872 | -.079 | -.021 |
| 4. 臓器移植をしなければ助からない人がいるので、臓器移植は必要である | .075 | .861 | .052 | .030 |
| 1. 自分が死んでしまった後ならば、臓器は自分に必要ない | -.044 | .857 | -.045 | -.036 |
| 5. 臓器を提供することにより、誰かを救う事が出来る | .079 | .838 | .035 | .059 |
| 2. 遺体は火葬してしまうだけだから、他の人に臓器を有効利用して欲しい | -.039 | .826 | .104 | -.012 |
| 7. 他人の体の一部として生き続けることができるので、家族の悲しみを減らすことができる | -.007 | -.084 | .924 | -.065 |
| 6. 臓器提供をすることは、国民の医療費削減になる | .029 | .076 | .763 | .036 |
| 8. 臓器提供が増えれば、家族の誇りになる | .022 | .151 | .598 | .040 |
| 22. 「提供する」「提供しない」のどちらであっても、意思を表示するのは誇れることである | -.008 | -.078 | .122 | .740 |
| 21. 意思を伝えておけば、万が一のとき、家族に負担をかけなくて済む | -.007 | .092 | -.111 | .688 |

出所：筆者作成。

表6-6　関心，行動意図，意思表示行動の有無に影響を及ぼす因子

| 項目 | 関心<br>あり (4,326)<br>vs なし (5,674) | 行動意図<br>あり (3,694)<br>vs なし (103) | 行動<br>あり (1,932)<br>vs なし (1,762) |
|---|---|---|---|
| 援助知覚：患者の存在 | 6.9*** | 5.75*** | 2.33* |
| 共感性：視点取得 | 18.64*** | 6.03*** | -1.84 |
| 共感性：共感的配慮 | 19.41*** | 5.84*** | -3.65** |
| 援助規範：自己犠牲 | 18.64*** | 7.55*** | -1.84 |
| 援助規範：弱者救済 | 16.32*** | 4.87*** | -3.34** |
| 行動規範：他者配慮 | 17.10*** | 4.45*** | -0.05 |
| 行動規範：公共利益 | 17.59*** | 5.11*** | -1.03 |
| 行動規範：仲間への同調 | -1.85 | -7.01*** | -5.29*** |
| 向社会行動：家族 | 10.23*** | 4.50*** | -0.54 |
| 向社会行動：友人 | 15.02*** | 1.33 | 0.09 |
| 向社会行動：他人 | 17.00*** | 1.50 | -1.75 |
| 知識：正解数 | 18.50*** | 4.51*** | 8.96*** |
| 提供への態度：提供への不安 | -34.54*** | -11.14*** | -15.40*** |
| 提供への態度：合理性 | 65.63*** | 9.54*** | 15.72*** |
| 提供への態度：提供の価値の認識 | 35.22*** | 0.31 | 0.81 |
| 提供への態度：意思表示の価値の認識 | 32.59*** | 4.32*** | 11.57*** |
| コミットメント：意思表示者 | 20.74*** | 9.09*** | 22.25*** |
| コミットメント：学校教育 | 10.57*** | -1.90 | 0.66 |
| コミットメント：イベント機会 | 10.87*** | -1.67 | 0.53 |
| コミットメント：家族と対話 | 25.11*** | 4.63*** | 17.60*** |

注：各段階における「あり」「なし」群における平均値の差のt検定結果：t値を記載。
　　*：p<0.05，**：p<0.01，***：p<0.001
出所：筆者作成。

かった。

　一方，意思表示を行っている人は，行っていない人に比べて，個人の信条の
うち，「仲間への同調」のみが有意に低く，それ以外の項目は有意な差が認め
られなかった。臓器提供への態度のうち「提供の価値」は有意差が認められな
かった。向社会行動についても有意差が認められなかった。コミットメントに
ついては，学校教育とイベント参加の機会は有意でなかったが，「意思表示者

の存在」,「家族との対話」は有意に高かった。

### 6.5.6　分析結果：意思表示のきっかけ

　行動決定要因のキーワードを探索するため,「なぜ臓器提供意思表示をした
のか」に対する 1,274 名の自由回答について, テキストマイニング分析を実施
した。その結果,「役に立つ（役にたちたい）」,「活用（使ってほしい, もった
いない）」,「救う（助かる, 命）」,「つながり」,「家族」が頻出単語として抽出
された。

### 6.5.7　得られた知見

　10,000 名を対象とした定量分析では重みづけを行ったため, 本調査で得ら
れた結果は日本人の傾向を代表していると考えられる。分析結果から, ①関心
がない人に関心を持たせる段階, 意思表示意図がある人に行動を起こさせる段
階への介入が必要, ②意思表示行動の各段階によってその障壁を取り除く方策
は異なる, ③関心を持たせる段階では, 学校教育やイベントで「臓器提供の価
値」についての知識を提供し, 共感や援助規範を高めることが有効, ④行動に
移す段階では, 不安を取り除くこと, 意思表示者などと意思表示について話し
合う機会, 表示媒体を提供することが有効であると示唆された。

## 6.6　大学生の臓器提供, 意思表示の現状に関する定量調査

### 6.6.1　調査・分析方法

　次章に示すとおり, 大学生を対象とした介入を想定した。そこで, 大学生の
臓器提供に関する現状を把握し, 関心と行動に影響を及ぼす因子を明らかにす
ることを目的とした定量調査を実施した。

　大学生の 90％以上が非医療系であるため, 対象は「非医療系大学生」とし
た。その中で, 社会科学系が最も多く, その 84％が私学に所属している（総
務省統計局, 2013a）ため, 私学社会科学系大学生, つまり同志社大学商学部
生を対象に調査を行うことは標本の代表性につながると考えた。調査の対象
は, 商学部生である。質問用紙法を用い, 回答は匿名性を担保し, また, 回答

の拒否をできるように，倫理的な配慮を行い実施した。

　調査票の設計は，先行研究を参照し，抽出した次元に対して質問を設定。適宜リワーディングを行った。調査項目は，臓器提供に関する関心度（7点尺度法），意思表示の有無と表示手段，イメージ（SD法），臓器移植・提供への態度（7点尺度法），援助行動・移植関連活動の経験である。

　統計分析に関しては，移植医療への考え方については，SPSS（IBM SPSS Statistics 21）を用いて因子分析（主因子法，プロマックス回転）を行い，信頼性と妥当性を確認した。結果指標（関心度，行動）に影響を与える因子については，関心のあり・なし，意思表示のあり・なし，各群における各項目に対する平均値を算出し，SPSSを用いて両側t検定を行った（有意水準p＜0.05）。

### 6.6.2　分析結果：関心度，意思表示率

　回答者195名の内訳は，男性61.5％，女性38.5％であった。

　臓器提供への関心度は54.9％，意思表示率18.5％であり，内閣府の世論調査（2017）における18-29歳の意思表示率17.6％（表6-2）と比較し，大きな違いは認められなかった。

　意思表示媒体の認知度は，運転免許証（73.4％），健康保険証（71.0％），意思表示カード（38.1％），インターネット登録（35.6％）の順であった。

### 6.6.3　分析結果：臓器移植・提供に対する態度

　まず，臓器提供に対する態度の感情的成分であるが，SD法によりイメージを質問した結果，好ましいこと（＞厭わしいこと），良いこと（＞悪いこと），賛成（＞反対），必要（＞不要），しかし不安（＞安心）であると捉えていることが示された（図6-12）。

　次に認知的成分として，20問についての回答を因子分析（最尤法，プロマックス回転）した結果，4因子が抽出された（表6-7）。信頼性，収束性妥当性，識別的妥当性を確認し4因子が特定され，「臓器提供への不安」，「移植医療の価値」，「死後への合理性」，「否定的信条」と命名した。さらに，その4因子は，情報提供により変わる可能性が高いもの（臓器提供への不安，移植医療の価値），可能性が低いもの（死後への合理性，否定的信条）に大別できた。

図6-12　臓器提供のイメージ

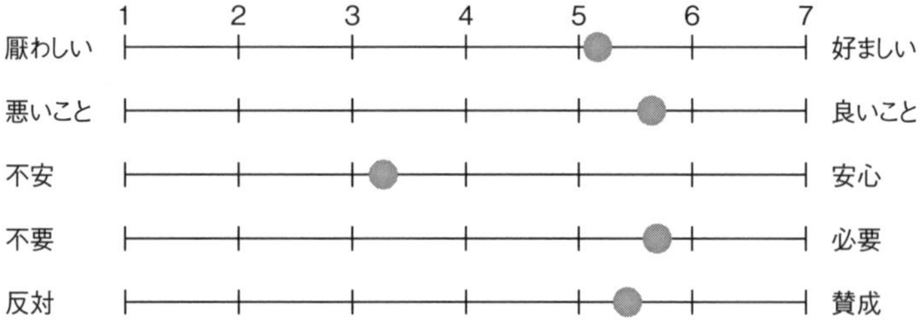

注：SD 法による平均値を●で示した。
出所：筆者作成。

### 6.6.4　分析結果：関心の有無，意思表示行動の有無に影響を及ぼす因子

　関心のあり・なし，意思表示のあり・なし，各群ごとの平均値を算出し，その差の両側 t 検定を実施（有意水準 p＜0.05）した（表6-8）。

　その結果，関心がある人は，ない人に比較して，好ましい，良いこと，安心，賛成と感じており，移植医療の価値と死後への合理性を高く認識し，否定的信条と提供への不安が低いことが示された。また，提供について家族・友人と話し合う経験が有意に多かった。一方，意思表示している人は，していない人に比較して，死後への合理性を高く認識し，提供について家族・友人と話し合う経験が多かった。

### 6.6.5　得られた知見

　以上より，大学生には，臓器提供に対してのイメージは良好であるが，「不安」と感じていたため，不安払拭のための正しい情報提供が必要と考えられた。

　また，関心度を高め，意思表示へと促進するためには，家族・友人と臓器提供について話す機会が有用であることが示唆された。なお，有意差が認められた因子「死後への合理性」については，「自分が死んでしまった後ならば臓器は自分に必要ない」，「遺体は火葬してしまうだけだから，他の人に臓器を有効利用して欲しい」，「死んだ後ならば，臓器を取られても痛くない気がする」という質問項目により構成されている。これらは，個人が持つ信条であり，介入

表6-7 大学生における臓器提供への態度に関する因子分析結果

| | 因子 | | | |
| --- | --- | --- | --- | --- |
| | 臓器提供への不安 | 移植医療の価値 | 死後への合理性 | 否定的信条 |
| 16. 臓器摘出により、遺体が大きく損傷される可能性があるので不安がある | .852 | -.094 | .036 | -.123 |
| 18. 提供する意思表示をしていると、家族の承諾がないまま臓器が摘出されてしまうと危惧している | .736 | -.046 | -.028 | .029 |
| 17. 脳死から生き返ることがあるのではないかと思うので、脳死での臓器摘出には抵抗がある | .709 | .024 | .022 | -.008 |
| 20. 提供する意思表示をしていると、治療を長期までしてもらえないのではと危惧している | .696 | -.098 | .171 | -.019 |
| 19. 提供する意思表示を家族に反対されるのではと危惧している | .671 | -.087 | .201 | -.066 |
| 12. 臓器が取り去られた遺体や親しい人に見せたくない | .630 | .183 | -.124 | .025 |
| 11. 臓器を取られるのは怖い | .431 | .194 | -.281 | .072 |
| 15. 臓器提供においては、脳死判定が安易に行われているのではないかという不安がある | .425 | .135 | -.075 | .156 |
| 5. 臓器を提供することにより、誰かを救う事が出来る | -.036 | .765 | .001 | -.105 |
| 4. 臓器移植をしなければ助かる人がいるので、臓器移植は必要である | -.163 | .725 | .184 | .001 |
| 21. 意思を伝えるておけば、万が一のとき、家族に負担をかけなくて済む | .005 | .564 | .003 | -.162 |
| 22. [提供する][提供しない]のどちらであっても、意思を表示するのは誇れることである | .208 | .554 | -.019 | -.059 |
| 10. 家族・親族なら臓器提供してもよい | .176 | .511 | -.039 | .059 |
| 7. 他人の体の一部として生き続けることができるので、家族の悲しみを減らすことができる | -.115 | .345 | .025 | .200 |
| 8. 臓器提供が増えれば、国民の医療費削減になる | -.073 | .322 | .064 | .199 |
| 2. 遺体は火葬してしまうだけだから、他の人に臓器を有効利用して欲しい | .097 | .024 | .977 | .029 |
| 1. 自分が死んでしまった後ならば、臓器は自分に必要ない | .081 | -.002 | .957 | .020 |
| 3. 死んだ後ならば、臓器を取られても痛くない気がする | -.032 | .144 | .703 | .100 |
| 13. 自身の体に他人の臓器を移植する移植することは受け入れられない | -.021 | .017 | .104 | .949 |
| 14. 他人の体に自分の臓器を移植することは受け入れられない | .296 | -.030 | -.228 | .405 |

出所：筆者作成。

表6-8　関心，意思表示行動の有無に影響を及ぼす因子

| 項目 | 関心<br>あり（4,326）<br>vs なし（5,674） | 行動<br>あり（1,932）<br>vs なし（1,762） |
|---|---|---|
| 態度（感情成分）：好ましい | 5.12*** | 0.42 |
| 態度（感情成分）：良いこと | 3.21** | 1.26 |
| 態度（感情成分）：安心 | 3.82*** | 1.12 |
| 態度（感情成分）：必要 | 4.20*** | 0.78 |
| 態度（感情成分）：賛成 | 6.69*** | 1.12 |
| 態度（認知成分）：提供への不安 | -4.69*** | -1.63 |
| 態度（認知成分）：移植医療の価値 | 3.26** | 1.48 |
| 態度（認知成分）：死後への合理性 | 7.80*** | 3.65*** |
| 態度（認知成分）：否定的信条 | -5.82*** | -0.63 |
| 経験：ボランティア | 1.94 | 0.06 |
| 経験：募金活動 | 1.91 | -0.13 |
| 経験：献血 | -0.00 | 1.64 |
| 経験：移植・提供を学ぶ機会 | 1.45 | 1.47 |
| 経験：提供について家族・友人と話し合う | 5.38*** | 2.83** |
| 経験：移植者の話を聞く | 0.65 | 0.46 |
| 経験：ドナー家族の話を聞く | 0.33 | 1.46 |

注：各段階における「あり」「なし」群における平均値の差の t 検定結果：t 値を記載。
　　*：p<0.05, **：p<0.01, ***：p<0.001
出所：筆者作成。

　による変容は難しいと考えられる。したがって，家族・友人と臓器提供について話す機会が重要であると考えらえた。
　大学生が初めて手にする機会が多い免許証，保険証については，意思表示欄の認知度が70%に留まっているため，これらを手にするタイミングでの介入に工夫が必要であると考えられた。
　さらに，本結果は，前項の日本全体の知見と異なるものではなく，商学部生を代表標本として大学生に関する研究を進めることの妥当性を確認できた。

## 6.7　大学生を対象とした意思表示への障壁と動機づけの探索

### 6.7.1　調査・分析方法

　大学生が知覚している意思表示行動の障壁と，意思表示の動機づけとなる新しい価値を導出するため，社会科学系大学生を対象とした現状把握を行った。障壁の探索については，商学部3年生23名を対象に，「なぜ臓器提供の意思表示に関心を持てないのか」，「なぜ，賛成なのに意思表示できないのか」について，原因追究型ロジック・ツリー分析を実施した。4チームに分かれての分析を行ったが，思考の過程を視覚化しやすいロジック・ツリーを用いることで，その結果を共有することを意図した。

　一方，意思表示の動機づけとなる新しい価値を創造するため，まず，商学部生22名を対象としたグループ討議において，意思表示をしている人はどのようにイメージしているのかについて挙げ，そのキーワードを抽出した。

### 6.7.2　分析結果：障壁（関心が持てない理由，意思表示ができない理由）

　まず，関心を持てない共通の理由として，自分ゴトと捉えていない，知識がないという2点が挙げられた。これらの原因をさらに絞り込むと，自分ゴトと捉えていない原因として，臓器提供の事例が極めて少ない，死や命について考える機会が少ない，自分が提供側や移植側になるとは想像できないことが挙げられた。

　一方，知識がない原因としては，現在の教育制度の中で臓器提供・移植について考える時間が少ない，メディアが取り上げない，そもそも知識を得ようとしていないことが挙げられた。その他，宗教や思想上の問題，意思表示をするメリットがない，臓器提供のことを考えると縁起が悪い気がするという理由も挙げられた。以上から，小学校からの教育，家庭において，命，死また臓器提供・移植について考える機会の少なさが最大原因ではないかと考えられた。

　次に，行動を起こせない原因としては，意思表示するきっかけがない，意思表示を記入する重要性を感じない，意思表示に対する負の感情という3点が挙げられた。意思表示するきっかけがない原因としては，家族と相談して決めた

いがそのタイミングがわからない，後押しをするイベントなどがないことが考えられた。意思表示を記入する重要性を感じない原因としては，困った状況などを知らないため記入するほどの強い動機を持てない，周囲に記入者が少ない，自分の死まで考えが及ばないことが挙げられた。さらに，意思表示に対する負の感情については，縁起が悪そうに感じる，周囲から理解されないという恐れがある，「臓器提供しない」とは書きにくいという要因が考えられた。その他，提供すると記入している場合でも周囲の目が気になるという意見もあり，意思表示をすることが一般的ではないことがその原因であると考えられた。以上より，意思表示の必要性も含めた知識の欠如，それに伴う理解不足が根本原因ではないかと考えられた。

### 6.7.3　分析結果：動機づけ（新しい価値の創造）

　意思表示をしている人はどのようにイメージしているのかについて挙げ，そのキーワードを抽出した結果，「家族（家族のことを思い至れる，家族に迷惑をかけない）」，「思いやり（身近な人のためのもの，常に相手のことを思うもの）」，「自分ゴト（自分の意思・意見を持っている，死を自分ゴトとして考えられる，自分の時間やコストを割いて考える）」，「つながり（命の継続，自分と家族・他人と繋がっていることに気づく）」，「社会（社会問題の1つの解決になる，世の役に立つ）」，「きっかけ（相手のこと，大事な人のことを思うきっかけ）」，という単語が抽出された。これらを一言で表す『共想』が重要なキーワードとして合意を得た。さらに，6.5.6の分析結果も併せ，「家族へのメッセージ」が動機づけとなる新しい価値であることが示唆された。

## 6.8　小括（仮説モデルの導出）

　本章では，日本人の意思表示行動についての現況を把握し，人々が臓器提供および意思表示について関心を持ち，意思決定し，意思表示行動に至るメカニズムを探索的に明らかにすること，行動を促進するために必要な介入を明らかにすることを目的とした。①日本人の臓器提供，および意思表示の現状に関する先行研究調査，②日本人の臓器提供，意思表示の現状に関する定量調査，③

大学生の臓器提供，意思表示の現状に関する定性調査，④大学生の臓器提供，意思表示の現状に関する定量調査を行った結果，以下の 7 点が明らかになった。

➤ 行動変容ステージモデルを，臓器提供意思表示行動に適用することが可能である。

➤ 臓器提供について，必要なこと，良いこと，賛成ではあるが，不安と感じている。

➤ 関心がない人に関心を持たせる段階，意思表示意図がある人に行動を起こさせる段階に障壁があり，これらへの介入が必要である。

➤ 意思表示行動の各段階によってその障壁を取り除く方策は異なる。

➤ 関心を持たせる段階では，学校教育やイベントで，臓器提供の現状や価値に関する知識を提供し，共感や援助規範を高めることが有効。

➤ 行動に移す段階では，不安を取り除くこと，意思表示者や家族と意思表示について話し合う機会，表示媒体を提供することが有効。

➤ 意思表示の価値を『誰かを救うもの』から『家族へのメッセージ』へ転換することが重要。

図 6-13　意思表示行動の変容モデルの導出

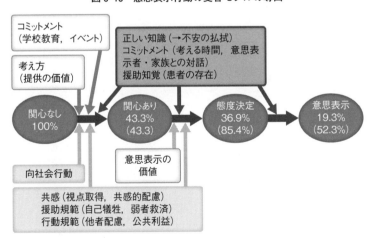

注：（）内は，前段階に対する割合
出所：筆者作成。

　また，これらの知見から，図6-13のとおりモデルが導出された。第7章から10章において，これを社会実装により検証し，最適化モデルへと精緻化する。

**注**

1)　提供したい42%，提供したくない27%，どちらでもない31%。
2)　オリジナルの質問は "Do you support donation, in general?"
3)　オリジナルの質問は "Would you donate your own organs after death?"
4)　オリジナルの質問は "Would you donate your（adult）relatives' organs after his/her death?"
5)　オリジナルの質問は "I applicable, would you donate your children's organs after death?"
6)　自己の利益より他者の利益を優先する利他主義に基づいて行われる意図的かつ自発的な行動であり，利他行動より広い概念。知らないお年寄りの重い荷物を持ってあげるなどの他人への思いやり行動。
7)　自分が不利になっても困っている人を助ける「自己犠牲」，自分より悪い境遇の人に何かを与えるのは当然「弱者救済」で構成される。
8)　常に相手の立場で考える「視点取得」，困っている人がいるとその人の問題が早く解決するといいなあと思う「共感的配慮」で構成される。
9)　SD は Standard deviation（標準偏差）を意味する。「正規分布」しているデータに対して，各データが平均値を挟んでどの程度散らばっているかを示している。平均±2SD には全データの95.44%が含まれる。これに含まれない人を偏りとみなし除外した。
10)　クロンバックの $\alpha$ 係数：>0.5
11)　収束性妥当性：構成概念の因子負荷量（>0.4），因子間の負荷量。

# 第 7 章
# Lee and Kotler モデルに基づく
# ソーシャルマーケティングプログラム計画

 ## 7.1 はじめに

　本章では，第6章で得られた得られた知見と意思表示行動の変容モデル図，第2章11節に詳細を記した Lee and Kotler モデルに沿って，介入プログラムを策定する。

　実施主体は，筆者の研究室内のアクションリサーチプロジェクト組織 SYVP である。SYVP は，理論とエビデンスに基づいた科学的な介入を行い，研究と社会課題の解決の両立を目指しており，商学部生約20名から構成されている。Stefanone（2012）は，意識の高い学生が主導した活動は，伝統的なメディアキャンペーンより大学生の行動を変容させることを報告しており，このような試みは適切ではないかと考えた（Uryuhara, 2020）。

　SYVP のミッションは，「マーケティングの手法を用いて，人々の意識や行動を変え，意思表示をあたりまえにする」ことである。また，「一人一人が様々な社会課題に向き合い，主体的に深く考えて行動し，その1つ1つの考えや行動を共有し，認め合い，それらが連鎖する社会を創る」ことをビジョンとしている。ソーシャルマーケティングの理論を学び，実践と結び付けながら研究を進めている。

 ## 7.2 背景・目的・焦点を明示

　SYVP が対象とする社会にとって望ましい行動とは，「臓器提供の意思表示行動」である。その理由として，大学生にとって，新たに取得する運転免許証，一人暮らしの開始で自身で携帯する保険証などの裏面に記載欄がある「臓

器提供の意思表示」は身近である。それにもかかわらず，なかなか正しい知識を入手して意思決定し，表示までは至らないからである。

　この背景にあるのが医療の問題である。詳細は第4章で述べている。現在，日本国内で臓器移植を待っている14,000名のうち，移植を受けられる人は，わずか300名に過ぎず，「2%のキセキ」と呼ばれている。世界最高水準の移植医療技術を有する国であるにもかかわらず，臓器提供不足のためにその機会を享受できずに年間4,000名以上が亡くなっている。さらには，海外渡航に頼ざるを得ない状況に対して国際的な倫理批判を受ける問題も生じている。臓器提供の不足は日本における深刻な社会問題である。

　この問題を解決していくためには，多様なアプローチがあるが[1]，1つの解決策として，「一人一人がこの問題に向き合い，関心を持ち，死後に臓器提供をするか否かについて意思決定し，それを意思表示すること」が挙げられる。これは，決して，臓器提供を推進するのではない。関心を持って正しい情報を知ろうとしない，自己決定ができていない現状を変えるためのものである。重要なのは，国民全員に保障された4つの権利（提供する，提供しない，受けたい，受けたくない）が尊重され，「提供をしたい人と受けたい人」が結ばれる社会を構築することである。そのために，各人が考え，意思表明する行動は，「社会にとって望ましい行動」と考えられる。さらに，opting-in制度が採用されている日本では，明確な意思を表示し家族に共有することは，万が一の事態の場合，残された家族の心的負担を軽減する可能性があり，家族にとっても大切な行動と考えられる。したがって，ソーシャルマーケティングの目的に合致している。

　しかし，日本の意思表示率は12.7%に留まっている。従来の情報提供型の手法から脱却し，ソーシャルマーケティングを適用し，理論と対象者のインサイトに基づく介入方法を立案し，意思表示行動へと変容させることが不可欠である。

　以上の背景からSYVPでは「意思表示行動の促進」を目的とし，「意思表示行動に新たな価値を創造すること」に焦点を当て活動を行うこととした。

## 7.3　現状分析

　SYVP では定期的に現状分析が行われている。2016 年度の SWOT 分析においては，強みとして，大学という研究機関の組織であるため，社会性と学術性の両立を目指していること，社会への高い還元性が挙げられた。また，次世代を担う学生が主体となり活動することも強みである。弱みとしては，メンバーが変動して知識・技能が蓄積されないこと，知名度が低いため，活動母体としての信頼性が得られにくいことなどが挙げられた。

　外部環境については，機会として，2017 年が改正臓器移植法施行 20 周年であるためメディアの注目が高まっていることが挙げられた。また，インターネット，スマートフォンの普及により，簡単に情報を発信することができるようになったことも SYVP では機会として捉えている。脅威としては，臓器提供や意思表示に関する学校教育の不足，一部のメディアの表現から生まれる誤解（脳死から生き返った，意思表示をしていると臓器を取られるなど）が挙げられた。

## 7.4　介入対象者の選定

　介入対象者は，主に社会科学系大学生に設定した。その理由は，前述のとおり，意識の高い学生が主導する活動は，伝統的なメディアキャンペーンより大学生の行動を変容させることが報告されており，社会科学系大学生で構成されている同じ立場に対して介入する組織として適切であると考えたことである。

　また，大学生を年齢・性別，ライフスタイルなどでセグメント化するのではなく，行動に関わる変数を用いてセグメント分けを行った。具体的には，第 6 章図 6-5 の行動変容ステージモデルを用いてセグメント分けを行った。臓器提供意思表示行動について，「関心なし」，「関心あり」，「態度決定（臓器提供する・しないを決定，決定した意思を表示するかどうか行動意図を決定）」，「行動（意思表示）」，「共有（意思表示したことを家族に共有）」により，セグメント化した。

**7.5　目標・ゴールの設定**

　SYVP の設定する行動目標は，人々が「臓器提供の意思表示をする」ことである。これを達成するための知識目標は「意思表示の方法，および臓器提供に関する正確な知識の獲得」である。第 5 章の先行研究調査において，臓器摘出により遺体が大きく損傷される，脳死から生き返るなどの誤解は知識・理解不足からもたらされ，臓器提供への不信感や恐れを促していることが示されているからである。また，対象者に正しい知識を提供することで，臓器提供する考え方がポジティブに変化する可能性がある。さらに，介入対象者が認識すべき信条目標として，「意思表示についての誤解を減らす」，「意思表示が当たり前の行動であると認識させる」という 2 点を設定した。

 **7.6　対象者の行動に影響を与える要因の明確化**

　介入対象者の行動に影響を与える要因を特定するため，大学生を対象とした定量・定性調査を行った。その調査方法，結果，得られた知見は第 6 章で詳細に記述したとおりである。

　行動変容ステージモデルに基づく意思表示行動の大きな障壁は，「関心を持てない」こと，「行動を起こせない」ことである。大学生が知覚している理由，そのように感じている背景について，表 7-1 にまとめた。関心を持てない最大の原因は，命，臓器提供・移植について考える機会の少なさではないかと考えられた。また，行動を起こせない原因としては多様であるが，意思表示の意義（価値）が伝わっていないこと，意思表示をすることがあたりまえではない（一般的ではない）と認識されていることが考えられた。

　一方で，意思表示行動を通じて得られるベネフィットとして，「正しい知識を持つことができる」，「生命の尊厳について考える機会・時間をもつ」，「つながりを感じられる」が挙げられた。

　さらに，意思表示の動機づけとなる新しい価値について，以下のキーワードが挙げられた。

表 7-1　関心を持てない，意思表示できない理由

| | 大学生が知覚している理由 | さらにその理由 |
|---|---|---|
| 関心を持てない | 自分ゴトと捉えられない | ・臓器提供の事例が極めて少ない<br>・死や命について考える機会が少ない<br>・自分が提供側や移植側になるとは想像できない |
| | 知識がない | ・考える時間が少ない<br>・メディアで取り上げられない |
| | 意思表示をする意義を感じられない | ・知る機会がない<br>・身近な人と話題にあがらない |
| 意思表示行動を起こせない | 意思表示するきっかけがない | ・家族と相談して決めたいがそのタイミングがわからない<br>・後押しをするイベントなどがない |
| | 意思表示を記入する重要性を感じない | ・困った状況などを知らないため記入するほどの強い動機を持てない<br>・周囲に記入者が少ない<br>・自分の死まで考えが及ばない |
| | 意思表示に対する負の感情がある | ・縁起が悪そうに感じる<br>・周囲から理解されないという恐れがある<br>・「臓器提供しない」とは書きにく<br>・「提供する」と記入している場合でも周囲の目が気になる |

出所：筆者作成。

➤　家族：家族のことを思い至れる，家族に迷惑をかけない
➤　思いやり：身近な人のためのもの，常に相手のことを思うもの
➤　自分ゴト：自分の意思・意見を持っている，死を自分ごととして考えられる，自分の時間やコストを割いて考える
➤　つながり：命の継続，自分と家族・他人とつながっていることに気づく
➤　社会：社会問題の１つの解決になる，世の役に立つ
➤　きっかけ：相手のこと，大事な人のことを思うきっかけ

　これらから，意思表示に関する現在の「他人事,」「不安なこと」，「世間体を気にすること」といったネガティブなイメージに対し，「人と社会のつながりを大切にする『共想』を表すこと」という新しいポジティブなイメージに変えることが，意思表示への動機づけになると考えられた。

## 7.7　ポジショニング明文化

　前ステップで明確化された影響因子をもとに，促進したい行動に対して新しい価値を創造して付与するポジショニングを行った。

　第6章7節において，意思表示の価値を「誰かを救うもの」から「家族へのメッセージ」へ転換することの重要性が示唆されたため，介入においては，『意思表示は家族へのメッセージ』という価値を浸透させることとした。

　ポジショニングの明文化としては「臓器提供の意思表示は，もしもの時に家族の負担を減らす『家族へのメッセージ』」である。

## 7.8　戦略的にマーケティングミックスを策定

　介入戦略を策定するにあたり，規模，期間，形態，主体を考慮した多様な介入方法を組み合わせることが必要である。まず，図7-1に示すとおり，どのステージに対して，どの程度の規模で介入するかを考えた。次に，期間，主体者，形態を考えた。

　以上をもとに，図6-13の仮説検証として，2年間で3つの介入を行うこととした。図6-13に示す促進因子，第6節で挙げた障壁とベネフィット・動機を基に，ターゲット層が興味を持てる具体的な施策を考えた。

　具体的な介入方法を図7-2に示しているが，2016年度は，1年間を通して行動変容ステージモデルの「関心なし」の状態から「意思表示」までの行動を促す，キャンペーン型介入『MUSUBU2016キャンペーン』を展開した。2017年度は，前年度の改善点をとりいれながら1日で行動変容を促すワークショップ『MUSUBU2017』を開催した。以上2つは，集中的に介入を行い，意思表示行動を促すことが目的であったが，どちらの介入活動においても時間と場所が限られており，より多くの人々にアプローチする手法が必要であると考えられる。そこで，自治体（京都府）が作成・発行するリーフレットを京都府民に投票形式で選んでもらうという介入『みんなでつくる意思表示リーフレット』を展開した。

図7-1　多様な介入方法を組み合わせる戦略

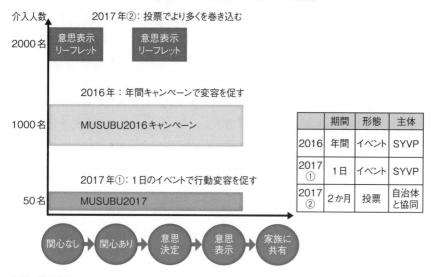

出所：筆者作成。

図7-2　意思表示行動を促す戦略的介入

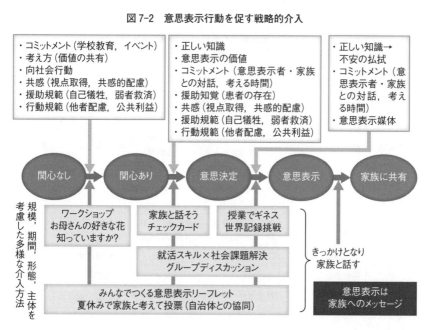

出所：筆者作成。

なお，いずれの介入においても，意思表示の新たな価値である「意思表示は家族へのメッセージ」を浸透させることを根底においた。

 ## 7.9 評価の計画

SYVPでは，介入対象者の行動，知識，信条における変化を測定する評価方法である「アウトカム測定」[2] を採用している。表7-2 に示す行動変容ステージを基本とした5段階の測定尺度，行動決定に資する知識，イメージ，認識といった評価項目を特定した。この標準形を基に介入の目的と状況に応じて項目を選定して，測定している。『MUSUBU2016』，『MUSUBU2017』においては，ターゲットが獲得した知識量，イメージ・認識の変容，行動変容ステージの変化をアウトカムとして測定し，評価した。さらに，「みんなでつくる意思表示リーフレット」においては，投票による意思表示ステージの変容，投票後の行動をアウトカムとして測定した。

### 表7-2 臓器提供意思表示行動の評価指標

| 次元 | 次元 | 数 | 質問内容 | 回答形式 |
|---|---|---|---|---|
| 成果変数 | 行動ステージ | 1 | 臓器提供・意思表示の関心度，態度決定，意思表示行動 | 5段階（関心なし，関心あり，意思決定している，意思表示をしている，意思表示を家族と共有している） |
| 説明変数 | 過去経験 | 10 | ボランティア，募金，献血，学ぶ機会，家族や友人と話す機会頻度 | 5段階尺度 |
| 移植関連要因 | イメージ | 10 | 臓器提供に対するイメージ | 7段階尺度 |
| | 提供・移植への認識 | 20 | 合理性，提供の価値，提供への不安，意思決定の価値 | 7段階尺度（不同意-同意） |
| | 知識 | 10 | 臓器移植の現状，提供の条件，臓器提供のプロセス，意思表示の意義 | 3段階 ○×わからない |
| 個人の信条 | 行動規範 | 2 | 周囲への同調 | 7段階尺度（不同意-同意） |
| | 援助規範 | 2 | 自己犠牲 | 7段階尺度 |
| | 共感性 | 4 | 視点取得，共感的配慮，他社への援助 | 7段階尺度 |

出所：筆者作成。

# 7.10 小括

　本章においては，Lee and Kotler モデルに沿って，介入プログラムを策定した。実施主体者の SYVP は，ソーシャルマーケティングを生業とする集団ではないが，本モデルの手順に沿って，誠実に1つ1つのステップを踏むことにより，図7-2のような，科学的かつ対象者の興味を考慮した介入方法を策定することができた。

　第8~10章において，さらに詳細な方法，介入結果とその考察を提示する。

注

1)　多様なアプローチ方法は，第4章3~5節で詳細に記載している。
2)　第2章11節，ステップ8で説明している。

# 第8章
# 意思表示に関する行動変容の実証(1)：
# 行動変容モデルに基づく年間キャンペーン

## 8.1　はじめに

　2016年は，1年間を通して，「意思表示は家族へのメッセージ」を浸透させること，行動変容ステージモデルの「関心なし」の状態から「意思表示」までの行動を促すことを目的とするキャンペーン型介入『MUSUBU2016キャンペーン』を展開した（図8-1）。『MUSUBU』とは，SYVPが掲げているキャッチコピー「想いを結ぶ意思表示」に由来する，我々の活動の名称であり，人々の想いが結ばれ，広がっていくことを意図している。

　この年間キャンペーン型介入の特徴は，関心がない層が意思表示するまでを，行動変容ステージに則り段階的に介入するという点である（図8-2）。

　まず，無関心層に対しては，行動促進因子の一つ「イベントによる共感」に着目し，大学内で意思表示の価値を伝える30分程度のワークショップを開催した。万が一の時に意思を残しておくことが家族の心的負担を和らげること，意思表示とは誰かのために臓器提供をすることではなく「家族へのメッセージ」であることを伝えた。

　関心あり層から態度決定層への変容を促す段階では，家族との対話が効果的であるため，8月から9月にかけて，ワークショップ参加者にオリジナルのガイドブック（正しい知識を提供）やチェックカードを配布し，夏休みに家族と共に意思表示について考え対話するきっかけ作りを行った。

　次に，行動への促進には，臓器提供や意思表示に対する不安を払拭し，意思表示について考え行動する時間と媒体が効果的との知見から，グリーンリボンデー[1]の10月16日に『MUSUBU2016』を開催した。臓器提供や意思表示についての正しい知識を与えて皆で考える「MUSUBUアプローチ」の他，『意

思表示は家族へのメッセージ』を伝えるため，家族への感謝の気持ちを表す絵画・3行レターの作品展を行った。

 ## 8.2　「関心なし」から「関心あり」への介入

### 8.2.1　介入方法とその効果測定・分析方法

　無関心層に対しては，「イベントによる共感」に着目し，6月から7月にかけて大学内で，意思表示の価値を伝える30分程度のワークショップを21日間にわたり開催した。平日のお昼休み毎日，往来の多い同じ場所（食堂近くの教室）にて開催したのは，単純接触効果（Zajonc, 1968）に基づくものである。無関心層であるため，積極的な参加は見込めない。そのため，毎日同じ場所で行うことにより，徐々に関心を持たせることは効果的であると考えた。

　また，無関心層に対するワークショップ参加の誘因として，誰もが身近に感じ，関心を寄せるタイトル『お母さんの好きな花知っていますか』をワークショップタイトルとした。その理由は，臓器提供や意思表示に関心のない人々に，「臓器提供意思表示のワークショップをします」とそのまま告知をしても，関心を持たせることはできず，不信感を抱かせることにつながると考えたからである。さらに，学生の関心を惹くLINEの会話型チラシ，図8-3のような家族を想起するチラシを作成して関心を高めるなどの工夫を行った。

　ワークショップの内容は，以下のとおりである（図8-4）。万が一の時に意思を残しておくことが家族の心的負担を和らげることになること，意思表示は「家族へのメッセージ」という意思表示の価値を伝えた。また，ワークショップ内では，多くの人にとって馴染みのない「臓器提供」という言葉を可能な限り使用せず，「家族とのつながり」という言葉を前面に押し出す工夫を行った。内容も，「家族とのつながり」，「大切なもの」を常に想起させるものにした。

- ●導入：喪失感の疑似体験（白い4枚の紙を用いる）。
- ●大切なモノ (1)：わたしの大切なモノを，いざという時にどうしたいのかについて（意思決定の疑似体験）考える。
- ●意思を伝えよう：伝える大切さを知る。
- ●大切なモノ (2)：臓器も大切なモノであることを実感させる。

図 8-1　MUSUBU2016

## ┃関心をもつ！
# ワークショップ
06/21から07/23

『あなたのお母さんの好きな花知っていますか？』をテーマに同志社大学の教室で平日昼休みに20分程度のワークショップを開催。参加者から「家族に会いたくなった」「意思表示のイメージが変わった」「日頃から家族と会話していきたい」などのコメントをいただきました。
24日間で約300人を動員し、臓器提供の意思表示について関心がなかった多くの人が関心をもつ変化が、効果測定の分析から見られました。

## ┃知って、大切な人と対話！
# 家族と話そう月間
8月〜9月

「意思表示って大切な家族へのメッセージなんだ…」それを知ったワークショップ受講者が、実家へ帰省するタイミングで、家族と意思表示について話す大切な時間。

家族と何を話せばよいかなど、意思表示を行うまでのプロセスを確認するチェックカード

## ┃七夕まつり in 桝形商店街
07/08〜09

上京区の桝形商店街の七夕祭りにブース出店！「言葉をMUSUBU」と題し、地域の子供たち向けに絵しりとりゲームを企画。商店街の今を築く方々の熱い想いと子供たちのとびきりの笑顔に、SYVPメンバー一同、心動かされる2日間でした。

## ┃MUSUBUチャリティ
募集期間08/08〜10/02、展示10/16

「地域×芸術×家族」

家族に残したい想いを『カタチ』にして伝えることの大切さを感じてほしいと、チャリティ作品展を企画。出展作品はMUSUBU2016当日に会場に飾り、その後京都府内の施設などに展示させていただく予定です。

6月 …… 7月 …… 8月 …… 9月

出所：SYVP作成。

**キャンペーンの概要**

## 理解して意思決定、行動！
## MUSUBU 2016
10/16グリーンリボンデー

### ギネス世界記録に挑戦

臓器提供についての授業を行います。正しい知識を持ち理解を深めた参加者全員で、オリジナルカードに意思表示をします。"臓器提供認知向上レッスン"を受講した最大人数でギネス世界記録に挑戦します！

YESでもNOでもいい！

SYVPが作成したオリジナル意思表示カード

### 家族と、仲間と、そして社会と

意思表示を通して家族とのつながりを深く感じていただいた後は、仲間・社会とのつながりを感じていただきます。会場参加型のコンテンツを多数ご用意しています。

## ▶ 社会に還元！
## 研究発表会
10月〜2月末

ワークショップやMUSUBU2016へ参加いただいた方々のイメージや態度・行動の変化を分析し、そこから得た知見を、学術集会、一般へのシンポジウムなどの場で発表し、社会に還元します。

## ▶ SYVP研究会
2017/02/25

MUSUBU2016全体を通して効果測定したデータを分析し発表します。行動科学の理論や知見に基づいた仮説・戦略、キャッチコピーやポスター作成時の意図、活動によりどれだけの人の意識や行動を促したのかどれだけのつながりを生み出したのか、メンバーは何を学んだのか、その成果を発表します。

10月 ‥‥‥‥‥‥‥ 11月 ‥ 12月 ‥ 1月 ‥ 2月

図8-2　行動変容ステージに基づく MUSUBU2016 キャンペーン

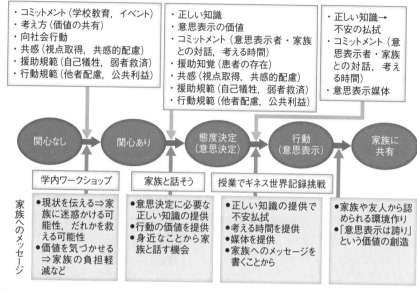

・コミットメント（学校教育，イベント）
・考え方（価値の共有）
・向社会行動
・共感（視点取得，共感的配慮）
・援助規範（自己犠牲，弱者救済）
・行動規範（他者配慮，公共利益）

・正しい知識
・意思表示の価値
・コミットメント（意思表示者・家族
　との対話，考える時間）
・援助知覚（患者の存在）
・共感（視点取得，共感的配慮）
・援助規範（自己犠牲，弱者救済）
・行動規範（他者配慮，公共利益）

・正しい知識→
　不安の払拭
・コミットメント（意
　思表示者・家族
　との対話，考え
　る時間）
・意思表示媒体

関心なし　→　関心あり　→　態度決定（意思決定）　→　行動（意思表示）　→　家族に共有

学内ワークショップ　　家族と話そう　　授業でギネス世界記録挑戦

家族へのメッセージ

●現状を伝える⇒家族に迷惑かける可能性，だれかを救える可能性
●価値を気づかせる⇒家族の負担軽減など

●意思決定に必要な正しい知識の提供
●行動の価値を提供
●身近なことから家族と話す機会

●正しい知識の提供で不安払拭
●考える時間を提供
●媒体を提供
●家族へのメッセージを書くことから

●家族や友人から認められる環境作り
●「意思表示は誇り」という価値の創造

出所：筆者作成。

図8-3『お母さんの好きな花知っていますか』ワークショップのチラシ

下宿暮らしを初めて，もう2年たった。

もういつから家族としゃべっていないだろう。
「ちゃんと晩御飯食べてる？」
「風邪ひいてない？」
不定期に届くメールにも
適当な返事しかしていない。
小さい頃から，そうだった。
口喧嘩ばかり，うっとうしいことも多くて，
「たまには帰ってきなさいね」

もう何時から家族としゃべっていないだろう。
『今年の夏休みは，家に帰るよ。』

手土産に，花でも買って帰ろうか。
あれ，そういえば
「お母さんの好きな花ってなんだっけ。」

出所：SYVP 作成。

図 8-4 『お母さんの好きな花知っていますか』ワークショップの構成

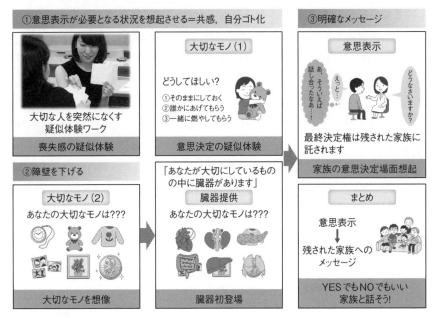

出所：筆者作成。

- ●意思表示の大切さ：家族に決定権が委ねられるものの１つであることを伝える。『意思表示は残された家族へのメッセージ』であることを印象づける。
- ●おわり：「お母さんの好きな花の名前を知っていますか？」大切な人の大切なモノを知っているかを問いかけ，伝えあう重要性を気づかせる。

効果測定については，ワークショップの開始時と終了時に，対象者に同意をとったうえで質問紙調査を行った。回答の調査項目は，対象者の個人特性（性別，学年），臓器提供意思表示に対するイメージ（役に立つ，怖い，誇り，身近なこと，家族，不安，想い合う，つながり），意思表示行動ステージ，家族との対話の有無，臓器提供意思表示媒体の認知（免許証，保険証，Facebook，マイナンバーカード，インターネット）などで構成した。臓器提供意思表示に

対するイメージについて，回答尺度はリッカート5段階尺度を用いた。

　回答結果に関しては，「そう思う」を5点，「まあそう思う」を4点，「どちらともいえない」を3点，「あまりそう思わない」を2点，「そう思わない」を1点として分析に用いた。臓器提供意思表示の行動ステージについて，「意思表示していることを家族や親しい人と共有している」を5点，「意思表示している」を4点，「意思表示をしようと心に決めているがしていない」を3点，「関心があり，意思表示するか考え中」を2点，「関心なし」を1点として分析に用いた。

　臓器提供意思表示に対するイメージ，臓器提供意思表示行動変容ステージについては，介入の前後の変容をSPSS（IBM Statistics ver.24）を用いて両側t検定を行った。

## 8.2.2　結果

　本ワークショップに同志社大学生298名が参加した。そのうち質問票を回収した298名全員を分析対象とし，以下の分析を行った。

### ① 意思表示行動ステージの変容（すべてのステージ）

　介入前，意思表示関心なし群は96名であった。介入後の行動ステージは関心なし群34名（96名のうち35.4％），関心あり群57名（59.4％），態度決定群4名（4.2％），行動群1名（1.0％），共有群0名（0％）であった。すなわち，介入により，関心なし群の65％が意思表示に関心を持った。

　意思表示行動ステージを点数化し平均値を算出した結果，介入前の平均値は2.14，介入後の平均値は2.41であった。また，介入前後の平均値の差の両側t検定を行った。その結果，意思表示行動が統計学的有意に促進されたことが確認された（$p<0.01$）。また，各ステージの介入によって好ましい行動変容を起こした割合は，関心なし群が66％，関心あり群が14％，態度決定群が5％，行動群が5％であった（図8-5）。

### ② 臓器提供意思表示に対するイメージの変容

　臓器提供意思表示に対するイメージについて，「役に立つ，怖い，誇り，身

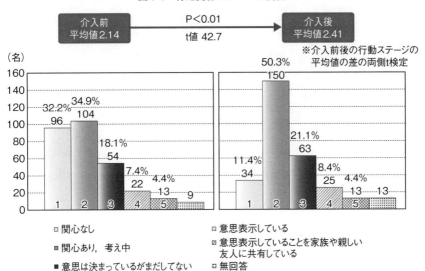

図 8-5　行動変容ステージの変化

出所：筆者作成。

近なこと，家族，不安，想い合う，つながり」の各項目において介入前後の平均値を算出し，その差の両側 t 検定を行った。

その結果，怖い，不安以外のすべての項目において，平均値が統計学的有意（p＜0.001）に増加した。また，怖い，不安の項目は平均値が統計学的有意（p＜0.01）に減少し，介入の効果が確認された。さらに，それぞれの t 値は役に立つ（t＝−3.38），怖い（t＝3.46），誇り（t＝−7.92），身近なこと（t＝−13.89），家族（t＝−11.43），不安（t＝3.19），想い合う（t＝−7.51），つながり（t＝−7.63）であった（図 8-6）。

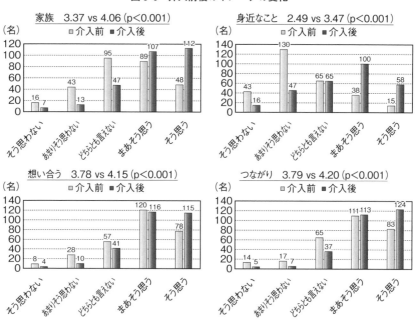

図8-6　介入前後のイメージの変化

※各イメージについての介入前後の平均値の差を両側t検定

出所：筆者作成。

 **「関心あり」から「態度決定」への介入**

　態度決定には，正しい知識を得ること，家族との対話が効果的であるため（図8-2），8月から9月にかけて，ワークショップ参加者にオリジナルのガイドブック（正しい知識を提供）やチェックカードを配布し，夏休みに家族と共に意思表示について考え対話するきっかけ作りを行った。なお，対話を促す場合，いきなり臓器提供の話を切り出すのは難しいため，①好きな花について，②一番大切なものについて，③意思表示について，と段階的に家族と話す工夫を盛り込んだ（図8-7）。

図8-7　意思決定までのプロセスを記したカード

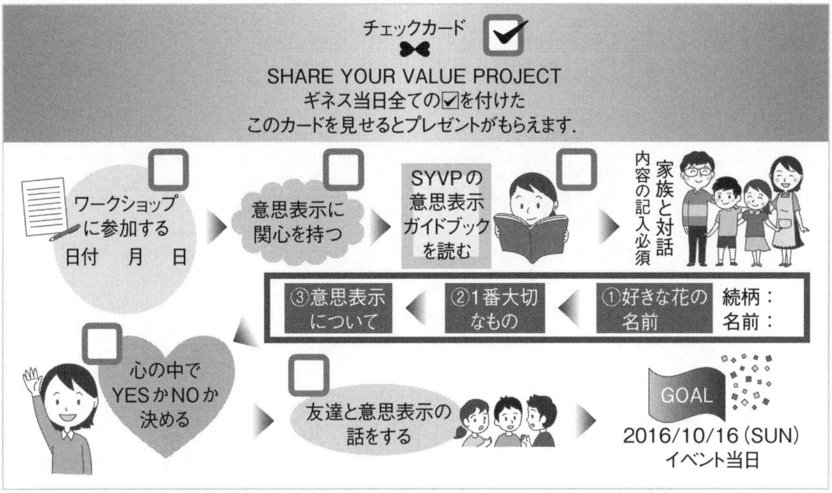
チェックカード
SHARE YOUR VALUE PROJECT
ギネス当日全ての☑を付けた
このカードを見せるとプレゼントがもらえます.
ワークショップ
に参加する
日付　月　日
意思表示に
関心を持つ
SYVPの
意思表示
ガイドブック
を読む
家族と対話
内容の記入必須
③意思表示
について
②1番大切
なもの
①好きな花の
名前
続柄：
名前：
心の中で
YESかNOか
決める
友達と意思表示の
話をする
GOAL
2016/10/16 (SUN)
イベント当日

出所：SYVP作成。

## 8.4 「態度決定」から「意思表示」への介入

### 8.4.1　介入方法

行動の促進には，臓器提供や意思表示に対する不安を払拭し，意思表示について考え行動する時間（コミットメント），媒体が効果的との知見が得られている。そこで，グリーンリボンデーの10月16日に『MUSUBU2016』を開催した。臓器提供や意思表示についての正しい知識を与えて皆で考える『MUSUBUアプローチ』の他，意思表示は「家族へのメッセージ」であることを強く印象づけるため，家族への感謝の気持ちを表す絵画・3行レターの作品展を行った。

『MUSUBUアプローチ』の介入デザインは，得られた洞察と先行研究（Mossialos *et al.*, 2008；Skumanich and Kintsfather, 1996；Carducci and Deuser, 1984；Carducci *et al.*, 1989；Sanner *et al.*, 1995）から導出した。まず，①臓器提供や臓器提供意思表示に関して無知，あるいは誤解をしている人に対して，

図 8-8　『MUSUBU アプローチ』の介入デザイン

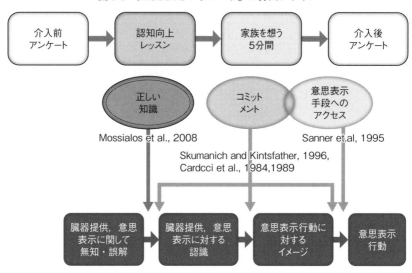

出所：筆者作成。

　正しい知識や考える時間を与えることで，臓器提供や臓器提供意思表示に対す
る重要性を認識させ，恐れや不安を低下させる。次に，②意思表示の意義につ
いて考える時間を与えることで，意思表示行動に対する好ましいイメージへと
促す。最後に，③関与の程度が高まった状態で意思表示手段を提供することで
意思表示行動を促進する，というデザインである（図 8-8）。

## ①「認知向上レッスン」による介入

　まずイベントにおいて与えるべき知識を探索することを目的としたインタ
ビュー調査を行った。対象は，介入ターゲットの代表として，同志社大学社会
科学系の学生 11 名である。

　この調査の結果，脳死に関する知識，臓器提供に関する知識，意思表示に関
する知識の 3 つの知識を与えることが効果的だと考えられた。この知見を基に
アンケート調査票の質問項目，伝えるべき内容を考えた。具体的には，脳死に
関する知識については，脳死は植物状態とは違うこと，脳死になると回復する

ことはないなどである。臓器提供に関する知識は，実際の臓器提供の流れ，臓器提供後の身体が実際にどうなるのかについてである。意思表示に関する知識については，家族が万が一脳死になった場合 87％の国民が家族の意思表示を尊重したいと回答していること，意思表示は書き直しできることなどである。

　これらの 10 項目（表 8-1）を元に，30 分間の授業内容を構築し，『臓器提供認知向上レッスン "Largest organ donation awareness lesson"』として，ギネス世界記録® に挑戦した（図 8-9）。知識提供の機会としてギネス世界記録® を選択した理由は 4 つある。まず，日曜日の午後に社会科学系大学生を集める誘因として効果的と考えられたからである。日曜日の午後に「臓器提供について考える」というシンポジウムを開催しても，ターゲット層には響かないことが予想された。そのため，彼（女）らが足を運びたいと思う動機づけを考え抜き，様々なアイデアの中から，「自分も世界記録保持者になれる」という能動的な参画動機を考えるに至った。次に，ルールが厳格（私語，居眠りなど授業を真剣に聞いていないと失格になる）であり，知識を得て理解を促す可能性が極めて高いと考えたからである。なお，一般市民は情報源，発信源の信頼感を重視するため，権威のある専門家である日本移植学会理事長を講師とした知識提供を行った。第 3 に，精度が高いリサーチが可能であったからである。ギネ

図 8-9　ギネス世界記録®『臓器提供認知向上レッスン』の様子

出所：筆者撮影。

ス世界記録® に挑戦中は，出入場が禁じられている。閉鎖空間のため，一度に大人数に対して同じ介入と介入前後の調査が可能と考えた。第4に，ターゲット層や一般への波及効果が高いことである。ギネス世界記録® を達成した際，参加者がSNSなどで拡散することが推測される。「臓器提供について学ぶ授業の人数で世界一になった」という非日常的な話題がターゲット層である大学生への拡散されることで，「臓器提供」や「意思表示」というキーワードを目にする人が増加する効果が期待される。また，マスメディアに取り上げられることで，グリーンリボンデーの意味，意思表示の意義などがより多くの一般に伝えられ，家族で考えるきっかけを生む可能性がある。

### ②「家族を想う5分間」による介入

　本介入の目的は，「認知向上レッスン」において臓器提供および，臓器提供意思表示についての正しい知識を獲得した対象者に対し，連続的に意思表示をするための時間と場を与えることで，意思表示についての「関与の程度（コミットメント）」を高め，臓器提供，および臓器提供意思表示についての認識や意思表示行動に対するイメージの変容に影響を与え，その場で意思表示行動へと促すことである。

　本介入の全ての対象者は，すでに会場までの移動時間，オープニング，「認知向上レッスン」などで多くの時間を投資しているため，「関与の程度」はすでに高いと考えられる。本介入は学生によるスピーチ形式とし，対象者（参加者）に，自らが脳死状態になり家族が臓器提供をするか否かの最終的な判断を迫られる状況を想像させ，大切な家族について考えるという内容とした。

　また，対象者の「関与の程度」を深めて行動へと促す方法として『段階的要請法』（Freedman and Fraser, 1966）を用い，計9個の要請を含めた。5分間のうち1分間は，意思表示をするための時間とした。要請は，承諾率の高い小要請（眼を閉じること，家族を思い浮かべること，意思を伝えられなくなるシーンを想像すること），真の承諾を狙った中要請（紙とペンを取り出すこと，意思表示媒体に家族への想いを書くこと，意思表示媒体に意思を記入すること），必要性の少ないダミーの要請（今後この意思表示媒体を持ち歩くこと，帰って家族に得た知識や考えを共有すること，意思が変わったときはその都度

意思を書き直すこと）で構成した。意思表示媒体を手に取る行動や臓器提供の意思の有無以外の書き込みなど，中要請の意思表示行動をさらに細分化することで参加者に意思表示媒体へのスムーズなアクセスを可能にすることを試みた。

### ③ オリジナル意思表示媒体の提供

　「家族を想う5分間」の中で，意思表示に対して「関与の程度」が高まった対象者の意思表示へのハードルを下げて，より意思表示行動を促進することを目的とし，オリジナル意思表示媒体『レターカード』（図8-10）を対象者に提供した。

　本媒体の作成にあたって，まず，大学生24名に対して既存の意思表示カードのイメージに関する定性調査を行った。その結果，記入を後回しにせず，持ち続けようと思えること，記載内容が誰にでも分かりやすくシンプルであることの必要性が明らかとなった。そこで，提供したい価値である「家族への手紙」をもとに，デザインを考えた。1点目として，カードの形を封筒型にし，大切な人へのメッセージを記入する欄を設けた。メッセージ欄を設けることで，臓器提供の意思を記入する以外の機能が加わり，「臓器提供の意思表示は大切な人へ伝えておくべきメッセージの1つである」という新たな価値を表現した。また，暖色は親しみやすさや心地よさを与える（平湯，2002）ことから，暖色を使用し，封筒の角を丸くすることによって安心感を生み出した。

　2点目として「内容の分かりやすさ」を実現するための記載内容を考えた。まず，意思表示に関する選択項目をYES/NOの2択のみとした。公的な意思表示媒体は3択（脳死下の臓器提供に同意，心停止した臓器提供に同意，臓器提供を拒否）であるが，脳死・心停止の違いがわからないため，意思決定を先送りすること，提供したいか否かのみ問われる方が記入しやすいとの意見が複数あったことから，その意見を反映した。3点目として，表示する意思を「今の意思」とすることで，「意思表示のしやすさ」を表した。さらに，「意思は，いつでも・何度でも，変えることができます」という文言を加えることにより，意思表示行動への心的負担を軽くした。

　その他，もしもの時に家族へ意思表示した媒体を知らせることができるよう

図8-10　オリジナル意思表示媒体『レターカード』

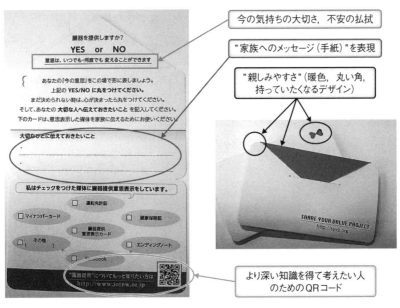

出所：筆者作成。

に，臓器提供の意思表示をした媒体にチェックをつける項目を設けた。また，日本臓器移植ネットワークのホームページの QR コードを載せることで，意思決定に必要な知識へのアクセスを容易とした。

### 8.4.2　調査方法

　『MUSUBU アプローチ』への参加者 433 名を対象とし，ギネス世界記録®挑戦前と『家族を想う5分間』が終わった後に分けて紙媒体によるアンケート調査を実施した（以下，ギネス世界記録®挑戦前を「介入前」，家族を想う5分間が終わった後を「介入後」と記載）。

　調査に用いた項目は，脳死・臓器提供・意思表示に関する知識（表8-1），臓器提供や臓器提供意思表示に対する認識（脳死を人の死と思う，臓器提供に対して不安がある，意思表示をすることは重要である），臓器提供意思表示に対するイメージ（役に立つ，怖い，誇り，身近なこと，家族，不安，想い合

う，つながり），意思表示行動変容ステージ，意思表示のきっかけ（意思表示
する時間が与えられたこと，意思表示できるカードが配られたこと，座席の近
い人が意思表示をしていたこと，会場全体で多くの人が意思表示していたこ
と，専門家からお話を聞いたこと），対象者の個人特性（性別，年齢，職業）
で構成した。

### 8.4.3　分析方法

　知識についての回答尺度は正解を 1 点，不正解を 0 点として分析に用いた。
認識，イメージ，意思表示のきっかけ，尺度はリッカート 5 段階尺度（不同意
－同意）を用い，意思表示行動変容ステージも 5 段階とし，回答結果を点数化
して分析に用いた。また，全ての項目について，介入前と介入後の平均値を算
出し，その平均値の差について SPSS を用いて両側 t 検定を行った。

### 8.4.4　結果

　調査対象者 433 名に対し，質問票回収は 413 名であった。行動変容ステー
ジ，知識，認識を問う質問が 1 つでも無回答であった例を除き，362 名を解析
対象者とした。解析対象者の年齢は，30 歳未満が 72.6％であり，概ねター
ゲット層に合致していた。

#### ① 知識の獲得

　脳死，臓器提供，意思表示に関する知識 10 項目のうち，介入前に正答率が
低かったのは，「脳死になると回復することはない」（46％），「お身体は 2～6
時間でかえってくる」（49％）であった。介入により，10 項目全ての正答率が
上昇し，そのうち「脳死になった場合，意思表示していなければ家族に負担が
かかる（70％→ 70％）」，「意思表示は書き直しできる（94％→ 97％）」以外の
知識は，介入後に統計学的有意（p＜0.001）に高くなった（表 8-1）。

#### ② 臓器提供，意思表示に対する認識の変容

　「脳死を人の死と思う」，「臓器提供に対して不安がある」，「意思表示をする
ことは重要である」の各項目における平均値は，介入前（3.15, 3.24, 4.23）

表8-1　介入前後の知識の変化

| 知識項目 | 介入前後 | 正答率 | 標準偏差 | t | P値 | 知識項目 | 介入前後 | 正答率 | 標準偏差 | t | P値 |
|---|---|---|---|---|---|---|---|---|---|---|---|
| 脳死になると回復することはない | 介入前<br>介入後 | 46%<br>98% | 0.499<br>0.138 | -19.75 | 0.000*** | 臓器提供にはお金がかからない | 介入前<br>介入後 | 77%<br>91% | 0.421<br>0.284 | -5.701 | 0.000*** |
| 脳死後1〜2週間の脳内はドロドロになる | 介入前<br>介入後 | 30%<br>94% | 0.461<br>0.229 | -24.245 | 0.000*** | 脳死になった場合,意思表示していなければ家族に負担がかかる | 介入前<br>介入後 | 70%<br>70% | 0.459<br>0.459 | 0.000 | 1.000 |
| 植物状態になっても回復することがある | 介入前<br>介入後 | 81%<br>94% | 0.393<br>0.244 | -5.408 | 0.000*** | 家族が脳死になった場合,約9割の人が家族の意思を尊重したいと思っている | 介入前<br>介入後 | 84%<br>98% | 0.365<br>0.156 | -6.545 | 0.000*** |
| 臓器提供後のお身体はきれいな状態でかえってくる | 介入前<br>介入後 | 77%<br>98% | 0.421<br>0.147 | -9.402 | 0.000*** | 意思表示には「臓器を提供しない」という選択肢もある | 介入前<br>介入後 | 75%<br>81% | 0.436<br>0.395 | -2.416 | 0.016* |
| 臓器提供後のお身体は2〜6時間でかえってくる | 介入前<br>介入後 | 49%<br>93% | 0.501<br>0.263 | -15.023 | 0.000*** | 意思表示は書き直しできる | 介入前<br>介入後 | 94%<br>97% | 0.229<br>0.172 | -1.883 | 0.060 |

注：*p＜0.05，***p＜0.001
出所：筆者作成。

に比較して介入後（4.15, 2.77, 4.66），統計学的有意（p＜0.001）に変容をしたことが確認された（図8-11）。

### ③ 意思表示行動に対するイメージの変容

　意思表示行動に対するイメージ介入前後の平均値は，役に立つ（4.51, 4.78），誇り（3.11, 3.80），身近なこと（2.48, 3.67），家族（3.41, 4.24），想い合う（3.65, 4.25），つながり（3.68, 4.35），怖い（2.96, 2.54），不安（3.16, 2.70）と，全ての項目において統計学的有意（p＜0.001）にポジティブな方向へと変容したことが確認された。

図 8-11　臓器提供・意思表示に対する認識の変容

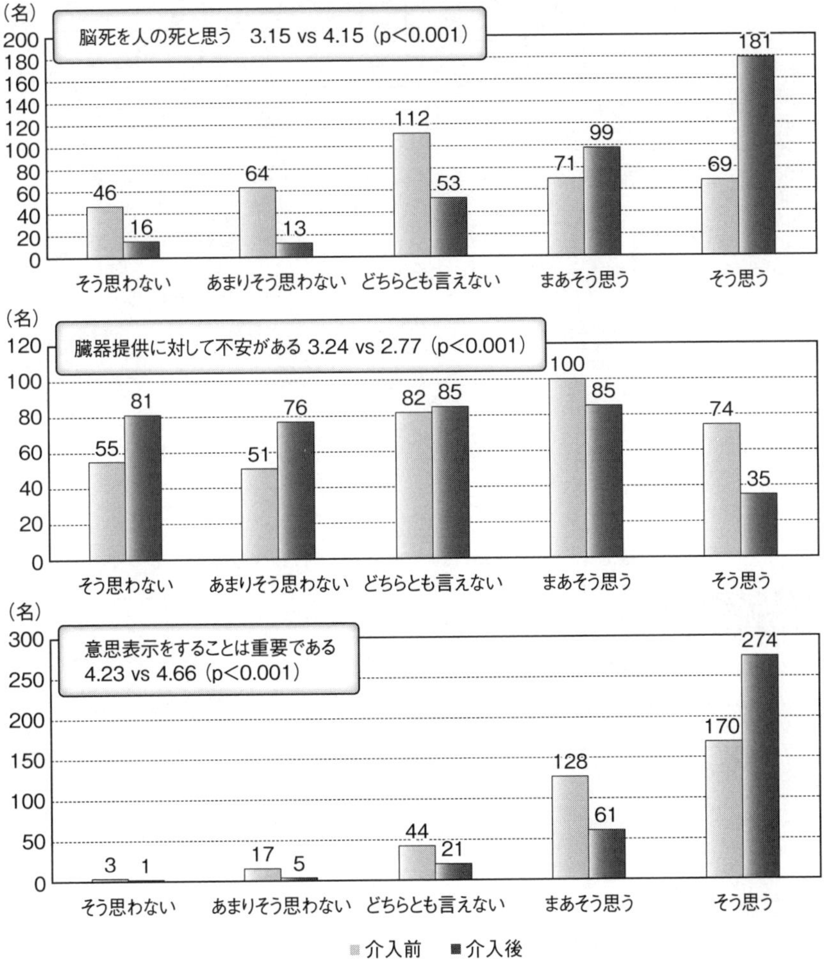

(名)

脳死を人の死と思う　3.15 vs 4.15 (p＜0.001)

| | そう思わない | あまりそう思わない | どちらとも言えない | まあそう思う | そう思う |
|---|---|---|---|---|---|
| 介入前 | 46 | 64 | 112 | 71 | 69 |
| 介入後 | 16 | 13 | 53 | 99 | 181 |

(名)

臓器提供に対して不安がある 3.24 vs 2.77 (p＜0.001)

| | そう思わない | あまりそう思わない | どちらとも言えない | まあそう思う | そう思う |
|---|---|---|---|---|---|
| 介入前 | 55 | 51 | 82 | 100 | 74 |
| 介入後 | 81 | 76 | 85 | 85 | 35 |

(名)

意思表示をすることは重要である
4.23 vs 4.66 (p＜0.001)

| | そう思わない | あまりそう思わない | どちらとも言えない | まあそう思う | そう思う |
|---|---|---|---|---|---|
| 介入前 | 3 | 17 | 44 | 128 | 170 |
| 介入後 | 1 | 5 | 21 | 61 | 274 |

▨ 介入前　　■ 介入後

出所：筆者作成。

## ④ 意思表示行動ステージの変容

　意思表示行動変容ステージについて「関心なし（1），関心あり（2），態度決定（3），意思表示（4），意思表示したことを家族に共有（5）」を点数化したところ，その平均値は，介入前 2.29，介入後は 2.93 であり，ステージが統計学

図8-12　意思表示行動ステージの変容

| 平均値の差の両側t検定 | | N | 平均 | 標準偏差 | t値 | P値 |
|---|---|---|---|---|---|---|
| | 介入前 | 362 | 2.29 | 1.130 | −15.158 | 0.000 |
| | 介入後 | 362 | 2.93 | 1.207 | | |

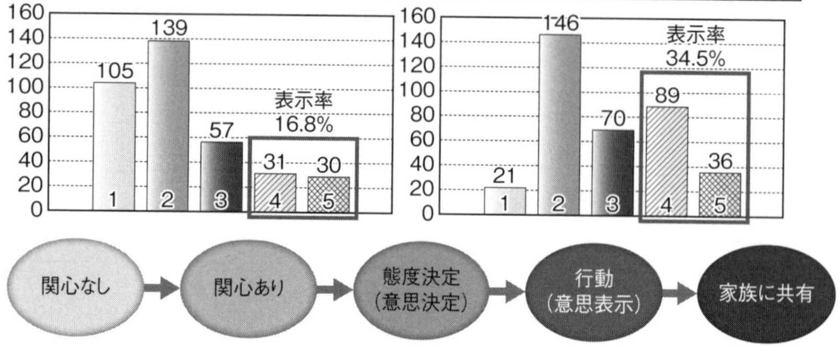

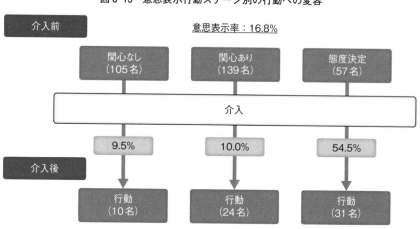

出所：筆者作成。

図8-13　意思表示行動ステージ別の行動への変容

出所：筆者作成。

的有意（p<0.001）に促進されたことが示された（図8-12）。

　介入による意思表示行動の変化の割合は，「変化なし」48%，「1段階変化」37%，「2段階以上変化」13%であった。介入によって「関心なし」105名のうち10名（9.5%），「関心あり」139名のうち24名（10.0%），「態度決定」57名のうち31名（54.5%）の計65名（18%）の意思表示行動を促進することができ，対象者の意思表示率は34.5%となった（図8-13）。

### ⑤ 意思表示のきっかけ

　意思表示をした対象者65名に対して，意思表示のきっかけを調査した結果，意思表示する時間が与えられたこと（98.5%），意思表示できるカードが配られたこと（96.9%），専門家（正しい知識と知覚できる）からお話を聞いたこと（90.7%）が高かった。

## 8.5　市民へのインパクト

　本介入において，一連のキャンペーンをSNSで発信すること，メディア誘致をすることを通して，意思表示は「家族へのメッセージ」であることを伝え，家族や友人と話すきっかけをつくることに挑戦した。

　SNSによる発信については，151回の投稿により，98,656のリーチ数を得た。マスメディアに関しては，『MUSUBU2016』の翌日，4紙の朝刊（『読売新聞』第29面，『毎日新聞』第24面，『産経新聞』第24面，『京都新聞』第22面）にギネス世界記録®に認定されたことが掲載された。その記事において，読売新聞では，「家族に万が一のことがあった時にそなえて，話し合っておくことが大切（講師の言葉）」，「この授業を聞いて感じたことを，家族らと話し合うなどしてほしい（学生代表の言葉）」，毎日新聞には，「臓器提供について考え，家族と話したり，伝えるきっかけにしてほしい（イベントの趣旨）」，「それぞれが得たことを家に帰って大切な人と話，輪が広がればいい（学生代表の言葉）」，京都新聞では「家族が困らないよう意思表示を（講師の言葉）」が明記されていた。したがって，意思表示の新しい価値についてメッセージを伝え，臓器提供や意思表示について，考えたり家族と話し合うきっかけとする

ことが少なからずできたのではないかと考える。

 **8.6　小括**

　本章では，第7章で導出された介入方法のうち，主に社会科学系大学生を対象とした，行動変容ステージに基づく年間キャンペーン型介入「MUSUBU2016キャンペーン」について，その具体的な方法，結果を記述した。このキャンペーンを通して，732名に対して行動ステージに合った介入を行うことで，関心がない人は31.9%から8.5%に減少し，意思表示率は14.4%から24.9%に増加した。

　実証の結果，臓器提供の意思表示は「残された家族へのメッセージ」という新たな価値観は，大学生のイメージ変容に有効であることが示された。また，関心を持たせる段階では，イベントによる共感を促すこと，最も障壁の高い行動へと促す段階では，正しい知識の提供，意思表示への関与の程度を高めること，関与の程度が高まった状態で意思表示手段を提供することの3要素が重要であることが実証された。さらに，行動へと促進する具体的な手段として，その実効性とメッセージ性において，ギネス世界記録®への挑戦は適切であったと考えられる。

　しかし，各要素の効果を測る詳細な調査を行うことができなかったため，これら3要素が，どのようなプロセスに作用して行動を促進しているのかどうか明確にできなかったことが研究の限界である。本研究では，いずれの段階においても，介入「直後」の変化を見てみているに過ぎず，時間経過による知識の忘却，認識の変化などが生じるかどうかについて，フォローアップが必要であると考えられた。また，次章で述べる2つの課題も残された。これらを2017年度の活動で対応することで，より実践的かつ科学的に深化させる。

---

**注**

1)　家族や大切な人と「移植」のこと，「いのち」のことを話し合い，お互いの臓器提供に関する意思を確認する記念日。（公社　日本臓器移植ネットワーク）

# 第9章
# 意思表示に関する行動変容の実証(2)：
# 不安の軽減に着目した1日イベント

 **9.1　はじめに**

　第8章では，行動変容ステージモデルに則った年間キャンペーンを実施し，対象者の意思表示率は14.4%から24.9%まで増加し，臓器提供の意思表示は「残された家族へのメッセージ」という新たな価値が，大学生のイメージ変容に有効であることが示された。また知識の獲得，認識，イメージについて，介入前後の変容を分析した結果，ほぼ全ての項目においてポジティブな統計学的有意な変容が見られたが，課題が残った。介入後も約3割の人が意思表示に対する不安を示しており，「不安」の軽減に着目した介入が必要であることが示唆された。

　本章では，2017年10月15日に開催した，1日型『MUSUBU2017』について，介入方法，結果について記述する。

 **9.2　課題の分析と先行研究調査**

**① 不安について**

　前章の『MUSUBU2016』においては，事前に同志社大学生11名にインタビュー調査を行い，不安軽減につながる正しい知識を抽出し，それらを含む講義を専門家から受けた。実際，意思表示を新たに行った65名のきっかけについての回答のうち，90.7%が「専門家からお話を聞いたこと」であった。したがって，専門家からの講義は，意思表示行動の促進に有効であったと考えられる。

　しかし，平川（2001）は，「専門家が伝えたい知識と市民が知りたい知識は

必ずしも一致しない」と報告しており，『MUSUBU2016』の講義形式による知識提供では，個別にアプローチすることができず，人によっては，不安が残った可能性が考えられた。また，木下（2016）は，ポジティブな側面だけではなくネガティブな側面についてリスクも含めて情報を公正に伝える，送り手と受け手の双方向的なコミュニケーション，送り手と受け手が協力してより良い解決策を探す，これら3つの要素が組み合わされることにより各人の持つ不安に対応できる可能性があると報告している。

　したがって，講義内容を構築するにあたり，①臓器提供のポジティブな側面だけではなく，ネガティブな側面やリスクも含めて公正に伝達する，②講師と参加者が双方向的なコミュニケーションを行う，③参加者が協力してより良い解決策を探す，という要素を組み合わせることが重要と考えられた。

## ② 家族に負担がかかるという知識について

　『MUSUBU2016』において，「意思表示をしないと家族の負担になる」という知識が，介入（30分の授業と家族を思う5分間）前後で有意差がみられなかった。その理由について分析した結果，家族の負担になるという知識を，自分の視点で考えていたことが挙げられた。なぜならば，「家族へのメッセージを書く」という介入は，自分にもしものことがあった場合に家族へメッセージを残すことであり，自分の視点から家族のことを考えたからである。この介入の結果では，残された家族の負担を感じにくかったのではないかと考えられる。したがって，自身が残された家族になったと仮定する視点が必要と考えられる。

　安藤と新堂（2013）は，自分以外の家族側の視点に立って考えるための能力として，「視点取得能力」の有用性を報告している。視点取得能力とは，自他の視点の差を理解し，他者の立場から他者の欲求や思考を推し量り，社会的な観点で判断することができる能力である。この能力を発揮させることができれば，家族側の視点と自身の視点の両面から意思表示行動を捉えることができると考えられた。

## 9.3　介入方法

1日ワークショップ型の『MUSUBU2017』には，前述の3つの要素（不安の軽減）の組み合わせと，視点取得能力を発揮させるような介入を含めることとした。また，前章で述べたとおり，意思表示行動には正しい知識の提供，意思表示について時間とエネルギーを費やすこと（コミットメント），意思表示手段へのアクセスという3つの要素が必要であるため，それらの要素も含めて考えた。

その結果，図9-1に示すとおり，社会科学系大学生を対象とし，①専門家による講義，②グループディスカッション，③意思表示について考える時間で

図9-1　『MUSUBU2017』のモデル図

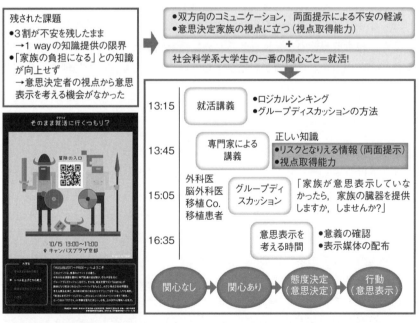

注：移植 Co. は移植コーディネーター
出所：筆者作成。

ワークショップを構成した。なお，ターゲット層の参画意欲を高めるため，彼（女）らの最も関心ごとである就活に活かせるスキル向上を目的とした講義も含めた。しかし，本研究の調査のために設置した項目ではないため，詳細は割愛する。以下では①，②，③の介入内容について詳細を述べる。

### ① 専門家による講義

　この介入の目的は，「リスクとなり得る知識も公正に提供する」こと，自分以外の家族側の視点に立って考えることで「視点取得能力を発揮させる」こと，意思表示行動を促進するための要素として「正しい知識を提供する」ことである。情報の信頼性を鑑み，脳外科医，移植医，移植コーディネーターという立場の移植医療の専門家3名による情報提供を行った。

　提供する情報の内容について，前年度導出した不安の軽減に焦点を当てた3種類の知識（臓器提供に関する知識，脳死に関する知識，意思表示に関する知識）に加え，リスクとなり得る知識（臓器を提供する際メスを体に入れなければならない，海外で過去に脳死判定ミスの事例があった）で構成した。

　また，視点取得能力を発揮させるために「家族が亡くなったら，自分にどんな負担がかかるか」，「家族が意思表示していなかったら，臓器提供するかどうか」という問いかけを行い，自分が残された家族の視点に立って考えさせるようにした。

### ② グループディスカッション

　双方向的コミュニケーション，送り手と受け手が協力してより良い解決策を探すことを通して，各自の不安を軽減すること，コミットメントを高めることを目的とした。専門家による講義の後にグループディスカッションを行うことは，非専門家である学生に振り返りの機会を与えることにもつながる。

　形式とし，非専門家（参加者）を1班5名のグループに分け，「大学生の意思表示率を2倍にするには」という議題でディスカッションを行った。また，専門家がディスカッションの間，各班を回り学生からの質問に回答することとした。学生自身に同年代の意思表示率を上げる方法を考えさせるということは，自身の持つ不安や知識について専門家に確認しながら，解決策を模索する

必要があるため，専門家に質問をしなければならない。これにより，専門家と非専門家による「双方向的コミュニケーション」と，「送り手と受け手が協力してより良い解決策を探す」という2点の必要な介入が行われたことになる。さらに，ディスカッションを通して深く考えること自体が，コミットメントを高めることにつながると考えた。

### ③ 意思表示について考える時間

　本介入は，「家族が意思表示していなかったら，臓器提供するかどうか」を考える，すなわち視点取得能力を発揮した状態で，自身の意思表示行動を促進することを目的とした。第8章図8-10の「レターカード」を意思表示媒体として提供した。

## 9.4　調査方法

　『MUSUBU2017』に参加した53名を対象とし，ワークショップの開始時・終了時に質問紙によるアンケートを実施した。1週間後にwebによるアンケートを用いて追跡調査を行った。複数回の回答であるが，その点については事前に説明をし，回答の拒否を許容するなど，倫理的配慮を行った。

　質問紙アンケート（表9-1）では，意思表示行動変容ステージ，知識項目（脳死，臓器提供，意思表示，家族への負担に関連したもの），認識項目（臓器提供に関する不安，意思表示に関する不安），個人特性について調査した。なお，家族への負担になるという知識項目については，視点取得能力が発揮され，自分以外の家族側と自身の両方の視点から考えられているかを確認するために，「自分が万が一死亡したとき，意思表示をしていなかったならば，家族が困ると思いますか？」，「家族が万が一死亡したとき，家族が意思表示をしていなかったなら，自分は困ると思いますか？」という2つの質問を設置した。webアンケートでは，意思表示行動ステージ，個人特性のみを調査項目とした。

表 9-1　アンケートの調査項目と回答形式，実施タイミング

| 次元 | 次元 | 項目数 | 概要 | 回答形式 | 実施タイミング |
|---|---|---|---|---|---|
| 成果変数 | 意思表示行動ステージ | 1 | 関心なし，関心あり，意思決定，意思表示，家族と共有 | 5 段階尺度 | WS 前，WS 後，追跡 |
| 移植関連要因 | 知識 | 7 | 脳死，臓器提供，意思表示に関する知識 | 2 択（○ × 式） | WS 前，WS 後， |
| | 知識 | 2 | 家族が困る，自分が困るという知識 | 7 段階尺度 | WS 前，WS 後， |
| | 認識 | 8 | 臓器提供，意思表示についての不安に関する認識 | 7 段階尺度 | WS 前，WS 後， |
| 特性 | 個人特性 | 2 | 年齢，性別 | | WS 前，追跡 |

注：WS：ワークショップ
出所：筆者作成。

## 9.5　分析方法

　成果変数の意思表示行動変容ステージについては，紙媒体と追跡の web 媒体の全てのアンケートで調査し，回答結果に関しては，「意思表示していることを家族や親しい人と共有している」を5点，「意思表示している」を4点，「意思表示をしようと心に決めているがしていない」を3点，「関心があり，意思表示するか考え中」を2点，「関心なし」を1点として分析に用いた。

　家族への負担に関する知識についての回答尺度はリッカート7段階尺度を用い，「とても当てはまる」を7点，「当てはまる」を6点，「やや当てはまる」を5点，「どちらでもない」を4点，「やや当てはまらない」を3点，「当てはまらない」を2点，「全く当てはまらない」を1点とした。また，認識項目も同じくリッカート7段階での回答尺度とし，「とてもそう思う」を7点，「そう思う」を6点，「ややそう思う」を5点，「どちらでもない」を4点，「ややそう思わない」を3点，「そう思わない」を2点，「全くそう思わない」を1点とし，分析に用いた。

　介入により不安が軽減されたのか，家族への負担になるという知識が獲得され，行動変容ステージが促進されたのかを検証するため，全ての項目につい

て，介入前と介入後の平均値を算出し，SPSS を用いて両側 t 検定を行った。

 **結果**

### ① 不安認識の変容

　不安について，介入前と比較し，介入後の平均値が統計学的有意（p＜0.001）に低下していた項目は，表9-2 に示すとおりであった。

### ② 家族に負担がかかる知識の変容

　家族に負担がかかるという知識（自分が万が一死亡したとき意思表示をしていなかったなら，家族が困ると思いますか？家族が万が一死亡したとき家族が意思表示をしていなかったなら，自分は困ると思いますか？）の各項目について，介入前後で比較したところ，いずれも，介入後，統計学的有意（p＜0.001）に平均値が高くなっていた。

### ③ 行動変容ステージの変容

　行動変容ステージの段階分布は図9-2 に示すとおりであり，介入前に比較して介入後のステージの平均値が統計学的有意に高かった。

　また，介入前と介入1週間後の追跡調査におけるステージの変化は図9-3 に

表9-2　不安認識の変容に関する結果

| 統計学的有意であった項目 | 有意ではなかった項目 |
|---|---|
| ●臓器提供においては，脳死判定が安易に行われているのではないかという不安がある<br>●臓器摘出により遺体が大きく損傷される可能性があるのではないかという不安がある<br>●脳死から生き返ることがあるのではないかと思うので，脳死での臓器摘出には抵抗がある<br>●提供する意思表示をしていると，家族の承諾がないまま臓器が摘出されてしまうと危惧している<br>●提供する意思表示をしていると，治療を最後までしてもらえないのではと危惧している | ●臓器を取られるのは怖い<br>●臓器が取り去られた遺体を家族や親しい人に見せたくない<br>●提供する意思表示を家族に反対されるのではと危惧している |

出所：筆者作成。

図9-2　行動変容ステージの変化

| | n | 平均 | 標準偏差 | t値 | P値 |
|---|---|---|---|---|---|
| MUSUBU2017前 | 40 | 2.42 | 1.276 | -3.350 | 0.001 |
| MUSUBU2017後 | 40 | 3.32 | 1.609 | | |

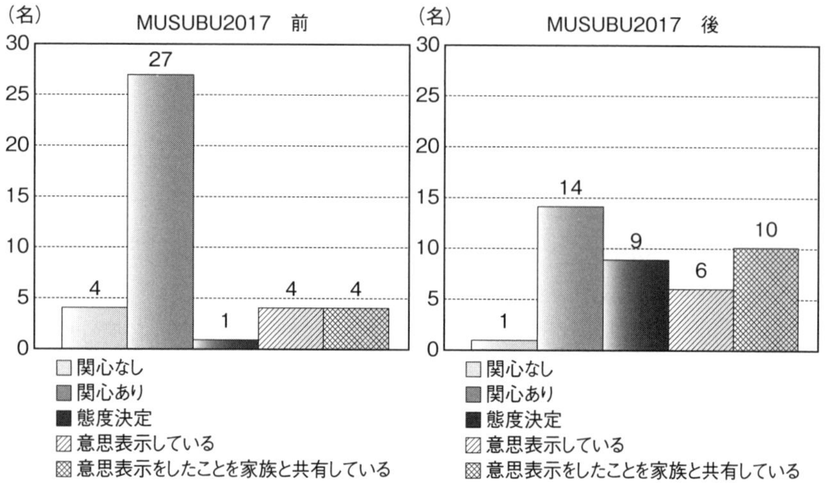

（名）　MUSUBU2017　前

30
27
25
20
15
10
5　4　　　　1　4　4
0

□関心なし
■関心あり
■態度決定
▨意思表示している
▨意思表示をしたことを家族と共有している

（名）　MUSUBU2017　後

30
25
20
15　14
10　　9　　　　10
5　1　　　6
0

□関心なし
■関心あり
■態度決定
▨意思表示している
▨意思表示をしたことを家族と共有している

注：分析対象は，全データに欠陥値がなかった40名。
出所：筆者作成。

示すとおり，追跡可能であった32名中12名（37.5％）でステージが進んでいることが確認された。

## 9.7　考察

　本結果から，不安には，知識提供により払拭される可能性の高い不安（臓器提供においては脳死判定が安易に行われているのではないかという不安がある，臓器摘出により遺体が大きく損傷される可能性があるのではないかという不安がある，脳死から生き返ることがあるのではないかと思うので脳死での臓器摘出には抵抗がある，提供する意思表示をしていると家族の承諾がないまま臓器が摘出されてしまうと危惧している，提供する意思表示をしていると治療を最後までしてもらえないのではと危惧している）と，知識提供によって軽減

図9-3　行動変容ステージ別の行動の変化

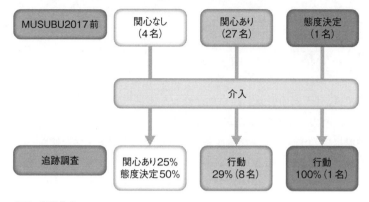

出所：筆者作成。

される可能性が低い不安（臓器を取られるのは怖い，臓器が取り去られた遺体を家族や親しい人に見せたくない，提供する意思表示を家族に反対されるのではと危惧している）に分けられることが示された。前者は誤解に基づく不安であるため，正しい知識を得ることにより，誤解であったことに気づき，その不安が低減される可能性が考えられた。後者については，実際，介入後も不変であったように，個人の感覚的不安であるため，単回の知識提供による介入では不安が軽減されないと考えられた。

　なお，前者の変化において，リスクも含めて情報を相手に伝え，専門家と非専門家が双方向性コミュニケーションを取りながら回答を模索する形式が有用であったかについて，明確には調査できなかった。しかし，「良いことばかりではなく，臓器提供時メスを体に入れなければならないことなどネガティブな面も教えていただいたので，それも踏まえてしっかり考えることができた」などのコメントを得たことより，少なからず有効であったと推察される。

　研究の限界として，グループディスカッション形式であったことが挙げられる。グループ内で発言する人としない人で差が出てしまい，全参加者に十分な介入ができなかった可能性がある。また，専門家が常にグループ内にいなかったため，双方向コミュニケーションが限定的であった可能性が否定できない。さらに，参加者満足低下を防ぐため，形態を変えるたびにアンケートを実施す

ることができなかった。そのため，不安のイメージと意思表示行動の詳細な関連性が調査できなかった。

# 9.8 小括

　本章では，「不安の軽減」に焦点を絞った1日型ワークショップによる介入について，その方法と結果について記述した。

　①臓器提供のポジティブな側面だけではなく，ネガティブな側面など，リスクも含めて関係者の欲する情報を公正に伝達する，②送り手と受け手の双方向的なコミュニケーションを行う，③送り手と受け手が協力してより良い解決策を探すというの要素と，視点取得を組み合わせたワークショップを行った。その結果，限られた参加者数の結果ではあるが，一部の不安が低減した。また，行動変容ステージは統計学的有意に上昇し，意思表示率は20.0％から40.0％へと増加した。以上より，3つの要素，および視点取得は，不安の軽減とそれに伴う行動の促進に有効であることが示唆された。

# 第10章
# 意思表示に関する行動変容の実証(3)：
# リーフレットを活用した自治体との協働

## 10.1　はじめに

　第8章の年間キャンペーン型介入，ならびに第9章の1日型ワークショップは，集中的に介入を行い，意思表示行動を促すことが目的であった。どちらの介入活動においても時間と場所が限られているため，広くアプローチする手法が必要であると考えた。

　「社会全体のベネフィットとなる行動」を促進する方法の1つに，紙媒体による働きかけがある。人々の意識を喚起し，具体的な行動変容を促す内容が掲載されたポスターやリーフレット，パンフレット類を作成し，これをターゲット層に届けるアプローチである。そこで，筆者らは，自治体（京都府）が発行するリーフレットを用いた啓発方法を発展させた。京都府内で配布する意思表示行動促進に向けたリーフレットを複数案作成し，京都府民が投票形式で選ぶ過程でコミットメントを高めるという介入であり，「みんなでつくる意思表示リーフレット」と命名した。

　本章では，その背景，詳細な実施方法と結果を提示する。また，データの分析結果から，「臓器提供の意思表示」を促進する上で効果的なリーフレットの内容や自治体による啓発活動のモデルへの示唆を導出する。

## 10.2　背景と目的

　現在，意思表示媒体として，保険証，運転免許証，マイナンバーカード，意思表示カード，インターネット登録が採用されている。2016年1月のマイナンバーカードの交付開始に伴い，各自治体において，マイナンバーカードを追

加した移植啓発用リーフレットなどをリニューアルする必要があった。京都府においても同様の状況にあり、京都府とSYVPでは、協働で「臓器提供の意思表示啓発リーフレット」のリニューアルに取り組むこととなった。

　このリーフレットは、京都府内の市区町村役場や病院、大学などに設置され、数年間に渡って使用される予定のものである。市民が手にとって、意思表示について考え、意思表示行動に至るようなリーフレットにすることを目指した。行動変容ステージモデルの適用と、これまでの研究成果を考慮し、5段階の行動変容ステージの中で移行障壁が高い「関心を持つ段階」、および「態度を決めて行動に移す段階」に着目することとした。すなわち、リーフレットによる介入により、無関心層に関心を持たせること、態度決定層に意思表示させることを目的とした。

　ただし、従来の自治体リーフレットのように、管轄内の設置や関連するイベントでの配布だけでは、介入対象が限られてしまう。また、介入によりどのように行動が変容したのかを把握することには限界がある。そのため、幅広い年代にアプローチすると同時に、関心がない人にもリーフレットを見る機会を提供できる方法、さらに介入による変化を把握できる方法を模索した。

 ## 10.3　介入方法・調査方法

### 10.3.1　全体のプロセス

　先行研究から、行動変容を促す工夫として、関与の程度を高めること、リーフレットのメッセージ、見せ方を考慮する必要性が考えられた。したがって、前者について、複数のリーフレット案を作成し、これらを市民に対して提示した上で投票に参画させることとした。複数のリーフレット案を様々な観点から選ぶ過程において、臓器提供意思表示について考える時間を創出すると同時に、投票という経験を通じて、意思表示の価値や新たな視点を付与することで、無関心層には関心を喚起し、態度決定層には実際の意思表示を促すことができると考えた。後者については、リーフレット案のコンテンツについて、今までに得られた知見、ゲイン・フレーム、ロス・フレーム[1]、誤解や不安の払拭につながる知識の提供をメッセージに盛り込むこととした。

　まず，2017 年 6 月，自治体と共に「みんなでつくる意思表示リーフレット」企画を実施することを共同でプレスリリースし，府民の関心を得るきっかけとした。直後より 7 月末まで，SYVP に所属する学生 20 名が，リーフレット案を一案ずつ作成し，相互投票と討議により，投票対象となる 8 案を選択した。

　8 月 15 日から 9 月 30 日，『MUSUBU2017』web サイトにおいて，8 案から 1 案を選んで投票することを募った。同時に，2 カ所でオフライン投票の機会もつくった。これらが本研究の介入に相当する。投票時には，「手に取ってみたいものはどれか」，「意思表示することを誇りに感じるものはどれか」，「意思表示してみようと思うものはどれか」，「総合的なイチオシはどれか」という 4 つの視点それぞれに対して，最も該当すると考えるリーフレットを選ばせた。それぞれ，関心の喚起，新たな価値の醸成，意思表示行動の促進，総合的判断をねらいとした。

　その投票結果の分析より，正式なリーフレットを 2 種類選定し，10 月 15 日に開催された『MUSUBU2017』で自治体と共に記者発表した。その後の 12 月，投票者のうち同意を得られた人を対象に，介入による行動変容について調査を行った。

### 10.3.2　投票対象リーフレットの作成

　まず，リーフレット案の作成にあたり，コンテンツについて SYVP に所属する学生 20 名が討議を行った。既実施研究の分析により，「意思表示は家族の心的負担を軽減する」という知識が意思表示行動に影響を与えることが明らかにされた。行動意図に影響を及ぼす行動信念と考えらえ，メッセージとして盛り込むこととした。また，「意思表示には，提供するだけではなく提供しないという選択もある」など，不安を低減させる正しい知識も提供することとした。さらに，行動意図に影響を及ぼす主観的規範として，京都府民が意思表示を「誇り」と感じられるよう，京都を想起させるデザインを含めることも決めた。各人が工夫を凝らし，20 名が 1 案ずつプロトタイプを作成した。

　次に，20 案から 8 案を選定した。具体的には，「関心なし」から「関心あり」への促進に効果が望めると推測される 4 案，「態度決定」から「意思表示」への促進に効果が望めると推測される 4 案の計 8 案を投票対象として選定し

た。選定方法は，「手に取ってもらいやすいか（関心の促進）」，「意思表示して
みようと思うか（行動意図）」，「意思表示することを誇りに感じるか（新しい
価値の付与）」について5件法で点数を付与し，その総合点が高い案を対象に
討議し，決定するものであった。決定した8案を，さらにデザイン化した。

### 10.3.3　投票項目の導出と投票方法

　投票項目の導出に関して，まず，リーフレット介入による行動変容を測定す
るため，アウトカム指標として，各投票者の行動変容ステージを挙げた。次
に，リーフレットの選択について，総合1位のみを選択するのではなく，行動
変容ステージによる視座，「誇り」の視座を含め，4つの問とした。具体的に
は，「手に取ってみたいものはどれか（関心の惹起）」，「意思表示してみようと
思うものはどれか（態度決定層を表示行動に促す）」，「意思表示することを誇
りに感じるものはどれか（新たな価値の創造）」，「総合的なイチオシはどれか
（総合判断）」である。さらに，リーフレット選択との関係性を検討するため，
臓器移植に対するイメージ，家族との対話歴を項目として挙げた。投票時の質
問項目は表10-1のとおりである。

　投票は，オンラインとオフラインの2形式で実施した。オンラインによる投

表10-1「みんなでつくる意思表示リーフレット」投票時の設問

| 内容 | 数 | 概要 | 回答形式 |
|---|---|---|---|
| リーフレットの選択 | 4 | 手に取ってみたいもの<br>意思表示することを誇りに感じるもの<br>意思表示してみようと思うもの<br>総合的なイチオシ | 8択<br>（候補作品） |
| 意思表示の<br>行動変容ステージ | 1 | 関心あり，関心なし，態度（意思）決定，<br>意思表示行動，共有 | 5段階 |
| 臓器提供意思表示に<br>対するイメージ | 8 | 家族，身近なこと，不安，怖い，<br>役に立つ，誇り，想い合う，つながり | 5段階尺度<br>（不同意 － 同意） |
| 家族との対話の有無 | 1 | 家族と臓器提供の意思表示について話し<br>合ったことがあるか | 2択 |
| 個人特性 | 1 | 年齢，性別<br>居住地（京都府か府外か） | |

出所：筆者作成。

票は，幅広い層が気軽に参加できることを意図し，2017 年 8 月 15 日から 9 月 30 日の 46 日間に渡って「https://www.musubu.syvp.com/leaflet」のホームページ内で行った。投票時には，8 つのリーフレット案だけでなく，作成者がどのように意思表示について考え，作成したのかが書かれている「作成者のこだわり」を見ながら選ぶ設定とした。コミットメントを高めることができるよう，期間中は 1 日 1 回何度も投票することができ，自分が気に入ったリーフレットを応援できるようにした。ただし，初回投票時には，年齢，性別，居住地，意思表示の行動変容ステージ，意思表示に対するイメージ項目の回答を必須とした。さらに，投票の際，メールアドレスの入力をする[2]ことで，経時的変化などを把握できるようにした。

　オフライン投票は，高齢者など，オンライン投票が難しい層の参加を目的として行った。実施回数は 2 回であり，9 月 8 日・9 日の 2 日間，北海道旭川市で行われた「第 53 回日本移植学会総会（以下，移植学会）」のブース出展中，9 月 16 日・17 日の 2 日間，京都市内の京都パルスプラザで行われた「SKY ふれあいフェスティバル 2017（以下 SKY フェス）」のブース出展中に行った。移植学会では，8 案のリーフレットを拡大したものをブース内に展示し，来場者に 4 つの投票項目に対応した 4 色のシールを張って投票してもらう形式を取った。ここでは，医療従事者など臓器移植に関係が深い方の意見を取り入れることを目的とした。また SKY フェスでは，8 案のリーフレットを拡大したものをブース内に展示し，来場者に紙媒体で投票してもらう形式を取った。さらに，年齢，性別，居住地の個人特性，意思表示の行動変容ステージを質問項目として取り入れた。

　投票終了時に，4 つの質問項目で 1 位に選ばれたものから最終的に判断し，京都府で配布する 2 つのリーフレットを決定することとした。

### 10.3.4　追跡調査

　投票が終了し，最終的に京都府で配布される 2 種類のリーフレットが発表された後の 11 月 11 日から 11 月 18 日の 8 日間，オンライン投票において取得に同意されたメールアドレスを用いて追跡調査を行った。京都府広報課のゆるキャラである「まゆまろ」のグッズ応募の案内を送り，これをインセンティブ

とした。応募要件としてアンケートの回答を必須とし，投票参加動機，結果の
認知，投票参加後のとった行動，意思表示の行動変容ステージの設問を設け，
データを収集した。

#  10.4　投票対象のリーフレット

　投票に用いた8種類のリーフレットは以下のとおりである。作者のこだわ
り，特徴も併せて提示する。

### No. 1「意思表示という手紙」

〈作者のこだわり〉
　意思表示が家族に対するメッセージ
（手紙）であることを認識してもらいた
いと考えました。家族の温かみを感じら
れる京都の町屋を背景にしています。自
分の手で，手紙を出しているように見せ
ることで，意思表示を自分ごとに感じる
ようにしました。

　本リーフレットの「育ててくれた両親に，届かなくなる前に，意思表示とい
う手紙を」というフレーズは，望ましい行動を取らなかった場合に「失われる
もの」を強調したロス・フレームである。右下に，意思表示をすることによっ
て家族の心の負担を減らす助けになることが明示されている。

## No. 2「してはりますよね？」

〈作者のこだわり〉
「京都の誇りとは何か？」と京都人に問いかけると，多くの方が「繊細さ」と答えます。京都では繊細な振る舞いは当たり前のことであり，意思表示も同様に当たり前になって欲しいという願いを込めました。また，「満足できますか？」という表現で，京都人の誇り・プライドをくすぐり，煽ることで，関心を持ってもらえるのではないかと考えました。モデルは学生が務めました。

　本リーフレットは，「もちろんしてはりますよね？」という表現で，臓器提供の意思表示が「当然の行為」であるという社会的規範を示そうと試みている。また，小さい文字ながらも，意思表示率が低い現状を，統計を用いて提示しており，さらに「京都人」の象徴として，着物の女性が登場している。右下に，意思表示をすることによって家族の心の負担を減らす助けになることが明示されている。

## No. 3「白黒つけるの粋だよね？」

〈作者のこだわり〉
　あえて「意思表示」という言葉を使わずに，何に対して「白黒つけるのか」を気にさせることで，まずは手に取ってもらうことを狙いました。同時に，意思表示は「したい」「したくない」どちらでも尊重されるということを伝えています。モデルは学生が務めました。

　本リーフレットは，人物写真と短いフレーズでメッセージを伝えている。

「白黒つけるの粋だよね？」というフレーズは，「粋」に肯定的な意味合いを含めており，意思表示をすることによってポジティブな行動を取る自分を実現できるというゲイン・フレームと理解できる。また，「粋」の象徴として，浴衣姿の女性を登場させ，右下には，京都府が意思表示の促進活動に取り組んでいることが明示されている。

### No. 4「京都人なら当たり前」

〈作者のこだわり〉
　意思表示の存在を知っていても，緊急性を感じなかったり身近に感じなかったりすることで，なかなか行動に移せない人に向けて，「意思表示はあなたの大切な人に向けた，大切なメッセージ」ということを伝えたいと考えました。写真にある鴨川のカップルのように，優しい気持ち・暖かい気持ちで意思表示について考えてもらいたいと思いました。

　本リーフレットのメインメッセージである「京都人なら当たり前」は，臓器提供の意思表示が「当然の行為」であるという社会的規範を示そうと試みている。「最後に辛い決断を迫られるのはあなたじゃない，あなたの家族だ」と意思表示をしないことが家族が心の負担を増やしてしまうところを強く表現しており，ロス・フレームと考えられる。また，「家族」というキーワードを，肩を寄せ合う二人で表現している。一番下には，「意思表示が京都の誇りになる」ことも盛り込まれている。

## No. 5「人生最後の親不孝」

〈作者のこだわり〉
　イラストは仲の良い親子の姿なのですが，こんな親子でも，90％が意思表示をしない「人生最後の親不孝」（いざという時心的負担をかける）をしてしまう可能性があるというメッセージとのギャップで関心を持ってもらいたいと考えました。

　本リーフレットは，「あなたが意思表示しないと家族が決めないといけません」というフレーズで，望ましい行動を取らなかった場合に発生する負担を強調したロス・フレームを示している。特に，母親と見られる人物が車いすに乗っており，弱い立場にあるものに対する負担が発生する可能性があることを示唆している。左下には，「意思表示が京都の誇りになる」ことも盛り込まれている。

## No. 6「KYO から始めよう」

〈作者のこだわり〉
　歴史ある京都から，いつからではなく今日から意思表示を始めて欲しいという思いを，語呂のいい「KYO から」と称し，その親しみやすさから手にとってもらいやすいのではないかと考えました。「お茶」「森」「海」の京都の壮大な写真を背景にすることで，京都府内全域で積極的に配布が出来るよう配慮しました。

　本リーフレットは，京都府内の風景とともに，一人一人が「今日できること」として意思表示行動を提示している。提供する，提供しないのいずれの意思も尊重されることが強調されており，主体的な行動を起こす大切さを伝えて

いる。また，意思表示率の現状を具体的な数字で提示している。「もっと京都が好きになる」，「伝統と革新のまち京都」など，京都を散りばめ，京都と誇りを結び付ける工夫を施している。

### No. 7「Did you choose??」

〈作者のこだわり〉
　子ども世代から親世代までに特に親近感が湧くよう，ゲーム画面をイメージしました。内容については，意思表示率の現状，意思表示の意義や方法などをしっかり記載しています。

　全8種類のリーフレットの中で，最も文字情報が多い。法律により「家族が判断できるようになったこと」，意思表示をしておくことで，「もしもの時に家族が判断に迷い苦しまない」状況を創り出すことが示されており，意思表示により「得られるもの」を強調したゲイン・フレームのメッセージと捉えることができる。また，数字を用いて意思表示の現状が表現されていること，意思表示が2つのステップでできるタスクであることが明示され，行動の喚起につながっている。

## No. 8「# 全国 No. 1 の意思表示率へ」

〈こだわり〉
SNS の投稿画面をイメージし，「#：ハッシュタグ」も付けて，意思表示がより身近なものであるということを伝えています。（特に若者の利用が多い「Instagram」の画面をイメージ）モデルは学生が務めました。

　本リーフレットは，「全国で No. 1 になる」という，京都の誇りを生みだすことをメッセージを前面に提示している。また，SNS への投稿と同じぐらい意思表示をするというタスクが身近なものであることも強調されている。右下には "Yes or No?" と共に意志表示カード，左下には，グリーンリボンと共に，意思表示をすることによって家族の心の負担を減らす助けになることが明示されている。

　上記 8 種類のリーフレットの特徴は，表 10-2 のようにまとめることができる。

表10-2　リーフレットの特徴

| | フレーム | 社会的規範 | 京都の誇り | 家族の想起 | 統計・数字 | 行動の喚起 | メッセンジャー | メッセージの目立ちやすさ |
|---|---|---|---|---|---|---|---|---|
| No.1　意思表示という手紙 | ロス | | | ○ | | ○ | 赤ポスト | ○ |
| No.2　もちろんしてはりますよね？ | | ○ | ○ | | ○ | | 着物姿女性<br>（後向き） | △ |
| No.3　白黒つけるの，粋だよね？ | ゲイン | | | | | ○ | 浴衣姿女性<br>（前向き） | ○ |
| No.4　京都人なら当たり前 | | ○ | ○ | ○ | | | 着物姿男女<br>（後向き） | × |
| No.5　人生最後の親不孝 | ロス | | | ○ | | ○ | 親子<br>（イラスト） | △ |
| No.6　KYOから始めよう | | ○ | | | ○ | ○ | 京都の風景 | △ |
| No.7　Did you choose?? | ゲイン | ○ | ○ | | | ○ | 着物姿女性<br>（イラスト） | × |
| No.8　#全国No1の意思表示率へ | | ○ | | | | ○ | 着物姿女性<br>（後向き） | × |

出所：筆者作成。

## 10.5　回答者に関する結果

### 10.5.1　回答者属性

　46日間の投票期間中，のべ2,035票の投票を得た。その内訳は，オンライン投票1,614票，オフライン投票421票（移植学会64票，SKYフェス357票）であった。そのうち，作成者が含まれているSYVPによる投票，投票内容に1つでも不備があるものは無効票とした。また，1日に複数回答票している票は，最初に投票したもののみを有効票とした。

　オンライン投票とオフライン投票では，投票環境が異なることから，分析には注意を要する。オフライン投票では，選んだリーフレットにシールを貼る形式としたため，前に投票した人の結果が可視化され，その後に行われる投票行動に影響を及ぼすことが否めない。そこで，以下の分析においては，オンライ

図 10-1　オンライン投票者の年齢構成と居住地（n＝1,154）

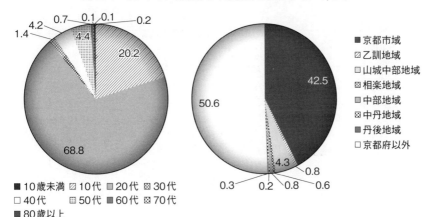

注：単位％
出所：筆者作成。

ンで収集した 1,154 名の 1,614 票を，解析対象とした。複数回投票した人は，1 回目の投票時の回答のみを分析対象とした。したがって，解析対象数は 1,154 名から得た 1,154 票である。

　解析対象 1,154 名のうち，男性は 51.7％，女性は 48.3％であった。また，10 代が 20.2％，20 代が 68.8％と大多数を占めた。オンラインでの投票に慣れ親しんだ世代であると言える。さらに，京都府在住所は 49.4％であった（図 10-1）。

　対象者のうち，臓器提供意思表示について家族と話し合った経験を有する割合は，33.4％（385 名）であった。

## 10.5.2　意思表示の行動変容ステージ

　行動変容ステージに関しては，30.1％（348 名）が無関心層であった。意思表示者の割合は 17.6％（203 名）と全国平均 12.7％（内閣府，2017）より高い結果であった（図 10-2）。

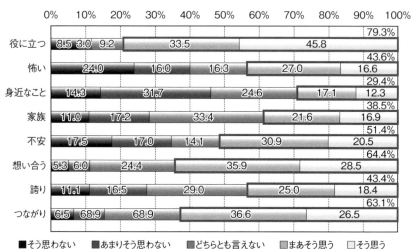

図 10-2　オンライン投票者の行動変容ステージ

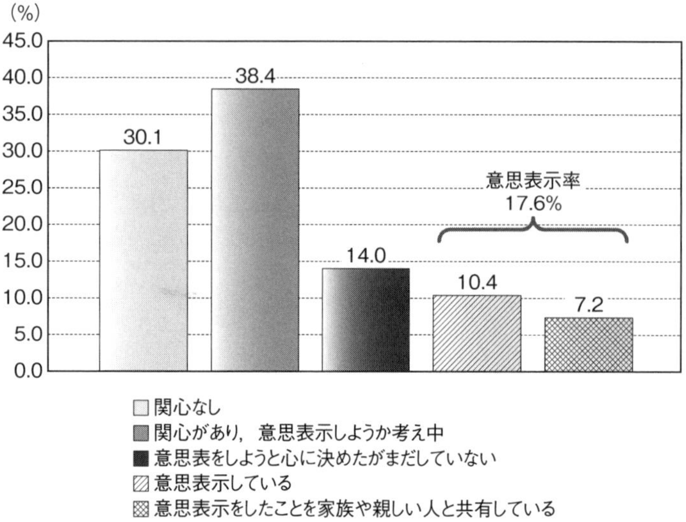

（%）

- □ 関心なし
- ■ 関心があり，意思表示しようか考え中
- ■ 意思表をしようと心に決めたがまだしていない
- ▨ 意思表示している
- ▧ 意思表示をしたことを家族や親しい人と共有している

出所：筆者作成。

図 10-3　臓器移植に対するイメージ

- ■ そう思わない
- ■ あまりそう思わない
- ■ どちらとも言えない
- ▨ まあそう思う
- □ そう思う

出所：筆者作成。

### 10.5.3　臓器提供に対するイメージ

　臓器提供に対するイメージでは，「役に立つ」と考えている人が79.3%と多く，「想い合う」，「つながり」というポジティブなイメージを 6 割以上が持っていることが分かった。その一方，51.4%が「不安」，43.6%が「怖い」というネガティブなイメージを抱いていることが示された。「誇り」は43.4%であった（図10-3）。

 ## リーフレット投票の結果

### 10.6.1　全体の結果

　1,154 票の投票結果は，表10-3 のとおりである。選ぶ視座により，ランキングが異なることが明らかになった。

　それぞれの観点で選ばれた上位 2 つを検討したところ，「No. 1 意思表示という手紙」，「No. 3 白黒つけるの，粋だよね？」，「No. 5 人生最後の親不孝」に集約された。これらはいずれも，「ゲイン・フレーム」あるいは「ロス・フレーム」が明確なものであった。意思表示という行動によって「得られるも

#### 表 10-3　設問別投票結果

| リーフレットの種類 | 最も手に取ってみたい | 最も意思表示を誇りと感じる | 最も意思表示をしてみようと思う | 総合的に一番良いと思う |
|---|---|---|---|---|
| No.1　意思表示という手紙 | **24.8** | **29.7** | **28.4** | **29.5** |
| No.2　もちろんしてはりますよね？ | 4.4 | 6.8 | 3.9 | 4.6 |
| No.3　白黒つけるの，粋だよね？ | **26.7** | 11.6 | 14.6 | **18.4** |
| No.4　京都人なら当たり前 | 10.2 | 8.7 | 6.2 | 7.8 |
| No.5　人生最後の親不孝 | 7.0 | **16.9** | **18.0** | 11.3 |
| No.6　KYO からはじめよう | 8.8 | 12.3 | 10.4 | 11.3 |
| No.7　Did you choose?? | 6.2 | 5.0 | 8.8 | 7.9 |
| No.8　# 全国 No1 の意思表示率へ | 11.9 | 9.0 | 9.7 | 9.4 |
| 合計 | 100.0 | 100.0 | 100.0 | 100.0 |

注：数字は%
出所：筆者作成。

の」,「失われるもの」のいずれかが明示されたメッセージの方が,選ばれやすいことが示唆された。一方,「意思表示は当たり前の行動」という社会的規範（「No. 2 もちろんしてはりますよね？」,「No. 4 京都人なら当たり前」や,「誇り」という新しい価値（「No. 8 ＃全国No1の意思表示率へ」）を示したメッセージは支持されなかった。まだ,人々の中に形成されていない概念価値には,共感が得られないことが示唆された。

　投票の視座ごとに見ると,選ばれるメッセージのフレームには差異があることがわかった。「一番意思表示を誇りと感じるもの」,「一番意思表示をしてみようと思うもの」の上位2つは,いずれも「ロス・フレーム」をメッセージに採用したものであった。一方,「一番手にとってみたいリーフレット」の第1位は,「ゲイン・フレーム」であった。リーフレットを手に取るというステップと,態度決定者が意思表示行動に移行するステップには,差異があると人々が考えていることが示唆された。

　さらに分析から,数字や統計を示すこと,行動喚起の強調は,リーフレットへの反応に大きな影響を及ぼさないことが予測される。しかし,これらのリーフレットは,文字情報が多く,メッセージのインパクトが小さいなどの理由も考えられる。投票に際してどのような理由から当該リーフレットを選んだのかに関するデータを収集していないため,限定的な分析結果として理解する必要がある。

### 10.6.2　行動変容段階別の結果

　図10-4～図10-7は,投票結果を図10-2の行動変容ステージ別に（ステージ内%）検討した結果である。

　「総合的に一番良いと思うもの」,「一番意思表示してみようと思うもの」では,いずれの行動変容ステージにおいても「No. 1 意思表示という手紙」が最も多くの票を集めた。「一番手に取ってみたいリーフレット」でも,同じく「No. 1 意思表示という手紙」がどの行動変容ステージにおいても多くの票を集めた。しかし無関心層（図10-2の関心なし層）は「No. 3 白黒つけるの,粋だよね？」を第1位として選択した。この層では,ロス・フレームよりも,ゲイン・フレームのメッセージが有効ではないかと考えられた。また,「一番

図 10-4　一番手に取ってみたいリーフレット

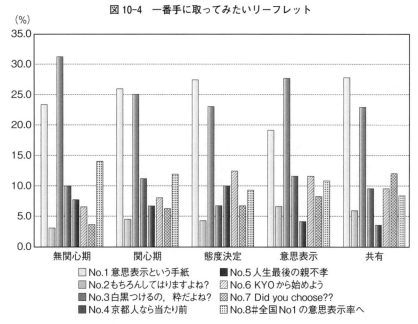

出所：筆者作成。

図 10-5　一番意思表示をしてみようと思うリーフレット

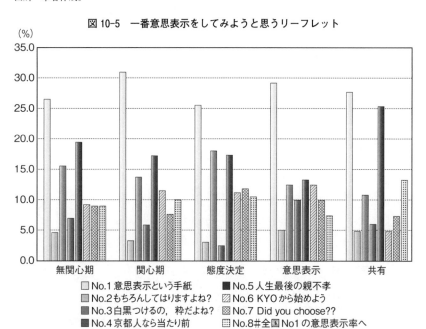

出所：筆者作成。

図 10-6　一番意思表示を誇りと感じるリーフレット

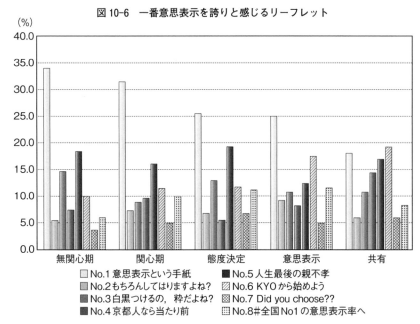

出所：筆者作成。

図 10-7　総合的に一番良いと思うもの

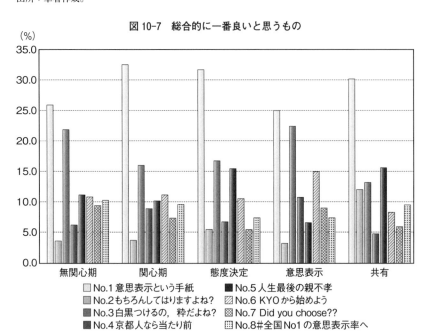

出所：筆者作成。

意思表示を誇りに感じるもの」，「一番意思表示をしてみようと思うもの」では，共有層（図 10-2 の意思表示を家族や親しい人と共有している層）に特徴的な差異が見られる。前者では「No. 6 KYO から始めよう」が第 1 位に，後者では「No. 5 人生最後の親不孝」が第 2 位にランクインしている。臓器提供の意思表示を行い，これを家族や身近な人に伝えている層では，行動変容上，他の段階にある層とは，差異のあるメッセージのリーフレットを好む傾向が窺えた。

### 10.6.3　意思表示へのイメージ別の結果

　臓器提供意思表示に対するイメージ（家族，身近なこと，不安，怖い，役に立つ，誇り，想い合う，つながり）と，投票先として選ぶリーフレットとの関係を分析した。意思表示への 8 つのイメージ（5 件法）の回答をイメージの有無に再割当てし[3)]，イメージ有無と 8 案のうちどれを選んだかを 2×8 のクロス表とし，カイ 2 乗検定を 4 つの投票の観点すべてについて行った。

　その結果，意思表示に対して「怖い」，「不安」，「役に立たない」というイメージを持っている人の方が，持っていない人に比べて，「No. 1 意思表示という手紙」を統計学的有意（$p<0.001$）に選ぶ傾向にあることが示された。意思表示に対してネガティブなイメージを持つ人において，意思表示という行動が家族への「手紙」になるという新たな視点を提供すること，また，望ましい行動を取らなかった場合に「失われるもの」を強調したロス・フレームが有効であることが示唆された。

## 10.7　介入による行動変容ステージの変化

　以上の結果から，全ての観点で第 1 位となった「No. 1 意思表示という手紙」，「一番意思表示してみようと思うもの」で第 2 位となった「No. 5 人生最後の親不孝」が，京都府内で配布されるリーフレットとして最終決定された。

　最終結果の発表後の 11 月，投票時に入力されたメールアドレスを用いて，追跡調査を行った。調査項目は，意思表示の行動変容ステージ，投票参加の動機，結果の認知，投票参加後にとった行動である。

図10-8　投票時と追跡調査時の行動変容ステージの変化

■1段階変化　　■2段階以上変化

| | | \multicolumn{5}{c}{追跡調査時の行動ステージ} | 合計 |
| | | 関心なし | 関心あり | 態度決定 | 意思表示 | 共有 | |
|---|---|---|---|---|---|---|---|
| 投票時の行動ステージ | 関心なし | 6 | 3 | 1 | 0 | 0 | 10 |
| | 関心あり | 0 | 11 | 6 | 1 | 0 | 18 |
| | 態度決定 | 0 | 0 | 5 | 0 | 0 | 5 |
| | 意思表示 | 0 | 0 | 0 | 6 | 1 | 7 |
| | 共有 | 0 | 0 | 0 | 0 | 9 | 9 |
| 合計 | | 6 | 14 | 12 | 7 | 10 | 49 |

出所：筆者作成。

　追跡調査では，102名の回答を得た。その中で初回投票時との比較ができた49名を解析対象とした。サンプルサイズは決して大きくないものの，投票による介入が行動変容ステージの変化に影響を及ぼしたか否かを検証した。

　投票時と追跡調査時の臓器提供意思表示行動変容ステージについて「関心なし」を1点，「関心あり」を2点，「態度決定」を3点，「意思表示」を4点，「意思表示していることを親しい人に共有している」を5点として点数化し，平均値を算出したところ，投票時の平均値は2.73，追跡調査時の平均値は3.02であった。また，2群間の平均値の差のt検定をSPSSにより行った結果，統計学的有意（p＜0.001）であった。

　さらに，図10-8に示すとおり，行動変容ステージが1段階変化した人が10名（20.4％），2段階以上変化した人が2名（4.1％）であった。

 **10.8　介入による行動の変化**

　投票に参加した後70名（68.6％）が臓器提供に関するなんらかの行動をとった。具体的な行動については，図10-9のとおり，「意思表示について親し

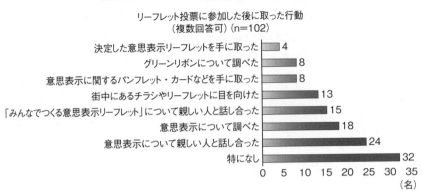

図 10-9　リーフレット投票参加後に取った行動

出所：筆者作成。

い人と話し合った」，「意思表示について調べた」など，介入前には見られなかった行動が確認された。このことから，投票による介入は，意思表示そのもののみならず，関連する行動変容も促す可能性が示唆された。

 ## 10.9　配布の現状と課題

　「みんなでつくる意思表示リーフレット」の投票結果より実際に使用されるリーフレット 2 案が決定した後の 12 月，京都府は，設置目的や作成意図を示した文書と共に，府内計 136 カ所の移植関連団体（9 カ所），保健所（8 カ所），市町村役場（26 カ所），保険者（2 カ所），医療機関（87 カ所），職能団体（4 カ所）にリーフレットを送付した。京都府が同封した文書には，「京都府はグリーンリボン京都府民運動に取り組んでいる」こと，「瓜生原研究室との共同プロジェクトとしてみんなで作る意思表示リーフレット事業を実施した」こと，「貴施設関係窓口への設置や，府民への周知啓発にご協力のお願い」という項目が含まれていた。

　SYVP は，設置目的の文書作成から送付，配置には関わっていない。したがって，選ばれたリーフレットがどのように活用されているかを把握するため，数は限定的ではあるものの，設置状況の調査を行った。2018 年 2 月 2 日

（金），および2018年2月22日（木）に，学生が，市区町村役場1カ所，市内医療機関2カ所，市内保険者1カ所，府内保健所1カ所を訪問した。

　赤澤ら（2010）は，行政機関や病院などにがん啓発のチラシやリーフレットを設置する場合，設置場所の管理者に目的を伝えることが，効率よい情報提供につながると報告している。今回のリーフレットについても，管理者が設置目的や作成意図を理解していれば，京都府民が手に取りやすい場所に設置されると考えられる。そこで訪問時には，リーフレット設置の有無と設置場所を確認した。また，管理者との面会が可能な場合は，管理者のリーフレットの設置目的・作成意図の理解度と，その後の行動について，インタビューを行った。

　ある市町村役場での管理者は，リーフレットが府民への周知啓発のためのものであると理解していた。しかしながら，当該役場には，府民が手に取れるような形でリーフレットが設置されていなかった。その理由は，「市民が直接訪問してくる場所ではないため，区役所に5枚ずつほど送った」ということであった。このことから，設置目的や作成意図が理解されていたとしても，送付先が設置目的に見合った場所でなければ活用されないことが確認された。京都府からリーフレットが送付された先は，医療機関が多数含まれる。しかし，幅広い年代の府民を対象としているリーフレットであるため，府内の学校やショッピングモール，さらには市バスや地下鉄などの公共交通機関など，多くの人々が日常的に利用し，目に止まるような場所に設置されるよう，送付先について検討することも必要であると考えられた。

　また，各設置場所において，実際に府民に手に取ってもらう工夫も必要である。そのため，リーフレット設置予定の場所を考慮した上でのデザインも重要である。訪問して観察した結果，設置棚の全てが縦向きのリーフレットに対応したものであった。また，多様なリーフレットが重なって設置されており，上部に目を引くメッセージやメッセンジャーが必要と考えられた。どのような場所に設置されてもリーフレットの効果をもたらすようなデザインを考案し，さらには印象を与えるような仕組みの専用のリーフレット置き場を作成することも必要ではないかと考えられた。

## 10.10 小括

　本章では，自治体との協働による市民の行動変容を促進することを目的に，「みんなでつくる意思表示リーフレット」を企画し，リーフレットを選ぶ投票という介入の詳細と，この介入による態度・行動変容，さらには有効なリーフレットの特徴について論じた。

　まず，リーフレットを自治体が作成・配布するだけではなく，作成過程に市民を参画させることで，行動変容に寄与することが確認された。メッセージを策定する段階において，複数のリーフレット案を対象に投票を行うという介入には，臓器提供意思表示を促進する上で，一定程度の効果が認められると結論付けることができた。

　次に，リーフレットの内容についてであるが，メッセージのフレームが重要であることが示された。具体的には，関心の喚起には，意思表示をすることによって「得られるもの」を強調したゲイン・フレームのメッセージ，意思表示行動への促進には，意思表示をしないことによって「失われるもの」を前面に押し出したロス・フレームのメッセージが有効であることが示唆された。

　さらに，意思表示に対してネガティブなイメージ（怖い，不安，役に立たない）を持つ人にとって，意思表示という行動が家族への「手紙」になるという新たな視点の提供，また望ましい行動を取らなかった場合に「失われるもの」を強調したロス・フレームメッセージが有効であることが示唆された。

注
1)　第5章5節で説明している。
2)　メールアドレス取得に同意しない場合は投票を止めることができるよう，倫理的配慮を行った。
3)　「どちらとも言えない」はイメージ無に分類した。

228

# 第11章
# 態度・行動変容に寄与する
# 知識に関する実証研究

## 11.1 はじめに

　第6章において，臓器提供や臓器移植に関する正しい知識を提供すること
は，臓器提供に対する態度の形成や意思表示行動の促進に影響することを明ら
かにし，第8章から第10章の社会実証においても，知識は鍵となった。では，
日本国民は，臓器移植・提供に関して，日ごろから十分に情報を得ることがで
きているのであろうか。

　最新の世論調査[1]の結果，「臓器提供やその意思表示についてよく知らない
から，あるいは記入の仕方がよくわからないから」という理由で自身の意思を
媒体に記入していない人は12.1%存在し，特に30歳未満で多い。若年層で
は，否定的態度や無関心より知識不足が理由であることが特徴的である。同調
査において，臓器移植に関して十分に情報を得ていると思っている人は
21.2%に過ぎず[2]，得たいと思う情報の上位5つは，臓器移植の安全性など移
植医療の情報（37.3%），臓器移植に要する費用などの情報（31.9%），臓器移
植の実施状況（30.9%），臓器提供を行ったドナーおよびその家族の気持ちな
どの情報（27.6%），臓器移植を受けた方の体験などについての情報（26.1%）
であった。この傾向は，2008年から不変である。

　ここで，疑問がわきあがる。中学校・高校の教科書に，臓器移植の基本的事
項は掲載されているが，それでは不十分なのであろうか。全ての中学三年生を
対象に，移植医療に関する認識と理解を深めることを目的としたパンフレット
が厚生労働省から配布されている[3]が，活用されているのであろうか。世論調
査結果で示された「臓器移植の安全性・費用・実施状況」を正確に理解すれ
ば，臓器提供への抵抗，つまり否定的な態度はなくなり，意思表示がなされる

のであろうか。

　本章では，態度形成と行動促進に寄与する具体的な知識について明らかにすることを目的とした。

## 11.2　知識と態度決定・行動の関係についての先行調査

　第 6 章における日本人 10,000 名を対象とした web アンケート調査の分析では，移植医療に関する 7 問（表 11-1）の正答率を「知識レベルの程度」と設定し，態度決定の有無，行動の有無と知識レベルとの関係を検討した。その結果，知識レベルが高いほど，統計学的有意に（p＜0.001）態度決定を行い，意思表示行動を取っていた。

　しかし，これはある時点における知識レベルと態度決定，行動の有無の関係を論じた結果である。では，正しい情報を提供し，知識が習得されたら態度や行動が変容するのであろうか。

　第 8 章の主に社会科学系大学生を対象とした介入「臓器提供認知向上レッスン "Largest organ donation awareness lesson"[4]」では，必須知識 10 項目の理解を促す 30 分間の授業内容を構築し，移植医療の専門家による授業を実施した。その前後において 10 項目の正解率を比較したところ，知識提供後は，10 項目中 9 項目で統計学的有意（P＜0.001）に正解率が上昇し（表 8-1），態度と行動も統計学的有意にポジティブな変容が認められた（表 11-2）。したがって，知識の習得は，態度や行動の変容に寄与する可能性が示唆された。

## 11.3　既実施研究における態度・行動に寄与する知識の分析

　以上のごとく，知識が態度や行動に何らかの影響を及ぼすことは明らかとなったが，全体として，知識レベルが上がり，態度と行動も促進された関係は示されたにすぎない。具体的にどのような知識が，どのような認識，イメージの変容に影響を及ぼすか，どのような知識が行動に寄与するのかについては明確にされていない。そこで，既実施の定量調査結果を用いて，その関係性を明らかにする。

**表 11-1　定量調査における知識に関する設問と回答**

| 項目 | 設問 | 回答（正解に下線を付している） |
|---|---|---|
| 臓器提供不足の現況 | 日本ではどれくらいの人が臓器移植を待っているかご存知ですか。 | 1）100 人以上<br>2）1,000 人以上<br>3）<u>10,000 人以上</u><br>4）知らない／分からない |
| 臓器提供不足の現況 | そのうち，実際に亡くなった方からの臓器移植を受けられる人の数をご存知ですか。 | 1）約 30 人/年<br>2）<u>約 300 人/年</u><br>3）約 3,000 人/年<br>4）知らない／分からない |
| 臓器提供不足の現況 | 臓器移植がどれだけ進んでいるかを示す国別指標に「国民一人あたりの臓器提供数」というものがあります。この指標で，日本は世界でどのくらいの位置にいるかご存知ですか。 | 1）上位 30%<br>2）真ん中の 40%<br>3）<u>下位 30%</u><br>4）知らない／分からない |
| 提供条件 | 次にあげる条件のうち，「死後の臓器提供」を行うための必須条件はどれか，ご存知ですか。<br>※亡くなった本人が「提供しない」と意思表示していないものとします。 | 1）本人の書面による意思表示のみで OK<br>2）<u>家族の承諾のみで OK</u><br>3）本人の書面による意思表示，家族の承諾，の両方が必要<br>4）知らない／分からない |
| 提供条件 | 臓器提供する人（ドナー）が，相手を指定して提供の意思表示ができるかどうか，ご存知ですか。 | 1）意思表示できない<br>2）自由に意思表示できる<br>3）<u>親族にあげるときだけ意思表示できる</u><br>4）知らない／分からない |
| 意思表示 | 自ら臓器提供の意思表示ができるのは何歳からか，ご存知ですか。 | 1）制限はない<br>2）<u>15 歳から</u><br>3）18 歳から<br>4）知らない／分からない |
| 意思表示 | 一度意思表示した後で，内容や意思を変えることができるかどうか，ご存知ですか。 | 1）変えられない<br>2）一度だけ変えられる<br>3）<u>何度でも変えられる</u><br>4）知らない／分からない |

出所：筆者作成。

### 11.3.1　分析方法

　まず，第 8 章の解析対象者 362 名[5) ]のうち，介入前に意思表示をしていなかった 301 名を，本分析の対象とした。それらを，介入を行った結果，意思表示をしなかった群（非行動群，n＝236）と意思表示をした群（行動群，

表 11-2　介入前後における態度，行動の変化

| 次元 | 設問 | 介入前平均値 | 介入後平均値 | 有意確率 |
|---|---|---|---|---|
| イメージ | 役に立つ | 4.51 | 4.78 | p＜0.001 |
| | 誇り | 3.11 | 3.80 | p＜0.001 |
| | 身近なこと | 2.48 | 3.67 | p＜0.001 |
| | 家族 | 3.41 | 4.24 | p＜0.001 |
| | 想い合う | 3.65 | 4.25 | p＜0.001 |
| | つながり | 3.68 | 4.35 | p＜0.001 |
| | 怖い | 2.96 | 2.54 | p＜0.001 |
| | 不安 | 3.16 | 2.70 | p＜0.001 |
| 認識 | 脳死を人の死と思う | 3.15 | 4.15 | p＜0.001 |
| | 臓器提供に対して不安がある | 3.24 | 2.77 | p＜0.001 |
| | 意思表示をすることは重要である | 4.23 | 4.66 | p＜0.001 |
| 行動 | 意思表示行動ステージ | 2.29 | 2.93 | p＜0.001 |

注：有意確率は，介入前後の平均値の差の両側 t 検定結果
出所：筆者作成。

図 11-1　分析方法①

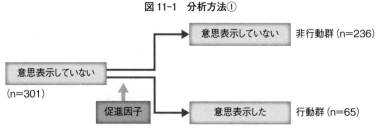

出所：筆者作成。

n＝65）の 2 群に分けた。そのうえで，次の 2 種類の分析を行った。

①意思表示の有無を従属変数，「臓器提供・意思表示に関する知識」，「臓器提供・意思表示に対する認識」，「意思表示行動に対するイメージ」を独立変数とした分析を行う。知識に関しては介入による正答率の推移，認識とイメージに関しては，介入前後の変容度の平均値が，両群において差があるかどうかを分析することで，これら 3 要素が行動を促す要因となりえたかを検討した（図 11-1）。

図 11-2　分析方法②

出所：筆者作成。

②どのような知識の獲得が認識の変容を促すのか，どのような認識の変容が意思表示行動に対するイメージの変容を促すのか，そして，どのような意思表示行動に対するイメージの変容が意思表示行動を促すのか，という要素間の関係を明らかにする分析を行った（図 11-2）。

　①，②ともに分析に用いる項目は，調査項目のうち，脳死・臓器提供・意思表示に関する知識，臓器提供や臓器提供意思表示に対する認識（脳死を人の死と思う，臓器提供に対して不安がある，意思表示は重要である），臓器提供意思表示に対するイメージ（役に立つ，怖い，誇り，身近なこと，家族，不安，想い合う，つながり），意思表示行動変容ステージである。

　知識についての回答尺度は正解を 1 点，不正解を 0 点として分析に用いた。認識，イメージ，意思表示のきっかけ，尺度はリッカート 5 段階尺度（不同意-同意）を用い，意思表示行動変容ステージも 5 段階とし，回答結果を点数化して分析に用いた。統計解析には SPSS（ver. 24）による両側 t 検定を用いた。

## 11.3.2　分析結果①：非行動群と行動群の差
### 結果①-1　非行動群と行動群における知識の正答率の差
　介入前と介入後における，非行動群と行動群の知識の正答率と検定の結果を表 11-3 に示す。

　脳死に関する知識（脳死になると回復することはない，脳死後 1～2 週間の脳はドロドロになる，植物状態になっても回復することがある）について，介入前，介入後ともに，全ての項目において，非行動群と行動群で正答率に差が見られなかった。このことから，脳死に関する知識の獲得は，意思表示行動を促進する直接的な要因にはならないと考えられた。

表 11-3　非行動群と行動群における知識の正答率

| 知識項目 | | n | 介入前 | | 介入後 | |
|---|---|---|---|---|---|---|
| | | | 正答率 | t 値 | 正答率 | t 値 |
| 脳死関連 | 脳死になると回復することはない | 非行動群 236 | 42% | 0.667 | 98% | -0.453 |
| | | 行動群 65 | 46% | | 97% | |
| | 脳死後1〜2週間の脳内はドロドロになる | 非行動群 236 | 28% | 0.921 | 93% | 0.634 |
| | | 行動群 65 | 34% | | 95% | |
| | 植物状態になっても回復することがある | 非行動群 236 | 83% | -1.984 | 94% | 0.523 |
| | | 行動群 65 | 71% | | 95% | |
| 臓器提供 | お身体はきれいな状態でかえってくる | 非行動群 236 | 77% | -0.729 | 97% | -0.236 |
| | | 行動群 65 | 72% | | 97% | |
| | お身体は2〜6時間でかえってくる | 非行動群 236 | 45% | -0.729 | 93% | -1.25 |
| | | 行動群 65 | 48% | | 88% | |
| | 臓器提供にはお金がかからない | 非行動群 236 | 76% | -1.032 | 90% | 0.124 |
| | | 行動群 65 | 69% | | 91% | |
| 意思表示 | 意思表示をしていなければ家族に負担がかかる | 非行動群 236 | 66% | 3.024** | 64% | 3.315** |
| | | 行動群 65 | 83% | | 83% | |
| | 家族が脳死になった場合，約9割の人が家族に意思を尊重したいと思っている | 非行動群 236 | 82% | 1.142 | 98% | -1.06 |
| | | 行動群 65 | 88% | | 95% | |
| | 意思表示には「臓器を提供しない」という選択肢もある | 非行動群 236 | 72% | 2.072 | 79% | 0.684 |
| | | 行動群 65 | 83% | | 83% | |
| | 意思表示は書き直しできる | 非行動群 236 | 93% | 0.634 | 97% | -0.046 |
| | | 行動群 65 | 95% | | 97% | |

注：**：$p < 0.01$
出所：筆者作成。

　臓器提供に関する知識（臓器提供後の身体はきれいな状態でかえってくる，臓器提供後の身体は2〜6時間でかえってくる，臓器提供にはお金がかからない）について，介入前，介入後ともに，臓器提供に関する知識の正答率に有意差は見られなかった。このことから，臓器提供に関する知識の獲得が，意思表示行動を促進する直接的な要因にはならないと考えられた。

　意思表示に関する知識（脳死になった場合意思表示していなければ家族に負担がかかる，臓器提供しないという選択肢もある，家族が脳死になった場合約

9割の人が意思を尊重したいと思っている，意思表示は書き直しできる）につ
いて，介入前，介入後ともに，「脳死になった場合意思表示していなければ家
族に負担がかかる」という知識に関してのみ，知識の正答率に有意差が見ら
れ，行動群の方がよりこの知識を持っていたことがわかった。意思表示に関す
る他の3つの知識に関して，非行動群と行動群との間に知識の正答率に差は見
られなかった。このことから，「脳死になった場合意思表示していなければ家
族に負担がかかる」という知識を正しく持っていることが，意思表示行動を促
進する要因となると考えられた。

### 結果①-2　非行動群と行動群における認識の差

　非行動群と行動群の，介入前と介入後の認識の平均点と検定結果を表11-4
に示す。
　「脳死を人の死と思う」という認識について，介入前は，非行動群と行動群
の平均値に有意差は見られなかった（p＝0.302）。介入後においても両群の認
識に有意差は見られなかった（p＝0.283）。
　「臓器提供に対して不安がある」という認識については，介入前，介入後と
もに，行動群の方が非行動群より有意に臓器提供に対する不安の程度が低かっ
た。「意思表示は重要である」という認識については，介入前，介入後ともに，
行動群の方が非行動群より有意に意思表示の重要性を認識していた。

表11-4　非行動群と行動群における認識の差

| 認識 | | n | 介入前 | | 介入後 | |
|---|---|---|---|---|---|---|
| | | | 平均値 | t値 | 平均値 | t値 |
| 脳死を人の死と思う | 非行動群 | 236 | 3.03 | 1.051 | 4.07 | 1.063 |
| | 行動群 | 65 | 3.22 | | 4.23 | |
| 臓器提供に対して不安がある | 非行動群 | 236 | 3.50 | -2.226** | 3.03 | -3.531*** |
| | 行動群 | 65 | 3.09 | | 2.42 | |
| 意思表示は重要である | 非行動群 | 236 | 4.04 | 3.734*** | 4.53 | 5.256*** |
| | 行動群 | 65 | 4.51 | | 4.88 | |

注：**：p<0.01，***：p<0.001
出所：筆者作成。

表 11-5　非行動群と行動群における認識変容度

| 介入による認識の変容度 | | n | 変容度の平均値 | t 値 |
|---|---|---|---|---|
| 脳死を人の死と思う | 非行動群 | 236 | 1.04 | 0.092 |
| | 行動群 | 65 | 1.01 | |
| 臓器提供に対して不安がある | 非行動群 | 236 | 0.47 | 1.166 |
| | 行動群 | 65 | 0.67 | |
| 意思表示は重要である | 非行動群 | 236 | 0.49 | 1.072 |
| | 行動群 | 65 | 0.37 | |

出所：筆者作成。

　続いて，介入による認識の変容度を比較した（表 11-5）。「脳死を人の死と思う」では，非行動群の変容度は 1.03，行動群の変容度は 1.01 となり，認識の変容度に有意な差は見られなかった。「臓器提供に対して不安がある」では，非行動群の変容度は 0.47，行動群の変容度は 0.67 となり，両群による変容度に有意な差は見られなかった（p＝0.246）。「意思表示は重要である」では，非行動群の変容度は 0.49，行動群の変容度は 0.37 となり，両群による変容度に有意な差は見られなかった（p＝0.284）。

　以上より，「脳死を人の死と思う」では，介入前においても介入後においても，非行動群，行動群の両群において有意差はなく，変容度にも有意な差は見られなかった。このことから，「脳死は人の死である」と思っていることが，意思表示行動を促進する要因にはならないと考えられた。

　「臓器提供に対して不安がある」では，両群における認識の変容度に有意な差は見られなかったが，介入前，介入後ともに，行動群の方が臓器提供に対する不安の程度が低かった。このことから，臓器提供に対する不安の程度が低いことが，意思表示行動を促進する要因となることが示唆された。

　「意思表示は重要である」では，両群における認識の変容度に差は見られなかったが，介入前，介入後ともに，行動群の方が意思表示の重要性を認識していた。このことから，意思表示の重要性を認識していることが，意思表示行動を促進する要因となることが示唆された。

表 11-6　非行動群と行動群におけるイメージの差

| イメージ | | n | 介入前 | | 介入後 | |
|---|---|---|---|---|---|---|
| | | | 平均値 | t 値 | 平均値 | t 値 |
| 役に立つ | 非行動群 | 236 | 4.42 | 2.630** | 4.71 | 4.364** |
| | 行動群 | 65 | 4.65 | | 4.92 | |
| 誇り | 非行動群 | 236 | 3.03 | 0.706 | 3.73 | 0.837 |
| | 行動群 | 65 | 3.14 | | 3.88 | |
| 身近なこと | 非行動群 | 236 | 2.34 | 1.956 | 3.56 | 2.377* |
| | 行動群 | 65 | 2.62 | | 3.91 | |
| 家族 | 非行動群 | 236 | 3.26 | 3.395** | 4.11 | 3.970*** |
| | 行動群 | 65 | 3.81 | | 4.58 | |
| 想い合う | 非行動群 | 236 | 3.56 | 0.238 | 4.16 | 2.382* |
| | 行動群 | 65 | 3.60 | | 4.46 | |
| つながり | 非行動群 | 236 | 3.53 | 1.320 | 4.23 | 2.887** |
| | 行動群 | 65 | 3.74 | | 4.58 | |
| 怖い | 非行動群 | 236 | 3.16 | -2.142* | 2.81 | -4.934*** |
| | 行動群 | 65 | 2.78 | | 2.06 | |
| 不安 | 非行動群 | 236 | 3.32 | -1.380 | 2.97 | 4.699*** |
| | 行動群 | 65 | 3.09 | | 2.22 | |

注：＊：$p < 0.05$, ＊＊：$p < 0.01$, ＊＊＊：$p < 0.001$
出所：筆者作成。

### 結果①-3　非行動群と行動群におけるイメージの差

　介入前における，臓器提供意思表示に対するイメージについて，意思表示の非行動群と行動群における平均点の差を比較した（表 11-6）。

　検定の結果，介入前では，行動群の方が「役に立つ」，「家族」に関して平均点が有意に高く，「怖い」に関しては平均値が有意に低かった。介入後では，行動群の方が，「役に立つ」，「身近なこと」，「家族」，「想い合う」，「つながり」に関しては平均点が有意に高く，「怖い」，「不安」に関しては平均値が有意に低かった。

　続いて，介入によるイメージの変容度を比較した（表 11-7）。その結果，「怖い」，「不安」の 2 つのイメージに関して，行動群の方が有意に変容度が大

表 11-7　非行動群と行動群におけるイメージ変容度

| イメージの変容度 | | n | 変容度の平均値 | t値 |
|---|---|---|---|---|
| 役に立つ | 非行動群 | 236 | 0.29 | -0.235 |
| | 行動群 | 65 | 0.27 | |
| 誇り | 非行動群 | 235 | 0.70 | 0.347 |
| | 行動群 | 65 | 0.74 | |
| 身近なこと | 非行動群 | 236 | 1.22 | 0.437 |
| | 行動群 | 65 | 1.29 | |
| 家族 | 非行動群 | 234 | 0.85 | -0.601 |
| | 行動群 | 64 | 0.77 | |
| 想い合う | 非行動群 | 236 | 0.60 | 1.963 |
| | 行動群 | 65 | 0.86 | |
| つながり | 非行動群 | 236 | 0.70 | 1.035 |
| | 行動群 | 65 | 0.84 | |
| 怖い | 非行動群 | 236 | 0.35 | 2.340* |
| | 行動群 | 65 | 0.72 | |
| 不安 | 非行動群 | 236 | 0.35 | 3.138** |
| | 行動群 | 65 | 0.87 | |

注：*：$p < 0.05$，**：$p < 0.01$
出所：筆者作成。

きかった。

　介入前後の平均点の比較及び変容度の比較において，非行動群より行動群の方が有意に高いイメージは，行動の促進因子と考えられる。したがって，意思表示行動の促進には，「役に立つ」，「身近なこと」，「家族」，「想い合う」というイメージを抱かせること，「怖い」や「不安」といった意思表示に対するネガティブなイメージの払拭が効果的であると考えられた。また変容度の比較から，意思表示行動の促進には，ポジティブなイメージを抱かせるより，ネガティブなイメージを払拭することが，より効果的であると考えられた。

## 11.3.3　分析結果②-1：知識と認識の関係

　分析②では，どのような知識の獲得が認識の変容を促すのか，どのような認

識の変容が意思表示行動に対するイメージの変容を促すのか，どのような意思表示行動に対するイメージの変容が意思表示行動を促すのか，という要素間の関係を明らかにする分析を行った。

### 結果②-1-1　脳死に関する知識と認識「脳死を人の死と思う」の関係

　脳死に関する知識の獲得が「脳死を人の死と思う」という認識の変容に影響を与えているのかについて検討するため，介入によって知識を得た群と知識を得なかった群に分け，各群における介入前後の認識の平均点の差を比較した。

　その結果，「脳死になると回復することはない」について，知識を得なかった群では，介入による「脳死を人の死と思う」の平均点に有意差は見られなかった。一方，知識を得た群では，介入により平均点が統計学的有意に増加した。「脳死後1〜2週間の脳はドロドロになる」については，知識を得なかった群，知識を得た群共に，介入によって平均点が統計学的有意に増加した（図11-3）。

　「植物状態になっても回復することがある」について，知識を得なかった群では，介入による変容に有意差は見られなかった。一方，知識を得た群では，介入によって平均点が統計学的有意に増加した。

#### 図11-3　脳死に関する知識と認識「脳死を人の死と思う」の関係

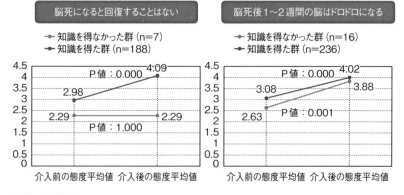

出所：筆者作成。

　以上より，「脳死を人の死と思う」という認識の変容には，「脳死になると回復することはない」，「植物状態になっても回復することがある」という知識の獲得が効果的だと考えられた。

### 結果②-1-2　臓器提供に関する知識と認識「臓器提供に対して不安がある」の関係

　臓器提供に関する知識が「臓器提供に対して不安がある」という認識の変容に影響を与えているかについて，介入によって知識を得た群と知識を得なかった群に分け，その各群における介入前後の認識の平均点の差を比較した（表11-8）。

　その結果，「臓器提供後の身体はきれいな状態でかえってくる」，「臓器提供の身体は 2～6 時間でかえってくる」について，知識を得なかった群では，介入による「臓器提供に対して不安がある」の平均点に有意差は見られなかった。一方，知識を得た群では，介入によって臓器提供に対する不安が統計学的

表 11-8　臓器提供に関する知識と認識「臓器提供に対して不安がある」の関係

| 知識 | 知識正答 | 臓器提供に対して不安がある | | | |
|---|---|---|---|---|---|
| | | 認識前後 | n | 平均値 | t 値 |
| お身体はきれいな状態でかえってくる | 不正解→不正解 | 介入前 | 6 | 3.5 | 0.542 |
| | | 介入後 | | 3.33 | |
| | **不正解→正解** | **介入前** | **77** | **3.26** | **3.898***** |
| | | **介入後** | | **2.73** | |
| お身体は 2～6 時間でかえってくる | 不正解→不正解 | 介入前 | 17 | 2.71 | 0.251 |
| | | 介入後 | | 2.65 | |
| | **不正解→正解** | **介入前** | **167** | **3.43** | **5.671***** |
| | | **介入後** | | **2.86** | |
| 臓器提供にはお金がかかる | 不正解→不正解 | 介入前 | 14 | 3.79 | 3.799*** |
| | | 介入後 | | 3.29 | |
| | 不正解→正解 | 介入前 | 69 | 3.46 | 3.646*** |
| | | 介入後 | | 2.91 | |

注：***：$p < 0.001$
出所：筆者作成。

有意に減少した。

　「臓器提供にはお金がかからない」について，知識を得なかった群，知識を得た群共に，介入によって臓器提供に対する不安が統計学的有意に減少した。

　以上より，「臓器提供に対して不安がある」という認識の変容には，「臓器提供後の身体はきれいな状態でかえってくる」，「臓器提供の身体は2～6時間でかえってくる」という知識の獲得が効果的だと考えられた。

### 結果②-1-3　意思表示に関する知識と認識「意思表示をすることは重要である」の関係

　意思表示に関する知識が「意思表示をすることは重要である」という認識の変容に影響を与えているかについて，介入によって知識を得た群と知識を得なかった群に分け，その各群において介入による認識の平均点の差を比較した（表11-9）。

　その結果，「意思表示をしていなければ家族に負担がかかる」，「意思表示には臓器を提供しないという意思表示もある」について，知識を得なかった群，知識を得た群共に，介入によって意思表示の重要性の認識が統計学的有意に増加した。

　「家族が脳死になった場合，約9割の人が家族の意思を尊重したいと思っている」，「意思表示は書き直しできる」について，知識を得なかった群では，介入による認識の変容に有意差は見られなかった。一方，知識を得た群では介入によって意思表示の重要性の認識が統計学的有意に増加した。

　以上より，「家族が脳死になった場合，約9割の人が意思を尊重したいと思っている」，「意思表示は書き直しできる」という知識の獲得が認識の変容に効果的だと考えられた。

## 11.3.4　分析結果②-2　認識とイメージの関係
### 結果②-2-1　認識「脳死を人の死と思う」とイメージの関係

　認識「脳死を人の死と思う」の変容が意思表示に対するイメージに影響を与えているかについて，介入によって脳死を人の死と思った群（n=151）と，脳死を人の死と思わなかったままの群（n=71）でのイメージの変容の差を比

表 11-9　意思表示に関する知識と認識「意思表示をすることは重要である」の関係

| 知識 | 知識正答 | 意思表示は重要である | | | |
|---|---|---|---|---|---|
| | | 認識前後 | n | 認識平均 | t 値 |
| 意思表示をしていなければ家族に負担がかかる | 不正解→不正解 | 介入前 | 66 | 4.05 | -3.717*** |
| | | 介入後 | | 4.45 | |
| | 不正解→正解 | 介入前 | 43 | 3.95 | -5.756*** |
| | | 介入後 | | 4.70 | |
| 家族が脳死になった場合，約9割の人が家族の意思を尊重したいと思っている | 不正解→不正解 | 介入前 | 3 | 2.67 | -1.000 |
| | | 介入後 | | 3.00 | |
| | **不正解→正解** | **介入前** | **54** | **3.98** | **-3.458**** |
| | | **介入後** | | **4.46** | |
| 意思表示は臓器を提供するという意思を表示するためだけにある | 不正解→不正解 | 介入前 | 39 | 4.28 | -4.452*** |
| | | 介入後 | | 4.77 | |
| | 不正解→正解 | 介入前 | 53 | 3.98 | -4.955*** |
| | | 介入後 | | 4.62 | |
| 意思表示は書き直しできない | 不正解→不正解 | 介入前 | 4 | 4.25 | -1.567 |
| | | 介入後 | | 5.00 | |
| | **不正解→正解** | **介入前** | **16** | **4.06** | **-2.710*** |
| | | **介入後** | | **4.75** | |

注：*：$p < 0.05$，**：$p < 0.01$，***：$p < 0.001$
出所：筆者作成。

較した（表 11-10）。

　脳死を人の死と思わなかったままの群，脳死を人の死と思った群共に，「役に立つ」，「誇り」，「身近なこと」，「家族」，「想い合う」，「つながり」に関しては，介入後の方が有意に平均点が増加し，「怖い」，「不安」に関しても，介入後の方が有意に平均点が減少し，全てのイメージにおいて望ましい変容が確認された。

　以上，脳死を人の死と思わなかったままの群，脳死を人の死と思った群共に全てのイメージの変容に有意差が見られたことから，「脳死を人の死と思う」という認識の変容は，本研究で用いた意思表示に対するイメージ8項目の変容には直接影響を及ぼさないと考えられた。

表 11-10　認識「脳死を人の死と思う」とイメージの関係

| イメージ | 介入 | 認識変化なし（n=71） | | 認識変化あり（n=151） | |
|---|---|---|---|---|---|
| | | 平均値 | t | 平均値 | t |
| 役に立つ | 介入前 | 4.39 | 4.101*** | 4.58 | 3.565*** |
| | 介入後 | 4.77 | | 4.75 | |
| 怖い | 介入前 | 3.34 | -2.77** | 3.17 | -7.051*** |
| | 介入後 | 2.89 | | 2.58 | |
| 誇り | 介入前 | 3.30 | 7.062*** | 3.03 | 9.421*** |
| | 介入後 | 3.97 | | 3.71 | |
| 身近なこと | 介入前 | 2.56 | 8.86*** | 2.41 | 14.374*** |
| | 介入後 | 3.75 | | 3.66 | |
| 家族 | 介入前 | 3.61 | 6.475*** | 3.39 | 8.860*** |
| | 介入後 | 4.31 | | 4.26 | |
| 不安 | 介入前 | 3.31 | -2.044* | 3.4 | -7.554*** |
| | 介入後 | 3.03 | | 2.7 | |
| 想い合う | 介入前 | 3.59 | 5.298*** | 3.63 | 7.994*** |
| | 介入後 | 4.20 | | 4.25 | |
| つながり | 介入前 | 3.76 | 4.935*** | 3.65 | 8.975*** |
| | 介入後 | 4.31 | | 4.36 | |

注：* : $p<0.05$, ** : $p<0.01$, *** : $p<0.001$
出所：筆者作成。

### 結果②-2-2　認識「臓器提供に対して不安がある」とイメージの関係

　認識「臓器提供に対して不安がある」の変容が意思表示に対するイメージに影響を与えているかについて，介入によって不安がなくなった群（n=84）と不安なままだった群（n=90）の各群において介入前後のイメージの変容の差を比較した（図 11-4）。

　不安なままの群では，「役に立つ」，「誇り」，「身近なこと」，「家族」，「想い合う」，「つながり」に関しては，介入後の方が有意に平均点が増加した。

　不安がなくなった群では，「役に立つ」，「誇り」，「身近なこと」，「家族」，「想い合う」，「つながり」に関しては，介入後の方が有意に平均点が増加し，「怖い」，「不安」に関しても，介入後の方が平均点が有意に減少し，全てのイ

図 11-4　認識「臓器提供に対して不安がある」とイメージの関係

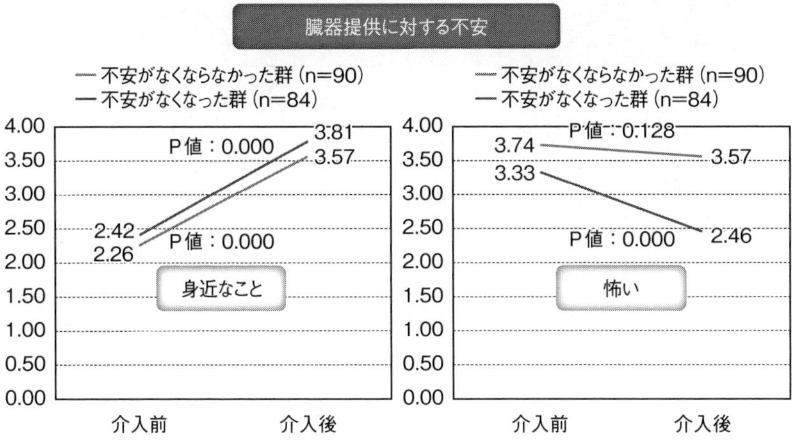

注：「身近なこと」，「怖い」のみ図示。
出所：筆者作成。

メージにおいて望ましい変容が確認された。

　意思表示に対するイメージ「怖い」，「不安」について，不安なままの群では
イメージの変容に有意差が見られず，不安がなくなった群では有意差が見られ
たことから，「臓器提供に対して不安がある」という認識の変容は，「怖い」，
「不安」という意思表示に対するネガティブイメージの変容に影響を及ぼすと
考えられた。

### 結果②-2-3　認識「意思表示をすることは重要である」とイメージの関係

　認識「意思表示をすることは重要である」の変容が意思表示に対するイメー
ジに影響を与えているかについて，介入によって重要だと思った群（n＝40）
と，重要だと思わなかったままの群（n＝24）の各群において介入前後のイ
メージの変容の差を比較した（表11-11）。

　重要だと思わなかったままの群では，「誇り」，「身近なこと」，「家族」，「つ
ながり」に関しては，介入後の方が有意に平均点が増加した。

　重要だと思った群では，「役に立つ」，「誇り」，「身近なこと」，「家族」，「想

表 11-11　認識「意思表示をすることは重要である」とイメージの関係

| イメージ | 介入 | 認識変化なし | | 認識変化あり | |
|---|---|---|---|---|---|
| | | 平均値 | t | 平均値 | t |
| 役に立つ | 介入前 | 3.63 | 1.856 | 4.28 | 2.814** |
| | 介入後 | 4.04 | | 4.73 | |
| 怖い | 介入前 | 3.29 | -2.005 | 3.18 | -1.988 |
| | 介入後 | 2.88 | | 2.73 | |
| 誇り | 介入前 | 2.33 | 5.379*** | 2.73 | 6.534*** |
| | 介入後 | 3.13 | | 3.63 | |
| 身近なこと | 介入前 | 2.00 | 2.942** | 2.38 | 7.085*** |
| | 介入後 | 2.79 | | 3.48 | |
| 家族 | 介入前 | 2.50 | 3.294** | 3.03 | 5.719*** |
| | 介入後 | 3.33 | | 4.15 | |
| 不安 | 介入前 | 3.04 | 0.000 | 3.23 | -2.822** |
| | 介入後 | 3.04 | | 2.60 | |
| 想い合う | 介入前 | 2.79 | 1.621 | 2.98 | 5.649*** |
| | 介入後 | 3.13 | | 4.18 | |
| つながり | 介入前 | 2.58 | 2.996** | 2.98 | 5.905*** |
| | 介入後 | 3.25 | | 4.15 | |

注：*：$p<0.01$，***：$p<0.001$
出所：筆者作成。

い合う」,「つながり」に関しては，介入後の方が有意に平均点が増加し，「不安」に関しては，介入後の方が平均点が有意に減少し，「怖い」以外のイメージにおいて望ましい変容が確認された。

　以上より,「意思表示は重要である」という認識の変容は,「役に立つ」,「想い合う」という，意思表示に対するポジティブイメージと,「不安」というネガティブイメージの変容に影響を及ぼすと考えられる。

### 結果②-2-4　意思表示に対するイメージと行動変容ステージの関係

　分析結果①-3より，非行動群と行動群によるイメージの差において，意思表示行動の促進には意思表示に対するネガティブイメージの払拭がより効果的

であると考えられた。そこで，本分析では，「怖い」，「不安」という意思表示に対するネガティブイメージに着目して，ネガティブイメージの払拭と意思表示行動変容ステージの変容の関係を，「関心なし－関心あり」，「関心あり－態度決定」，「態度決定－意思表示」の各段階を用いて分析した（表11-12）。

「関心なし－関心あり」について，「関心なし」のままだった群では，「怖い」，「不安」共に介入によるイメージの変容に有意差は見られなかった。「関心あり」に変容した群では，「怖い」は介入によって有意に平均点が減少したが，「不安」は平均点の変容に有意差は見られなかった。

「関心あり－態度決定」について，「関心あり」のままだった群では，「怖い」は介入による平均点の変容に有意差は見られなかったが，「不安」は介入によって有意に平均点が減少した。「態度決定」に変容した群では，「怖い」，「不安」共に介入によって有意に平均点が減少した。

「態度決定－意思表示」について，「態度決定」のままだった群では，「怖い」は，介入による平均点の変容に有意差は見られなかったが，「不安」は介入によって有意に平均点が減少した。「意思表示」に変容した群では，「怖い」，「不

表 11-12　意思表示に対するイメージと行動変容ステージの関係

| 行動ステージ | | 怖い | | | 不安 | | |
| 前 | 後 | 平均値（前） | 平均値（後） | t | 平均値（前） | 平均値（後） | t |
|---|---|---|---|---|---|---|---|
| 関心なし | 関心なし (n=20) | 3.3 | 3.35 | 0.223 | 3.05 | 3.15 | 0.697 |
| | 関心あり (n=65) | **3.35** | **3.02** | **-2.402*** | 3.48 | 3.17 | -1.911 |
| 関心あり | 関心あり (n=76) | 3.08 | 2.86 | -1.509 | 3.34 | 3.00 | -2.495* |
| | 態度決定 (n=37) | **3.35** | **2.68** | **-3.352**** | 3.50 | 2.97 | -2.805** |
| 態度決定 | 態度決定 (n=21) | 2.62 | 2.05 | -2.335* | 2.76 | 2.38 | -1.793 |
| | 意思表示 (n=31) | 2.45 | 1.94 | -3.102** | **2.65** | **2.06** | **-2.969**** |

注：*：p＜0.05，**：p＜0.01
出所：筆者作成。

安」共に介入によって有意に平均点が減少した。

　以上より「関心なし」から「関心あり」,「関心あり」から「態度決定」に行動ステージを促進するには,意思表示に対するイメージ「怖い」の払拭が効果的であると考えられた。また,「態度決定」から「意思表示」に行動ステージを促進するには,意思表示に対するイメージ「不安」の払拭が効果的であると考えられた。

### 11.3.5　まとめ

#### まとめ①：非行動群と行動群の比較

　非行動群と行動群を比較することで,行動を促す要因を分析した結果,図11-5に示す知識（意思表示していなければ家族に負担がかかる）,認識（臓器提供に関して不安がある,意思表示をすることは重要である）,イメージ（つながり・身近なことの増加,怖い・不安の低減）が挙げられた。

#### まとめ②：知識獲得, 認識変容, イメージ変容の関係

　どのような知識の獲得が認識の変容を促すのか,どのような認識の変容が意思表示行動に対するイメージの変容を促すのか,どのような意思表示行動に対するイメージの変容が意思表示行動を促すのか,という要素間の関係を明らか

**図11-5　意思表示行動への変容への促進因子**

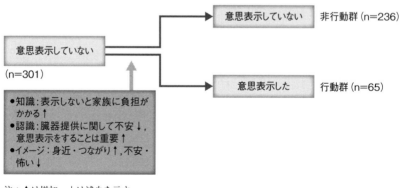

注：↑は増加,↓は減少を示す
出所：筆者作成。

にする分析を行った。その結果，図11-6で太枠で囲む知識の獲得が，各認識の変容に影響を与えていた。また，臓器提供に対する不安，意思表示の重要性についての認識が各イメージにつながっていた。

　したがって，臓器提供への態度決定と意思表示行動を促進するためには，「意思表示は怖い・不安」というイメージを払拭・低減させる必要がある。そのためには，提供後の身体はきれいに，2〜6時間で戻ってくること，意思表示は何度でも書き直せること，9割の日本人は故人の意思を尊重したいと思っていることについて情報提供することは重要であると明らかになった。

図11-6　知識獲得，認識変容，イメージ変容の関係

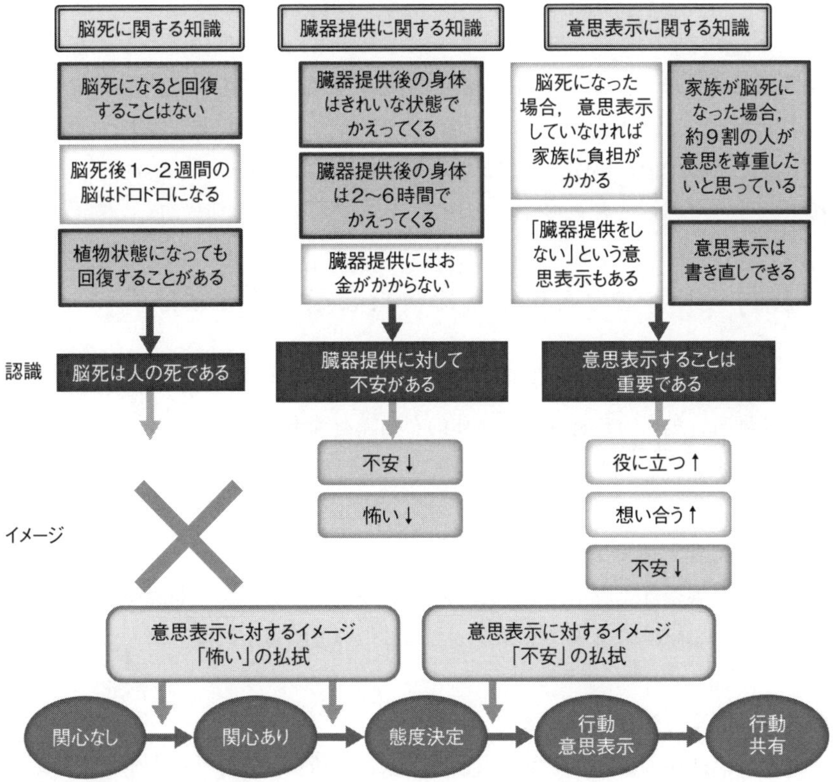

出所：筆者作成。

### 11.3.6　考察

本分析により，怖い，不安の低減が鍵と示されたが，山根（2007）は，「怖い」と「不安」の違いを次のように述べている。

両者の表面的な違いは，時間的スパンの違いである。すなわち，事態が未来にあるなら「不安」で，事態が現在にあるなら「怖い（恐怖）」となる。また，両者のより本質的な違いは，「不安」は，焦点が自己の存在そのものに向いており，「怖い（恐怖）」は自己の存在を脅かす存在者としての"他"に向いている点である。不安が深層で，恐怖は表層の感情である。

すなわち，態度決定までの段階では，臓器提供や意思表示に関して知らない，あるいは誤解（臓器提供とは切り刻まれること，遺体を奪われてしまうことなど）によって，臓器提供や意思表示という存在自体に「怖さ」を感じてしまうことが障壁になっっていると解釈できる。また，態度決定から意思表示の段階においては，意思表示したときに起こるであろう未来の事態（YES と意思表示をしたらお葬式をできないのではないか，一度意思表示をしたら大変なことになるのではないか，意思は尊重されないのではないか）への「不安」が障壁になっていると考えられた。

## 11.4　大学生を対象とした新たな定量調査と分析

前節において，主に若年層（30 歳未満が 76.2%）を対象とした定量調査より，態度・行動変容に寄与する具体的な知識を導出した。第 6 章 6 節の大学生 195 名を対象とした調査では，大学生は，臓器提供に対して，好ましいこと，良いこと，賛成だが「不安」と思っていることが示された。そこで，本節では，新たに非医療系大学生にを対象とした定量調査を行い，どのような知識が，臓器提供や意思表示に対する「不安」などネガティブな認識を低減させ，ポジティブな認識の形成に寄与するのかについて明らかにする。

### 11.4.1　調査方法と分析方法

対象は，前述のとおり標本代表性を考慮し，私立社会科学系大学生とした。開講授業の終了時，survey monkey[7] による web 調査を実施した。本調査へ

の参加は任意であり，成績評価に影響しないことを説明した。回答は無記名であり，個人は特定されないこと，調査結果は本研究以外には使用しないことに同意した者のみが回答する形式をとった。個人名が特定される同意書は用いず，質問の回答をもって研究協力の受諾とした。

調査項目は，非医療系大学生を対象とした定性調査より導出した，臓器提供や意思表示に関する誤りやすい認識 9 項目と，その認識変容に寄与すると考えられる知識 7 項目とした（表 11-13）。統計解析には SPSS による相関分析，両側 t 検定を用いた。

## 11.4.2 結果と考察(1)：意思表示の行動変容ステージ

回答者は 574 名であり，内訳は，男性 311 名（54.2%），女性 263 名（45.8%）であった。

意思表示の行動変容ステージは，関心なし：41.4%，関心あり：35.6%，態度決定：12.1%，意思表示：7.4%，意思表示したことを家族と共有：3.5%であった。つまり，関心度は 58.6%，意思表示率は 10.9% であり，内閣府世論調査（2017 年）の同年代（18〜29 歳）の結果[6]と比較し，関心度はほぼ同等，意思表示率は低い状況にあった。

また，意思表示媒体の認知度は，運転免許証：66.6%，保険証：64.1%，マイナンバーカード：25.6%，インターネット：10.5%，Facebook：7.3% であり，身近な媒体ほど認知度は高かった。

## 11.4.3 結果と考察(2)：臓器提供・意思表示に関する認識

臓器提供・意思表示に関する認識の集計結果は図 11-7 のとおりである。脳死は人の死と認識している人は 44.3% に留まっており，提供への不安を持つ人は 61.8% であった。意思表示の重要性を認識している人は 76.3% であるにもかかわらず，意思表示に抵抗がある人が 38.9%，他人に自分の意思を知られることに対して抵抗がある人が 15.0% 存在することが示された。

この抵抗感と相関している認識を特定するため，認識間の相関関係を検討したところ，「意思表示することに対して抵抗がある」と「臓器提供に対して不安がある」の Pearson の相関係数が最も高い結果となった。したがって，意

**表 11-13　調査項目と回答形式**

| 次元 | 数 | 概要 | 回答形式 |
|---|---|---|---|
| 個人特性 | 1 | 年齢，性別，立場（非医療系か否か） | |
| 意思表示媒体の認知 | 1 | 知っている意思表示媒体の選択<br>（免許証，保険証，マイナンバーカード，Facebook，インターネット） | 5択<br>（複数回答可） |
| 行動変容ステージ | 1 | 関心なし，関心あり，態度決定，意思表示行動，共有 | 5段階 |
| 意思表示のイメージ | 6 | 家族，身近なこと，不安，怖い，役に立つ，誇り | 5段階尺度<br>（不同意－同意） |
| 家族との対話歴 | 1 | 意思表示について話し合ったことがあるかどうか | 2択 |
| 臓器提供・意思表示に関する態度（認識） | 9 | インタビューより導出された認識9項目<br>①脳死を人の死と思う<br>②意思表示をしていなければ家族に負担がかかる<br>③臓器提供に対して不安がある<br>④意思表示をすることは重要である<br>⑤臓器提供は自分とは無縁のものである<br>⑥意思表示することに対して抵抗がある<br>⑦他人に自分の意思を知られるのに抵抗がある<br>⑧意思表示の価値がもっと世に広がる必要がある<br>⑨臓器提供や意思表示の問題には医療系学生だけではなくそれ以外の人々も一緒に取り組み，未来を創っていくことが大切である | 5段階尺度<br>（不同意－同意） |
| 臓器提供・意思表示に関する知識の理解 | 7 | 認識変容に寄与すると考えられる知識7項目<br>①脳死になると回復することはない<br>②植物状態になると回復することはない<br>③臓器提供後のお身体は3〜5時間でかえってくる<br>④移植希望者のうち，98％の人が移植を受けられていない<br>⑤意思表示は臓器を提供するという意思を表示するためだけではない<br>⑥意思表示は書き直しできる<br>⑦移植を受けてオリンピックのメダリストになった人がいる | 2択（正誤） |

出所：筆者作成。

思表示への抵抗感を低減するためには，不安を低減させることが重要であると考えられた。

　また，「意思表示をすることは重要である」ことに最も相関する認識は「意思表示をしていなければ家族に負担がかかる」であった。したがって，意思表

図 11-7　臓器提供・意思表示に関する認識

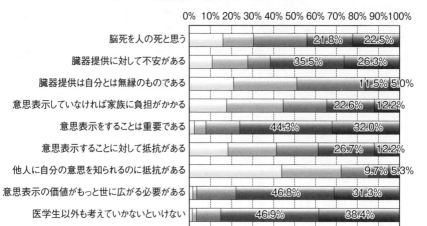

出所：筆者作成。

示は家族へのメッセージであり，共有しておかなければ万が一の場合に心的負担をかけることを伝え，認識させることの重要性が示唆された。

　一方，意思表示の価値を広める必要性を 78.1％の人が認識し，85.3％の人が非医療学生も考える必要性を示していることから，非医療学生が主体となって啓発活動を行うことが，今後の鍵となると考えられた。

### 11.4.4　結果と考察(3)：ネガティブな認識に影響を及ぼす知識

　では，意思表示への抵抗感と不安を低減させるために，どのような知識を得ればよいのであろうか。

　各知識項目について，正解群，不正解群における「臓器提供に対して不安である」，「意思表示することに対して抵抗がある」に対する回答（不同意：1，同意：5）の平均値を算出し，SPSS を用いて両側 t 検定を行った（有意水準 $p < 0.05$）。

　その結果（表 11-14），前者において，「脳死になると回復することはない」，「臓器提供後のお身体は 3～5 時間でかえってくる」について正しい知識を得ら

表 11-14　ネガティブな認識に影響を及ぼす知識

| 知識 | | n | 臓器提供への不安 | | 意思表示への抵抗 | |
|---|---|---|---|---|---|---|
| | | | 平均値 | t 値 | 平均値 | t 値 |
| 脳死になると回復することはない | 正 | 332(58.7%) | **3.38** | **2.634**** | 2.83 | 1.745 |
| | 誤 | 234 | **3.67** | | 3.03 | |
| 植物状態になると回復することはない | 正 | 413(73.0%) | 3.49 | 0.342 | 2.86 | 1.766 |
| | 誤 | 153 | 3.58 | | 3.07 | |
| 臓器提供後のお身体は 3〜5 時間でかえってくる | 正 | 282(49.8%) | **3.37** | **2.257*** | **2.79** | **2.264*** |
| | 誤 | 284 | **3.62** | | **3.04** | |
| 移植希望者のうち，98%の人が移植を受けられていない | 正 | 493(87.1%) | 3.50 | -0.238 | 2.90 | 0.524 |
| | 誤 | 73 | 3.47 | | 2.99 | |
| 意思表示は臓器を提供するという意思を表示するためだけではない | 正 | 413(73.0%) | 3.58 | 2.307* | 2.76 | 1.672 |
| | 誤 | 153 | 3.29 | | 2.97 | |
| 意思表示は書き直しできる | 正 | 521(92.0%) | 3.48 | 0.846 | 2.89 | 1.312 |
| | 誤 | 45 | 3.67 | | 3.16 | |
| 移植を受けてオリンピックのメダリストになった人がいる | 正 | 513(90.6%) | 3.48 | 1.166 | 2.91 | 0.052 |
| | 誤 | 53 | 3.70 | | 2.92 | |

注：*p<0.05，**p<0.001
出所：筆者作成。

　れている人は，不安を有意に感じていないことが示された。「意思表示は臓器を提供するという意思を表示するためだけではない」については，正解ほど有意に不安を感じているという逆の結果が示された。これは，否定形になっており，質問の文章に課題があると考えられた。

　後者においては，「臓器提供後のお身体は 3〜5 時間でかえってくる」のみにおいて，正解者の方が有意に抵抗がない結果であった。この知識を正しく知らないことは，臓器提供時には通常のお葬式をできないのではという誤解につながっている。

　両認識で共通な知識は「臓器提供後のお身体は 3〜5 時間でかえってくる」であり，これが正しく理解されるような情報提供をすることは，提供への態度決定，意思表示行動につながることが示唆された。

## 11.4.5　結果と考察(4)：ポジティブな認識に影響を及ぼす知識

　次に，「意思表示をすることは重要である」，「意思表示をしていなければ家族に負担がかかる」というポジティブな認識を形成するために得ておくべき知識は何であろうか。

　各知識項目について，正解群，不正解群における「意思表示をすることは重要である」，「意思表示をしていなければ家族に負担がかかる」に対する回答（不同意：1，同意：5），の平均値を算出し，SPSS を用いて両側 t 検定を行った（有意水準 $p < 0.05$）。

　表 11-15 にその結果を示すとおり，ポジティブな認識に影響を与える知識は限定的で，「臓器提供後のお身体は 3〜5 時間でかえってくる」のみであり，正しい知識を得ている人は，いずれの認識も高かった。これは，ネガティブな認

表 11-15　ポジティブな認識に影響を及ぼす知識

| 知識 | | n | 意思表示は重要 | | 意思表示は家族への負担軽減 | |
|---|---|---|---|---|---|---|
| | | | 平均値 | t 値 | 平均値 | t 値 |
| 脳死になると回復することはない | 正 | 332(58.7%) | 3.98 | -0.138 | 2.88 | 0.688 |
| | 誤 | 234 | 3.99 | | 2.81 | |
| 植物状態になると回復することはない | 正 | 413(73.0%) | 3.86 | -1.787 | 2.92 | 0.724 |
| | 誤 | 153 | 4.02 | | 2.83 | |
| 臓器提供後のお身体は 3〜5 時間でかえってくる | 正 | 282(49.8%) | **4.09** | **2.694\*** | **2.99** | **2.479\*** |
| | 誤 | 284 | **3.87** | | **2.72** | |
| 移植希望者のうち，98%の人が移植を受けられていない | 正 | 493(87.1%) | 4.00 | 1.150 | 2.87 | 0.697 |
| | 誤 | 73 | 3.86 | | 2.75 | |
| 意思表示は臓器を提供するという意思を表示するためだけではない | 正 | 413(73.0%) | 3.97 | -0.099 | 2.78 | -0.791 |
| | 誤 | 153 | 3.98 | | 2.88 | |
| 意思表示は書き直しできる | 正 | 521(92.0%) | 4.00 | 1.203 | 2.84 | -0.541 |
| | 誤 | 45 | 3.80 | | 2.96 | |
| 移植を受けてオリンピックのメダリストになった人がいる | 正 | 513(90.6%) | 3.98 | 0.251 | 2.85 | 0.015 |
| | 誤 | 53 | 3.94 | | 2.85 | |

注：*$p < 0.05$
出所：筆者作成。

識形成と同じ知識項目であり，本項目の正しい理解の重要性が示された。

### 11.4.6　結果と考察(5)：臓器提供・意思表示に関する知識と行動変容ステージ

　最後に，各知識項目の正解群，不正解群における行動変容ステージの平均値について，SPSSを用いて両側t検定を行った（有意水準 $p < 0.05$）。

　全ての項目で正解群の方が行動変容ステージの平均値が高かった（表11-16）ことから，正しい知識を得ることは，態度・行動変容に影響を及ぼすことが示された。その中で有意であった項目は「臓器提供後のお身体は3〜5時間でかえってくる」，「意思表示は書き直しできる」であった。前者は，前述のポジティブ，ネガティブ，両方の認識に影響を及ぼしていることから，意思決定により影響を及ぼすことが示唆された。また，後者は意思表示行動に影響を及ぼすのではないかと推察された。

表 11-16　臓器提供・意思表示に関する知識と行動変容ステージ

| 知識 | | n | 平均値 | t値 |
|---|---|---|---|---|
| 脳死になると回復することはない | 正 | 332(58.7%) | 2.02 | 1.495 |
| | 誤 | 234 | 1.88 | |
| 植物状態になると回復することはない | 正 | 413(73.0%) | 2.00 | 1.564 |
| | 誤 | 153 | 1.86 | |
| 臓器提供後のお身体は3〜5時間でかえってくる | 正 | 282(49.8%) | **2.07** | **2.317*** |
| | 誤 | 284 | **1.86** | |
| 移植希望者のうち，98%の人が移植を受けられていない | 正 | 493(87.1%) | 1.97 | 0.611 |
| | 誤 | 73 | 1.89 | |
| 意思表示は臓器を提供するという意思を表示するためだけではない | 正 | 413(73.0%) | 1.98 | 0.740 |
| | 誤 | 153 | 1.91 | |
| 意思表示は書き直しできる | 正 | 521(92.0%) | **1.99** | **2.592*** |
| | 誤 | 45 | **1.67** | |
| 移植を受けてオリンピックのメダリストになった人がいる | 正 | 513(90.6%) | 1.98 | 1.112 |
| | 誤 | 53 | 1.81 | |

注：*$p < 0.05$
出所：筆者作成。

### 11.4.7　まとめ

　非医療系大学生を対象とした調査結果より，学生の約 8 割が意思表示は重要と認識していたにもかかわらず，6 割が臓器提供に対して不安を持ち，4 割が意思表示することに対して抵抗を持っていることが示された。これらのネガティブな認識を低減させ，ポジティブな認識の形成に寄与する知識を明らかにすることを目的として調査・分析を行った。

　まず，認識間の相関関係を検討した結果，「提供への不安」と「意思表示への抵抗」というネガティブな認識どうし，「家族の心的負担を軽減するという意思表示の意味」と「意思表示の重要性」というポジティブな認識どうしは，互いに相関しているが，ポジティブとネガティブ間では相関していないことが明らかとなった。すなわち，不安や抵抗感の低減，重要性や意義の認知向上の両面が必要であることが明確となった。

　次に，ポジティブ・ネガティブな認識に影響を与える知識を検討したところ，「脳死になると回復することはない」は，臓器提供への不安（ネガティブな認識）を低減させる知識であることが明らかになった。一方，「臓器提供後のお身体は 3〜5 時間でかえってくる」という臓器提供のプロセスに関する知識は，ポジティブ，ネガティブにかかわらず，意思決定や意思表示への認識に影響を及ぼす重要な知識であることが明らかとなった。

 ## 11.5　小括

　本章では，態度形成と行動促進に寄与する具体的な知識について明らかにすることを目的とした。

　まず，先行調査の分析結果より，臓器提供への不信感や抵抗感などの否定的な態度（NO と意思決定することではない）は，正確な知識不足によって起こされる誤解が関連しており，正しい知識を得ることによって否定的な態度は肯定的に変容することが示された。また，知識レベルが高いと態度決定・行動が進んでいることも明らかにされた。次に，主に若年層を対象とした既実施の実装研究における分析，非医療系学生を対象とした定量調査の分析を行った。その結果は表 11-17 に示すとおりである。

表 11-17　認識，行動に影響を与える知識のまとめ

| 分析対象 | 認識 | | | | 行動 |
|---|---|---|---|---|---|
| | 臓器提供への不安 | 意思表示への抵抗 | 意思表示は重要 | 意思表示は家族への負担軽減 | 意思表示 |
| 若年層 (30歳未満) | ・お身体は 2～6 時間でかえってくる<br>・お身体はきれいな状態でかえってくる | （質問項目なし） | ・家族が脳死になった場合，約9割の人が家族の意思を尊重したいと思っている<br>・意思表示は書き直しできる | （質問項目なし） | ・意思表示をしていなければ家族に負担がかかる |
| 非医療系大学生 | ・臓器提供後のお身体は 3～5 時間でかえってくる<br>・脳死になると回復することはない | ・臓器提供後のお身体は 3～5 時間でかえってくる | ・臓器提供後のお身体は 3～5 時間でかえってくる | ・臓器提供後のお身体は 3～5 時間でかえってくる | ・臓器提供後のお身体は 3～5 時間でかえってくる<br>・意思表示は書き直しできる |

注：時間の表記が，2～6 時間，3～5 時間と異なるのは，調査実施時点で参照した資料の記載が異なっていたため。
出所：筆者作成。

本章を総括すると，以下のとおりである。

① ネガティブな認識（不安，抵抗）とポジティブな認識（意思表示の重要性）は互いに相関しない。すなわち，異なる次元であり，不安，抵抗感を低減させること，意思表示の重要性について認知向上させること，両方を行うことが必要である。

② 臓器提供や意思表示の存在自体に抱く「怖い」という感情を低減・払拭することで態度決定が促進され，意思表示した後に起こり得る事態に対する「不安」を低減・払拭することで意思表示行動が促進される。

③ ネガティブな認識の低減・払拭に寄与する知識は，提供後のプロセスであり，具体的には，「臓器提供後のお身体は 3～5 時間でかえってくる」，「臓器提供後のお身体はきれいな状態でかえってくる（傷は1カ所）」，「脳死になると回復することはない」である。

④ ポジティブな認識の増加に寄与する知識は，意思表示の意義「家族が脳死になった場合，約9割の人が家族の意思を尊重したいと思っている」，「意思表示をしていれば家族に負担がかからない」，ならびに意思表示の手続「意思表示は書き直しできる」である。

　本章の意義は，一般啓発において伝えるべき情報を明らかにしたことである。焦点を絞らない情報提供から，重要な情報に優先度を高める情報提供へと転換する際の指標となり得る。本結果が普及し，「正しく知ることで過度な恐怖や不安を感じない状態で，納得した意思決定ができる」環境づくりに微力ながら貢献できればと考える。

**注**

1)　2017 年 8 月 24 日〜9 月 3 日，全国 18 歳以上の日本国籍を有する者を対象に層化 2 段無作為抽出法 3,000 名を抽出。有効回収数（率）は 1,911 名（63.7％）。調査員による個別面接聴取法で実施。表 6-2 に詳細を示している。

2)　「得たいと思う情報」という質問に対して「特にない」と答えた者の割合（21.2％）を適用している。

3)　厚生労働省のホームページ（https://www.mhlw.go.jp/stf/seisakunitsuite/bunya/0000048950.html）に「厚生労働省では，移植医療に関する認識と理解を深めていただくことを目的として，平成 16 年度より毎年，中学三年生向けのパンフレットを作成し，全国の中学校へ配布しております。」と明記されている。

4)　授業を受ける最多人数でギネス世界記録®に挑戦する形式で実施した。詳細は第 8 章に記している。

5)　調査対象 433 名に対し，質問票回収は 413 名，そのうち，行動変容ステージ，知識，認識を問う質問が 1 つでも無回答であった例を除く 362 名を解析対象者とした。解析対象者の年齢は 30 歳未満が 72.6％と若年層が多く，意思表示率は 16.8％と世論調査結果（30 歳未満の意思表示率は 17.6％）とほぼ同様であった。

6)　関心度は 58.1％，意思表示率は 17.6％。

7)　オンラインアンケートツール　jp.surveymonkey.com/

# 第 12 章
# 意思表示に関する行動変容の国際比較調査

 ## 12.1 はじめに

　本章では，日本より臓器提供数がはるかに多い欧州諸国において，人々が関心を持ち，意思決定をし，意思表示や家族と共有する行動に至るプロセスが日本と異なるのか，各国特有な行動促進因子があるのか，さらには国を越え共通の行動促進因子があるのかについて明らかにすることを目的とする。

## 12.2 質問票の設計

　既存の研究で用いた日本人に対する調査票，先行研究調査，ならびに日本人10,000 名を対象とした仮説検証型実証分析結果を基に，表 12-1 の次元を設定した。日本語で作成した調査票を英語に翻訳をし，専門家 2 名に翻訳の妥当性チェック，回答しにくい表現の修正を依頼し，確定版とした。その後，3 カ国語（仏，独，西）に翻訳し，各言語を母国語とする専門家による翻訳の妥当性チェックを経て確定版とした。なお，本来，バックトランスレーションを行うべきであるが，専門家チェックを十分に行い，各国の一般の人々が理解できるような用語および表現を用いるなどの修正を行っているため，本調査では実施しなかった。

　成果変数は行動ステージの 5 段階とした。ただし，opting-out 制度の国では，基本的に臓器提供を希望しない場合のみ意思表示をするため，opting-inの国とは意思表示の意味が異なる。そこで，回答を 4 段階とし，質問の表現も対応させた（表 12-2）。

　過去経験については，既調査[1]で意思表示行動に影響を及ぼすことが示唆さ

表 12-1　国際調査の質問票の次元と質問

| 次元 | 次元 | 数 | 質問内容 | 回答形式 |
|---|---|---|---|---|
| 成果変数 | 行動ステージ | 1 | 臓器提供・意思表示の関心度，態度決定，意思表示行動（制度により選択肢に違いあり） | 5段階 |
| 説明変数 | 過去経験 | 10 | ボランティア，募金，献血，学ぶ機会，家族や友人と話す機会 | 5段階尺度 |
| 移植関連要因 | イメージ | 10 | 臓器提供に対するイメージ | 7段階尺度 |
| | 提供・移植への認識 | 20 | 合理性，提供の価値，提供への不安，意思決定の価値 | 7段階尺度 |
| | 知識 | 10 | 移植の現状，提供の条件 | 3段階 |
| 個人の信条 | 向社会行動 | 2 | 友人，他人 | 7段階尺度 |
| | 行動規範 | 2 | 仲間への同調 | 7段階尺度 |
| | 援助規範 | 2 | 自己犠牲 | 7段階尺度 |
| | 共感性 | 4 | 視点取得，共感的配慮 | 7段階尺度 |
| 特性 | 個人特性 | 3 | 年齢・性別，居住地，宗教の信仰度 | |

出所：筆者作成。

　れた「家族，友人と臓器提供について対話をする」という経験だけではなく，移植を待っている人，移植を受けた人，臓器提供を承諾した家族（ドナーファミリー），どの立場の人の話しに影響を受けるのかを明らかにしたいと考えた。また，提供（援助）行動という視座で，ボランティア（時間の提供），寄付（金銭の提供），献血（血液の提供）の経験を含めた。なお，経験の有無だけではなく，その頻度の影響も明らかにしたいと考え，回答形式は，有無の2択ではなく，等間隔に近い5択とした。

　臓器提供と意思表示に対する態度については，イメージ10項目，認識20項目を設定した。また，認識に影響を及ぼす知識として，10項目を設定した。さらに，国による個人信条の違い，その信条と臓器提供の意思決定，意思表示行動の関係を検討するため，10項目の信条を設定した。

　最後に，宗教についてであるが，各人により拠り所とする宗教が異なるため，Weiss ら（2017）がスイス国民に対して実施した調査の質問項目を参考とし，宗教の信仰程度を聞くこととした。なお，本質問については「no answer」を設け，返答したくない人への倫理的配慮を行った。

表 12-2　成果変数に関する質問と回答形式

| ドイツ，イギリス（opting-in）の場合 | スペイン，フランス（opting-out）の場合 |
|---|---|
| 【質問】<br>あなたは臓器提供に関心がありますか。臓器提供について の態度を決定して，意思表示していますか。<br>Are you interested in organ donation?<br>Have you decided your intention to donate organ or not?<br>Have you declared your will on organ donation on donor card etc.? | 【質問】<br>あなたは臓器提供に関心がありますか。臓器提供についての態度を決定していますか。<br>Are you interested in organ donation?<br>Have you decided your intention to donate organ or not? |
| 1．関心がない<br>Not interested, have not decided your intention for organ donation or not | 1．関心がない<br>Not interested, have not decided your intention for organ donation or not） |
| 2．臓器提供やその意思表示に関心はあり，考え中<br>Interested, have not decided your intention for organ donation or not | 2．臓器提供に関心はあり，考え中<br>Interested, have not decided your intention for organ donation or not |
| 3．臓器提供に YES, NO は決まった。意思表示する まではまだ考えていない<br>Have decided your intention to donate organ or not but have not declared | 3．臓器提供に YES, NO は決まった<br>Have decided your intention for organ donation or not |
| 4．（公的な媒体に）意思表示をしている<br>Have declared your will on organ donation（yes or no）on donor card, via registration on website etc. | （該当なし） |
| 5．意思表示したことを，家族に共有している<br>Have shared your declaration on organ donation（yes or no）with family | 4．意思決定を家族に共有している<br>Have shared your will on organ donation（yes or no）with family |

出所：筆者作成。

　以上の詳細は表 12-3 に示すとおりである。また，各言語の調査票について は，英語：瓜生原（2019d），ドイツ語：瓜生原（2019e），スペイン語：瓜生 原（2020a），フランス語：瓜生原（2020b）に記載している。

表 12-3　各次元の質問（日本語，英語）と回答（日本語，英語）

| 次元 | 質問（日本語） | 質問（英語） | 回答（日本語・英語） |
|---|---|---|---|
| 過去経験 | ボランティア活動への参加 | Participation in volunteer activities | 1. したことがない<br>2. 一度だけある<br>3. 数回ある<br>4. しばしばある<br>5. 非常によくある<br>1. Have never done this<br>2. Have done this once only<br>3. Have done this several times<br>4. Have sometimes done this<br>5. Have often done this |
| | 募金活動への寄付 | Donation to a fund-raising campaign | |
| | 献血への協力 | Donate blood | |
| | 学校で臓器提供について学ぶ | Learn about organ donation at school | |
| | 臓器移植についてのイベントに参加する | Participate in events relating to organ transplantation | |
| | 家族と臓器提供について話す | Talk with my family about organ donation after death | |
| | 友人と臓器提供について話す | Talk with my friends about organ donation after death | |
| | 臓器移植を受けた人の話を直接聞く | Hear directly from transplant recipients | |
| | 臓器移植を待っている人の話を直接聞く | Hear directly from those waiting to receive organ transplants | |
| | 臓器提供をしたご家族の話を直接聞く | Hear directly from donoe families | |
| 臓器提供へのイメージ | 役に立つ | Useful | 1. 全くそう思わない<br>2. そう思わない<br>3. あまりそう思わない<br>4. どちらともいえない<br>5. ややそう思う<br>6. そう思う<br>7. とてもそう思う<br>1. Strongly disagree<br>2. Disagree<br>3. Somewhat disagree<br>4. Neither agree nor disagree<br>5. Somewhat agree<br>6. Agree<br>7. Strongly agree |
| | 怖い | Scary | |
| | 誇り | Pride | |
| | 身近 | Familiar thing | |
| | 家族 | Family | |
| | 不安 | Anxiety | |
| | 想い合う | Think about each other | |
| | つながり | Connection | |
| | 社会的に良い事 | Social good | |
| | 避けたい | Don't want to think about it | |
| | 合理性：自分が死んでしまった後ならば，臓器は自分に必要ない | I don't need my organs for myself after I'm dead | 1. 全くそう思わない<br>2. そう思わない<br>3. あまりそう思わない<br>4. どちらともいえない<br>5. ややそう思う<br>6. そう思う<br>7. とてもそう思う<br>1. Strongly disagree<br>2. Disagree<br>3. Somewhat disagree<br>4. Neither agree nor disagree<br>5. Somewhat agree<br>6. Agree |
| | 合理性：自分の死後，使える臓器があれば他の人に有効利用してほしい | I would like someone else to effectively use my organs after I'm dead, if possible | |
| | 合理性：死んだ後ならば，臓器を取られても痛くない気がする | I don't think it will hurt me to have my organs removed after I'm dead | |
| | 合理性：臓器移植をしなければ助からない人がいるので，臓器移植は必要である | Organ transplantation is essential, as there are some people that can be helped only with organ transplantation | |

| | | 7. Strongly agree |
|---|---|---|
| 臓器提供に関する認識 | 合理性・利他性：自分の死後，臓器提供を待っている人を助けたいと思う | I can save someone by donating my organs |
| | 提供の価値：臓器提供をすることは，家族の誇りになる | My family will be proud of me donating my organs |
| | 提供の価値：他人の体の一部として生き続けることができるので，家族の悲しみを減らすことができる | I think continuing to live on as part of someone else through organ donation can reduce my family's sadness after I've died |
| | 提供の価値：臓器提供が増えれば，国民の医療費削減になる | Public medical expenses will decrease if there is an increase in organ donation and transplantation |
| | 提供への不安：臓器を取られるのは怖い | I'm scared of having my organs removed |
| | 提供への不安：臓器が取り去られた遺体を家族や親しい人に見せたくない | I don't want my family and close friends to see my dead body after my organs have been removed |
| | 提供への不安：自身の体に他人の臓器を移植することは受け入れられない | I cannot accept the transplantation of another person's organs into my own body |
| | 提供への不安：他人の体に自分の臓器を移植することは受け入れられない | I cannot accept the transplantation of my own organs into another person's body |
| | 提供への不安：臓器提供においては，脳死判定が安易に行われているのではないかという不安がある | I'm worried that doctors may be too quick to reach a determination of brain death so that they can remove organs for donation |
| | 提供への不安：臓器摘出により，遺体が大きく損傷される可能性があるのではないかという不安がある | I'm worried that my dead body could be seriously damaged by the removal of my organs |
| | 提供への不安：脳死から生き返ることがあるのではないかと思うので，脳死での臓器摘出には抵抗がある | I'm averse to having my organs removed in the case of brain death as it might be possible to come back to life after brain death |
| | 提供への不安：提供するという意思決定を家族に反対されるのではと危惧している | I'm worried that my family will be opposed to my decision on whether to donate organs or not |
| | 提供への不安：脳死を人の死と思う | I think that brain death is the same as human death |
| | 意思決定の価値：「提供する」「提供しない」のどちらであっても，意思を決定するのは重要 | It's important to decide an intention on organ donation （either "yes" or "no"） |
| | 意思決定の価値：自分の意思決定 | If I declare my intention on organ |

| | | | |
|---|---|---|---|
| | を伝えておけば，万が一のとき，家族に負担をかけなくて済む | donation to my family, it will relieve them from the burden of having to make that decision themselves in the event I di | |
| | 意思決定の価値：臓器提供は自分とは無縁のものである | Even if I do not make decisions on organ donation（either "yes" or "no"）nobody is in trouble | |
| 知識 | 欧州において，毎日平均 12 人が臓器移植を待ちながら亡くなっている | Each day, on average, 12 people in the EU die while waiting for a transplant. | 1. はい<br>2. いいえ<br>3. わからない |
| | 心臓移植後の 5 年生存率は，約 70％である | The 5-year survival rate after heart transplantation is around 70% | 1. true<br>2. false<br>3. I don't know |
| | 移植を受けてオリンピックでメダリストになった人がいる | There is a transplant recipient who won a medal at the Olympic Games | |
| | 脳死になると回復することはない | There is no recovery after brain death | |
| | 植物状態になると回復することはない | There is no recovery from a vegetative state | |
| | 臓器を取り出す際に複数の傷ができる | Multiple cuts（incisions）may be made to a dead body in order to remove organs | |
| | 1 人から複数の人に臓器を提供できる | Organs from a single person can be donated to multiple persons | |
| | 臓器提供をするかどうかについて，最後は家族が意思決定する | It is the deceased's family members who make the final decision about organ donation | |
| | 我が国では，明確な NO を示さない限り臓器提供に賛成とみなされる（opt-out system.） | In my country, a person is considered to consent to organ donation unless they have indicated a clear "no"（opt-out system） | |
| | 臓器提供の意思決定はいつでも変更することができる | A person may change his/her intention to donate organs or not at any time | |
| | 行動規範（仲間への共鳴）：友だちのみんながやっていることに乗り遅れたくない | I don't want to miss out on what everyone else is doing | 1. 全くそう思わない<br>2. そう思わない<br>3. あまりそう思わない<br>4. どちらともいえない<br>5. ややそう思う<br>6. そう思う<br>7. とてもそう思う |
| | 行動規範（仲間への共鳴）：友だちがみんなで悪いことをしているのに自分だけ裏切れない | It'd be embarrassing if I was the only person not doing the same thing that all my friends are doing | 1. Strongly disagree<br>2. Disagree<br>3. Somewhat disagree<br>4. Neither agree nor disagree<br>5. Somewhat agree |
| | 援助規範（自己犠牲）：自己を犠牲にしてまでも，人を助ける必要がない | There's no need for me to go so far as to sacrifice myself to help others | |

| 個人の信条 | 援助規範（自己犠牲）：社会の利益よりも，自分の利益を第1に考えるべきである | I should think about my own interests first before the interests of society | 6. Agree<br>7. Strongly agree |
|---|---|---|---|
| | 共感性（視点取得）：常に人の立場に立って，相手を理解するようにしている | I always try to understand other people from their perspective | |
| | 共感性（視点取得）：自分と違う考えの人と話している時，その人がどうしてそのように考えているのかをわかろうとする | When talking to someone with different ideas to my own, I try to understand why they think the way that they do | |
| | 共感性（共感的配慮）：まわりに困っている人がいると，その人の問題が早く解決するといいと思う | When someone close to me is having trouble, I hope that they are able to quickly resolve the problem | |
| | 共感性（共感的配慮）：人が頑張っているのを見たり聞いたりすると自分には関係なくても応援したくなる | If I see or hear of someone who is doing their best, then I want to support them even if I have no relation to them | |
| | 向社会行動（友人）：気持ちの落ち込んだ友人に電話したり，メールを出したりする | I call or message my friends if they are feeling down | |
| | 向社会行動（他人）：知らない人の自転車が倒れていたとき，起こしてあげる | If I saw that an unknown person's bicycle had fallen over, I would pick it up | |
| 宗教の信仰度 | ※英文論文の質問を引用したため設定なし | Please select the most appropriate answer about your religiosity. | 1. Not religious<br>2. Somewhat not religious<br>3. Somewhat religious<br>4. Very religious<br>5. No answer |

出所：筆者作成。

## 12.3 調査方法

　対象国は，スペイン，フランス，ドイツ，イギリスとした。臓器提供方式の制度は2種類ある。日本と同様に「臓器提供を希望する」という明確な意思表示に基づき臓器提供が実施される opting-in 制度の国として，イギリス（ウェールズを除く），ドイツを選定した。イギリスを選定した理由は，2015年12月よりウェールズで opting-in から opting-out への制度変更があり，すでにウェールズの市民を対象とした同様の調査を実施済であり（瓜生原，2017），その結果との間接比較を行うことを視野にいれたからである[2]。欧州

諸国の多くは opting-out 制度であり[3]，限られた opting-in 制度の国々のうち，2012 年の法改正も含めた他研究者の先行研究も存在し，筆者自身が過去に調査を行ったドイツをもう 1 つの対象として選定した。一方，opting-out 制度の国として，スペイン，フランスを選定した。スペインは世界で最も臓器提供が多いためである。フランスは政府のコミットメントが高い国であり，それらの背景が一般の態度に及ぼす影響についても検討する必要性を鑑み決定した。。

　各国における対象者は 20 歳以上の 300 名であり，20 代，30 代，40 代，50 代，60 代，70 以上の各年代 50 名ずつとし，年代による調整を行った。なお，回答率の増加と回答内容の正確性の向上を目的に，母国語による質問と回答をする形式とした。

　調査は，マクロミル社が提供する web 調査システム QuickMill を用いた。倫理的配慮として，まず，画面の最初に "Your answers will be strictly confidential, and the results of this survey shall only be used for academic publications, mainly for statistical analysis. Therefore, no individual will be disclosed. This survey consists of 7 questions and your profile, which will presumably take some 15 minutes to answer. For each question, please select the most appropriate answer." と明記し，匿名性の担保，同意を得た者のみ回答できるしくみとした。次に，「あなたの現在お住まいの国をお答えください」，「あなたの性別および年齢をお答えください」の質問に対し，対象国以外，20 歳未満を回答した場合は先に進めないしくみとした。さらに，最後に "This is the end of the questionnaire. Thank you for your cooperation. Please review your answers and click "Send"." を入れ，回答者が回答結果の送信を途中でキャンセルできるしくみを作った。

## 12.4　分析方法

　アンケートの回答結果は，過去経験については，「非常によくある」を 5 点，「しばしばある」を 4 点，「数回ある」を 3 点，「一度だけある」を 2 点，「したことがない」を 1 点，臓器提供へのイメージ，認識，個人信条については，

「とてもそう思う」を7点，「そう思う」を6点，「ややそう思う」を5点，「どちらともいえない」を4点，「あまりそう思わない」を3点，「そう思わない」を2点，「全くそう思わない」を1点として分析に用いた。

　統計分析に関しては，臓器提供・意思表示への認識，および個人の信条について，SPSS（PASW Statistics ver. 24）を用いて因子分析を行った。これらは順序尺度で構成されていることから，カテゴリカルデータの相関分析に適したポリコリック相関から相関行列を作成し，因子分析に用いた。また，因子抽出法には多変量正規分布を前提としない反復主因子法，回転法には因子間の相関を仮定する斜交回転のプロマックス回転を使用した。本研究では，因子分析に使用する項目選定の方法として，構成概念の因子負荷量が0.4未満，あるいは共通性が0.16未満の項目は削除するという基準を設けた。因子分析後，尺度の信頼性の検討には信頼性係数であるクロンバックの $\alpha$ 係数を用い，新しく作成する尺度の信頼性を確証できる値は0.6（Nunnally, 1978）とされていることから，$\alpha$ 係数が0.6以上の場合を信頼性があるとした。さらに，識別的妥当性について，因子抽出後，因子間の相関を確認し，相関係数が0.9を越えなければ識別的と判断することとした（Kline, 2005）。

　加えて，成果変数（関心度，意思決定，意思表示行動，意思表示の共有）に影響を与える因子についての分析を行った。経験，イメージ，認識，個人の信条については，各態度・行動のあり・なし，各群における各項目に対する平均値を算出し，SPSSを用いて両側t検定を行った（有意水準 $p < 0.05$）。知識に関しては，各群と正解・不正解の $\chi$ 二乗検定と正答数の平均値の差の両側t検定を行った（有意水準 $p < 0.05$）。宗教の信仰度については，各群と信仰あり・信仰なしの $\chi$ 二乗検定と信仰度の平均値の差の両側t検定を行った（有意水準 $p < 0.05$）。

## 12.5　各国における調査結果：イギリス[4]

### 12.5.1　行動変容ステージの分布，過去経験，知識，イメージ

　イギリスでは，312名から回答を得た。なお，ウェールズは，2015年12月より opting-out 制度に変更したため，対象外とした。

図 12-1　イギリスにおける行動変容ステージ

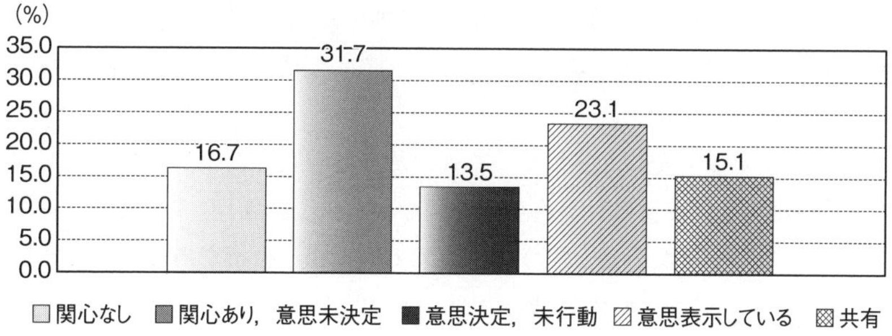

出所：筆者作成。

　行動変容ステージの分布は図 12-1 に示すとおりである。関心ありは 83.3%，意思決定者は 51.7%，意思表示率は 38.2% であり，対象者の半数以上が意思決定をしていた。

　臓器移植に関する過去経験としては，臓器提供について家族と話す 62.2%，友人と話す 50.0% であった。特に家族とよく話す人は 8.0% 存在した。学校で学ぶ機会は 4 割，その他イベントに参加したり，レシピエント，ドナー家族から話しを聞いた経験は 3 割未満であった。移植以外の経験としては，寄付やボランティアによく参加している人が約 2 割であった。

　知識について，正解率が低い項目は，「（誤）臓器を取り出す際に遺体に複数の傷ができる（10.9%）」，「（誤）植物状態になると回復することはない（30.8%）」であった。脳死についての正答率は 56.1% であった。各人の正答数を算出したところ，平均正答数は 4.4，全問正答者は 2 名（0.6%）であった。

　イメージについては，「役に立つ（87.6%）」，「社会に良いこと（76.0%）」，「誇り（69.5%）」などポジティブなイメージが多い一方で，「怖い（49.4%）」，「不安（48.1%）」というネガティブなイメージを約半数が持っていることも明らかとなった。避けたいと思っている人は 29.1% であった。

### 12.5.2　臓器提供に関する認識

　まず，各質問についての集計を行った結果，前項のイメージで上位にあった

「誇り」について,「提供をすることは家族の誇りになる」と認識している人は59.9%であった。意思決定については,「提供する・しないにかかわらず重要」と考えている人が66.3%いる一方で,「意思決定をしなくても誰も困らない」と考える人が44.5%いた。

　また,前項で「不安」と感じている人が約5割存在したが,関連した認識として,「脳死判定が安易に行われるのではないか(33.9%)」,「脳死から生き返ることがあるのではないかと思うので脳死での摘出に抵抗がある(21.2%)」,「遺体を大きく損傷されるのではないか(20.2%)」が挙げられた。なお,脳死を人の死と認識している人は48.3%であった。

　次に,認識20問のうち,「脳死は人の死である」を除く19項目に対して主因子法による探索的因子分析を行った。固有値の変化は,7.20, 4.00, 1.10, 0.93…であり,4因子構造が妥当であると考えられた。そこで,次に4因子を仮定して主因子法・プロマックス回転による因子分析を行った。その結果,十分な因子負荷量を示さなかった項目1項目を分析から除外した。プロマックス回転後の最終的な因子パターンと因子間相関は表12-4に示すとおりである。なお,回転前の4因子で18項目の全分散を説明する割合は73.44%であった。

　表12-4に示すとおり,第1因子は8項目で構成されており,危惧,不安という言葉が含まれており,「不安」と命名した。第2因子は5項目で構成されており,死んだ後ならば臓器は必要ないなどの項目が含まれており「合理性」と命名した。第3因子は3項目で構成されており,臓器提供することは家族の誇りになる,家族の悲しみを減らす,医療費削減につながるなど家族,および社会へ良い影響を及ぼしていることから「提供の価値」と命名した。第4因子は,2項目で構成され,いずれも意思という言葉が含まれ,重要,迷惑をかけなくて済むという項目であったため,「意思決定の価値」と命名した。

　なお,質問項目間の多重共線性については,因子間のpearsonの相関係数が0.9より大きくないため,多重共線性がないことを確認できた(Hair Jr. *et al.*, 2006)。信頼性に関しては,各尺度のクロンバックの$\alpha$係数により確認をした。各尺度の$\alpha$係数は,①「不安」$\alpha=0.921$,②「合理性」$\alpha=0.930$,③「提供の価値」$\alpha=0.785$,④「意思決定の価値」$\alpha=0.754$であった。新しく作成する尺度の信頼性を確証できる値は0.6(Nunnaly, 1978)とされており,十分な値

表 12-4　イギリスにおける臓器提供・移植に対する認識の因子分析結果

| α係数 | 質問項目 | 因子 | | | |
|---|---|---|---|---|---|
| | | 不安 | 合理性 | 提供の価値 | 意思決定の価値 |
| 0.921 | 摘出により大きく損傷する可能性があるのではないかという不安がある | **0.850** | -0.074 | -0.024 | 0.041 |
| | 脳死判定が容易に行われているのではないかという不安がある | **0.823** | 0.144 | -0.177 | -0.043 |
| | 臓器を取られるのは怖い | **0.805** | 0.217 | 0.005 | -0.185 |
| | 脳死から生き返ることがあるのではないかと思うので，脳死での摘出に抵抗がある。 | **0.798** | -0.121 | 0.073 | 0.071 |
| | 他人に臓器提供することは受け入れられない | **0.784** | -0.186 | 0.041 | -0.010 |
| | 意思決定を家族に反対されるのではないかと危惧している | **0.753** | -0.113 | 0.081 | 0.146 |
| | 他人の臓器を移植することは受け入れられない | **0.724** | -0.185 | 0.072 | 0.026 |
| | 取り去られた姿を見せたくない | **0.664** | 0.336 | -0.018 | -0.033 |
| 0.930 | 死んだ後ならば臓器を取られても痛くない気がする | 0.013 | **0.911** | -0.039 | -0.018 |
| | 死んだ後ならば臓器は必要ない | 0.053 | **0.878** | -0.086 | 0.020 |
| | 移植しなければ助からない人がいるので移植は必要である | 0.033 | **0.862** | -0.005 | 0.012 |
| | 提供することで誰かを救うことができる | 0.040 | **0.845** | 0.034 | 0.035 |
| | 死後使える臓器があれば有効利用してほしい | -0.145 | **0.640** | 0.202 | 0.083 |
| 0.785 | 他人の体の一部として生き続けることで，家族の悲しみを減らすことができる | 0.006 | -0.070 | **0.973** | -0.076 |
| | 臓器提供することは家族の誇りになる | 0.012 | 0.376 | **0.531** | 0.004 |
| | 医療費削減につながる | 0.048 | 0.212 | **0.478** | 0.027 |
| 0.754 | 提供する，しないのどちらであっても意思を決定するのは重要である | 0.007 | 0.107 | -0.106 | **0.800** |
| | 意思を伝えておけば家族に負担をかけなくて済む | -0.001 | 0.192 | 0.072 | **0.595** |

| 因子相関行列 | | | | |
|---|---|---|---|---|
| 因子 | 不安 | 合理性 | 提供の価値 | 意思決定の価値 |
| 不安 | 1.000 | -0.399 | -0.048 | -0.085 |
| 合理性 | -0.399 | 1.000 | 0.550 | 0.570 |
| 提供の価値 | -0.048 | 0.550 | 1.000 | 0.481 |
| 意思決定の価値 | -0.085 | 0.570 | 0.481 | 1.000 |

出所：筆者作成。

が得られ，信頼性が確認できた。表面的妥当性，および内容的妥当性について
は，質問票作成の過程で，次元，およびそれを構成する質問項目について複数
の専門家に確認しているため，妥当性が確認できた。収束的妥当性に関して
は，各質問項目の因子負荷量が 0.4 以上を示しており，識別的妥当性について
は，因子間の相関係数は全て 0.9 を超えていないので確認できた（Kline,
2005）。

## 12.5.3　個人の信条

まず，各質問についての集計を行ったところ，日本人 10,000 名の調査で意
思表示者に有意に低かった同調性について，「仲間がみんなやっているのに自

### 表 12-5　イギリスにおける個人の信条の因子分析結果

| α係数 | 質問項目 | 因子 | | |
| --- | --- | --- | --- | --- |
| | | 視点取得行動 | 同調 | 自己犠牲 |
| 0.882 | 自分と違う考えの人と話している時，その人がどうしてそのように考えているのかをわかろうとする | **0.887** | -0.039 | 0.071 |
| | 人が頑張っているのを見たり聞いたりすると自分には関係なくても応援したくなる | **0.810** | 0.130 | -0.162 |
| | 常に人の立場に立って，相手を理解するようにしている | **0.805** | -0.071 | 0.040 |
| | まわりに困っている人がいると，その人の問題が早く解決するといいなあと思う | **0.803** | -0.229 | 0.231 |
| | 気持ちの落ち込んだ友人に電話したり，メールを出したりする | **0.671** | 0.058 | -0.052 |
| | 知らない人の自転車が倒れていたとき，起こしてあげる | **0.573** | 0.288 | -0.205 |
| 0.830 | 仲間がみんなやっているのに自分だけやらないのは恥ずかしい | -0.005 | **0.887** | 0.083 |
| | 友だちのみんながやっていることに乗り遅れたくない | 0.053 | **0.693** | 0.137 |
| 0.749 | 社会の利益よりも，自分の利益を第 1 に考えるべきである | 0.013 | 0.099 | **0.830** |
| | 自己を犠牲にしてまでも，人を助ける必要がない（逆点項目） | -0.064 | 0.324 | **0.526** |

### 因子相関行列

| 因子 | 視点取得行動 | 同調 | 自己犠牲 |
| --- | --- | --- | --- |
| 視点取得行動 | 1.000 | 0.065 | -0.028 |
| 同調 | 0.065 | 1.000 | 0.366 |
| 自己犠牲 | -0.028 | 0.366 | 1.000 |

出所：筆者作成。

分だけやらないのは恥ずかしい」と思う人は22.4%,「友だちのみんながやっていることに乗り遅れたくない」と思う人は14.7%であった。

　援助規範,および利他性について,「自己を犠牲にして人を助ける必要がある」と思う人は42.3%[5),「自分の利益よりも社会の利益よりを第1に考える」人は32.0%であった。

　次に,個人の信条10問に対して主因子法・プロマックス回転による因子分析を行った。その結果,3因子で構成され,全分散を説明する割合は73.98%であった。表12-5に示すとおり,第1因子は6項目で構成され,調査票設計時の共感性(視点取得,共感的配慮),向社会行動(友人,他人)が含まれていた。思うだけではなく相手の立場に立った行動をしているため,「視点取得行動」と命名した。第2因子,第3因子は,調査票設計時と同様に「同調」,「自己犠牲」と命名した。

　また,クロンバックα係数に基づく信頼性,因子負荷量に基づく収束性妥当性,因子間の相関係数に基づく識別的妥当性を確認した。

　宗教については,宗教の内容ではなく,信仰度合いをたずねており,信仰していない人(not religious と somewhat not religious の計)は59%であった。

### 12.5.4　関心度,態度,行動に影響を及ぼす因子

　成果変数である「関心の有無」,「意思決定の有無」,「意思表示の有無」,「意思表示についての共有の有無」について,影響を及ぼす因子について検討した(表12-6)。

　まず,関心の有無について,統計学的有意な項目は多いことが特徴である。経験については,関心あり群では,他の提供行動,臓器提供について学んだり,大切な人と話す機会が有意に多かった。イメージについては,関心あり群で,ポジティブなイメージ(役に立つ,誇り,身近,家族,思い合う,つながり,社会に良いこと)が有意に高く,ネガティブなイメージ(怖い,避けたいこと)は有意に低かった。臓器提供・移植への認識については,あり群で合理性,提供の価値,意思表示の価値が有意に高く,不安が有意に低かった。個人の信条では,あり群は,視点取得行動が有意に高かった。知識に関しては,あり群では正答率が有意に高く,脳死は蘇らないこと,移植の深刻な状況(毎日

表 12-6　イギリスにおける成果変数に影響を及ぼす因子

| | 独立変数 | 関心の有無 あり(260) なし(52) | 意思決定の有無 あり(161) なし(99) | 意思表示の有無 あり(119) なし(42) | 共有の有無 あり(47) なし(72) |
|---|---|---|---|---|---|
| 体験<br>t検定 | ボランティア | -3.25** | -0.52 | -0.11 | 0.80 |
| | 寄付 | -4.01*** | -1.03 | 0.07 | 1.27 |
| | **献血** | -3.56** | -3.89*** | -2.69** | -1.73 |
| | 臓器提供について学ぶ | -4.42*** | -0.89 | 0.79 | -0.45 |
| | イベント参加 | -2.20* | -0.10 | -1.48 | -1.19 |
| | **家族と話す** | -4.82*** | -3.70*** | -3.58*** | -1.40 |
| | 友人と話す | -4.45*** | -3.49** | -1.32 | -0.69 |
| | 受けた人の話を聞く | -1.67 | -1.15 | -1.50 | 0.72 |
| | 待ってる人の話を聞く | -1.16 | -0.39 | -1.37 | 0.80 |
| | 提供した家族の話を聞く | -1.36 | 0.26 | -1.01 | 0.53 |
| イメージ<br>t検定 | 役に立つ | -3.25*** | -2.09* | -1.87 | 1.11 |
| | **怖い** | 2.17* | 4.97*** | 2.12* | 1.83 |
| | 誇り | -4.44*** | -2.19* | -2.79** | 0.24 |
| | **身近** | -3.35** | -3.62*** | -2.20* | -1.14 |
| | 家族 | -4.20*** | -0.69 | -1.16 | -0.26 |
| | 不安 | 1.74 | 5.66*** | 0.90 | 1.57 |
| | **想い合う** | -4.15*** | -2.30* | -2.09* | -0.97 |
| | つながり | -5.05*** | -1.97* | -1.56 | -0.77 |
| | 社会的に良いこと | -5.43*** | -2.39* | -1.69 | 0.17 |
| | 避けたい | 6.14*** | 4.90*** | 1.83 | 1.28 |
| 認識<br>t検定 | 脳死を人の死と思う | -0.94 | -0.13 | 0.47 | 0.61 |
| | **【合理性】因子** | 4.44*** | 4.63*** | 1.30 | 0.36 |
| | 死んだ後ならば臓器は必要ない | -5.19*** | -2.35* | -1.65 | 0.79 |
| | **死後使える臓器があれば有効利用してほしい** | -8.83*** | -5.18*** | -2.27* | 0.83 |
| | 死んだ後ならば臓器を取られても痛くない気がする | -5.03*** | -3.59*** | -1.87 | 0.98 |
| | **移植しなければ助からない人がいるので移植は必要である** | -4.75*** | -4.16*** | -2.23* | 0.93 |
| | **提供により誰かを救うことができる** | -6.76*** | -4.44*** | -2.01* | 0.33 |
| | **【提供の価値】因子** | -6.07*** | -2.70* | -3.14** | -0.50 |
| | **臓器提供することは家族の誇りになる** | -4.85*** | -2.18* | -2.53* | 0.31 |
| | 他人の体の一部として生き続けることで家族の悲しみを減らすことができる | -4.88*** | -1.66 | -2.24* | -1.04 |
| | **医療費削減につながる** | -5.69*** | -2.92** | -2.44* | -0.36 |
| | **【不安】因子** | -7.27*** | -4.47*** | -2.62* | 0.84 |
| | 臓器を取られるのは怖い | 2.37* | 5.12*** | 1.42 | 1.38 |
| | 取り去られた姿を見せたくない | 0.57 | 1.60 | 0.52 | 1.65 |
| | 他人の臓器を移植することは受け入れられない | 4.72*** | 2.90** | 0.69 | -0.55 |
| | 他人に臓器提供することは受け入れられない | 5.52*** | 2.93** | 1.35 | -0.45 |
| | 脳死判定が容易に行われているのではないかという不安がある | 3.65*** | 3.89*** | 1.56 | 0.28 |
| | 摘出により大きく損傷する可能性があるのではないかという不安がある | 3.10** | 4.51*** | 0.77 | -0.15 |

| | | | | |
|---|---|---|---|---|
| | 脳死から生き返ることがあるのではないかと思うので，脳死での摘出に抵抗がある | **3.49**\*\* | **3.73**\*\*\* | 0.58 | 0.25 |
| | 意思決定を家族に反対されるのではないかと危惧している | 1.44 | **3.16**\*\* | 1.29 | 1.27 |
| | 【意思決定の価値】因子 | **-5.76**\*\*\* | **-2.08**\* | **-4.24**\*\*\* | 0.21 |
| | 提供する，しないのどちらであっても意思を決定するのは重要である。 | **-4.02**\*\*\* | -1.52 | **-3.07**\*\* | -0.13 |
| | 意思を伝えておけば家族に負担をかけなくて済む | **-5.10**\*\*\* | **-2.24**\* | **-4.47**\*\*\* | 0.56 |
| | (除外)臓器提供の意思決定をしなくても誰も困らない | -0.77 | 0.48 | -0.67 | **2.61**\* |
| 知識<br>カイ二乗 | 欧州において，毎日平均12人が臓器移植を待ちながら亡くなっている | **7.57**\*\* | 1.77 | 0.25 | 0.87 |
| | 心臓移植後の5年生存率は約70% | **8.20**\*\* | 0.07 | 0.00 | 0.17 |
| | 移植を受けてオリンピックでメダリストになった人がいる | **5.21**\* | 0.76 | 0.01 | 1.86 |
| | 脳死になると回復することはない | **9.68**\*\* | 0.78 | 1.16 | 0.60 |
| | 植物状態になると回復することはない | 0.97 | 0.43 | 0.48 | 1.46 |
| | 臓器を取り出す際に(遺体に)複数の傷ができる | 0.10 | 0.00 | 0.03 | 0.27 |
| | 1人から複数の人に臓器を提供できる | **5.37**\* | **7.70**\*\* | 1.19 | 0.18 |
| | 臓器提供をするかどうかについて，最後は家族が意思決定する | 3.04 | 4.83 | 1.37 | 0.80 |
| | 我が国では，明確なNOを示さない限り臓器提供に賛成とみなされる | 0.86 | 2.51 | 0.14 | 0.07 |
| | 臓器提供の意思決定はいつでも変更することができる | **8.27**\*\* | 2.44 | 0.02 | 2.70 |
| t検定 | 知識レベル(正解数) | **-3.98**\*\*\* | **-2.11**\* | -0.07 | 1.44 |
| 信条<br>t検定 | 【仲間への同調】因子 | -0.82 | 0.92 | 0.01 | 0.34 |
| | 友だちのみんながやっていることに乗り遅れたくない | -0.95 | 0.39 | -0.53 | 0.33 |
| | 仲間がみんなやっているのに自分だけやらないのは恥ずかしい | -0.57 | 1.30 | 0.53 | 0.29 |
| | 【自己犠牲】因子 | **2.29**\* | **2.52**\* | 0.43 | -0.64 |
| | 自己を犠牲にしてまでも，人を助ける必要がない | 1.21 | **2.98**\*\* | 1.25 | -0.80 |
| | 社会の利益よりも，自分の利益を第1に考えるべきである | **2.40**\* | 1.51 | -0.49 | -0.38 |
| | 【視点取得行動】因子 | **-3.27**\*\* | -0.34 | -0.51 | 0.31 |
| | 常に人の立場に立って，相手を理解するようにしている | **-3.69**\*\*\* | -0.45 | -0.46 | 0.44 |
| | 自分と違う考えの人と話している時，その人がどうしてそのように考えているのかをわかろうとする | **-3.27**\*\* | -0.36 | -1.10 | 0.84 |
| | まわりに困っている人がいると，その人の問題が早く解決するといいなあと思う | -1.36 | -1.15 | -0.27 | 0.68 |
| | 人が頑張っているのを見たり聞いたりすると自分には関係なくても応援したくなる | **-2.39**\* | 0.15 | 0.28 | 0.71 |
| | 気持ちの落ち込んだ友人に電話したり，メールを出したりする | **-2.69**\*\* | -0.21 | -1.26 | -1.25 |
| | 知らない人の自転車が倒れていたとき，起こしてあげる | **-2.31**\* | 0.31 | 0.27 | 0.14 |
| 宗教<br>カイ二乗<br>t検定 | 宗教の信仰度1 VS 2～4 | 0.30 | 2.25 | **4.94**\* | 1.36 |
| | 宗教の信仰度1～2 VS 3～4 | 3.49 | 1.35 | **5.17**\* | 0.84 |
| | 宗教の信仰度 | -1.19 | 1.59 | **2.56**\* | 0.71 |

注：t値を記載。\*：p＜0.05，\*\*：p＜0.01，\*\*\*：p＜0.001
出所：筆者作成。

平均 12 人が臓器移植を待ちながら亡くなっている），移植医療の意義（心臓移植の 5 年生存率が 70%，移植により回復しオリンピックでメダルまでとれる），提供の意義（1 人から複数の人に臓器を提供できる）についての正答も有意に高かった。

　次に，意思決定に影響を及ぼす因子は少し限定的になり，関心の有無と異なる点は，経験として，献血と家族・友人との対話のみが有意であった。イメージについては，不安が有意な差と認められ，t 値も最も高かった。知識については，提供の意義のみ有意となった。また，個人の信条としては，自己犠牲のみ有意であった。

　意思表示行動に影響を及ぼす因子はさらに限定的であった。経験については，献血と家族との対話のみ有意差が認められた。イメージについては，「怖い」とのイメージが低いことが有意であった。認識については，意思決定の意義を認識しているかどうかが，最も t 値が大きかった。また，この段階において，知識，個人の信条は影響せず，宗教の信仰について，信仰していない人の方が意思表示をしていたことが特徴的であった。

　3 つの段階で共通に影響を及ぼす因子は「献血」という自己の体の犠牲をした経験，「家族と話す」経験，「身近，思い合う，誇り」と感じ，「怖い」と感じないこと，様々な「不安」要素を払拭することであった。「移植をしなければ助からない人がいる」こと，「提供により誰かを救うことができる」ことを認識するとともに，「提供は家族の誇りとなる」といった家族の価値，「医療費の削減につながる」といった社会の価値も認識していることが重要であった。さらに，「意思を伝えておけば家族に負担をかけなくて済む」と認識することの重要性も示唆された。

　「脳死を人の死と思う」ことは，関心度，意思決定，意思表示，いずれにも影響を及ぼしていなかった。さらに，宗教への信仰度が低い方が意思表示をしていることは，新たな発見であった。

### 12.5.5　イギリスにおける臓器提供方式の違いにおける考察

　本節では，日本と同様に opting-in 制度をとっているイギリスについて調査を行ったが，ウェールズでは 2015 年 12 月に opting-out に制度変更がなされ

ている[6]。

　第 4 章 4 節で述べたとおり，先行研究において，opting-out 採用国は統計学的有意に臓器提供数が多いことが報告されている（Abadie and Gay, 2006；Gimbel *et al.*, 2003；Healy, 2006）。提供について「意思決定と表示行動を主体的に行う」状況と「特に反対でなければ行動しなくてもいい」状況との違いであり，ナッジの事例としてしばしば紹介される。しかし，実際は制度を opting-in から opting-out に変更するのみでは臓器提供数は増加しない。制度変更したオーストリア（Gnant *et al.*, 1991），ベルギー（Roels *et al.*, 1991；Vanrenterghem, 1998），シンガポール（Soh and Lim, 1992）の事例から，制度改正と同時に病院内体制を整備する必要性が報告されている。しかし，一般に対して必要な環境整備についてまだ明らかにされていない。そこで，ウェールズの一般を対象に，意思表示に対する意識と行動について調査を行い，制度変更までの課題を考察することを目的とする定量調査を実施した（瓜生原，2017）。

　調査は，ウェールズ在住 20 歳以上の市民に対して，今回と同様にマクロミル社が提供する web 調査システム QuickMill を用い，年齢・性別の比率調整により標本の代表性を担保した。調査項目は，意思表示に対する認知，行動，制度の認知度，受容度であり，302 名より回答を得た。調査結果のうち興味深い点は，①「opting-out 制度が必要」と思う人（75.6%）は，行動変容ステージが「意思決定以上」が統計学的有意に多かった，②「opting-out 制度を受け入れる」と思う人（72.6%）も，思っていない人より有意に「意思決定以上」が有意に多かった，③ opting-out 制度を受容し，必要性と誇りを感じている人の方が有意に意思表示率が高かったことである。

　ウェールズの結果と本調査結果を間接的に比較すると（表 12-7），「意思決定以上」はウェールズでは 66% にのぼり，それ以外の地域（51.7%）より高い結果であった。また，怖い，不安と感じている人も少なかった。

　ウェールズの意思表示率は 44.9%，そのうち 4 割は表示したことを家族と共有しており，それ以外の地域（38.2%）より高い結果であった。家族との対話経験は，いずれも 62% であったが，次のことが推測された。

　ウェールズで臓器提供方式が変更される過程において，長い年月をかけて国

表 12-7　イギリスにおける臓器提供方式の違いによる一般の意識

| 次元 | 質問 | ウェールズ (n＝302) | ウェールズ 以外 (n＝312) |
|---|---|---|---|
| 行動変容 ステージ | 関心なし | 15.8% | 16.7% |
| | 関心あり | 18.2% | 31.7% |
| | 意思決定し，表示意図はあるがまだしていない | 21.1% | 13.5% |
| | 意思表示している | 27.4% | 23.1% |
| | 意思表示していることを家族に共有している | 17.5% | 15.1% |
| | 【意思決定率】 | 66.0% | 51.7% |
| | 【意思表示率】 | 44.9% | 38.2% |
| 臓器提供 に対する イメージ | 恐い | 40.9% | 49.4% |
| | 不安 | 37.3% | 48.1% |
| | 役に立つ | 80.5% | 87.6% |
| 過去経験 | 死後の臓器提供について学ぶ | 33.3% | 38.8% |
| | 家族と死後の臓器提供について話す | 62.9% | 62.2% |

出所：瓜生原（2017）と本調査結果をもとに，筆者作成。

民の意識変容が促されてきた。1978 年，欧州議会において「死後の臓器提供方式を欧州全体で推定同意に統一する」と提言されてから，イギリスでは制度変更に対する国民調査が随時実施され，2005 年の段階でようやく opting-out に対する賛意が 60％を超えた。実に 40 年間にわたる国民的議論と世論調査が新制度の必要性と受容度を高めたと考えられる。また，ウェールズにおいても，2006 年 7 月イギリス医師会ウェールズ支部が改正法制定を求めてから，具体的に実現するまで 10 年近くの年月が費やされている。したがって，市民も自分ゴトとして対話を重ね，制度変容に対する肯定的な認知が醸成され，意思表示につながったのではないかと考えられる。

### 12.5.6　イギリスのまとめ

　本節においてイギリスの分析を行った結果，日本と同じ制度であるにもかかわらず，意思決定率が 51.7％，意思表示率は 38.2％と高い結果が示された。また，以下の知見が得られた。

➤　過去経験のうち，献血（50.6％），家族との対話（62.2％）は関心，意思

決定，意思表示，全てを促進する因子であった。

➤ 臓器提供・意思表示へのイメージのうち，ネガティブ（怖い）が低減され，ポジティブ（誇り，身近，想い合う）が高まっていることが，関心，意思決定，意思表示，全てを促進した。「不安」は意思決定に対して最も影響度が高かった。

➤ 20 項目の臓器提供・移植への認識は，4 因子（不安，合理性，提供の価値，意思決定の価値）に分類された。そのうち，全てが，関心，意思決定の促進因子であった。さらに，不安の低減，提供価値，意思決定への認識の高さは，意思表示促進因子であった。

➤ 10 項目の個人の信条は，3 因子（自己犠牲，視点取得，同調）に分類された。そのうち，自己犠牲のみが意思決定に影響を及ぼした。

➤ 関心，意思決定，意思表示すべてに影響を及ぼす因子は，「献血」という自己の体の犠牲をした経験，「家族と話す」経験，「身近，想い合う，誇り」と感じ，「怖い」と感じないこと，様々な「不安」要素を低減することであった。「移植をしなければ助からない人がいる」こと，「提供により誰かを救うことができる」ことを認識すると共に，「提供は家族の誇りとなる」といった家族の価値，「医療費の削減につながる」といった社会の価値も認識していることが重要であった。さらに，「意思を伝えておけば家族に負担をかけなくて済む」と認識することの重要性も示唆された。

➤ 「脳死を人の死と思う」ことは，関心度，意思決定，意思表示，いずれにも影響を及ぼしていなかった。

「宗教」については，信仰度が低い方が意思表示をしているという結果が提示され，新たな発見であった。

 ## 12.6　各国における調査結果：ドイツ[7)]

　ドイツは，ユーロトランスプラント（Eurotransplant）[8)] の傘下にあるが，人口，病院数が共に多いため，Deutsche Stiftung Organtransplantation（ドイツ臓器移植推進組織，以下，DSO）の本部がフランクフルトに設置され，各州毎に DSO 支部が配置されている。ドイツでは，バイエルン州で病院内の

キーパーソンとなるトランスプラントコミッショナー[9]の設置を開始し，その成功例を他の地域へ波及させていった。バイエルン州の DSO が最も重要と考えたことは，臓器提供病院に対して多くのベネフィットを提供することであったが，その特徴は，トランスプラントコミッショナーのモチベーションを高めることであった。毎年 1 回 Organ Donation Awad を王宮で開催し，病院内と一般に対する移植医療への理解促進，病院内のプロセス改善に活発に取り組んだトランスプラントコミッショナーを表彰するものである。一般には非公開の特別な部屋でレセプションが開催され，その模様はメディアを通して一般の人々に伝えられる（瓜生原，2012）。彼（女）らの職業に対する誇りを醸成するだけではなく，一般に対して移植医療の重要性を伝える機会である。

　このような取り組み下において，一般の移植医療に対する関心，知識，認識や臓器提供の意思決定・意思表示の状況について調査結果を提示する。

### 12.6.1　行動変容ステージの分布，過去経験，知識，イメージ

　ドイツの行動変容ステージの分布は図 12-2 に示すとおりであり，関心ありは 89.4％，意思決定者は 56.4％，意思表示率は 37.2％であり，対象者の半数以上が意思決定をしていた。

　臓器移植に関する過去経験としては，臓器提供について家族と話す 72.1％，友人と話す 66.7％であった。特に家族とよく話す人は 4.8％存在した。学校で学ぶ機会は約 4 割，その他イベントに参加したり，レシピエント，ドナー家族

図 12-2　ドイツにおける行動変容ステージ

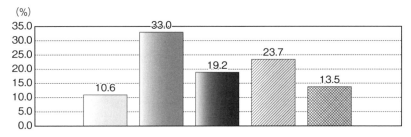

出所：筆者作成。

から話しを聞いた経験は 3 割未満であった。移植以外の経験としては，ボランティア活動によく参加している人が 14.7%，寄付によく参加している人が 8.7%であった。

　知識について，正解率が低い項目は，「（正）臓器提供をするかどうかについて，最後は家族が意思決定する（13.8%）」，「（誤）植物状態になると回復することはない（24.0%）」であった。脳死についての正答率は 56.7%であった。各人の正答数を算出したところ，平均正答数は 4.7，全問正答者は 2 名（0.6%）であった。

　イメージについては，「役に立つ（82%）」，「社会に良いこと（78.2%）」，「想い合う（64.5%）」などポジティブなイメージが高い一方で，「怖い（42.9%）」，「不安（47.8%）」というネガティブなイメージを 4 割以上が持っていることも明らかとなった。避けたいと思っている人は 20.5%であった。

## 12.6.2　臓器提供に関する認識

　各質問についての集計を行った結果，「臓器を提供することは，誰かを救うことができる」と認識していた人は 86.5%いた。意思決定については，「提供する・しないにかかわらず重要」と考えている人が 68.3%いる一方で，「意思決定をしなくてもだれも困らない」と考える人が 29.8%いた。また，前項で「不安」と感じている人が約 5 割存在したが，関連した認識として，「脳死判定が安易に行われるのではないか（39.5%）」，「脳死から生き返ることがあるのではないかと思うので脳死での摘出に抵抗がある（20.5%）」，「遺体を大きく損傷されるのではないか（19.6%）」が挙げられた。なお，脳死を人の死と認識している人は 51.9%であった。認識に関する因子分析結果は，イギリスと同様であった。

## 12.6.3　個人の信条

　各質問についての集計を行った結果，同調性に関して，「仲間がみんなやっているのに自分だけやらないのは恥ずかしい」と思う人が 13.8%，「友だちのみんながやっていることに乗り遅れたくない」と思う人は 19.0%であった。援助規範，および利他性については，「自己を犠牲にしてでも人を助ける必要が

ある」と思う人は 35.6%,「自分の利益よりも社会の利益よりを第 1 に考え
る」人は 40.7%であった。信条に関する因子分析結果は,イギリスと同様で
あった。

　宗教については,信仰している人 34.3%,信仰していない人は 62.5%,回
答なし 3.2%であった。

### 12.6.4　関心度,態度,行動に影響を及ぼす因子

　成果変数である,関心の有無,意思決定の有無,意思表示の有無,意思表示
についての共有の有無について,影響を及ぼす因子について検討した(表
12-8)。

　まず,関心の有無について,統計学的有意な項目は多く,経験については,
関心あり群では,寄付,家族と話す機会が有意に多かった。イメージについて
は,関心あり群で,ポジティブなイメージ(役に立つ,誇り,身近,家族,想
い合う,社会に良いこと)が有意に高く,ネガティブなイメージ(避けたいこ
と)は有意に低かった。臓器提供・移植への認識については,あり群で合理
性,提供の価値,意思表示の価値が有意に高く,不安が有意に低かった。個人
の信条では,あり群は,視点取得行動が有意に高かった。知識に関しては,あ
り群では正答率が有意に高く,脳死は蘇らないこと,移植の深刻な状況(毎日
平均 12 人が臓器移植を待ちながら亡くなっている),移植医療の意義(心臓移
植の 5 年生存率が 70%),提供の意義(1 人から複数の人に臓器を提供できる)
についての正答も有意に高かった。

　次に,意思決定に影響を及ぼす因子について検討すると,経験として,寄付
や家族との会話以外にも,ボランティア参加,献血,イベント参加,友人との
対話が有意であった。イメージについては,怖い,不安といったネガティブな
項目で有意な差と認められた。知識については,脳死に関する知識,提供後の
遺体の傷に関する知識,1 人から複数人に提供可能だという知識に関して有意
となった。また,個人の信条に関して,有意な項目は見られなかった。

　意思表示行動に影響を及ぼす因子はより限定的であった。経験については,
寄付のみ有意差が認められた。イメージについては,「怖い」,「不安」,「避け
たい」のイメージが低いことが有意であった。認識については,意思決定の意

表 12-8　ドイツにおける成果変数に影響を及ぼす因子

| 独立変数 | | 関心の有無<br>あり<br>(270)<br>なし<br>(42) | 意思決定の有無<br>あり<br>(237)<br>なし<br>(33) | 意思表示の有無<br>あり<br>(134)<br>なし<br>(103) | 共有の有無<br>あり<br>(74)<br>なし<br>(60) |
|---|---|---|---|---|---|
| 体験<br>t検定 | ボランティア | -1.23 | -3.70*** | 0.18 | -0.16 |
| | **寄付** | **-3.18**** | **-2.52*** | **2.59*** | -1.76 |
| | 献血 | -0.94 | -4.07*** | -1.20 | -1.81 |
| | 臓器提供について学ぶ | -0.51 | -1.39 | 0.68 | -0.37 |
| | イベント参加 | 0.66 | -2.79** | -0.03 | -1.31 |
| | **家族と話す** | **-2.36*** | **-5.11**** | -1.96 | -1.18 |
| | 友人と話す | -1.30 | -3.90*** | -1.62 | -0.12 |
| | 受けた人の話を聞く | 1.20 | -1.81 | 0.30 | -0.13 |
| | 待ってる人の話を聞く | 1.08 | -2.22* | 0.14 | -1.67 |
| | 提供した家族の話を聞く | 1.61 | -1.14 | -0.08 | -1.63 |
| イメージ<br>t検定 | 役に立つ | **-3.71*** | **-3.12*** | -0.67 | 0.51 |
| | 怖い | -0.60 | **2.30*** | **4.92*** | -0.05 |
| | 誇り | **-2.68*** | -0.76 | -0.46 | 0.26 |
| | 身近 | **-2.25*** | -1.39 | -1.72 | 1.77 |
| | 家族 | **-3.15*** | -1.19 | -1.07 | 0.63 |
| | 不安 | 1.45 | **2.42*** | **5.54*** | -0.71 |
| | 想い合う | **-2.95*** | -0.38 | -1.30 | 0.49 |
| | つながり | -1.56 | 0.09 | -0.98 | 1.08 |
| | 社会的に良いこと | **-3.96**** | **-2.63*** | 0.07 | 0.98 |
| | **避けたい** | **2.41*** | **2.54*** | **3.12*** | **-2.11*** |
| 認識<br>t検定 | 脳死を人の死と思う | -0.73 | **-2.19*** | -1.16 | 0.44 |
| | **【合理性】因子** | **-4.80**** | **-3.74*** | **-2.56*** | 1.08 |
| | 死んだ後ならば臓器は必要ない | **-4.21**** | **-3.56**** | -0.99 | 0.60 |
| | **死後使える臓器があれば有効利用してほしい** | **-4.51**** | **-5.73**** | **-3.09*** | 1.64 |
| | 死んだ後ならば臓器を取られても痛くない気がする | **-3.80*** | **-2.43*** | -1.71 | 0.40 |
| | **移植しなければ助からない人がいるので移植は必要である** | **-4.75**** | **-2.30*** | **-2.16*** | 0.62 |
| | 提供により誰かを救うことができる | **-4.43**** | -1.32 | **-2.55*** | 1.39 |
| | **【提供価値】因子** | **-2.32*** | -0.60 | 0.49 | 0.97 |
| | 臓器提供することは家族の誇りになる | -1.10 | 0.35 | 0.04 | 0.23 |
| | 他人の体の一部として生き続けることで家族の悲しみを減らすことができる | -1.90 | -0.07 | 0.34 | 0.91 |
| | 医療費削減につながる | **-3.24*** | -1.77 | 0.79 | 1.27 |
| | **【不安】因子** | **-2.88*** | **5.25*** | **2.31*** | -1.32 |
| | 臓器を取られるのは怖い | **2.19*** | **4.36*** | 1.55 | -1.21 |
| | 取り去られた姿を見せたくない | 0.85 | **1.99*** | 0.75 | -1.59 |
| | **他人の臓器を移植することは受け入れられない** | **3.61*** | **2.80*** | **2.83*** | -1.95 |
| | **他人に臓器提供することは受け入れられない** | **3.86**** | **3.63**** | **2.50*** | -0.92 |
| | 脳死判定が容易に行われているのではないかという不安がある | 0.73 | **3.20*** | **3.06*** | 0.29 |
| | 摘出により大きく損傷する可能性があるのではないかという不安がある | **2.58*** | **4.69*** | 1.03 | -1.00 |

| | | | | | |
|---|---|---|---|---|---|
| | 脳死から生き返ることがあるのではないかと思うので，脳死での摘出に抵抗がある | **2.03*** | **5.75*****  | **2.48*** | -0.38 |
| | 意思決定を家族に反対されるのではないかと危惧している | 1.77 | **3.20**** | -0.23 | -1.00 |
| | 【意思決定の価値】因子 | **-2.79**** | -1.93 | **-3.01**** | **2.69*** |
| | 提供する，しないのどちらであっても意思を決定するのは重要である。 | **-3.14**** | -1.58 | **-3.06**** | **2.24*** |
| | 意思を伝えておけば家族に負担をかけなくて済む | -1.70 | -1.73 | **-2.22*** | **2.62*** |
| | （除外）臓器提供の意思決定をしなくても誰も困らない | -0.09 | 1.58 | 1.89 | -1.80 |
| 知識<br>カイ二乗 | 欧州において，毎日平均12人が臓器移植を待ちながら亡くなっている | **5.91**** | 1.71 | 0.03 | 2.08 |
| | 心臓移植後の5年生存率は約70% | **4.75*** | 1.55 | 0.05 | 0.97 |
| | 移植を受けてオリンピックでメダリストになった人がいる | 1.65 | 0.16 | 0.86 | 2.47 |
| | 脳死になると回復することはない | **8.23**** | **13.02*****  | 0.28 | 0.82 |
| | 植物状態になると回復することはない | 1.60 | 0.38 | 0.74 | 4.47 |
| | 臓器を取り出す際に（遺体に）複数の傷ができる | 0.89 | **7.32**** | 0.07 | 4.09 |
| | 1人から複数の人に臓器を提供できる | **12.25**** | **7.77**** | 1.49 | 0.76 |
| | 臓器提供をするかどうかについて，最後は家族が意思決定する | 0.09 | 1.66 | 0.32 | 3.47 |
| | 我が国では，明確なNOを示さない限り臓器提供に賛成とみなされる | **14.85*****  | 3.14 | 1.24 | 1.98 |
| | 臓器提供の意思決定はいつでも変更することができる | **13.89**** | 3.15 | **4.80*** | 0.42 |
| t検定 | 知識合計 | **-4.29*****  | **-2.75**** | -1.43 | 1.26 |
| 信条<br>t検定 | 【仲間への同調】因子 | 0.90 | -0.62 | 0.82 | 0.26 |
| | 友だちのみんながやっていることに乗り遅れたくない | 0.48 | -0.64 | 0.65 | -0.14 |
| | 仲間がみんなやっているのに自分だけやらないのは恥ずかしい | 1.16 | -0.48 | 0.84 | -0.13 |
| | 【自己犠牲】因子 | 0.68 | 0.57 | **2.81**** | -0.78 |
| | 自己を犠牲にしてまでも，人を助ける必要がない | 0.81 | -0.70 | **2.44*** | -1.64 |
| | 社会の利益よりも，自分の利益を第1に考えるべきである | 0.33 | 1.81 | **2.37*** | -0.22 |
| | 【視点取得行動】因子 | **-3.01**** | -1.12 | -0.78 | -1.13 |
| | 常に人の立場に立って，相手を理解するようにしている | **-2.56*****  | -1.17 | -0.01 | 0.01 |
| | 自分と違う考えの人と話している時，その人がどうしてそのように考えているのかをわかろうとする | **-3.94**** | -1.17 | -0.64 | 0.36 |
| | まわりに困っている人がいると，その人の問題が早く解決するといいなあと思う | **-2.22*** | -1.14 | -0.95 | 0.18 |
| | 人が頑張っているのを見たり聞いたりすると自分には関係なくても応援したくなる | -1.07 | -1.29 | 0.46 | -0.55 |
| | 気持ちの落ち込んだ友人に電話したり，メールを出したりする | **-2.51*** | -0.48 | -1.40 | 0.31 |
| | 知らない人の自転車が倒れていたとき，起こしてあげる | **-2.76**** | -0.38 | -1.32 | 1.01 |
| 宗教<br>カイ二乗<br>t検定 | 宗教の信仰度1（全くなし）VS2～4（それ以外） | 0.00 | 0.07 | 0.63 | 0.51 |
| | 宗教の信仰度1～2（なし）VS3～4（あり） | 0.43 | 0.00 | 1.18 | 2.33 |
| | 宗教の信仰度（4段階平均） | -0.11 | -0.44 | 0.40 | -1.30 |

注：t値を記載。*：p<0.05, **：p<0.01, ***：p<0.001
出所：筆者作成。

義を認識しているかどうかが，最も t 値が大きかった。また，この段階におい
て，知識，個人の信条は影響せず，宗教の信仰について，信仰していない人の
方が意思表示をしていたことが特徴的であった。

　3つの段階で共通に影響を及ぼす因子は「寄付」経験，「避けたい」と感じ
ないことであった。「移植をしなければ助からない人がいる」こと，「死後使え
る臓器があれば有効利用してほしい」ことの認識が重要であった。さらに，
「他人の臓器を移植することは受け入れられない」，「他人に臓器を移植するこ
とは受け入れられない」，「脳死から生き返るかもしれない」といった不安の払
拭の重要性も示唆された。

　「脳死を人の死と思う」ことは，意思決定のみに影響を及ぼしていた。また，
宗教の信仰度は各段階に影響を及ぼさなかった。

### 12.6.5　まとめ

　ドイツにおける知見を以下に示す。

➤　意思決定率は 56.4%，意思表示率は 37.2% であった。

➤　過去経験のうち，寄付が関心，意思決定，意思表示，全てを促進する因子
　　であった。

➤　臓器提供・意思表示へのイメージのうち，ネガティブ（避けたいこと）の
　　低減が，関心，意思決定，意思表示，全てを促進した。

➤　臓器提供・意識への認識4因子（不安，合理性，提供の価値，意思決定の
　　価値）のうち，合理性，不安の低減，意思決定の価値が，意思決定ならび
　　に意思表示の促進因子であった。

➤　個人の信条3因子（自己犠牲，視点取得，同調）のうち，視点取得は関心
　　に，自己犠牲は意思表示に影響を及ぼした。

➤　関心，意思決定，意思表示すべてに影響を及ぼす因子は，「寄付」経験，
　　「避けたい」と感じないこと，様々な「不安」要素を低減することであっ
　　た。「移植をしなければ助からない人がいる」ことを認識することの重要
　　性も示唆された。

**12.7　各国における調査結果：フランス**[10]

　フランスは，当初より，presumed consent（opting-out）を採用していたわけではなく，1949年の角膜移植法（通称「ラフェイ法」）では，explicit consent（明示の同意方式，opting-in）が採用されていた。その後，1976年の臓器移植法（通称「カイヤヴェ法」）から presumed consent が導入された。1994年，国のシステムに反対意思を登録すること，また，故人の意思表示に関して家族に問い合わせることも法定化された（神馬，旗手，宍戸，瓜生原，2019）。1994年の制定後においても臓器提供の増加が認められなかったため，2004年にそれまでの EFG（Etablissement Français des Greffes）という臓器提供機関を医療先端庁（L'Agence de la Biomédecine）に変更し，その体制と機能を一新した。

　それに伴い国家レベルで実施した施策は，①指標の設置，②プロフェッショナルなコーディネーターの養成，③病院内の協力体制強化であり，これら全ての実施により，「ドナー家族の承諾率を上げること」を目標とした。なお，フランスにおいて，臓器提供を希望しない場合は，国家拒否登録簿（registre national des refus）に登録して拒否の意思を表示できるしくみがあるが，国家が配布する公式なドナーカードは存在しない。そこで，ドナー候補者が国家拒否登録簿に登録されていない場合，医療スタッフは近親者に対して，ドナーの拒否意思の有無を確認する義務がある。したがって，医療現場における家族の承諾率は最も重要な事項なのである。

　指標の設置については，家族の拒否率[11]を指標とし，各病院に導入した。各病院で指標をインプットして先端医療庁に報告をする形態とした。これにより，各病院は数値目標を意識するようになり，国家レベルでは，その指標を追跡することで重点的にサポートを行う地区と病院を把握し，適切な介入を行うことができ，両者のベネフィットが認められた。

　フランスでは家族へのアプローチは院内コーディネーターが行うため，彼（女）らがその職務に専念できるように，フルタイムの院内コーディネーターを増加させることから始めた。また，専門知識と実践力の向上を目指し，先端

医療庁がグリーフケアを中心とした体系的な教育カリキュラムを開発し，彼
（女）らに提供した。同時に，院内コーディネーターの地位と認知を向上させ
るため，これらの施策を「政府の指令（health ministry order）」とした。

　さらに，病院内の協力体制を強化し，彼（女）らが病院内で働きやすい環境
にするため，国家レベルの施策が実施された。まず，臓器提供の増加が国家の
優先事項（une priorité nationale）に指定された。2009年には国家的大義
（grande cause nationae）[12]にも選ばれた。次に，各病院への対策が2視座で
行われた。1つは，年間の臓器提供数，地域への啓発活動の活発度，臨床リ
サーチの活発度に応じた予算配分が行われた。なお，その予算には人件費も含
まれる。もう1つは，各病院で臓器提供を意識する機会の増加である。先端医
療庁から年時活動報告が送付され，また，移植・臓器提供に関する知識の調査
が依頼された。病院レベルにおいては，病院内にドナー家族に感謝する場所を
設置したり，あらゆる病院の職員を地元の移植啓発活動に参画させたりなど，
臓器提供を身近に感じる機会が提供された。

　フランスではこれら諸施策を国の強い後押しの下に実施し，2004年に63%
であった家族の承諾率は72%に上昇し，臓器提供者数も人口百万人あたり
20.9名（2004年）から25.5名（2008年）に増加した。

　国家の強いリーダーシップにけん引されたフランスにおいて，市民は，臓器
提供をどのように捉えているのであろうか。国際比較調査におけるフランスの
分析結果を提示し，既存の知見とあわせて考察する。

### 12.7.1　行動変容ステージの分布，過去経験，知識，イメージ

　フランスにおける行動変容ステージの分布は図12-3に示すとおりである。
関心ありは83.3%，意思決定者は41.3%，意思決定を家族に共有している率
は22.4%であった。なお，フランスはopting-out制度下の国であるため，意
思表示率については質問していない。

　臓器移植に関する過去経験としては，臓器提供について家族と話す72.1%，
友人と話す60.6%であった。特に家族とよく話す人は7.4%存在した。他にも，
レシピエントと話す機会は39.7%，ドナー家族と話す機会34.7%，学校で学
ぶ機会は24.0%，であった。移植以外の経験としては，ボランティアによく

図 12-3　フランスにおける行動変容ステージ

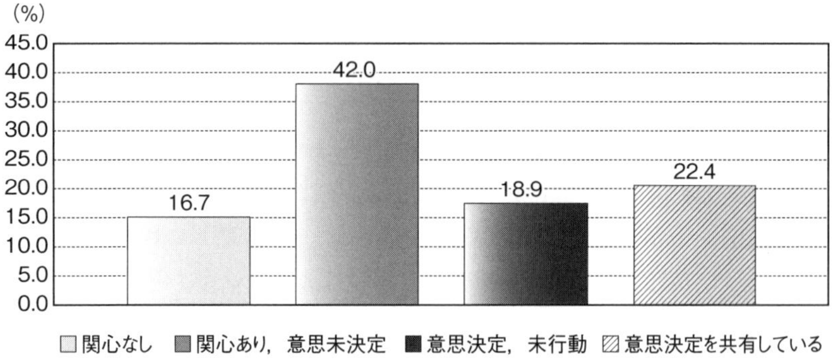

(%)

□関心なし　■関心あり，意思未決定　■意思決定，未行動　◪意思決定を共有している

出所：筆者作成。

参加している人 17.0％，寄付をよくしている人が 7.7％であった。

　知識について，正解率が低い項目は，「(誤) 植物状態になると回復することはない (19.9％)」「臓器を取り出す際に (遺体に) 複数の傷ができる (33.7％)」であった。脳死についての正答率は 51.3％であった。各人の正答数を算出したところ，平均正答数は 4.7，全問正答者は 2 名 (0.6％) であった。

　イメージについては，「役に立つ (88.1％)」，「社会に良いこと (76％)」，「想い合う (85.2％)」などポジティブなイメージが多い一方で，「怖い (31.8％)」，「不安 (47.8％)」という一定のネガティブなイメージの存在も明らかとなった。避けたいと思っている人は 20.8％であった。

### 12.7.2　臓器提供に関する認識

　各質問についての集計を行ったところ，「提供をすることは家族の誇りになる」と認識している人は 53.6％であった。意思決定については，「提供する・しないにかかわらず重要」と考えている人が 73％いる一方で，「意思決定をしなくてもだれも困らない」と考える人が 30.5％いた。また，前項で「不安」と感じている人が 5 割近く存在したが，関連した認識として，「脳死判定が安易に行われるのではないか (24.3％)」，「脳死から生き返ることがあるのではないかと思うので脳死での摘出に抵抗がある (21.8％)」，「遺体を大きく損傷

されるのではないか（24.4%）」が挙げられた。なお，脳死を人の死と認識している人は49.9%であった。認識に関する因子分析結果は，イギリスと同様であった。

### 12.7.3　個人の信条

　各質問についての集計を行った。同調性については，「仲間がみんなやっているのに自分だけやらないのは恥ずかしい」と思う人が14.4%，「友だちのみんながやっていることに乗り遅れたくない」と思う人は25.0%であった。自己犠牲については，「自己を犠牲にして人を助ける必要がある」と思う人は33.1%，「自分の利益よりも社会の利益を第1に考える」人は35.3%であった。信条に関する因子分析結果は，イギリスと同様であった。

　宗教については，信仰している人32.4%，信仰していない人64.8%，無回答2.9%であった。

### 12.7.4　関心度，態度，行動に影響を及ぼす因子

　成果変数である，関心の有無，意思決定の有無，意思表示の有無，意思の共有の有無について，影響を及ぼす因子について検討した（表12-9）。

　まず，関心の有無について，統計学的有意な項目は多く，経験については，関心あり群では，寄付の頻度，大切な人と話す機会が有意に多かった。イメージについては，関心あり群で，全て影響を及ぼしていた。臓器提供・移植への認識については，あり群で合理性，提供の価値，意思表示の価値が有意に高く，不安が有意に低かった。個人の信条では，あり群は，視点取得行動が有意に高かった。知識に関しては，あり群では正答率が有意に高く，脳死は蘇らないこと，移植医療の意義（心臓移植の5年生存率が70%），提供の意義（1人から複数の人に臓器を提供できる）についての正答も有意に高かった。制度の正しい理解も有意であった。

　次に，意思決定に影響を及ぼす因子は少し限定的になり，関心の有無と異なる点は，経験として，家族・友人との対話のみが有意であった。イメージについては，怖い，不安が有意な差と認められ，t値も最も高かった。知識については，有意でなく，個人の信条としては，自己犠牲のみ有意であった。

表 12-9　フランスにおける成果変数に影響を及ぼす因子

| | 独立変数 | 関心の有無 あり (260) なし (52) | 意思決定の有無 あり (129) なし (131) | 意思の共有の有無 あり (70) なし (59) |
|---|---|---|---|---|
| 体験 t 検定 | ボランティア | -1.93 | 0.41 | -0.78 |
| | 寄付 | **-3.57*** | -0.86 | -2.51 |
| | 献血 | -0.36 | -0.13 | -0.97 |
| | 臓器提供について学ぶ | -0.24 | -1.55 | 0.35 |
| | イベント参加 | 0.30 | -1.47 | -0.25 |
| | 家族と話す | **-3.04**** | **-4.50*** | **-2.89**** |
| | 友人と話す | **-3.12**** | **-4.86*** | -1.24 |
| | 受けた人の話を聞く | -1.27 | -1.78 | **-2.43*** |
| | 待ってる人の話を聞く | -0.56 | -1.09 | -1.51 |
| | 提供した家族の話を聞く | -0.72 | -1.47 | -1.64 |
| イメージ t 検定 | 役に立つ | **-4.08*** | -1.89 | **-2.86**** |
| | 怖い | **4.01*** | **3.26**** | 0.21 |
| | 誇り | **-3.56**** | **-0.37*** | -1.77 |
| | 身近 | **-3.14**** | -0.61 | -1.25 |
| | 家族 | **-3.98*** | -0.83 | -1.56 |
| | 不安 | **3.36**** | **3.24**** | 0.20 |
| | 想い合う | **-4.32*** | -1.66 | -1.69 |
| | つながり | **-3.49**** | -1.03 | 0.16 |
| | 社会的に良いこと | **-4.42*** | **-0.73*** | -1.58 |
| | 避けたい | **5.74*** | 1.54 | -0.21 |
| 認識 t 検定 | 脳死を人の死と思う | -1.77 | -0.71 | **-2.27*** |
| | 【合理性】因子 | **-7.96*** | **-2.16*** | **-3.23**** |
| | 死んだ後ならば臓器は必要ない | **-5.45*** | -0.88 | **-2.90**** |
| | 死後使える臓器があれば有効利用してほしい | **-7.51*** | **-2.26*** | **-2.54**** |
| | 死んだ後ならば臓器を取られても痛くない気がする | **-6.23*** | -1.85 | **-2.51*** |
| | 移植しなければ助からない人がいるので移植は必要である | **-5.00*** | **-2.03*** | **-3.17**** |
| | 提供により誰かを救うことができる | **-4.82*** | **-2.33*** | **-2.33*** |
| | 【提供の価値】因子 | **-3.35*** | -1.35 | -0.22 |
| | 臓器提供することは家族の誇りになる | **-3.05**** | **-2.58*** | 0.22 |
| | 他人の体の一部として生き続けることで家族の悲しみを減らすことができる | **-2.26*** | -0.24 | -0.03 |
| | 医療費削減につながる | **-3.33**** | -0.77 | -0.74 |
| | 【不安】因子 | **4.77*** | **3.37**** | **2.95**** |
| | 臓器を取られるのは怖い | **4.27*** | **2.90**** | **2.47*** |
| | 取り去られた姿を見せたくない | **2.86**** | **2.44*** | 1.62 |
| | 他人の臓器を移植することは受け入れられない | **4.49*** | **2.14*** | **2.05*** |
| | 他人に臓器提供することは受け入れられない | **5.39*** | **2.27**** | **2.37*** |
| | 脳死判定が容易に行われているのではないかという不安がある | **4.27*** | **2.76**** | **3.47**** |
| | 摘出により大きく損傷する可能性があるのではないかという不安がある | **4.60*** | **3.32**** | **2.44*** |
| | 脳死から生き返ることがあるのではないかと思うので，脳死での摘出に抵抗がある | **4.98*** | **2.50*** | **2.77**** |
| | 意思決定を家族に反対されるのではないかと危惧している | **2.43*** | **3.16**** | **2.18*** |

| | | | | |
|---|---|---|---|---|
| | 【意思決定の価値】因子 | -4.13*** | -3.33* | -3.28** |
| | 提供する，しないのどちらであっても意思を決定するのは重要である | -4.21*** | -2.53* | -2.26* |
| | 意思を伝えておけば家族に負担をかけなくて済む | -3.31** | -3.40* | -3.62*** |
| | （除外）臓器提供の意思決定をしなくても誰も困らない | 0.34 | 3.99*** | 2.17* |
| 知識<br>カイ二乗 | 欧州において，毎日平均 12 人が臓器移植を待ちながら亡くなっている | 1.36 | 1.25 | 1.14 |
| | 心臓移植後の 5 年生存率は約 70% | 5.24* | 0.56 | 6.14* |
| | 移植を受けてオリンピックでメダリストになった人がいる | 2.49 | 1.25 | 2.83 |
| | 脳死になると回復することはない | 5.43* | 2.26 | 1.82 |
| | 植物状態になると回復することはない | 1.03 | 0.17 | 1.35 |
| | 臓器を取り出す際に（遺体に）複数の傷ができる | 2.09 | 3.63 | 1.35 |
| | 1 人から複数の人に臓器を提供できる | 8.34** | 1.11 | 4.87* |
| | 臓器提供をするかどうかについて，最後は家族が意思決定する | 1.82 | 1.11 | 0.09 |
| | 我が国では，明確な NO を示さない限り臓器提供に賛成とみなされる | 22.16*** | 0.58 | 6.78* |
| | 臓器提供の意思決定はいつでも変更することができる | 13.66** | 2.88 | 10.17** |
| t検定 | 知識合計 | -4.08*** | -0.91 | -0.92 |
| 信条<br>t検定 | 【仲間への同調】因子 | -1.16 | 0.68 | 0.19 |
| | 友だちのみんながやっていることに乗り遅れたくない | -2.55* | -0.24 | -0.05 |
| | 仲間がみんなやっているのに自分だけやらないのは恥ずかしい | 0.52 | 1.46 | 0.41 |
| | 【自己犠牲】因子 | 2.03* | 2.63* | 0.72 |
| | 自己を犠牲にしてまでも，人を助ける必要がない | 0.73 | 2.61* | -0.05 |
| | 社会の利益よりも，自分の利益を第 1 に考えるべきである | 0.52 | 1.46 | 0.41 |
| | 【視点取得行動】因子 | -4.47*** | -0.39 | -3.23** |
| | 常に人の立場に立って，相手を理解するようにしている | -3.72*** | -0.43 | -1.84 |
| | 自分と違う考えの人と話している時，その人がどうしてそのように考えているのかをわかろうとする | -3.07** | -0.56 | -2.99** |
| | まわりに困っている人がいると，その人の問題が早く解決するといいなあと思う | -3.28** | -0.05 | -2.47* |
| | 人が頑張っているのを見たり聞いたりすると自分には関係なくても応援したくなる | -3.68*** | -0.52 | -1.59 |
| | 気持ちの落ち込んだ友人に電話したり，メールを出したりする | -3.56*** | -0.87 | -3.74*** |
| | 知らない人の自転車が倒れていたとき，起こしてあげる | -3.44** | 0.57 | -2.15* |
| 宗教<br>カイ二乗<br>t検定 | 宗教の信仰度 1（全くなし）VS2〜4（それ以外） | 0.26 | 0.74 | 0.20 |
| | 宗教の信仰度 1〜2（なし）VS3〜4（あり） | 0.20 | 0.77 | 0.29 |
| | 宗教の信仰度（4 段階平均） | 0.04 | 1.23 | -0.26 |

注：t 値を記載。*：p＜0.05，**：p＜0.01，***：p＜0.001
出所：筆者作成。

　フランスは opting-out であるため，意思表示を必ずとも必要としない。しかし，家族に意思を共有することは重要である。改めて移植の意義についての知識，意思は変更できること，視点取得がその共有に影響を及ぼしていた。
　3 つの段階で共通に影響を及ぼす因子は「家族と話す」経験，「提供により

誰かを救うことができる」ことを認識するとともに，不安が払拭されていることであった。

### 12.7.5　まとめ

　フランスの分析結果から得られた知見を以下に示す。。

➤　国民の意思決定率は 41.3% であった。Opting-in のイギリス（51.7%），ドイツ（56.4%）に比較してむしろ低い傾向にあった。

➤　過去経験のうち，家族と話すことが関心，意思決定，家族への共有の全てを促進する因子であった。

➤　臓器提供・意思表示へのイメージのうち，ネガティブ（怖い，不安）が低減され，ポジティブ（誇り，社会に良いこと）が増えることが，関心と意思決定，意思表示を促進した。

➤　臓器提供・意識への認識4因子（不安，合理性，提供の価値，意思決定の価値）のうち，合理性，不安の低減，意思決定の価値が，関心，意思決定，家族への共有の全てを促進する因子であった。

➤　個人の信条3因子（自己犠牲，視点取得，同調）のうち，自己犠牲は意思決定に影響を及ぼした。

➤　関心，意思決定，意思の共有すべてに影響を及ぼす因子は，「家族と話す」経験，「提供により誰かを救うことができる」ことを認識するとともに，不安が低減されていることであった。

## 12.8　各国における調査結果：スペイン[13]

　スペインは，世界で最も臓器提供者数が多く，2019 年は人口百万人あたり 49 名に到達したが，それは長期にわたる取り組みの成果である。

　スペインの移植の歴史は，1965 年にマドリッドとバルセロナにおける腎移植で始まった。1979 年に臓器移植法が制定された後，脳死腎移植は増加し，1986 年には人口百万人あたり 16 件となったが，1987 年には 20% 減少し，88 年，89 年も低迷した。そこで，1989 年に臓器提供数を増加させる目的で，Organización Nacional de Transplantes（以下 ONT）が設立された（Matesanz,

1992)。ONT はその当時の状況を分析し,「臓器提供が少ない原因は,ポテン
シャルドナー（臓器提供候補者）を臓器提供に結びつけることができていない
からである」,すなわち,病院内のプロセスに問題があると結論づけた。具体
的な問題点として,2 点挙げられた。1 点目は,病院において必ずしも全ての
死亡患者が臓器提供に適合するかどうかを確認されていないため,出発点で機
会が失われていることであった。2 点目は,医療スタッフのコミュニケーショ
ンスキルが乏しいため,家族は意思決定を円滑に行えず,結果として臓器提供
承諾率が低いことが挙げられた。そこで,解決策としてプロフェッショナル人
材を投入することを決めた。

　ONT はスペイン保健省（Spanish Department of Health）との強固な協力体
制の下,各臓器提供病院に,特別に訓練され,新しい職種に対して高い意欲の
ある医師を配置し,臓器提供の全プロセスを扱う権限と責任を集中させた
(Matesanz *et al.*, 1996；Miranda and Matesanz, 1998)。同時に,彼（女）らを
支援する国家的なネットワークの構築を行った。まず,公式かつ柔軟性に富む
ナショナルネットワークを構築した。スペインは 17 の行政区に分かれている
が,全国的な移植コーディネーションシステムの本部をマドリッドに,17 地
域には地域コーデイネーションオフィスを設置した。それらのオフィスは,そ
の地域に所在する臓器提供病院を支援する体制とした。また,ONT は,臓器
提供を改善することは組織改革することである（improvement of organ dona-
tion＝improvement of organization）と捉え,臓器提供不足の解決に必要不可
欠な戦略的な 7 つのコア取組みを定めた（Matesanz and Dominguez-Gil,
2007）取り組みを決定した。これらの総称を「スパニッシュモデル（Spanish
Model）」と呼び,一部だけ実施するのではなく,全てに取組むことが必要と
言われている（瓜生原, 2012）。

## ① 移植コーディネーションネットワークの構築

　国,地域,臓器提供病院の 3 段階で構成されおり,それぞれ職責が明確にさ
れている。国,地域組織に,疫学研究,教育プログラムの開発,啓発の専任者
を配置していることが鍵である。

## ② 国，地域，病院における特別なコーディネーターの配置

　各レベルの組織にドナーコーディネーターが配置されているが，特に，全ての臓器提供病院に「TPM（Transplant Professional Management）スペシャリスト」と呼ばれるコーディネーターが配置されている。水準の高い人物要件に合致した人材を任命することで，地位の向上に努め，特別な教育・訓練を提供し，職務と権限の範囲を広げることで，動機づけをしている。

## ③ 臓器提供病院におけるプロセスの継続的な監査

　臓器提供の院内プロセスのどこに問題があるのかを明らかにする"The Spanish Quality Program on Organ Donation"が全ての臓器提供病院に導入されている。各病院のデータは，国家機関で分析され，国家レベルでの改善策への取組み，次年度の人員配置と予算配分に活用されている。

## ④ 臓器提供全プロセスの支援機関としての本部体制

　国家機関の責務は，地域，および病院のコーディネーターが職務に専念できるよう，縁の下の力持ちとなることである。データの収集・評価，コンセンサスレポートの作成と行政への働きかけ，ルールの改正への貢献，教育プログラムの開発，予算の確保とトレーニングコースの開催などを行っている。

## ⑤ 充実した医療従事者への教育プログラム

　国家機関が，様々な大学などの教育機関と協働し，既存のプログラムを整理し，体系的な教育プログラムを提供している。

## ⑥ 病院への償還システム

　臓器提供に関わる費用は全て病院から支出され，その費用は，国から次年度の各病院の予算として償還される。償還された金額で，ドナー管理を含む臓器提供にかかる費用，人件費，臓器提供プロセスの改善のための研究，およびスタッフの教育費，地域への啓発費などがカバーされる。

### ⑦ マスメディアとの協働

　移植医療に関する情報について 24 時間問い合わせができるホットラインの設置，ジャーナリストを対象とした定期的なミーティングの開催，医療専門職へのマスメディア・コミュニケーションに関するトレーニングの実施を行い，マスメディアと協働しながら国民への正確な情報提供を行っている。

　スペインでは，これら全てを確実に実践することにより，臓器提供数を着実に増加させ，世界一のレベルを維持している。スペインといえば，「サッカーと臓器移植」といわれる程に国民からも認識されている。では，一般の意識は他国と異なるのであろうか。以下，調査結果を示す。

### 12.8.1　行動変容ステージの分布，過去経験，知識，イメージ

　スペインの行動変容ステージは図 12-4 に示すとおりである。関心ありは 89.7％，意思決定者は 53.2％，意思決定を共有している率は 18.6％であり，対象者の半数以上が意思決定をしていた。

　臓器移植に関する過去経験としては，臓器提供について家族と話す 80.1％，友人と話す 77.9％であった。特に家族とよく話す人は 10.6％存在した。学校で学ぶ機会は 45.2％であり，レシピエントから話を聞いた経験は 49.7％，ドナー家族から話を聞いた経験は 46.2％だった。移植以外の経験としては，ボランティアによく参加しているが 14.1％，寄付によく参加している人が 16.0％であった。

**図 12-4　スペインにおける行動変容ステージ**

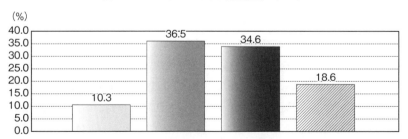

出所：筆者作成。

　知識に関して，正解率が低い項目は，「(誤)臓器を取り出す際に遺体に複数の傷ができる(16.3%)」，「(誤)植物状態になると回復することはない(25.0%)」，「我が国では，明確な NO を示さない限り臓器提供に賛成とみなされる(19.9%)」であった。脳死についての正答率は40.7%であった。各人の正答数を算出したところ，平均正答数は4.3，全問正答者はいなかった。

　イメージについては，「役に立つ(93.6%)」，「想い合う(92.4%)」，「社会に良いこと(90.4%)」，「誇り(74.4%)」などポジティブなイメージが多い。対してネガティブなイメージについては「怖い(12.2%)」，「不安(27.2%)」という結果になった。避けたいと思っている人は13.1%だった。

## 12.8.2　臓器提供に関する認識

　各質問についての集計結果，「提供をすることは家族の誇りになる」と認識している人は69.3%であった。意思決定については，「提供する・しないにかかわらず重要」と考えている人が73.1%いる。一方で，「意思決定をしなくてもだれも困らない」と考える人が31.4%いた。

　また，前項で「不安」と感じている人が27.2%存在したが，関連した認識として，「脳死判定が安易に行われるのではないか(36.5%)」，「脳死から生き返ることがあるのではないかと思うので脳死での摘出に抵抗がある(17.7%)」，「遺体を大きく損傷されるのではないか(21.2%)」が挙げられた。なお，脳死を人の死と認識している人は52.5%であった。認識に関する因子分析の結果はイギリスと同様であった。

## 12.8.3　個人の信条

　各質問についての集計を行った。同調性については，「仲間がみんなやっているのに自分だけやらないのは恥ずかしい」と思う人が11.2%，「友だちのみんながやっていることに乗り遅れたくない」と思う人は36.5%であった。自己犠牲については，「自己を犠牲にしてて人を助ける必要がある」と思う人は51.6%，「自分の利益よりも社会の利益を第1に考える」人は42.6%であった。個人の信条に関する因子分析結果は，イギリスと同様であった。

　宗教については，信仰している人52.2%，信仰していない人は44.9%，無

回答 2.9% であった。

## 12.8.4　関心度，態度，行動に影響を及ぼす因子

　成果変数である，関心の有無，意思決定の有無，意思表示の有無，意思共有
の有無について，影響を及ぼす因子について検討した（表 12-10）。
　まず，関心の有無について，他国と同様，統計学的有意な項目は多かった。
スペインで特徴的なのは，移植を待っている人，受けた人，提供した家族の話
の機会に有意な差が認められたことであった。臓器提供・移植への認識につい
ては，関心の有無同様，過去機会，イメージ，認識で多くの項目に有意差が認
められたことが他国と異なる点であった。また，同調性について，むしろ同調
しない人のほうが意思決定をしていた。家族への意思の共有については，家族
との対話以外の過去経験，知識は影響がなくなり，個人の信条として，視点取
得に有意な差が認められた。つまり，相手の立場に立って考える人ほど家族に
意思を共有していた。
　3 つの段階で共通に影響を及ぼす因子は，「家族と話す」経験，「提供により
誰かを救うことができる」，「死後使える臓器があれば有効利用してほしい」と
思うこと，不安が低減されていることであった。
　「脳死を人の死と思う」こと，宗教への信仰度は，関心度，意思決定いずれ
にも影響を及ぼしていなかった。

## 12.8.5　まとめ

　世界で最も臓器提供者が多いスペインにおいて，以下の知見が得られた。

➤　臓器提供について関心を持つ人が約 9 割（89.7%）であり，意思決定者も
　　半数を超えていた（53.2%）。

➤　過去経験のうち，家族と話すことが関心，意思決定，家族への共有の全て
　　を促進する因子であった。また，意思決定に影響を及ぼす因子は，ボラン
　　ティアの経験，臓器提供について学ぶ経験，移植待機者・受けた人・提供
　　家族の話しを聴く経験であった。

➤　臓器提供・意思表示へのイメージのうち，関心を持たせる因子はポジティ
　　ブのみであった。意思決定には，ネガティブ（怖い，不安）が低減される

表 12-10　スペインにおける成果変数に影響を及ぼす因子

| 独立変数 | | 関心の有無 あり(254) なし(58) | 意思決定の有無 あり(166) なし(88) | 意思の共有の有無 あり(58) なし(108) |
|---|---|---|---|---|
| 体験 t検定 | ボランティア | -3.26** | -3.60*** | 0.63 |
| | 寄付 | -3.66*** | -1.87 | 0.15 |
| | 献血 | -1.58 | -2.70** | 0.27 |
| | 臓器提供について学ぶ | -2.89** | -4.13*** | -0.72 |
| | イベント参加 | -2.29 | -3.35** | -0.42 |
| | 家族と話す | -5.57*** | -7.29*** | -3.49** |
| | 友人と話す | -5.89*** | -5.43*** | -1.09 |
| | 受けた人の話を聞く | -3.23** | -3.08** | -0.54 |
| | 待ってる人の話を聞く | -2.36* | -2.40* | -0.06 |
| | 提供した家族の話を聞く | -2.95** | -3.99*** | -0.22 |
| イメージ t検定 | 役に立つ | -2.06* | -2.09* | -0.81 |
| | 怖い | 0.60 | 2.46* | 1.70 |
| | 誇り | -1.84 | -1.88 | -0.14 |
| | 身近 | -3.35** | -3.37** | -1.61 |
| | 家族 | -2.79** | -3.43** | -0.40 |
| | 不安 | 0.62 | 2.13* | 0.19 |
| | 想い合う | -2.27* | -2.73** | -1.47 |
| | つながり | -3.42** | -3.51** | -0.54 |
| | 社会的に良いこと | -2.11* | -3.94*** | -1.92 |
| | 避けたい | 3.78*** | 4.74*** | 1.71 |
| 認識 t検定 | 脳死を人の死と思う | -0.25 | 0.01 | 1.27 |
| | 【合理性】因子 | -4.42*** | -4.17*** | -2.22* |
| | 死んだ後ならば臓器は必要ない | -2.81** | -3.61*** | -1.17 |
| | 死後使える臓器があれば有効利用してほしい | -5.93*** | -5.77*** | -2.26* |
| | 死んだ後なら臓器を取られても痛くない気がする | -5.29*** | -3.57** | -1.72 |
| | 移植しなければ助からない人がいるので移植は必要である | -1.73 | -2.52* | -2.53* |
| | 提供により誰かを救うことができる | -2.33* | -2.58* | -2.12* |
| | 【提供の価値】因子 | -3.24** | -3.63*** | -0.82 |
| | 臓器提供することは家族の誇りになる | -3.62*** | -3.97*** | -0.60 |
| | 他人の体の一部として生き続けることで家族の悲しみを減らすことができる | -2.43* | -2.40* | 0.08 |
| | 医療費削減につながる | -2.67* | -2.74** | -1.48 |
| | 【不安】因子 | 2.86** | 5.75*** | 3.81*** |
| | 臓器を取られるのは怖い | 2.71** | 5.80*** | 3.10** |
| | 取り去られた姿を見せたくない | 2.00* | 4.64*** | 2.51* |
| | 他人の臓器を移植することは受け入れられない | 3.49* | 3.03** | 2.76** |
| | 他人に臓器提供することは受け入れられない | 2.67** | 3.78*** | 4.44*** |
| | 脳死判定が容易に行われているのではないかという不安がある | 0.48 | 4.40*** | 1.57 |
| | 摘出により大きく損傷する可能性があるのではないかという不安がある | 2.56* | 4.50*** | 2.63 |
| | 脳死から生き返ることがあるのではないかと思うので，脳死での摘出に抵抗がある | 2.30* | 3.35** | 2.69 |
| | 意思決定を家族に反対されるのではないかと危惧している | -0.04 | 0.15 | -0.51 |

| | | | | |
|---|---|---|---|---|
| | **【意思決定の価値】因子** | **-3.18** | **-3.55*** | -0.71 |
| | 提供する，しないのどちらであっても意思を決定するのは重要である。 | **-3.33** | **-3.39** | -0.35 |
| | 意思を伝えておけば家族に負担をかけなくて済む | **-3.08** | **-3.00** | -0.79 |
| | **（除外）臓器提供の意思決定をしなくても誰も困らない** | **2.21*** | **1.98*** | **2.99** |
| 知識<br>カイ二乗 | 欧州において，毎日平均 12 人が臓器移植を待ちながら亡くなっている | 1.80 | 0.56 | 2.35 |
| | 心臓移植後の 5 年生存率は約 70% | 1.46 | 0.44 | 4.61 |
| | 移植を受けてオリンピックでメダリストになった人がいる | 0.08 | 0.36 | 0.93 |
| | 脳死になると回復することはない | 0.14 | 0.99 | 0.56 |
| | 植物状態になると回復することはない | **4.71*** | 1.94 | 4.29 |
| | 臓器を取り出す際に（遺体に）複数の傷ができる | 2.66 | 0.00 | 0.90 |
| | 1 人から複数の人に臓器を提供できる | **5.87*** | **4.99*** | 4.51 |
| | 臓器提供をするかどうかについて，最後は家族が意思決定する | 0.06 | 0.01 | 0.88 |
| | 我が国では，明確な NO を示さない限り臓器提供に賛成とみなされる | 0.03 | **7.16** | 0.50 |
| | 臓器提供の意思決定はいつでも変更することができる | 0.83 | **5.41*** | 1.55 |
| t検定 | 知識合計 | **-2.02*** | **-2.19*** | -0.86 |
| 信条<br>t検定 | **【仲間への同調】因子** | -1.35 | 1.89 | 1.78 |
| | 友だちのみんながやっていることに乗り遅れたくない | -1.58 | 0.29 | 0.94 |
| | 仲間がみんなやっているのに自分だけやらないのは恥ずかしい | -0.32 | **2.81** | 1.95 |
| | **【自己犠牲】因子** | 0.53 | 0.84 | **2.66** |
| | 自己を犠牲にしてまでも，人を助ける必要がない | 1.05 | 0.24 | **3.05** |
| | 社会の利益よりも，自分の利益を第 1 に考えるべきである | -0.16 | 1.23 | 1.52 |
| | **【視点取得行動】因子** | -1.14 | -1.23 | **-4.13*** |
| | 常に人の立場に立って，相手を理解するようにしている | -1.00 | -1.78 | **-3.83*** |
| | 自分と違う考えの人と話している時その人がどうしてそのように考えているのかをわかろうとする | -0.57 | -0.42 | **-3.03** |
| | まわりに困っている人がいると，その人の問題が早く解決するといいなあと思う | -1.26 | -0.39 | **-3.57*** |
| | 人が頑張っているのを見たり聞いたりすると自分には関係なくても応援したくなる | -1.55 | -1.74 | **-3.42** |
| | 気持ちの落ち込んだ友人に電話したり，メールを出したりする | -1.07 | -0.62 | **-2.79** |
| | 知らない人の自転車が倒れていたとき，起こしてあげる | -0.94 | -1.90 | -1.17 |
| 宗教<br>カイ二乗<br>t検定 | 宗教の信仰度 1（全くなし）VS2〜4（それ以外） | 1.11 | 2.51 | **5.10*** |
| | 宗教の信仰度 1〜2（なし）VS3〜4（あり） | 0.69 | 1.56 | 1.42 |
| | 宗教の信仰度（4 段階平均） | -0.74 | 1.82 | -1.50 |

注：t 値を記載。*：p<0.05, **：p<0.01, ***：p<0.001
出所：筆者作成。

ことも影響していた。誇りはいずれにも影響していなかった。

➤ 臓器提供・意識への認識 4 因子（不安，合理性，提供の価値，意思決定の価値）のうち，合理性，不安の低減が，関心，意思決定，家族への共有の全てを促進する因子であった。提供の価値，意思決定の価値は，関心と意

思決定を促進する因子であったが，家族への共有には影響しなかった。

➤　個人の信条３因子（自己犠牲，視点取得，同調）について，いずれも関心の醸成，意思決定に影響を及ぼさなかった。

➤　関心，意思決定，意思の共有すべてに影響を及ぼす因子は，「家族と話す」経験，「提供により誰かを救うことができる」，「死後使える臓器があれば有効利用してほしい」などの合理性を認識すると共に，不安が低減されていることであった。

## 12.9　国際間比較と考察

　各国の結果を踏まえ，成果変数である関心度，意思決定，意思表示（イギリス，ドイツのみ）について，影響を及ぼす因子を比較する。また，日本においては，内閣府の世論調査結果，日本人 10,000 名を対象とした定量調査結果（第６章），大学生 574 名を対象とした定量分析結果（第 10 章）を用いて間接的に比較する。

### 12.9.1　主要項目の割合

　欧州４カ国の状況をみると（表 12-11），まず，関心度は８割を超えていた。そのうち，意思決定の割合は４割から６割の間であった。また，opting-in の国々では，意思決定者が意思表示行動に至る率は約７割と高い結果であった。

　過去経験については，家族，友人と話した経験はスペインが最も高かった。脳死，植物状態に関する正しい知識を得ている人は少なく，「脳死は人の死」だと思っている人は約半数（48.3～52.2%）であった。それに対して，脳死判定が容易に行われるのではないかと不安な人は約３割（24.3～39.5%），脳死から生き返ることがあるのではないかと思うので脳死での摘出に抵抗がある人は約２割（17.7～24.4%）であった。

　世界で最も人口百万人あたりの臓器提供者数が多いスペインの特徴は，臓器提供に対する不安，怖いというネガティブなイメージが低いこと，臓器提供は「誇り」とイメージしている人，「家族の誇り」と認識している割合が高いこと，家族，友人と臓器提供について話したことがある人が多いことであった。

表 12-11　主要項目の国際比較

| 制度 | Opt-in | | Opt-out | | Opt-in |
|---|---|---|---|---|---|
| 国 | イギリス<br>(n＝312) | ドイツ<br>(n＝312) | フランス<br>(n＝312) | スペイン<br>(n＝312) | 日本 |
| 臓器提供者数（pmp）<br>2014 年<br>2019 年 | <br>20.6<br>24.9 | <br>10.5<br>11.2 | <br>25.9<br>33.3 | <br>35.7<br>49.0 | <br>0.6<br>1.0 |
| **成果変数** | | | | | |
| 関心がある人の割合 | 83.3 | 89.4 | 83.3 | 89.7 | 56.4*<br>58.6*** |
| 意思決定率（　）内は関心度に対する比率 | 51.7<br>(62.1) | 56.4<br>(63.1) | 41.3<br>(49.6%) | 53.2<br>(59.3%) | 23.0***<br>(39.2%) |
| 意思表示率（　）は意思決定に対する比率 | 38.2<br>(73.9%) | 37.2<br>(66.0%) | Opting-out 制度<br>のため該当せず | | 12.7*<br>19.8**<br>10.9***<br>(47.4%) |
| 家族への共有率 | 15.1 | 13.5 | 22.4 | 18.6 | 3.5*** |
| **過去経験** | | | | | |
| **家族と話したことがある** | 62.2 | 72.1 | 72.1 | **80.1** | 35.4* |
| 友人と話したことがある | 50.0 | 66.7 | 60.6 | 77.9 | なし |
| **知識についての正答率** | | | | | |
| 脳死は蘇らない | 56.1 | 56.7 | 51.3 | 40.7 | 58.7** |
| 植物状態は回復する | 30.8 | 24.0 | 19.9 | 36.2 | 73.0** |
| 臓器を取り出す際に遺体に複数の傷ができることはない | 10.9 | 28.2 | 33.7 | 16.3 | なし |
| 平均正答数(10 問中) | 44.0 | 46.9 | 47.0 | 42.6 | 51.8*** |
| **臓器提供へのイメージ：感じている人の割合** | | | | | |
| **誇り** | 69.5 | 46.5 | 61.6 | **74.4** | 31.4*** |
| **不安** | 48.1 | 47.8 | 47.8 | **27.2** | 60.7*** |
| **恐い** | 49.4 | 42.9 | 31.8 | **12.2** | 48.7*** |
| 避けたい | 29.1 | 20.5 | 20.8 | 13.1 | なし |
| **臓器提供・意思決定への認識：思っている人の割合** | | | | | |
| 脳死は人の死 | 48.3 | 51.9 | 49.9 | 52.5 | 44.3** |
| 脳死判定が容易に行われるのではないかと不安 | 33.9 | 39.5 | 24.3 | 36.5 | 48.2** |

| | | | | | |
|---|---|---|---|---|---|
| 脳死から生き返ることがあるのではないかと思うので，脳死での摘出に抵抗がある | 21.2 | 20.5 | 21.8 | 17.7 | 44.1** |
| 摘出で大きく損傷する可能性があるのではと不安 | 20.2 | 19.6 | 24.4 | 21.2 | 35.3** |
| 臓器提供は家族の誇り | 59.9 | 45.5 | 53.6 | 69.3 | 5.7** |
| 意思決定は重要 | 66.3 | 68.3 | 73.0 | 73.1 | 76.3*** |
| 意思決定をしなくてもだれも困らない | 44.5 | 29.8 | 30.5 | 31.4 | なし |
| **個人の信条：思っている人の割合** | | | | | |
| 皆しているのに自分だけしないのは恥ずかしい(同調性) | 14.7 | 13.8 | 14.4 | 11.2 | 39.7*** |
| 自己を犠牲にして人を助ける必要がある | 42.3 | 35.6 | 33.1 | 51.6 | 41.3*** |
| 宗教の信仰度(上段は信仰している割合，下段は不同意 1-同意 4 の平均値) | 40.1<br>2.06 | 34.3<br>2.05 | 32.4<br>1.95 | 52.2<br>2.28 | 該当<br>なし |

注：* 内閣府の世論調査結果
　　** 日本人 10,000 名を対象とした定量調査結果（第 6 章）
　　*** 大学生 574 名を対象とした定量分析（第 11 章）
出所：筆者作成。

　知識の正答率は他国と同等であるため，「臓器提供は誇り」というのポジティブなイメージが形成されており，家族や友人と話す機会も多いため，様々な不安が払拭されているのではないかと推察された。
　一方，日本の状況を欧州と間接的に比較すると，関心度，意思決定率，意思決定から表示に至る率，共に低い状況であった。知識は他国と同等以上に有していたが，「不安」というネガティブなイメージが非常に高く，反対に「誇り」というポジティブなイメージが非常に低かった。また，「脳死が人の死」と認識している人は他国と同等であったにもかかわらず，脳死判定が容易に行われるのではないか，脳死から生き返ることがあるのではないかと「不安」に思っている人が多かった。これは，「家族と話した」経験が他国より低いことに起因しているのではないかと考えられた。日本では日々の生存がおびやかされる程危険な状態にさらされることが少なく，生死を意識する機会が多いとはいえない。家族で死後について話題にすることもはばかれるのだと推察する。
　また，「臓器提供は家族の誇り」と認識している人は著しく少なかった。この点については，第 13 章 6 節で詳しく考察する。

## 12.9.2　関心の有無に影響を及ぼす因子

　成果変数のうち，関心の有無に影響を及ぼす因子について分析を行った（表12-12）。本段階において，関心あり群の方がなし群より統計学的有意差に高い，もしくは低い項目は多い。

　まず，4カ国に共通の関心度に影響を及ぼす因子を列挙すると，寄付経験の頻度，家族と臓器提供について話す頻度，ポジティブなイメージが高い（役に立つ，身近，家族思い合う，社会に良いこと），ネガティブなイメージが低い（避けたいこと），合理性，提供の価値（医療費の削減につながるなど）の認識，不安が低減されていること，意思決定の価値の認識，知識の正答率であった。

　反対に，全ての国で有意差が認められなかったのは，「脳死を人の死と思う」という認識，「臓器を取り出す際に遺体に複数の傷ができる（誤）」，「臓器提供をするかどうかについて，最後は家族が意思決定する（正）」という知識，「仲間がみんなやっているのに自分だけやらないのは恥ずかしい」，「自己を犠牲にしてまでも，人を助ける必要がない」という個人の信条，宗教への信仰度であった。

　以上より，関心を持たせる段階において，臓器提供へのポジティブなイメージ，臓器提供への意義の認識，および不安が少ないことは影響を及ぼすが，個人の信条や宗教への信仰度の影響はほとんどないことが明らかとなった。

　一方，国で特徴的なこととして，スペインにおいて，個人の信条，「誇り」は全く影響がなかった。「誇り」に関しては，前項のとおり，約75％の人がすでに感じているため統計学的有意が認められなかったと考える。また，移植を待っている人，受けた人，ドナー家族の話しを聞く頻度が関心度に影響をしていた。

## 12.9.3　意思決定の有無に影響を及ぼす因子

　成果変数のうち，意思決定の有無に影響を及ぼす因子について分析を行った（表12-13）。本段階において，意思決定群の方が未意思決定群より統計学的有意に高い，もしくは低い項目のうち，4カ国に共通の因子は限定的である。意思決定群に有意であった因子は，「家族，友人と臓器提供について話し合う」

表 12-12　関心の有無に影響を与える因子に関する国際比較

| 独立変数 | | イギリス あり (260) なし (52) | ドイツ あり (270) なし (42) | フランス あり (260) なし (52) | スペイン あり (254) なし (58) |
|---|---|---|---|---|---|
| 経験 t検定 | ボランティア | -3.25** | -1.23 | -1.93 | -3.26** |
| | 寄付 | -4.01*** | -3.18** | -3.57*** | -3.66*** |
| | 献血 | -3.56** | -0.94 | -0.36 | -1.58 |
| | 臓器提供について学ぶ | -4.42*** | -0.51 | -0.24 | -2.89** |
| | 体験イベント参加 | -2.20* | 0.66 | 0.30 | -2.29 |
| | 家族と話す | -4.82*** | -2.36* | -3.04** | -5.57*** |
| | 友人と話す | -4.45*** | -1.30 | -3.12** | -5.89*** |
| | 受けた人の話を聞く | -1.67 | 1.20 | -1.27 | -3.23** |
| | 待ってる人の話を聞く | -1.16 | 1.08 | -0.56 | -2.36* |
| | 提供した家族の話を聞く | -1.36 | 1.61 | -0.72 | -2.95** |
| イメージ t検定 | 役に立つ | -3.25*** | -3.71** | -4.08*** | -2.06* |
| | 怖い | 2.17* | -0.60 | 4.01*** | 0.60 |
| | 誇り | -4.44*** | -2.68** | -3.56*** | -1.84 |
| | 身近 | -3.35** | -2.25* | -3.14** | -3.35** |
| | 家族 | -4.20*** | -3.15** | -3.98*** | -2.79** |
| | 不安 | 1.74 | -1.45 | 3.36** | 0.62 |
| | 想い合う | -4.15*** | -2.95** | -4.32*** | -2.27* |
| | つながり | -5.05*** | -1.56 | -3.49** | -3.42** |
| | 社会的に良いこと | -5.43*** | -3.96*** | -4.42*** | -2.11* |
| | 避けたい | 6.14*** | 2.41* | 5.74*** | 3.78*** |
| 認識 t検定 | 脳死を人の死と思う | -0.77 | -0.09 | 0.34 | -0.25 |
| | 【合理性】因子 | 4.44*** | -4.80*** | -7.96*** | -4.42*** |
| | 死んだ後ならば臓器は必要ない | -5.19*** | -4.21*** | -5.45*** | -2.81** |
| | 死後使える臓器があれば有効利用してほしい | -8.83*** | -4.51*** | -7.51*** | -5.93*** |
| | 死んだ後ならば臓器を取られても痛くない気がする | -5.03*** | -3.80** | -6.23*** | -5.29*** |
| | 移植しなければ助からない人がいるので移植は必要である | -4.75*** | -4.75*** | -5.00*** | -1.73 |
| | 提供することで誰かを救うことができる | -6.76*** | -4.43*** | -4.82*** | -2.33* |
| | 【提供の価値】因子 | -6.07*** | -2.32* | -3.35** | -3.24** |
| | 臓器提供することは家族の誇りになる | -4.85*** | -1.10 | -3.05** | -3.62*** |
| | 他人の体の一部として生き続けることで，家族の悲しみを減らすことができる | -4.88*** | -1.90 | -2.26* | -2.43* |
| | 医療費削減につながる | -5.69*** | -3.24** | -3.33** | -2.67* |
| | 【不安】因子 | -7.27*** | 2.88** | 4.77*** | 2.86** |
| | 臓器を取られるのは怖い | 2.37* | 2.19* | 4.27*** | 2.71** |
| | 取り去られた姿を見せたくない | 0.57 | 0.85 | 2.86** | 2.00* |
| | 他人の臓器を移植することは受け入れられない | 4.72*** | 3.61*** | 4.49*** | 3.49* |
| | 他人に臓器提供することは受け入れられない | 5.52*** | 3.86*** | 5.39*** | 2.67** |
| | 脳死判定が容易に行われているのではないかという不安がある | 3.65*** | 0.73 | 4.27*** | 0.48 |
| | 摘出により大きく損傷する可能性があるのではないかという不安がある | 3.10** | 2.58* | 4.60*** | 2.56* |
| | 脳死から生き返ることがあるのではないかと思うので，脳死での摘出に抵抗がある | 3.49** | 2.03* | 4.98*** | 2.30* |

| | | | | |
|---|---|---|---|---|
| | 【意思決定の価値】因子 | -5.76*** | -2.79** | -4.13*** | -3.18** |
| | 提供する，しないのどちらであっても意思を決定するのは重要である | -4.02*** | -3.14** | -4.21*** | -3.33** |
| | 意思を伝えておけば家族に負担をかけなくて済む | -5.10*** | -1.70 | -3.31** | -3.08** |
| | (除外) 臓器提供の意思決定をしなくても誰も困らない | 1.44 | 1.77 | 2.43* | 2.21* |
| | (除外) 意思決定を家族に反対されるのではないかと危惧している | -0.94 | -0.73 | -1.77 | -0.04 |
| 知識カイ二乗 | 欧州において毎日平均 12 人が臓器移植を待ちながら亡くなっている | 7.57** | 5.91** | 1.36 | 1.80 |
| | 心臓移植後の 5 年生存率は，約 70% である | 8.20** | 4.75* | 5.24* | 1.46 |
| | 移植を受けてオリンピックでメダリストになった人がいる | 5.21* | 1.65 | 2.49 | 0.08 |
| | 脳死になると回復することはない | 9.68** | 8.23** | 5.43* | 0.14 |
| | 植物状態になると回復することはない | 0.97 | 1.60 | 1.03 | 4.71** |
| | 臓器を取り出す際に（遺体に）複数の傷ができる | 0.10 | 0.89 | 2.09 | 2.66 |
| | 1 人から複数の人に臓器を提供できる | 5.37* | 12.25** | 8.34** | 5.87* |
| | 臓器提供をするかどうかについて，最後は家族が意思決定する | 3.04 | 0.09 | 1.82 | 0.06 |
| | 我が国では，明確な NO を示さない限り臓器提供に賛成とみなされる | 0.86 | 14.85*** | 21.16*** | 0.03 |
| | 臓器提供の意思決定はいつでも変更することができる | 8.27** | 13.89** | 13.66** | 0.83 |
| t検定 | 知識合計 | -3.98*** | -4.29*** | -4.08*** | -2.02* |
| | 【仲間への同調】因子 | -0.82 | 0.90 | -1.16 | -1.35 |
| | 友だちのみんながやっていることに乗り遅れたくない | -0.95 | 0.48 | -2.55* | -1.58 |
| | 仲間がみんなやっているのに自分だけやらないのは恥ずかしい | -0.57 | 1.16 | 0.52 | -0.32 |
| | 【自己犠牲】因子 | 2.29* | 0.68 | 2.03* | 0.53 |
| | 自己を犠牲にしてまでも，人を助ける必要がない | 1.21 | 0.81 | 0.73 | 1.05 |
| | 社会の利益よりも，自分の利益を第 1 に考えるべきである | 2.40* | 0.33 | 2.91** | -0.16 |
| | 【視点取得行動】因子 | -3.27** | -3.01** | -4.47*** | -1.14 |
| 信条t検定 | 常に人の立場に立って，相手を理解するようにしている | -3.69*** | -2.56* | -3.72*** | -1.00 |
| | 自分と違う考えの人と話している時，その人がどうしてそのように考えているのかをわかろうとする | -3.27** | -3.94*** | -3.07** | -0.57 |
| | まわりに困っている人がいると，その人の問題が早く解決するといいなあと思う | -1.36 | -2.22* | -3.28** | -1.26 |
| | 人が頑張っているのを見たり聞いたりすると自分には関係なくても応援したくなる | -2.39* | -1.07 | -3.68*** | -1.55 |
| | 気持ちの落ち込んだ友人に電話したり，メールを出したりする | -2.69** | -2.51* | -3.56*** | -1.07 |
| | (除外) 知らない人の自転車が倒れていたとき，起こしてあげる | -2.31* | -2.76** | -3.44** | -0.94 |
| 宗教カイ二乗t検定 | 宗教の信仰度 1VS 2～4 | 0.30 | 0.00 | 0.26 | 1.11 |
| | 宗教の信仰度 1～2 (NO) VS 3～4（YES） | 3.49 | 0.43 | 0.20 | 0.69 |
| | 宗教の信仰度（信仰程度の平均値） | -1.19 | -0.11 | 0.04 | -0.74 |

注：t 値を記載。* ：p<0.05，** ：p<0.01，*** ：p<0.001
出所：筆者作成。

表 12-13　意思決定の有無に影響を与える因子に関する国際比較（1）

| 独立変数 | | イギリス | ドイツ | フランス | スペイン |
|---|---|---|---|---|---|
| | | あり (161)<br>なし (99) | あり (237)<br>なし (33) | あり (129)<br>なし (131) | あり (166)<br>なし (88) |
| 経験<br>t検定 | ボランティア | -0.52 | -3.70*** | 0.41 | -3.60*** |
| | 寄付 | -1.03 | -2.52* | -0.86 | -1.87 |
| | 献血 | -3.89*** | -4.07*** | -0.13 | -2.70** |
| | 臓器提供について学ぶ | -0.89 | -1.39 | -1.55 | -4.13*** |
| | 体験イベント参加 | -0.10 | -2.79** | -1.47 | -3.35** |
| | 家族と話す | -3.70*** | -5.11*** | -4.50*** | -7.29*** |
| | 友人と話す | -3.49** | -3.90*** | -4.86*** | -5.43*** |
| | 受けた人の話を聞く | -1.15 | -1.81 | -1.78 | -3.08** |
| | 待ってる人の話を聞く | -0.39 | -2.22* | -1.09 | -2.40* |
| | 提供した家族の話を聞く | 0.26 | -1.14 | -1.47 | -3.99*** |
| イメージ<br>t検定 | 役に立つ | -2.09* | -3.12** | -1.89 | -2.09* |
| | 怖い | 4.97*** | 2.30* | 3.26** | 2.46* |
| | 誇り | -2.19* | -0.76 | -0.37 | -1.88 |
| | 身近 | -3.62*** | -1.39 | -0.61 | -3.37** |
| | 家族 | -0.69 | -1.19 | -0.83 | -3.43** |
| | 不安 | 5.66*** | 2.42* | 3.24** | 2.13* |
| | 想い合う | -2.30* | -0.38 | -1.66 | -2.73** |
| | つながり | -1.97* | 0.09 | -1.03 | -3.51** |
| | 社会的に良いこと | -2.39* | -2.63** | -0.73 | -3.94*** |
| | 避けたい | 4.90*** | 2.54* | 1.54 | 4.74*** |
| 認識<br>t検定 | 脳死を人の死と思う | -0.13 | -2.19* | -0.71 | 0.01 |
| | 【合理性】因子 | -2.35* | -3.56*** | -0.88 | -3.61*** |
| | 死んだ後ならば臓器は必要ない | -5.18*** | -5.73*** | -2.26* | -5.77*** |
| | 死後使える臓器があれば有効利用してほしい | -3.59*** | -2.43* | -1.85 | -3.57** |
| | 死んだ後ならば臓器を取られても痛くない気がする | -4.16*** | -2.30* | -2.03* | -2.52* |
| | 移植しなければ助からない人がいるので移植は必要である | -4.44*** | -1.32 | -2.33* | -2.58* |
| | 提供することで誰かを救うことができる | -2.35* | -3.56*** | -0.88 | -3.61*** |
| | 【提供の価値】因子 | -2.70** | -0.60 | -1.35 | -3.63*** |
| | 臓器提供することは家族の誇りになる | -2.18* | 0.35 | -2.58* | -3.97*** |
| | 他人の体の一部として生き続けることで，家族の悲しみを減らすことができる | -1.66 | -0.07 | -0.24 | -2.40* |
| | 医療費削減につながる | -2.92** | -1.77 | -0.77 | -2.74** |
| | 【不安】因子 | -4.47*** | 5.25*** | 3.37** | 5.75*** |
| | 臓器を取られるのは怖い | 5.12*** | 4.36*** | 2.90** | 5.80*** |
| | 取り去られた姿を見せたくない | 1.60 | 1.99* | 2.44* | 4.64*** |
| | 他人の臓器を移植することは受け入れられない | 2.90** | 2.80** | 2.14* | 3.03** |
| | 他人に臓器提供することは受け入れられない | 2.93** | 3.63*** | 2.27* | 3.78*** |
| | 脳死判定が容易に行われているのではないかという不安がある | 3.89*** | 3.20** | 2.76** | 4.40*** |
| | 摘出により大きく損傷する可能性があるのではないかという不安がある | 4.51*** | 4.69*** | 3.32** | 4.50*** |
| | 脳死から生き返ることがあるのではないかと思うので，脳死での摘出に抵抗がある | 3.73*** | 5.75*** | 2.50* | 3.35** |

| | | | | | |
|---|---|---|---|---|---|
| | 【意思決定の価値】因子 | **-2.08*** | -1.93 | **-3.33**** | **-3.55***** |
| | 提供する，しないのどちらであっても意思を決定するのは重要である | -1.52 | -1.58 | **-2.53*** | **-3.39**** |
| | 意思を伝えておけば家族に負担をかけなくて済む | **-2.24*** | -1.73 | **-3.40**** | **-3.00**** |
| | (除外) 臓器提供の意思決定をしなくても誰も困らない | 0.48 | 1.58 | **3.99***** | **1.98*** |
| | (除外) 意思決定を家族に反対されるのではないかと危惧している | **3.16**** | **3.20**** | **3.16**** | 0.15 |
| 知識カイ二乗 | 欧州において，毎日平均 12 人が臓器移植を待ちながら亡くなっている | 1.77 | 1.71 | 1.25 | 0.56 |
| | 心臓移植後の 5 年生存率は，約 70%である | 0.07 | 1.55 | 0.56 | 0.44 |
| | 移植を受けてオリンピックでメダリストになった人がいる | 0.76 | 0.16 | 1.25 | 0.36 |
| | 脳死になると回復することはない | 0.78 | **13.02***** | 2.26 | 0.99 |
| | 植物状態になると回復することはない | 0.43 | 0.38 | 0.17 | 1.94 |
| | 臓器を取り出す際に（遺体に）複数の傷ができる | 0.00 | **7.32**** | 3.63 | 0.00 |
| | 1 人から複数の人に臓器を提供できる | **7.70**** | **7.77**** | 1.11 | **4.99*** |
| | 臓器提供をするかどうかについて，最後は家族が意思決定する | 4.83 | 1.66 | 1.11 | 0.01 |
| | 我が国では，明確な NO を示さない限り臓器提供に賛成とみなされる | 2.51 | 3.14 | 0.58 | **7.16**** |
| | 臓器提供の意思決定はいつでも変更することができる | 2.44 | 3.15 | 2.88 | **5.41*** |
| t検定 | 知識合計 | **-2.11*** | **-2.75**** | -0.91 | **-2.19*** |
| 信条t検定 | 【仲間への同調】因子 | 0.92 | -0.62 | 0.68 | 1.89 |
| | 友だちのみんながやっていることに乗り遅れたくない | 0.39 | -0.64 | -0.24 | 0.29 |
| | 仲間がみんなやっているのに自分だけやらないのは恥ずかしい | 1.30 | -0.48 | 1.46 | **2.81**** |
| | 【自己犠牲】因子 | **2.52*** | 0.57 | **2.63**** | 0.84 |
| | 自己を犠牲にしてまでも，人を助ける必要がない | **2.98**** | -0.70 | **2.61*** | 0.24 |
| | 社会の利益よりも，自分の利益を第 1 に考えるべきである | 1.51 | 1.81 | 1.91 | 1.23 |
| | 【視点取得行動】因子 | -0.34 | -1.12 | -0.39 | -1.23 |
| | 常に人の立場に立って，相手を理解するようにしている | -0.45 | -1.17 | -0.43 | -1.78 |
| | 自分と違う考えの人と話している時，その人がどうしてそのように考えているのかをわかろうとする | -0.36 | -1.17 | -0.56 | -0.42 |
| | まわりに困っている人がいると，その人の問題が早く解決するといいなあと思う | -1.15 | -1.14 | -0.05 | -0.39 |
| | 人が頑張っているのを見たり聞いたりすると自分には関係なくても応援したくなる | 0.15 | -1.29 | -0.52 | -1.74 |
| | 気持ちの落ち込んだ友人に電話したり，メールを出したりする | -0.21 | -0.48 | -0.87 | -0.62 |
| | (除外) 知らない人の自転車が倒れていたとき，起こしてあげる | 0.31 | -0.38 | 0.57 | -1.90 |
| 宗教カイ二乗t検定 | 宗教の信仰度 1VS 2~4 | 2.25 | 0.07 | 0.74 | 2.51 |
| | 宗教の信仰度 1~2（NO）VS 3~4（YES） | 1.35 | 0.00 | 0.77 | 1.56 |
| | 宗教の信仰度（信仰程度の平均値） | 1.59 | -0.44 | 1.23 | 1.82 |

注：t 値を記載。*：p＜0.05, **：p＜0.01, ***：p＜0.001
出所：筆者作成。

経験，「怖い」・「不安」という臓器提供のイメージ，「臓器を取られるのは怖い」，「他人の臓器を移植することは受け入れられない」，「他人に臓器提供することは受け入れられない」という理屈で説明できない不安，「脳死判定が容易に行われているのではないか」，「摘出により大きく損傷する可能性があるのではないか」，「脳死から生き返ることがあるのではないか」という誤解や知識不足に基づく不安であった。

　意思決定に影響があると報告されてきた因子のうち，献血は，ドイツ，スペイン，イギリスでは影響があったが，フランスでは影響がなかった。利他性を示す自己犠牲については，イギリスとフランスでは影響があったが，ドイツとスペインでは影響がなかった。

　以上より，意思決定を促すためには，家族，友人としっかり話し合うこと，正しい知識を得て不安を払拭，もしくは低減することが重要であると考えられた。

　また，opting-in, opting-out の制度で違いが認められた項目は，「提供する，しないのどちらであっても意思を決定するのは重要である」であり，opting-out の国々では，意思決定者は，より重要性を認識していた。その理由として，opting-out の国々では，敢えて意思決定をせず，ドナーカードに反対を記載や登録をしなければ「提供する」とみなされる。特に反対でなけれ何も記載しなければよいのである。したがって，意思決定の重要性を認識しているほど，明確に意思決定しているのだと推察された。


### 12.9.4　意思表示の有無に影響を及ぼす因子

　Opting-in の国でのみ，意思表示の有無に影響を及ぼす因子を分析した（表12-14）。その結果，opting-in の国々に共通の統計学的有意な因子，すなわち促進因子は，以下のとおりであった。

➤　「怖い」というイメージが低い。

➤　「死後使える臓器があれば有効利用してほしい」，「移植しなれば助からない人がいるので移植は必要である」，「提供することで誰かを救うことができる」という認識が高い。

➤　「不安」の認識が低い。

表 12-14　意思表示の有無に影響を与える因子に関する国際比較 (2)

| 独立変数 | | イギリス | ドイツ |
|---|---|---|---|
| | | あり (119)<br>なし (42) | あり (237)<br>なし (33) |
| 経験<br>t 検定 | ボランティア | -0.11 | 0.18 |
| | 寄付 | 0.07 | **2.59*** |
| | 献血 | **-2.69**** | -1.20 |
| | 臓器提供について学ぶ | 0.79 | 0.68 |
| | 体験イベント参加 | -1.48 | -0.03 |
| | 家族と話す | **-3.58***** | -1.96 |
| | 友人と話す | -1.32 | -1.62 |
| | 受けた人の話を聞く | -1.50 | 0.30 |
| | 待ってる人の話を聞く | -1.37 | 0.14 |
| | 提供した家族の話を聞く | -1.01 | -0.08 |
| イメージ<br>t 検定 | 役に立つ | -1.87 | -0.67 |
| | **怖い** | **2.12*** | **4.92***** |
| | 誇り | **-2.79**** | -0.46 |
| | 身近 | **-2.20*** | -1.72 |
| | 家族 | -1.16 | -1.07 |
| | 不安 | 0.90 | **5.54***** |
| | 想い合う | **-2.09*** | -1.30 |
| | つながり | -1.56 | -0.98 |
| | 社会的に良いこと | -1.69 | 0.07 |
| | 避けたい | 1.83 | **3.12**** |
| 認識<br>t 検定 | 脳死を人の死と思う | 0.47 | -1.16 |
| | 【合理性】因子 | 1.30 | **-2.56*** |
| | 死んだ後ならば臓器は必要ない | -1.65 | -0.99 |
| | **死後使える臓器があれば有効利用してほしい** | **-2.27*** | **-3.09**** |
| | 死んだ後ならば臓器を取られても痛くない気がする | -1.87 | -1.71 |
| | **移植しなければ助からない人がいるので移植は必要である** | **-2.23*** | **-2.16*** |
| | **提供することで誰かを救うことができる** | **-2.01*** | **-2.55*** |
| | 【提供の価値】因子 | **-3.14**** | 0.49 |
| | 臓器提供することは家族の誇りになる | **-2.53*** | 0.04 |
| | 他人の体の一部として生き続けることで，家族の悲しみを減らすことができる | **-2.24*** | 0.34 |
| | 医療費削減につながる | **-2.44*** | 0.79 |
| | **【不安】因子** | **-2.62*** | **2.31*** |
| | 臓器を取られるのは怖い | 1.42 | 1.55 |
| | 取り去られた姿を見せたくない | 0.52 | 0.75 |
| | 他人の臓器を移植することは受け入れられない | 0.69 | **2.83**** |
| | 他人に臓器提供することは受け入れられない | 1.35 | **2.50*** |
| | 脳死判定が容易に行われているのではないかという不安がある | 1.56 | **3.06**** |
| | 摘出により大きく損傷する可能性があるのではないかという不安がある | 0.77 | 1.03 |
| | 脳死から生き返ることがあるのではないかと思うので，脳死での摘出に抵抗がある | 0.58 | **2.48*** |
| | **【意思決定の価値】因子** | **-4.24***** | **-3.01**** |
| | **提供する，しないのどちらであっても意思を決定するのは重要である** | **-3.07**** | **-3.06**** |
| | **意思を伝えておけば家族に負担をかけなくて済む** | **-4.47***** | **-2.22*** |

| | | | |
|---|---|---|---|
| | （除外）臓器提供の意思決定をしなくても誰も困らない | -0.67 | 1.89 |
| 知識<br>カイ二乗 | 欧州において，毎日平均 12 人が臓器移植を待ちながら亡くなっている | 0.25 | 0.03 |
| | 心臓移植後の 5 年生存率は，約 70%である | 0.00 | 0.05 |
| | 移植を受けてオリンピックでメダリストになった人がいる | 0.01 | 0.86 |
| | 脳死になると回復することはない | 1.16 | 0.28 |
| | 植物状態になると回復することはない | 0.48 | 0.74 |
| | 臓器を取り出す際に（遺体に）複数の傷ができる | 0.03 | 0.07 |
| | 1 人から複数の人に臓器を提供できる | 1.19 | 1.49 |
| | 臓器提供をするかどうかについて，最後は家族が意思決定する | 1.37 | 0.32 |
| | 我が国では，明確な NO を示さない限り臓器提供に賛成とみなされる | 0.14 | 1.24 |
| | 臓器提供の意思決定はいつでも変更することができる | 0.02 | **4.80*** |
| t 検定 | 知識合計 | -0.07 | -1.43 |
| 信条<br>t 検定 | 【仲間への同調】因子 | 0.01 | 0.82 |
| | 友だちのみんながやっていることに乗り遅れたくない | -0.53 | 0.65 |
| | 仲間がみんなやっているのに自分だけやらないのは恥ずかしい | 0.53 | 0.84 |
| | 【自己犠牲】因子 | 0.43 | **2.81**** |
| | 自己を犠牲にしてまでも，人を助ける必要がない | 1.25 | **2.44*** |
| | 社会の利益よりも，自分の利益を第 1 に考えるべきである | -0.49 | **2.37*** |
| | 【視点取得行動】因子 | -0.51 | -0.78 |
| | 常に人の立場に立って，相手を理解するようにしている | -0.46 | -0.01 |
| | 自分と違う考えの人と話している時，その人がどうしてそのように考えているのかをわかろうとする | -1.10 | -0.64 |
| | まわりに困っている人がいると，その人の問題が早く解決するといいなあと思う | -0.27 | -0.95 |
| | 人が頑張っているのを見たり聞いたりすると自分には関係なくても応援したくなる | 0.28 | 0.46 |
| | 気持ちの落ち込んだ友人に電話したり，メールを出したりする | -1.26 | -1.40 |
| | （除外）知らない人の自転車が倒れていたとき，起こしてあげる | 0.27 | -1.32 |
| 宗教<br>カイ二乗<br>t 検定 | 宗教の信仰度 1VS 2〜4 | **4.94*** | 0.63 |
| | 宗教の信仰度 1〜2（NO）VS 3〜4（YES） | **5.17*** | 1.18 |
| | 宗教の信仰度（信仰程度の平均値） | **2.56*** | 0.40 |

注：t 値を記載。*：p＜0.05，**：p＜0.01，***：p＜0.001
出所：筆者作成。

➤ 「提供する，しないのどちらであっても意思を決定するのは重要である」，「意思を伝えておけば家族に負担をかけなくて済む」という意思表示の価値の認識が高い。

したがって，意思表示を促進させるためには，臓器提供と意思表示の価値を再度認識させ，提供への不安や怖さを低減させることが必要であると考えられた。

Opting-in の国では，意思決定に加え，明確に意思を家族に話すこと，表示

媒体に意思を表示しておくことが重要である。日本における意思表示率は
12.7％（内閣府，2017）であるが，イギリスは38.2％，ドイツは37.2％と高
いことが浮き彫りになった。では，これらの国々に共通な因子はなんであろう
か。

　意思表示群が非意思表示群より統計学的有意に高い（または低い）項目は，
「怖い」というイメージ，不安の認識，臓器移植の価値についての認識（「死後
使える臓器があれば有効利用してほしい」，「移植しなれば助からない人がいる
ので移植は必要である」，「提供することで誰かを救うことができる」），意思表
示の価値の認識（「提供する，しないのどちらであっても意思を決定するのは
重要である」，「意思を伝えておけば家族に負担をかけなくて済む」）であった。

　日本の研究において，「怖い」とは自己の存在を脅かす存在であり，臓器提
供や知らないことが原因と考えられ，「不安」とは，意思表示により起こるで
あろう未来の事態であることが示唆された（第11章3節）。ドイツで有意差が
認められていた「脳死判定が容易に行われているのではないかという不安があ
る」，「脳死から生き返ることがあるのではないかと思うので，脳死での摘出に
抵抗がある」などは，正しい情報が得られていない状態である。厳密に脳死判
定が行われること，脳死から回復しないことなど正しい知識を提供する機会を
持ち続けることは，日本においても重要であると考えられた。

　また，意思表示の意義，特に「意思を伝えておけば家族に負担をかけなくて
済む」については，日本人においても伝達すべき大切な情報であった（第10
章）。すなわち，伝えていくべき情報に国を超えた共通性があることが示唆さ
れた。

　以上より，国によって異なる文化的背景ではなく，共通の必要な情報に焦点
をあて，それを効果的に提供する工夫が必要であると考えられた。

 ## 12.10　小括

　本章では，臓器提供者数世界一を誇るスペインを含む，制度が異なる欧州4
カ国における，一般市民の臓器提供の意思決定とその表示行動に関する調査を
行った。その分析結果から，国を越えて，意思決定や意思表示行動に影響を及

ぼす共通の因子の特定を試みた。

　欧州4カ国の状況をみると，まず，関心度は8割を超えていた。意思決定の割合は4割から5割であった。また，opting-in の国々では，意思決定者が意思表示行動に至る率は約7割と高い結果であった。

　4カ国共通の傾向として，関心あり群では，家族と話した経験頻度，寄付経験の頻度，ポジティブなイメージ（役に立つ，身近，想い合う，社会に良いこと），臓器提供にポジティブな認識，合理性，提供の価値の認識，意思決定の価値の認識，知識の正答率が高く，不安が低減されていた。

　意思決定あり群では，家族と話した経験頻度，ネガティブなイメージ（不安，怖い）と提供に対する不安な認識が低かった。従来より論点になっていた宗教について，今回は信仰度しか測定していないが，影響を及ぼしてはいなかった。

　以上より，無関心層に関心を持たせる段階では，ポジティブなイメージを与えること，正しい情報を与えて正しい知識を獲得させることが重要であった。また，それらの知識によって，合理的な考えを醸成させ，臓器提供の意義，意思決定の意義を認識させ，不安を低減させることが重要であった。また，個人信条のうち，自己犠牲，援助知覚を刺激することが大切であった。

　意思決定の段階では，より「不安」のイメージ，認識が強く影響していることが明らかとなり，この低減が重要であることが示唆された。

　さらに，意思表示の段階では，意思を決定して伝えておくと家族に負担をかけなくて済むという意義を認識させることの重要性が示された。

---

**注**

1)　第5章の先行調査，第6章の定量調査結果。
2)　2020年よりイギリス全土で opting-out へと変更されたが，調査時は，ウェールズを除き opting-in であった。
3)　1978年に欧州議会が「死後の臓器提供方式を欧州全体で presumed consent（＝opting-out）に統一する」と提言したからである。
4)　詳細な分析結果の図表は，瓜生原（2019d）に掲載している。
5)　「自己を犠牲にしてまでも，人を助ける必要がない」という質問に対して，全くそう思わない，そう思わない，あまりそう思わない割合を合計した。
6)　推定同意方式，および提供拒否を登録する制度の導入。

7)　詳細な分析結果の図表は，瓜生原（2019e）に掲載している。

8)　臓器分配の公平性・公正性を保障するための中立機関として，欧州では 1967 年にユーロトランスプラント（Eurotransplant）が設置された。設置当初は，オーストリア，ベルギー，ドイツ，ルクセンブルグ，オランダの 5 カ国で構成され，その後スロベニア，クロアチア，ハンガリーが加わり，現在は 8 カ国で構成される国際的臓器移植ネットワークである。

9)　病院内で臓器提供の全プロセスをリードする人材。臓器提供者数が低迷していた 1990 年代に，臓器提供が少ない原因が分析された。その結果，①臓器提供病院に連絡者が存在せず，臓器提供のプロセスが認知されていない。また，臓器提供を行う明確な責務がない，②ドナー家族へのコミュニケーションが十分に行われないため，家族からの拒否率が高いことが明らかになったため，1999 年，「ICU が設置されている病院全てに少なくとも 1 人のトランスプラントコミッショナーを設置しなければならない」ことが法律で定められた。

10)　詳細な分析結果の図表は，瓜生原（2020b）に掲載している。

11)　「ドナー家族からの拒否数/医療者が臓器提供に関する説明を行ったドナー家族数」で計算される。

12)　国家的大義は総理大臣が毎年指定する。指定テーマでキャンペーンを行う非営利団体は，無料で公共放送を通じて実施することができる。

13)　詳細な分析結果の図表は，瓜生原（2020a）に掲載している。

第 III 部

# 行動変容マネジメント

# 第13章
# 行動変容を促すメカニズム

 **13.1** はじめに

　本章においては，第Ⅱ部における「臓器提供への態度および意思表示行動」を事例として，向社会行動のメカニズムの探究を目指した一連の研究についてまとめる。

　一連の研究は，4本の柱で構成されている。第1の柱は，臓器提供の意思決定や意思表示に関する学際的，かつ網羅的な先行研究調査である（第5章）。第2の柱は，臓器提供意思表示の現状把握である。日本人10,000名を対象とした定量調査，大学生を対象とした定性調査，定量調査を行い，関心の有無や意思表示行動の有無に影響を及ぼす因子を特定した（第6章）。第3の柱は，調査結果を踏まえて考案した介入の実践である。Lee and Kotler モデルに沿って介入策を策定し（第7章），研究室内のアクションリサーチ組織SYVPによる社会実装を行った。意思表示を促す新しい価値の創造，態度・行動変容を測定する尺度の開発，セグメント別の行動変容手法の開発を行い，その結果を分析した（第8章〜第11章）。第4の柱は，国際的な視点から意思表示行動促進メカニズムを解明するため，イギリス，ドイツ，フランス，スペインを対象として実施した国際比較調査である。欧州4カ国に対して同じ調査を行い，行動に影響を及ぼす共通の因子を探索した（第12章）。

　まず，本章第2節では，各章で得られた知見をまとめる。第3節〜第11節は，得られた知見に対する考察を行う。それらを総合し，第12節において，人々が臓器提供および意思表示について関心を持ち，意思決定し，意思表示を行動するための最適化モデルと行動決定因子を整理し，「高関与型向社会行動のメカニズム」を提唱する。

## 13.2　各章で得られた知見

各章をふりかえり，内容と得られた知見について表 13-1 に整理した。

表 13-1　各章で得られた知見

| 章 | 内容 | 知見 |
|---|---|---|
| 5 | 意思表示行動についての文献的考察 | ●価値観：宗教については，仏教も含め臓器提供は否定されていない。<br>●価値観：利他性が高いと提供の意図が高い傾向にある。<br>●価値観：援助規範が高いと提供行動を起こす傾向にある。規範的な考えは個人の意思決定に影響する。<br>●知識：正しい知識と提供への同意は相関する。知識を得て誤解が解消すると，提供に対する考え方がポジティブに転換する。<br>●作用メカニズム：意思表示によってもたらされる結果を知ること，その行動への価値を感じていること，自信をもって意思決定できることが重要。<br>●外部介入：情報の提示方法として，感情に働きかけるストーリーが有効との報告あり。ゲイン/ロス・フレームの有効性について一定の見解はない。<br>●外部介入：マスメディアは関心を高めるが，行動までは促進できない。若年層の能動的な発信が行動促進に有用との報告あり。<br>●外部介入：臓器提供などについて考える時間や程度（コミットメント）が高いと行動が促進される。コミットメントが高い時点で意思表示媒体があることが重要。<br>●外部介入：金銭的インセンティブは否定する報告もあり，慎重な議論が必要。<br>●外部介入：家族との対話は意思決定の促進に影響する。<br>●これらの要素を体系的に把握し，包括的な視点から，具体的な介入を複数デザインし，実践することが意思表示行動の促進に必要。 |
| 6 | 日本の現状把握：<br>・日本人 10,000 名の定量調査<br>・非医療系大学生 195 名の定量調査<br>・大学生への定性調査 | ●Prochaska and Velicer の行動変容ステージモデルを，臓器提供意思表示行動に適用することが可能である。<br>●臓器提供について，必要なこと，良いこと，賛成ではあるが，不安と感じている。<br>●関心がない人に関心を持たせる段階，意思表示意図がある人に行動を起こさせる段階に障壁があり，これらへの介入が必要である。<br>●意思表示行動の各段階によってその障壁を取り除く方策は異なる。<br>●関心を持たせる段階では，学校教育やイベントで，臓器提供の現状や価値に関する知識を提供し，共感や援助規範を高めることが有効。<br>●行動に移す段階では，不安を取り除くこと，意思表示者や家族と意思表示について話し合う機会，表示媒体を提供することが有効。 |

| | | |
|---|---|---|
| | | ●意思表示の価値を『誰かを救うもの』から『家族へのメッセージ』へ転換することが重要。 |
| 8 | 実証（1）行動変容ステージに基づく年間キャンペーン型介入 | ●主に非医療系大学生 732 名に対して，行動変容ステージに適した介入を行う年間キャンペーンを実施し，関心がない人が 31.9％から 8.5％に減少し，意思表示率が 14.4％から 24.9％に増加した。<br>●「臓器提供意思表示は『残された家族へのメッセージ』」という新しい価値は，大学生のイメージ変容に有効であることが示された。<br>●関心を持たせる段階では，イベントにおいて共感（援助知覚，家族の心的負担を軽減）を促すこと，身近な興味との共通点を提供することが重要。<br>●最も障壁の高い行動へと促す段階では，正しい知識の提供，意思表示への関与の程度を高めること，関与の程度が高まった状態で意思表示手段を提供することの 3 要素が同時に提供されることの重要性が実証された。 |
| 9 | 実証（2）不安の払拭に焦点を当てた 1 日型ワークショップ | ●主に非医療系大学生を対象としたワークショップにおいて，以下のコンテンツが，不安の低減に有効であった。<br>➤ 情報の両面提示（臓器提供のポジティブな側面だけではなく，ネガティブな側面など，リスクも含めて関係者の欲する情報を公正に伝達する）<br>➤ 双方向的なコミュニケーションで，個別の不安のもととなる疑問や誤解を解く。<br>●視点取得（残された家族の立場で考える）は，意思表示の重要性の認識を高めた。 |
| 10 | リーフレットによる行動変容促進の実証 | ●行動変容ステージによって選ばれるリーフレットに違いがある。すなわち，ステージによりメッセージを変える必要性がある。<br>●無関心層の関心を喚起するためには，意思表示をすることによって「得られるもの」を強調したゲイン・フレームメッセージが有用である。<br>●意思表示行動への促進，および，誇りという新たな価値の創造には，意思表示をしないことによって「失われるもの」を前面に押し出したロス・フレームメッセージが有効である。<br>●意思表示に対してネガティブなイメージ（怖い，不安，役に立たない）を持つ人に対して，意思表示行動が家族への「手紙」になるという新たな視点の提供が有効である。また，意思表示をしないことによって「失われるもの」を強調したメッセージが有効である。 |
| | 知識，認識，行動の関係についての検討： | ●ネガティブな認識（不安，抵抗）とポジティブな認識（意思表示の重要性）は異なる次元のものであり，ネガティブな認識を低減させること，ポジティブな認識を増加させること，両方を行うことが行動の促進に必要。<br>●臓器提供や意思表示の存在自体に抱く「怖い」という感情を低減・払拭することで，態度決定が促進され，意思表示した後の事態に対する「不安」を低減・払拭することで意思表示行動が促進される。<br>●ネガティブな認識の低減・払拭に寄与する知識は，提供後のプロセスであった。 |

| 11 | ・第8章の詳細分析<br>・大学生574名の定量調査の分析 | ➤ 臓器提供後のお身体は3~5時間でかえってくる<br>➤ 臓器提供後のお身体はきれいな状態でかえってくる（傷は1か所）<br>➤ 脳死になると回復することはない<br>●ポジティブな認識の増加に寄与する知識は，意思表示の意義と意思表示の手続であった。<br>➤ 家族が脳死になった場合，約9割の人が家族の意思を尊重したいと思っている<br>➤ 意思表示をしていれば家族に負担がかからない<br>➤ 意思表示は書き直しできる |
|---|---|---|
| 12 | 態度・行動変容に関する国際比較<br>イギリス<br>ドイツ<br>フランス<br>スペイン | ●欧州4カ国における人々の関心度は8割を超え，意思決定の割合は4割から5割，意思表示率は37~38％であった。<br>●4カ国共通の傾向として，関心あり群の特徴は以下のとおり。<br>➤ 家族と話した経験・寄付経験の頻度が高い<br>➤ ポジティブなイメージ（役に立つ，身近，想い合う，社会に良いこと）が高い<br>➤ 臓器提供にポジティブな認識（合理性，提供の価値の認識，意思決定の価値の認識）が高い<br>➤ 不安が低い<br>➤ 知識の正答率が高い<br>●4カ国共通の傾向として，意思決定あり群の特徴は以下のとおり。<br>➤ 家族・友人と話した経験頻度が高い<br>➤ ネガティブなイメージ（不安，怖い）が低い<br>➤ 提供に対する不安な認識が低い<br>● opting-in2カ国共通の傾向として，意思表示時群の特徴は以下のとおり。<br>➤ ネガティブなイメージ（怖い）が低い<br>➤ 提供に対する不安な認識が低い<br>➤ 提供と意思表示の価値に対する認識が高い<br>●「脳死が人の死」という認識，宗教の信仰度の影響は認められなかった。 |

出所：筆者作成。

これらの知見をさらにまとめると，以下の点が明らかになった。

➤ 臓器提供の意思決定，および意思表示をする行動は，行動変容ステージモデルを適用し，説明することが可能である。

➤ 意思表示行動の各段階によって，その障壁を取り除く方策は異なる。

➤ 無関心層に関心を持たせる段階では，臓器提供の厳しい現状や臓器移植の意義，臓器提供の意思決定・意思表示の価値に関する知識を提供し，「共感」や「援助規範」を高めることが有効である。また，「ポジティブなイメージ」を与えることが有効である。

➤ 意思決定の段階では，正しい情報を提供し続け，意思決定への「合理性」

を高め，「提供の価値」を認識することが必要である。この段階で最も重
要なのは，不安に思っていることに対する正しい知識を提供して「知覚し
ている不安を軽減」し，怖い，不安などの「ネガティブなイメージを払
拭」することである。そのためには，「家族と対話」し，「向き合う時間」
を設けることが重要である。

➤　意思表示行動に移す段階では，家族に迷惑をかけないという「表示の価
値」を認識し，家族や意思表示者と話し合う機会により，その大切さを納
得し，自信を持って行動を起こせること（自己効力感）が重要である。そ
の思いが高まっている時点で表示媒体を身近に有していることも効果的で
ある。また，意思表示をすることが他者から評価される環境も有効であ
る。

➤　臓器提供の意思表示に「家族へのメッセージ」という価値づけをし，
「メッセージを残すことが万が一の場合に家族に心的負担をかけない」こ
とを伝えることが重要である。

➤　全般にわたり，家族と臓器提供について話す機会，正しい知識を得て誤解
に由来する不安を軽減すること，「誇り」という社会規範の醸成が重要で
ある。

## 13.3 向社会行動の関与度と行動変容の難易度との関係に関する考察

　死後，臓器を提供するか否かは，個人の価値観や信念に大きく関与し，その
意思決定結果は，社会へのインパクトが大きいため，「高関与型」の行動と捉
えることができる。では，その行動への変容の難易度はどう考えられるであろ
うか。

　第6章の10,000名を対象とした定量分析において，臓器提供（意思表示），
寄付行為，ボランティア，献血，骨髄ドナー登録といった向社会行動への関心
度，行動意図，実際の行動について比較した（図6-9，図6-10，図6-11）。そ
の結果，行動への関心度（骨髄提供：33.4％〜献血への協力：45.2％），行動
意図（骨髄バンクへの登録：32.9％〜臓器提供の意思表示：48.4％）におい
て，行動間に大きな違いは認められなかった。一方，実際に行動したか否かは

大きく異なり，行動＜行動意図，行動＞行動意図に大別された（表13-2）。

　日本の調査（第6章），国際比較調査（第12章）において共通して臓器提供の意思決定，意思表示行動に影響を及ぼしていたのは，知識と行動に対する認識であった。個人の信条は影響を及ぼしていなかった。認識のうち，「死んだら痛くない」と思っている人（合理的認識），「提供後の身体の傷は1か所のみ」との知識がある人の方が意思決定や意思表示をしていたことを考えると，身体的侵襲度をどのように捉えているかは，行動に影響を及ぼすと考えられた。また，継続性についてであるが，意思表示をいつでも変えられる，すなわち可変的であり，継続するとは限らないことを知っている人の方が意思表示していたことから，継続性は行動の障壁になることが考えられた。

　以上より，まず，向社会行動の関与度は，行動への正確な知識と行動への認識に因るところが大きく，個人の信条の影響度は低いと考えられた。次に，行

表 13-2　向社会行動の関与度と行動変容の難易度

|  | 骨髄バンク登録 | 臓器提供意思表示 | ボランティア | 献血への協力 | 募金活動への寄付 |
|---|---|---|---|---|---|
| 行動への関心度 | 33.4%* | 43.3%* | 40.7% | 45.2% | 38.4% |
| 行動意図 | 32.9% | 48.4% | 42.0% | 47.9% | 40.1% |
| 行動実施率 | 6.2% | 19.3% | 45.7% | 61.1% | 80.2% |
| 行動意図と行動の関係 | 行動＜意図 | 行動＜意図 | 行動＞意図 | 行動＞意図 | 行動＞意図 |
| ★関与度 | H | H | M | M | L |
| 根拠　行動へ正確な知識の必要度 | H | H | L | M | L |
| 　　　行動への認識 | H | H | M | M | L(M) |
| ★身体的侵襲 | H | L(H)** | M | M | L |
| ★継続性 | H | L(H)*** | L | L | L |
| 結果を知れる | H | L | H | H | H |

注：* 関心度については，骨髄提供への関心度，死後の臓器提供への関心度を問っている。
　　** 死後の臓器摘出であり，実際の侵襲度は低いが，高いと思っている人は，行動変容が容易ではない。
　　*** 何度でも書き直せることを認識していない人は，行動変容が容易ではない。
　　H：High　M：Middle　L：Low
出所：筆者作成。

動変容の難易度を決定する要素としては，関与度，身体的侵襲，継続性の3つではないかと考えられた。なお，臓器提供は死後に行われるため，その結果を知ることは不可能である。したがって，移植を受けた患者や提供者家族の話を聴くなどの機会により，臓器提供の結果もたらされることを予め知れることは，行動そのものへの動機づけになっていることが推察された。

 ## 13.4　宗教に関する考察

　宗教については，第12章の国際比較調査において，宗教の信仰度は，臓器提供への関心度，意思決定に影響を及ぼさず，イギリスでは，信仰度が低い人の方が統計学的有意に意思表示行動をしていた。この結果について考察する。

　すでに第5章にまとめたとおり，主な宗教は臓器提供を受け入れる姿勢を示しているが，宗教や信仰の強さが及ぼす影響については，その研究結果が二極化している。

　例えば，Kobus *et al.*（2016）は，カトリック教徒が臓器提供に対して最も肯定的な態度を示しており，バプテスト派とイスラム教徒も，一定程度肯定的な態度を示すことを明らかにしている。臓器提供に対する人々の意思や行動に宗教が肯定的な影響があると議論されてきたのである。

　しかしもう一方で，宗教や信仰度が臓器提供に対する態度にマイナスの影響を及ぼすという結論を導いた研究も数多く見受けられる。例えば，Rumseyら（2003）は，米国の大学生を対象とした調査結果より，信仰度が高いと認識している人々ほど，臓器提供を受け入れる確率が低いことを明らかにしている。また，Ryckmanら（2004）は，人々の内的宗教性（intrinsic religious orientation）と外的宗教性（extrinsic religiosity）と，臓器提供への意思の関係性に着目した。内的宗教性とは，信仰そのものに則って日常生活を送ることを指すが，この度合いが高い人々は，信仰の教えに則り他者への愛を重視するため，他者を助ける行為に従事する可能性が高いと考えられる。他方，外的宗教性とは，信仰を自身の目的（例えば，地位を手に入れること，安らぎを手に入れること）を達成するために利用する傾向が高いことを示すため，その度合いが高い人は，他者を助ける行為に従事する可能性が低いと考えられる。こうした仮

説に反し，Rumsey らの研究では，内的宗教性高い人ほど，臓器提供に肯定的な態度が低いという結果が得られたのである。さらに，その傾向は，外的宗教性（extrinsic religiosity）が高い人ほど低かった。つまり，内的宗教性は臓器提供への意思と有意な関係は見出されていない。一方，外的宗教性を有する人々の中でも，社会的な課題に関心を寄せる人々は，臓器提供への意図を有する傾向にあり，やはり一定の関係性は認められない。

　宗教や信仰度が，臓器提供に対する人々の態度や意図に否定的な影響を及ぼしている背景には，各宗教や宗派の中でも，臓器提供に対する考え方には幅があること，比較的新しい医療行為であるため，宗教原典に具体的な記載がなく，宗教リーダーを中心に解釈を要すること，臓器提供が各宗教の中で優先的なテーマとはなっていないことなどが挙げられる（Randhawa et al., 2012）。また，宗教指導者が臓器提供と十分向き合う機会が創出されていないことも（Randhawa and Neuberger, 2016），信者が臓器提供に対して抱く態度や意図に少なからず影響を及ぼしていると考えることができる。

　本研究では，倫理的な配慮から各宗教の宗派を問わず，宗教の信仰度に着目して質問した。しかし，質問が1問のみであったため，回答者によって内的宗教性，外的宗教性のどちらを想定して回答したか不明であり，分析結果の解釈には限界が存在する。

## 13.5　利他性と利他行動に関する考察

　個人の価値観である「自己犠牲」について，「自らが犠牲になったとしても，助けたい・役に立ちたい」と解釈すると「利他性」として考えられる。一方，「他者を助けるために，自らを犠牲すべきだ」と解釈した場合には，「援助規範」として考えられる。本一連の研究においては，「自己を犠牲にしてまでも，人を助ける必要を感じる」，「自分の利益よりも，社会の利益を第1に考えるべきである」という2つの質問項目を設け，両側面を測定した。

　その結果，日本の定量分析調査結果では，両質問とも程度が高い人ほど，統計学的有意に臓器提供への関心度が高く，意思決定の割合も高かった。ただし意思表示行動には影響を及ぼしていなかった（第6章）。欧州諸国の定量分析

調査結果では，イギリス，フランスにおいて，関心度には「自分の利益よりも，社会の利益を第 1 に考えるべきである」が有意に影響を及ぼし，意思決定には「自己を犠牲にしてまでも，人を助ける必要を感じる」が有意に影響を及ぼしていた（第 12 章）。つまり，関心の喚起には援助規範が，意思決定には利他性が関与することが示唆された。今までに，利他性が臓器移植意思表示と相関関係にある（Morgan and Miller, 2011），利他性が意思表示行動の重要な動機付けになっている（Radecki and Jaccard, 1997）などの報告もあり，妥当な結果といえる。

しかし，一方，最も臓器提供が多いスペインでは，どちらも有意な差が認められなかった。欧州では，臓器提供は「Gift of Life（命の贈り物）」と表現され，差し迫った必要を感じている人々を助ける慈善的な「カリタス」（慈愛，見知らぬ他人への思いやりなどキリスト教の基本的な美徳）と理解されている[1]。スペインでは，宗教の信仰度が 51.6% と他国と比較して高く，「自己犠牲」を信条としている人の割合も他国より高いと仮定できるため，有意な差が認められなかったのではないかと考えられた。

さらに，利他性には関わるものとして，「他者指向性」の共感が挙げられる。常に相手の立場で考える「視点取得」，困っている人の問題が早く解決したらよいなと思う「共感的配慮」があり，これらは寄付の意向と相関すると報告されている（桜井，1988）。「視点取得」について，日本，欧州ともに，臓器提供への無関心層より関心を持つ層の方が有意に高かった（第 6 章，第 12 章）。このことから，相手の立場で考える心を醸成することは，移植医療の課題について考えるきっかけになることが示唆された。

ここで，利他性（altruism），利他行動（altruistic behavior）と，臓器提供への態度・行動の関係について考察する。

まず，利他性とは，自分の損失を顧みず他者の利益を図ることで，利己の対義語である。利他行動とは，自分が損をしても相手を助ける行動であり，血縁の場合は，自分と同じ遺伝子を高い確率で共有しているため，利他行動は成立しやすいと考えられている（小田，2011）。一方，他人（非血縁者）への利他行動は，進化生物学者のトリヴァースが提唱した「互恵的利他行動」で説明されている。知り合いどうしであれば，お互い困っているときに助ける（利他行

図 13-1　共感－利他性仮説

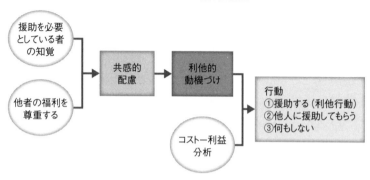

出所：Batson（2011）

動）ことは，実は損をすることではなく，両方得をすることにつながっている（直接互恵性）。さらに，全く知らない他人の場合は，「情けは人の為ならず」ということわざにあるように，誰かを助けたら，まわりまわっていつか全く別の人から間接的にお返しがある（間接互恵性）ことが，利他行動の動機づけになっている（小田，2011）。

　人が利他行動を起こすメカニズムについて，Batson（2011）は「共感－利他性仮説」を提唱している（図 13-1）。

　共感により誘発された利他的動機づけ理論は大きく２つの過程に分かれる。まず，１段階目は，①他者が，ウエルビーイング（身体的な痛み・否定的な感情・不安・ストレス・危険・病気などがない，身体的な快・肯定的感情・満足・安全な状態）ではなく，援助を必要としていることを知覚し，かつ②他者の福利を増加させる方法があることを知覚することで，「共感的配慮」の感情（同情，憐み，思いやり）が引き起こされる。それが他者の福利を増加させようとする「利他的動機づけ」を生みだす。すなわち，利他性とは，他者の福利を増すという最終目標を伴う動機づけ状態のことである。

　２段階目は，動機づけられた本人が，可能な行動についてのコスト－利益分析を行い，最終的に，①援助する（利他行動），②他の誰かに援助してもらう，③何もしない，の３つのいずれかの行動に帰結する。この過程においては，主に４点が考慮される。１点目は役立っていることを感じたいと思うこと（共感

的喜び），2点目は思いやりある者と見られたい（社会的評価）といった利己的な要因，3点目は精神的・身体的痛み，時間や金銭的損失などのコスト，4点目は援助しないことへの罪悪感である。

　援助することが効果的で，それが実感できるフィードバックがあり，他者に気づいてもらえ，他者の利益が自己コストより大きければ援助行動を起こす（帰結①）。しかし，自己コストがあまりに大きい場合は援助行動を避けようとする動機が高まる。その時，利他的な動機づけが高いが，必ずしも自身を評価してほしいと思わず，他の誰かの援助が有効と思えば，他の誰かに援助してもらうことを選択する（帰結②）。利他的な動機づけがそれほど高くなく，何もしなくても社会的非難を受けないと思えば，何もしないことを選択する（帰結③）。したがって，他の誰かの利益となるように行動したいと「利他性」が高い状態でも，必ずしも利他行動をとるとはいいきれない。利他性はあくまで動機であり，利他行動には利己的な動機も含まれ，また，道徳的行為か否かとも無関係なのである。

　これを基に，スペイン，フランスなど opting-out の制度下，および日本，イギリス，ドイツなど opting-in の制度下において，共感に基づく利他的行動を考察してまとめた（表13-3）。

　両者に共通なのは，まず，学校教育，イベント，メディアなどを介して，臓器移植を必要としている患者がいることを知覚し，その患者を救う方法の1つとして，自身が死後に臓器提供すると考えることである。opting-in 制度下では，意思表示にもう一つの意義が存在する。「いざという時家族が困る」ため，意思表示をすることは家族に対しての援助行動であると認識させ，「意思表示をして家族の負担を減らそう」と利他的動機づけを図ることが鍵である。

　一方，帰結行動は複雑である。死後の臓器提供は，そもそも，援助することが効果的であったことを実感できるフィードバックが不可能である。「役に立っていることを感じたい」という1点目を果たすことができないため，行動への障壁が高い。生前に，臓器移植を受けた人が元気になった姿を見たり，話しを聴くなどの機会があれば促進因子となり得る。

　Opting-out 制度下の国々では，NO の意思表示をしていない場合は，提供に同意とみなされるため，利他的動機づけが高い状態であれば，特に行動を起

表 13-3　制度の違いによる利他的行動

| 制度<br>(国) | opting-out<br>(スペイン, フランス) | opting-in<br>(日本, イギリス, ドイツ) |
|---|---|---|
| 目的となる<br>利他的行動 | 臓器提供への同意意思を家族に共有する | 臓器提供の意思決定・意思表示をする |
| 援助知覚 | 臓器移植を必要としている患者がいる | ●臓器移植を必要としている患者がいる<br>●意思を示していないと，いざという時家族が困る |
| 他者の福利 | 死後の臓器提供をすることで，助かる人がいる | ●死後の臓器提供をすることで，助かる人がいる<br>●意思表示することで家族に心的負担をかけなくてすむ |
| 利他的<br>動機づけ | 死後に臓器提供をすることで，誰かを助けよう | ●死後に臓器提供をすることで，誰かを助けよう<br>●意思表示をして家族の負担を減らそう |
| 帰結行動 | 援助する | 提供意思を家族に話す（それが，万が一の時に叶えられる） | ● YES と意思表示をする<br>● NO と意思表示をする |
| | 他人に援助してもらう | 啓発活動などに参加したり，支援をする | 啓発活動などに参加したり，支援をする |
| | 何もしない | 何もしない<br>⇒「提供する」とみなされ，臓器が提供される | 意思表示をしない<br>⇒本人の YES/NO の気持ちがわからず叶えられない，家族に心的負担をかける |

出所：筆者作成。

こさなくてもよいのである。ただし，残された家族が提供について承諾しない可能性があるため，「家族と話す」という行動をとることが望まれ，より強く動機づけられている人は家族と対話をする。臓器提供によって誰かを救いたいと動機づけられているが，自身の信条（体の一部が他人に入ることを受け入れられないなど）で臓器提供をしたくない場合は，啓発活動などに参加して他人に援助してもらう行動をすると考えられる。以上のことから，opting-out 制度下では，マスメディアなどを介して臓器提供を必要としている患者がいること，臓器移植により助かったことを認知させることは大変効果的と考えられる。

　一方，日本のようにopting-in 制度の国では，臓器提供したい場合は，その意思を公式な手段に明示する必要がある。したがって，援助行動を起こすため

の障壁が高い。意思表示をすると治療を最期までしてもらえないのではないか，意思表示は書き換えられないではないかという知識不足による不安や，記入することに対する周囲の反応，意思表示をするという手間などを乗り越えなければならない。また，死後のことであるため，それにより誰かが救われたのかフィードバックを得ることができず，共感的喜びや社会的評価を享受することができない。そのため，助けたいと思う動機があってもなかなか行動に移せないのである。さらに，NOと意思表示することは，時間的・機会的コストを費やすため，それを上回るだけの強い反対の動機づけが必要であり，反対であっても何もしない人は多いと推測される。

　そこで，このような状況下では，意思表示のもう1つの意義を提供することが重要である。それは，自身が脳死とされうる状態になり，限られた時間で家族が臓器提供について決断しなければならない心的負担（援助が必要な状態）を，日頃より意思表示をしておくことにより軽減できることである。「意思表示をして，いざという時の家族の負担を減らそう」と動機づけられた状態において，家族と対話をすることで直接的なフィードバックを得ることができ，自己コストより他者利益が上回る可能性が高まり，意思表示行動（利他行動）への移行が高くなる。

　また，たとえ臓器提供をしないと意思決定した場合においても，NOと意思表示をすることは，家族の心的負担を軽減できるため，その視座において利他行動と捉えることができる。さらに，我々は，本人は臓器提供をすることで誰かを救いたいと考えた（利他性はある）が，提供を控えてほしいとの親の意見を尊重したことによりNOと意思表示をした事例を経験した。この場合も，大切な家族の心的負担の軽減を目的とした行動をとっており，援助行動をとっていると捉えることができる。

　ここで，日本ではしばしば行われている海外渡航への募金についても考察を加えたい。海外渡航を余儀なくされる患者に対する募金への寄付は，多額な金額であるが，目標達成しているのを目にする。

　募金の場合，目的となる利他的行動は「募金への寄付」である。援助知覚は，表13-3に共通する「臓器移植を必要としている患者がいる」ことである。他者の福利は「寄付をすることで，助かる人がいる」，利他的動機づけは「寄

付をすることで誰かを助けよう」であり，援助する帰結行動は「寄付」である。この帰結行動について，援助知覚を持つ大学生に意思表示と寄付のどちらを選択するか聞いたところ，寄付の方が多かった。それはなぜであろうか。

　1点目に，寄付をするとその場で感謝され，役に立っていることを感じるからである。また，対象者が海外で移植を受けたニュースなどを知る機会など喜びを感じることもできる。一方，意思表示をしても，その場で感謝されることはなく，死後役に立っても知る由がない。2点目に，街角で寄付をすることで思いやりある者とみられる。意思表示をしてもそのような評価を受けることは少ない。3点目に，あまり考える時間をかけないため時間的コストが小さい。意思表示の場合，その意思決定までに情報を得たり家族と話すなどの時間を要する。4点目に，街角で募金の呼びかけに応じないことは，少なからず援助しないことへの罪悪感を感じてしまうだろう。しかし，意思表示の場合，表示しないことへの罪悪感を感じることは少ない。

　このように，共感−利他性仮説で説明可能であることが示された。したがって，opting-in制度下で意思表示行動を促進するためには，コストを上回る利益や，意思表示行動を喜びと感じられ，同時に行動しないことに罪悪感を感じられるような社会規範を醸成することが必要と考えられる。

## 13.6　誇りに関する考察

　「誇り」は，欧州諸国の調査結果により，重要と導出された概念であり，社会規範である。世界で最も臓器提供者数が多いスペインで，多くの人が有していた価値観であり，臓器提供のイメージとしての誇り，「家族を誇りに思う」のような臓器提供の価値としての誇り，両者を共に高く有している人々は，臓器提供に関心を持ち，意思決定し，意思表示行動もしていた。今後，日本でも醸成することが不可欠であろう。では，まず，誇りとはどのようなものなのか，考えてみたい。

　「誇り」の訳語である「pride」については，心理学などの分野で豊富な知見があり，Fischer and Tangney（1995）は，「肯定的な自己意識的感情であり，ある人の行動，発言，特徴が優れている，または望ましいことを他者が見て肯

定的に評価したときに経験される」と定義している。また，pride とは，自己
意識的感情の１つであると考えられている。自己意識的感情とは自己の姿や行
動を評価したり，またそれらが他者から評価されるときに経験される。

　Pride を経験するプロセスは，Tracy and Robins（2007）や Lewis（2000）
によってモデル化されている。自分が目標を達成したとき，その成功を自分の
努力による結果だと考えれば「pride（誇り）」，自分の優れた能力やパーソナ
リティの結果であると考えれば「hubris（思い上がり）」を経験するとされる。
Pride は自尊心，外交性，調和性，情緒安定性と正の相関があり，shame
（恥）と負の相関を表した。なお，この恥については，有光（2015）において
日本人が恥ときいて想起する経験は embarrassment（困惑）に近く，shame
は日本語では「屈辱感」とするほうが近いという指摘がある。Hubris（思い
上がり）は自尊心，調和性，誠実性と負の相関，shame（恥，または屈辱感）
と正の相関を示している。

　広辞苑（新村，2018）によれば，誇りとは「ほこること。自慢に思うこと。
また，その心」，大辞林（松村，2006）には，「誇ること。名誉に感じること。
また，その心」とある。日本語の「誇り」についての知見はほとんどなく，心
理学的な定義は定まっていないという現状がある（有光，2008）。

　有光（2007）は，「誇り」と pride の文化的相違に関する感情の経験的定義
を明らかにするため，Davitz（1969）の日本語版情動経験チェックリスト
（Imada, 1989）を，日本人大学生および大学院生を対象に実施した。その研究
によると，pride は「誇り」より活動的で楽観的な側面をもつ情動であること
が指摘されている。喚起状況については，賞賛とは関係なく内的な基準を達成
しただけで誇りを経験する可能性，他者の成功に自己を投影して誇りを経験す
る可能性が指摘されている。有光は研究の考察において，「優れた目標の達成
など，他者から賞賛を受けるような自分または他者の成功の結果から生じる自
己効力感の高まり，穏やかな肯定を伴う肯定的感情」と誇りを定義している。
また，特性については，誇りが自己愛や恥と負の相関を持たない点が pride の
先行研究と異なっている（恥については，そもそも shame の訳は屈辱感のほう
が妥当という指摘がある）。

　平田・八原（1999）は，質問表調査により，日本のビジネスパーソンが持つ

誇りの動機づけ機能について，帰属意識（忠誠心）との差異を明らかにしている。それによれば，職務関与への認知過程において，誇りは組織との直接的な関わりを持つことを重視するのに対して，帰属意識は経営層の問題や技術力といった自分ではコントロールできないものを重視することが示された。動機づけにおけるコントロール可能性の重要さを加味すると，帰属意識より誇りのほうが動機づけ効果が強いと示唆された。

　以上のように先行研究を概観したが，日本における定義はまだ確立していない。「臓器提供，または臓器提供の意思表示をすることは誇りである」という社会規範が醸成されることを目指し，誇りの発生メカニズムなどについて，今後研究していきたいと思う。

## 13.7　知識に関する考察

　先行研究レビュー（第5章）において，正しい知識と提供への同意は相関すること，知識を得て誤解が解消することで提供に対する考え方がポジティブに転換することが示された。

　確かに，日本人の定量分析（第6章）において，正解率と関心度，行動意図，意思表示行動は統計学的有意に相関していた（表6-6）。この傾向は欧州4カ国でも見られ，各国において，知識の正解率が高いほど関心度，意思決定度が高かった（第12章）。さらに，第8章から第10章の社会実証において，正しい知識を提供することにより，態度・行動が変容した。その関係性に関する分析（第11章）から，無理解・誤解によって引き起こされる「行動に対する恐怖」を正しい知識によって低減させることで態度決定が促進され，未来の事態に対する「不安」を正しい知識によって低減することで行動が促進される関係性が示された。

　一方で，欧州4カ国と日本の正解率を間接比較したところ，むしろ臓器提供数，ならびに意思表示率がはるかに低い日本の方が正解率が高い結果となった（表12-11）。このことから2点が示唆される。1点目は，知識の程度は，一国内では意思決定・意思表示との関係の指標となるが，国際間比較の指標にはなり難いことである。2点目は，臓器提供に関する態度や意思表示行動には，知

識以外の要素も大きく影響することである。

　しかし，知識が態度や行動変容に重要な要素であることは自明の理である。重要なポイントは，不安の低減や意思表示の意義感を増加させる特定の知識が存在することである。第11章の分析から得られたとおり，ネガティブな認識（不安，抵抗）の低減に寄与する知識は，「提供後のプロセス（臓器提供後のお身体は3〜5時間でかえってくる，臓器提供後のお身体はきれいな状態でかえってくる，傷は1カ所，脳死になると回復することはない）」である。また，ポジティブな認識（意思表示の重要性）の増加に寄与する知識は，「意思表示の意義（家族が脳死になった場合約9割の人が家族の意思を尊重したいと思っている，意思表示をしていれば家族に負担がかからない）」，および「意思表示の手続（意思表示は書き直しできる）」である。

　態度・行動変容に直接かかわる知識の獲得に主眼をおいた情報提供，一般啓発へと転換することが重要であると考える。

## 13.8　価値観や知識の作用メカニズムに関する考察

　価値観や知識の作用メカニズムを論じた主要な理論として，「計画的行動理論」（第3章1.6）がある。人間の行動は，「意図」に基づいて行われるものであり，その「意図」は，「その行動に対する個人の態度」，「他者が，自分がその行動をとることに賛成するかどうか（主観的規範）」，「自分がその行動をコントロールできると考えるかどうか（行動コントロール感）」の3点に左右されるというものである。先行研究調査（第5章）においては，臓器提供がもたらす結果についての認識による「態度」が意思表示への意図に影響を及ぼすという報告，日本の大学生においては「行動コントロール感」が影響するという報告を概観した。

　本研究は，計画的行動理論を包括的に適用し，その要素を計測，検証したものではないため，直接的な理論的示唆を得ることは難しい。しかしながら，その3要素が行動意図に影響を及ぼしていることを，後述の「臓器提供意思表示行動のメカニズム」（図13-2）に確認することができる。

　第1の要素「態度」として，「合理性」が高いこと（自分が死んでしまった

後なら臓器を取られても痛くない気がする，提供することで誰かを救うことができる），「不安」が少ないこと（摘出により身体が大きく損傷する可能性があるのではないか，脳死判定が容易に行われているのではないか），「提供の価値」が高いこと（他人の体の一部として生き続けることで家族の悲しみを減らすことができる，臓器を提供することは家族の誇りになる），「表示の価値」が高いこと（意思を伝えておけば家族に負担をかけなくて済む）が，臓器提供意思表示という行動を起こす意図に影響を及ぼしていることが明らかとなった。

　第2の要素である「主観的規範」としては，「社会規範」（意思表示をすることは誇らしいことだという社会全体の捉え方）を通じて，個々人が「意思表示をすることに他者が賛成してくれる」と考えるようになり，その結果として行動意図が促されることが示唆された。

　また，第3の要素である「行動コントロール感」として，本研究から導かれたメカニズムでは，「自己効力感」の効果が明らかにされた。意思表示をすれば家族のためになる，移植を待っている誰かを救うことができるという考え，さらにそれを実現するために自らの行動を変えることができるという感覚を持つことが，行動意図に肯定的な影響を及ぼすことが明らかとなったのである。また，後述のメカニズム図（図 13-2）の中では直接的に言及されていないものの，本研究の成果からは，「意思表示は書き直しできる」という知識を持つことで，意思表示という行動を自分がコントロールできるという認識が強まり，意思表示への肯定的な態度が強まることも明らかとなった。

## （13.9）情報の提示方法に関する考察

　本研究では，対象者に対する外部からの介入という点において，3つの介入を実践し，その効果を検証した。1つ目は，行動変容モデルに基づき年間で順次介入する「MUSUBU2016 キャンペーン」（第8章），2つ目は不安の低減に焦点を当てた1日型ワークショップ「MUSUBU 2017」（第9章），3つ目は，自治体との協働による「みんなでつくる意思表示リーフレット」プロジェクト（第10章）である。

　そのうち，情報の提示方法という点では，「みんなでつくる意思表示リーフ

レット」プロジェクト（第10章）が，最も明確にその効果を検証する介入であった。メッセージの異なる8つのリーフレットを対象者に提示し，関心，行動意図，誇りの3視座で投票を得るプロジェクトである。その結果の分析から，関連研究に対し，以下2点の示唆が導かれた。

　第1に，メッセージのフレームを意識することの重要性が再確認された。臓器提供意思表示に関する事柄をポジティブに見せるのか，ネガティブに見せるのか，また合理的な情報を提示するのか，感情的な情報を提示するのかによって，対象者の反応は異なる（第5章）。本研究では，投票に提示した8種類のリーフレットのうち，4種類が「ゲイン・フレーム」あるいは「ロス・フレーム」を採用し，残りの4種類はいずれのフレームを持たないものであった。「一番手にとってみたいもの」，「一番意思表示を誇りと感じるもの」，「一番意思表示をしてみようと思うもの」，「総合的に一番良いと思うもの」という4視座すべてにおいて，上位2位にランクインしたリーフレットはすべて，フレームを明確に持ったメッセージを提示したものであった。Chien（2014）が世界15カ国のポスター分析から提言したとおり，直接的な訴えよりも，フレームを採用することが，行動変容に効果的であることが示唆された。

　第2に，対象者が選択するフレームは，行動変容段階，臓器提供に対するイメージにより異なるという点である。Sun（2014）をはじめ，これまでの研究の多くは，検証する行動変容の着地点として，臓器提供への態度や意思の高さ，意思表示への気持ちなどにのみ着目していた。本研究では，「一番意思表示をしてみようと思うもの」，「一番意思表示を誇りと感じるもの」は，意思表示をしないことによって「失われるもの」を前面に押し出したロス・フレームメッセージが選ばれた。また，「一番手にとってみたいリーフレット」は，意思表示をすることによって「得られるもの」を強調したゲイン・フレームメッセージが選ばれた。したがって，関心を喚起したい場合には「ゲイン・フレーム」が，意思表示を直接的に促したい場合には「ロス・フレーム」が有効であり，対象者に望む行動変容によって，採用すべきフレームを変えることが肝要である。

　また，意思表示に対してネガティブ（怖い，不安など）なイメージを持つ人にはロス・フレームが有効であるとの結果も新しい視点である。

**13.10　コミットメントに関する考察**

　本研究で行った3つの介入の主な手段は，講義（第8章），ワークショップ（第9章），投票（第10章）といったイベントであった。これらのイベントを通じて，臓器提供意思表示という題材に深く関与する機会を提供する，すなわちコミットメントを高める意義（Skumanich and Kintsfather, 1996）を，一定程度明らかにすることができた。特に，長期間にわたるキャンペーン型介入となった『MUSUBU2016キャンペーン』では，学内ワークショップ，家族と話そう月間，授業を受ける人数でギネス世界記録®への挑戦など，関与する機会を様々な形で複数回提供することによって関心と意思表示率が高まった。

　その中でも，無関心層に対する学内ワークショップは，21日間同じ時間（土日を除く昼休みに4週間），同じ教室で機会を提供し続けた。これは，Zajonc（1968）が提唱した，繰り返し接すると好意度や印象が高まるという単純接触効果，および，公共性の高い場所で毎日同じ活動を継続的に行うことが組織の存在感を高め人々を組織に引き込む（Crutchfield and McLeod, 2007）という先行研究をもとに計画された。実際，1週目：130名，2週目：74名，3週目：47名，4週目：47名と1カ月間にわたり参加者を得た。「毎日同じ場所でお昼休みに行っていて，何をやっているのか気になって参加した」という参加者の声も聞かれた。無関心層に対する反復接触の機会の有用性が示唆された。

　また，関与の程度が高まったタイミングで意思表示の手段を提供することの重要性（Sanner et al., 1995）も確認できた。『MUSUBUアプローチ』の終了時に意思表示を新たに行った65名に対してきっかけを質問したところ，意思表示する時間が与えられたこと（98.5％），意思表示ができるカードが配られたこと（96.9％）と高い結果であった。

　年間キャンペーン型の複数の介入を通して，意思表示に関心がない人が31.9％から8.5％に減少し，意思表示率が14.4％から24.9％に増加した点において，関与する機会の提供と意思表示手段を提示するタイミングを同時に行うことの有用性を確認することができた。

# 13.11　家族との対話に関する考察

　臓器提供に関する意思決定を，一個人によるプロセスではなく，家族とのコミュニケーションを通じて形成されていく双方向的なプロセスとして捉えることを提唱する研究が報告されている（Afifi, 2007）。

　実際，臓器提供者数世界一を維持しているスペインの中でも，TPM（Transplant Procurement Management）と呼ばれる院内のプロフェッショナル人材を最初に導入したバルセロナ病院があるカタルーニャ地区では，病院周辺の高校を対象としたプログラムを 1995 年より実施している。毎週 15 名ずつの高校生たちが病院を訪問し，4 時間かけて移植医療に関する知識を得ると共に，腎移植患者との対話をしている。毎年 1,000 名以上が体験し，さらに彼（女）らが家族とその話しをすることにより，同地区では移植医療の話題が日常となっている。91.5％が当該プログラムの有用性に同意しており，同地区において臓器提供の意思を持つ人は 85％と高い（TPM-FUNDACIO, 2007）。家族や地域で，臓器移植に関する対話が一般化する環境がつくられていることが，意思決定とその共有に寄与していると思われる。

　本一連の研究において，日本人 10,000 名の定量調査結果（第 6 章），大学生を対象とした定量調査（第 6 章），その社会実装（第 8〜第 10 章）において，家族と対話をすることが，関心を喚起し，意思決定，意思表示を促していた。さらに，イギリス，ドイツ，スペイン，フランスの定量調査の分析結果においても，全ての国において，臓器提供への関心，意思決定に影響を及ぼす重要な因子であった。家族との対話の促進は，大変重要な行動決定要因であると考えられる。

　3 つの社会実装のうち，行動変容ステージに則った『MUSUBU2016 キャンペーン』において，関心から意思決定への変容を目的とした『家族と話そう月間』は，家族との対話を実践する介入となったといえる。『家族と話そう月間』は，主な対象者である大学生が実家に帰省する際に，家族と意思表示について話す時間を促したものであった。これを，無関心層の関心を惹起することを目的とした『お母さんの好きな花知っていますか？』ワークショップと，適切な

知識を得て不安を低減する授業『臓器提供認知向上レッスン（授業を受ける人数でギネス世界記録®に挑戦)』の間に実施した。『家族と話そう月間』の効果を直接検討する調査は行っていないが，家族との対話を促進する要素を組み込んだキャンペーンが，意思表示への関心と意思表示率を高めることに寄与したと推察される。意思決定を促す際には，個人を中心に据えるのではなく，家族や身近な人との対話の中で編み出されていくものとして捉える視点の有効性が示唆された。

## 13.12　臓器提供意思表示行動に関するメカニズム

　今までの知見とその考察を総合し，臓器提供の意思決定，および意思表示行動について，メカニズム図を導出した（図13-2）。その説明を詳細に述べる。

図13-2　臓器提供意思表示行動のメカニズム

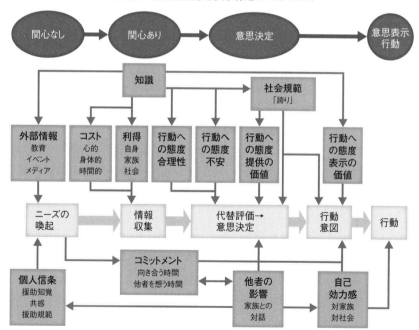

出所：筆者作成。

① 無関心層に対しては，教育，イベント，各種メディアにより，『外部情報』を提供することが必要である。この場合，移植を待ち続けている人の厳しい現状，臓器提供の機会が少ない現実，一方，臓器移植の良好な成績や移植後の生活の質の向上を伝えることが肝要である。知識提供型に限らず，移植待機者，移植者の生の声（ストーリー）を届けるのも効果的である。表現方法としてゲイン・フレームメッセージが有用である。

② それらに対して，各人が潜在的に有している助けたいという思い（援助知覚），その人の問題が早く解決したらよいとの思い（共感的配慮），何らか助ける行動を起こさなければ（援助規範）などの『個人の信条』が惹起され，関心が起こる。

③ 次に情報を収集しようとするが，その際，意思表示をすることが家族の心的負担を軽減する，移植を待っている人を救うことにつながるなど，自身のみならず，家族や社会に対する『利得』についても考える。一方，死後のことを考える心的負担，難しい問題に向き合う時間なども『コスト』と捉えられるであろう。

　また，この頃から，臓器提供に関する情報収集をしたり，考える時間が長くなる。すなわち『コミットメント』が大きくなる。この程度が大きくなればなるほど，その費やした時間に対するベネフィットを求め，意思決定や意思表示が促される。

④ 情報を収集した後，「提供する」，「提供しない」，「今はまだ選ばない」という3つの案からどれかを選ぶ。この時に影響を及ぼすのは，「死後の臓器提供」という『行動への態度』である。これらは『合理性』，『不安』，『提供の価値』という3つの要素で構成されている。

　『合理性』は，自分が死んでしまった後なら臓器を取られても痛くない気がする，提供することで誰かを救うことができる，などの考えである。これらが高いほど意思決定や行動につながるが，前者については変容させることは難しい。後者については，1人から最大11人を救うことができる事実などを伝えるのは効果的と考える。

　『不安』は，摘出により体が大きく損傷する可能性があるのではないかとの不安，脳死判定が容易に行われているのではないかとの不安など，誤解に

由来するものが多い。したがって，正しい情報を提供し，誤解を払拭させることで，不安を軽減し，意思決定を促すことが可能である。

『提供の価値』は，他人の体の一部として生き続けることで家族の悲しみを減らすことができる，臓器提供することは家族の誇りになるなどである。ドナー家族の心境に関するストーリーなどを伝えることで，認識が高まると考えられる。

⑤ 一方，意思決定の際に大きな影響を与えるのは，家族と対話するなど『他者の影響』である。家族との対話は，提供について考えることの大切さを共に確認でき，家族の自分への思いを共有することができる。その結果，不安な気持ちを軽減することにもつながる。

⑥ また，提供の価値に「家族の誇り」という認識があったが，これは『社会規範』と考え得る。「意思決定・意思表示は誇れる行動」という価値観が社会全体で醸成されていれば，もしくは，少なくとも自分が所属するコミュニティで醸成されていれば，臓器提供に関する意思決定や意思表示へのハードルは下がる。

⑦ 意思表示という行動の「意図」に影響を及ぼすのは，まず，『行動への態度』であり，具体的には，意思を伝えておけば家族に負担をかけなくて済むといった認識である。この事実を知らせることは，『意思表示の価値』の対象が，見知らぬ他者から家族へと移るため，自分ゴトとして捉えて，促進されるのである。

⑧ 次に，『自己効力感』であるが，自分が意思表示行動をとることが，家族のためになる（対家族），移植を待っている誰かを救うことができる（対社会）など役立っているという感覚である。また，十分に知識が備わり，媒体も入手しており，自信をもって意思表示行動をできるという感覚である。計画的行動理論における自己コントロール感，すなわち，自分の意思でその行動をとっていると感じるかどうかに相当する。自分がとった行動が家族や社会の誰かを救えると確信すること，それが自分で円滑にできるという感覚が，表示行動を促進する。

⑨ さらに，意思表示をすることが「誇り」と感じることが良い影響を及ぼす。これは，『社会規範』であり，計画行動理論の，「その行動をとることに他

者が賛成するかどうか（主観的規範)」に相当すると考えられる。

　これまでの日本では，人々の意思表示行動のメカニズムが考慮されず，一意的なマスメディアキャンペーンを基軸とした，もしくは知識伝達型のイベントなどの啓発活動が推進されてきた。先行研究や我々の実証研究で示されたとおり，無関心層に対して，関心を生むきっかけとしてマスメディアは有用であるが，意思決定や行動までを促すことは難しい。また，一方向の情報伝達では，個々の誤解や不安を解消するには難しく，行動の障壁をを取り払うには至らないことも明らかとなった。本研究におけるこれらの結果から，啓発活動を根本的に見直す必要性が示唆された。
　啓発活動の目的を「知識提供」という考えから，「意思決定・意思表示という行動変容」に転換することが望まれる。また，行動変容段階に適した介入方法・測定指標が標準化され，各地域で実施されることが大切である。筆者は，本研究が明らかにした，メカニズムと行動促進因子，それらを基に生み出した具体的な介入方法と測定指標を，社会に還元したいとの思いで本書をしたためた。今後も，他の地域・団体が活用できるような標準化手法の開発とその社会還元を続ける所存である。その積み重ねにより，万が一のとき，少しでも多くの人の意思が尊重されるような社会を実現していきたい。本メカニズム図がその一助となれば幸いである。

注

1)　北米では，臓器提供は「愛他心，利他心（altruism)」に基づく愛の贈与と捉えられている。利他心とは，宗教的な意味が完全に取り除かれており，直接的な見返りを求めずに他者に尽くす精神である（Lock, 2001)。

# 第 14 章
# 行動変容マネジメント：
# 社会課題解決の新たなアプローチ

 **14.1** **本書をふりかえって**

本書を執筆した理由は，「より良い社会の構築」に微力ながら寄与したいと純粋に思ったからである。移植医療に関する問題を社会システムの視座で分析・解決する研究をしてきた筆者にとって，社会課題解決へのアプローチ法を模索することは，大きなテーマである。その方法としての「ソーシャルマーケティング」に出会ったのは 2006 年のことであった。専門職修士課程に入学し，研究領域を定める場において，当時担当してくださった三品和広先生（神戸大学経営学研究科教授）が，「貴女が目指していることはソーシャルマーケティングだね」とおっしゃったのである。その当時，実務家としてマーケティングに従事していたが，残念ながらピンとはこなかった。しかし，その言葉は胸に残り続け，「ソーシャルマーケティングとは何か，なぜソーシャルマーケティングで私が目指す問題解決ができるのか」と考え続けた。その答えが，本書である。

第 1 章 5 節で述べたとおり，本書の目的は 3 点あった。1 点目は，**社会課題解決のアプローチとして，個々人の行動を社会に望ましい方向に変容させることの重要性を伝えること（社会的意義）**である。この点に関して，個々が納得した意思決定と意思表示を増やすことが，臓器提供が少ない日本の課題解決につながる。同時に，あらゆる場面の意思決定の大切さや家族と思いを伝えあう大切さに気づくなど，多様な社会課題解決の礎になることを，第 8 章～第 10章の社会実装例で提示した。読者に少しでも意図が伝わっているならば幸いである。

2 点目は，**具体的な施策を考えるにあたり，行動科学の理論やエビデンスに**

基づくことが重要であり，本研究で導出した「高関与型向社会行動のメカニズム」を提示すること（**学術的意義**）である。この点については，まず，第 3 章で基礎となる行動理論に関して，個人，個人間，集団のレベルで整理し，概観することで，行動変容に影響を及ぼす諸因子を提示した。また，第 4 章〜第 12 章にわたる研究の結果を総合し，「臓器提供意思表示行動のメカニズム」（図 13-2）を導出した。あらゆる高関与型向社会行動に適応できるかどうかの検証には至っていないが，可能な限り普遍性の高い単語を用いた。諸理論，ならびに先行研究のエビデンスを網羅的に体系化し，仮説を立て，その実証を通じてメカニズムを導出したのは，我々が知る限りにおいて世界初である。今後の様々な研究の礎になったのではないかと考える。

　3 点目は，具体的な施策を策定・実行するためには，マーケティングコンセプトと多様なアプローチとの統合・展開を図ること，すなわち「**ソーシャルマーケティング**」を適用することの有用性を提示し，その正しい**理解と社会実装の方法を具体的に示すこと**（**社会的・実践的意義**）である。この点に関しては，第 2 章でソーシャルマーケティングについて，歴史，定義，必ず考慮すべき点，計画策定と実装のプロセスについて，詳細に述べた。また，第 7 章において，代表的なモデルに従って介入計画を策定し，第 8 章〜第 10 章でその社会実装の様子と結果を詳細に記述した。第 2 章のみでは机上の空論で終わり，第 8〜第 10 章のみでは，体系的な展開が伝わらなかったと想像する。本書では，これら両方を提示し，さらに，第 7 章で計画の策定方法も具体的に示している点が特筆すべき点であり，目的を達成できたのではないかと考える。

　行動科学理論を組み合わせ，ターゲット層のインサイトをもとに適切な介入手法で個々の行動変容を促す「ソーシャルマーケティング」が，日本の人々に認知され，理解され，社会課題解決プログラムとして適用されること―それが本書の役割である。そして，本書の究極の目的は，社会課題の解決の一助となった具体的な実装例を示すことで，社会を構成する一人一人の向社会行動への変容が促されることである。本書を読んだ多様な立場の人々を通して，その意味することが拡がり，一人一人が社会に望ましい行動を 1 つずつ行うようになれば，それが積み重なり，さらに連鎖し，より良い社会をつくることができると信じている。

## 14.2　本書の研究における理論的含意

　本一連の研究の目的は，「臓器提供の意思表示」行動を具体的なテーマとして，行動メカニズムを明らかにすること，態度・行動変容を測定する尺度の開発，セグメント別の行動変容手法の開発を行い，「高関与型向社会行動」に普遍的なメカニズムを導出すること，それを用いた科学的手法の標準化の礎になることであった。

　その具体的な目的の第1は，日本，および国際的な実証をとおして，臓器提供の意思決定，および意思表示行動における行動決定要因を明らかにすることであった。これに対して，多面的・網羅的に先行研究を調査し，日本人を代表する標本を用いた定量分析，意思表示媒体に最も触れる機会が多い大学生を対象とした定性・定量分析，そこから得られた知見を基にした社会実装，世界で最も臓器提供が多いスペインを含む欧州4カ国の定量分析を1つずつ積み重ね，行動のメカニズムの解明に挑んだ。

　その結果，「行動変容ステージモデル」を適用し，価値観や知識をはじめとする決定要因の特定，諸因子の作用メカニズム，外部からの介入の効果という，これまで個別に検討されてきた一連のプロセスを横断的に説明するメカニズム・モデルを構築することができた（図13-2）。

　特に，重要な行動決定要因として，「不安」を軽減すること，それに影響を及ぼす正しい「知識」を提供すること，向き合う時間を与えること（「コミットメント」），「誇り」という社会規範を高めること，そして，家族と対話すること（「他者の影響」）で，不安を軽減したり，「自己効力感」を高めることが挙げられた。

　これらは，意思決定が複雑で行動への障壁が高い「高関与型向社会行動」に共通の行動決定因子と考えられる。全ての高関与型向社会行動に適用できるかどうかは，今後の課題として残るが，献血や骨髄提供登録など，同様に課題を抱えている分野の課題解決のヒントを導くものであり，その分野の研究における第一歩であると考える。

　第2の具体的目的は，社会実装をとおして，意思表示を促す新しい価値の創

表 14-1　臓器提供意思表示行動の評価指標

| 次元 | 次元 | 数 | 質問内容 | 回答形式 |
|---|---|---|---|---|
| 成果変数 | 行動ステージ | 1 | 臓器提供・意思表示の関心度，態度決定，意思表示行動（関心なし，関心あり，意思決定している，意思表示をしている，意思表示を家族と共有している） | 5段階 |
| 説明変数 | 過去経験 | 10 | ボランティア，募金，献血，学ぶ機会，家族や友人と話す機会頻度 | 5段階尺度 |
| 移植関連要因 | イメージ | 10 | 臓器提供に対するイメージ | 7段階尺度 |
| | 提供・移植への認識 | 20 | 合理性，提供の価値，提供への不安，意思決定の価値 | 7段階尺度 |
| | 知識 | 10 | 臓器移植の現状，提供の条件，臓器提供のプロセス，意思表示の意義 | 3段階 ○，×，わからない |
| 個人の信条 | 行動規範 | 2 | 周囲への同調 | 7段階尺度 |
| | 援助規範 | 2 | 自己犠牲 | 7段階尺度 |
| | 共感性 | 4 | 視点取得，共感的配慮，他社への援助 | 7段階尺度 |

造し，態度・行動変容を測定する尺度の開発，セグメント別の行動変容手法の開発を行い，科学的手法の標準化を行うことであった。2年間の実装ではあったが，「意思表示は家族へのメッセージ」という新しい価値を創造し，その普及により，確実に意思表示行動への変容が進んだ。また，行動変容ステージを基本とした5段階の測定尺度，行動決定に資する知識，イメージ，認識といった評価項目を特定した（表14-1）。

　また，変容効果を測定し，評価を行うためのツールが必要であるが，筆者らは，市民活動の行動変容効果を測定するツールを数種類開発した。市民活動の効果測定が行われない理由の1つとして，紙媒体によるアンケートの実施が，回答者や実施者に負担を与えることが挙げられるためである。その一例として，図14-1に示す行動変容を測定するビンゴ型アンケートは，Wi-Fiがない環境で，筆記用具がなくても楽しく回答できるものであり，その妥当性を実証した（横田・瓜生原，2018）。行動変容の評価指標が活用されるためには，指標とその測定ツールの開発も必要であり，微力ながら貢献できたと考える。

　さらに，行動変容ステージ毎に効果的な介入方法を複数創出し，**科学的根拠**

図 14-1　行動変容を測定するビンゴ型アンケート

| 15-19歳 | 20代 | 30代 | 40代 | 50代 | 60歳以上 |

臓器提供の意思表示についてお伺いします

青色　赤色　緑色 の中からそれぞれ一つ 黒色 はあてはまるものだけを選んでください

| 「保険証」で意思表示できることを知っている | 意思表示のイメージは「役に立つ」 | 意思表示のイメージは「家族」 | 家族・親しい人と話し合ったことがある | 関心はあり,考え中 |
|---|---|---|---|---|
| 意思表示したことを家族や友人に共有している | 家族・親しい人と話し合ったことがない | 意思表示しようと心に決めたがまだしていない | 意思表示のイメージは「想い合う」 | 意思表示している |
| 意思表示のイメージは「誇り」 | 意思表示しようと心に決めたがまだしていない | 説明を受けた！ | 関心はあり,考え中 | 「Facebook」で意思表示できることを知っている |
| 関心がない | 意思表示のイメージは「不安」 | 意思表示している | 「マイナンバーカード」で意思表示できることを知っている | 意思表示のイメージは「身近ではない」 |
| 「免許証」で意思表示できることを知っている | 意思表示のイメージは「つながり」 | 意思表示したことを家族や友人に共有している | 関心がない | 「インターネット」で意思表示できることを知っている |

SHARE YOUR UALUE PROJECT ✂　青色 説明を受ける前の状態　赤色 説明を受けた後の状態

出所：横田・瓜生原（2018）図1より。

に基づく施策モデルを提示することができた。一般への啓発活動を，情報提供
から「行動を変える」という目的意識に転換し，「科学的に実施し測定する」，
すなわち『Evidence Based Enlightenment activities（EBE）[1]』という考え
と，その具体的手法を提唱したことは，社会課題解決の手法や社会実装研究を
推進する礎として寄与できたのではないかと考える。

## 14.3　社会，医療分野，教育への実践的含意

　本一連の研究には，社会，医療分野，教育において 4 つの実践的な意義があると考える。

　第 1 に，**意思表示行動の促進**に寄与したことである（社会的意義）。2016 年度は，各段階に応じた実装をのべ 1,000 名以上に介入を行い，意思表示率が 14.4％から 24.9％に増加した。2 年目は，限られた空間における介入に加えリーフレット投稿など web による介入へと拡大し，約 2,000 名に直接的な介入を行った。いずれの実装においても，行動変容ステージの平均値が統計学的有意に増加しており，意思表示行動の変容促進がみられた。意思表示が増えたことによるソーシャルインパクトまでは測定できていないが，一人一人に対して意思表示をする意義を考えるきっかけを丁寧に伝えてきたことから，さらなる波及効果が期待できると考える。

　第 2 に，**社会に対して移植医療の重要性を発信**したことである。主に移植医療の関係者が発信していた従来とは異なり，移植医療に直接関係しない「商学部の大学生」を中心に発信することは，社会の認識に影響を及ぼすことができたと考える。実際，「直接的な利害関係者ではない大学生の活動が社会的信頼を生んでいる」などとのコメント[2]を多数受けた。活動の発信に関しては，SYVP 内に広報機能を有している。5 大紙や地元紙の記者との良好な関係を構築し，イベント毎にプレスリリースを発信することにより，2016 年度は 6 本の新聞記事に掲載された。また，Facebook による発信も積極的に行っており，2016 年度は 151 回の投稿により，のべ 98,656 名にリーチした。一般の人が，移植医療をより身近に感じる一助となれたならばありがたく思う。

　第 3 に，移植医療の啓発に関わる人たちに，エビデンスに基づく手法の実装により「**科学的に行動を変える**」必要性を伝え，**他の地域・団体が活用可能なメニューを開発**したことである。日本には多くの団体が意思表示増加に向けた活動をしているが，知識伝達型のコミュニケーション活動が主流で，活動のアウトカム（態度の変容，行動の変容など）を評価できていないのが現状である。また，啓発イベントの実施として活動する団体は多数存在するが，研究の

社会実装として活動をしている団体は他にない。我々は，全ての市民活動において，エビデンスに基づく介入，その効果の測定・評価で「科学的に行動を変える」ことに挑んでいる。その大切さを伝えると共に，それらの積み重ねにより，標準的な手法の開発と，手法のポートフォリオを構築し，他の地域・団体が活用できるように還元していきたいと考える。

　最後に，**次世代の育成**である。本研究の社会実装の主体者は，筆者と研究室学生（大学3年生）である。研究機関である大学の商学部生が中心であることから，経営戦略，ソーシャル・マーケティングなどの専門性を活かした仮説検証型の活動，すなわち，社会性と学術性を両立させた独創的なアクションリサーチを可能とした。また，近年，若年層の意思決定の後回しが課題となっているが，本活動がその解決の一助となったことが観察された。その具体例として，1年目の学生は，活動により100%が意思表示を行った。それは，理解の深まり，伝える主体としての責任感に基づく自発的な行動であった。彼らの2割は臓器を提供しないと表示している。「提供する・しない」にかかわらず互いの多様な考え方を尊重し，誇りをもって意思表示の重要性を発信しているのである。これこそが，我々の活動の神髄である。一般のイメージや価値観を変えるための戦略を考え，工夫をこらしながら活動をするプロセスでの学びにより，移植医療の問題に限らず，様々な社会問題に関心を持ち，正確な情報を収集し，対話や意思決定を行うことが可能となった。一人の人間による複数の向社会行動は，相関関係にあることが多くの研究で明らかにされている。例えば，小田ら（2013）は，家族・友人ではなく，知らないお年寄りの重い荷物を持ってあげるなど，他人への思いやり行動の程度と献血行動の頻度は相関すると報告している。さらにMeslinら（2008）は，臓器移植への意思を有する人間は，あらゆる社会課題の解決に向けた活動に寄付する確率が高いことを明らかにしている。したがって，本研究を通して向社会行動への関心を高め，自ら行動した学生たちは，今後，様々な社会課題にも関心を持ち，自らできることについて考え，行動を起こすであろう。

　さらに，副次的な社会に必要な能力の醸成も可能であった。実装メンバーの活動前後における態度を質問用紙により測定した結果，活動への誇り，満足度，自身の今後への有用度，研究力・自己成長度は，統計学的有意に向上して

いた（瓜生原，2016b）。特に，「誇り」の変化率が大きいのは，組織として共
創しながら社会課題の解決に直接働きかける活動を行っているためと考えられ
た。また，社会人基礎力[3]も社会実装活動後に有意に高まった。特に成長が著
しい創造力，規律性，働きかけ力は，社会において多様な課題解決に必須の能
力である。今後も，学術性と社会性を併せ持つ研究を大学生とともに続けるこ
とで，社会の様々な課題に思いを馳せて行動する，良心をもった次世代を育成
したいと思う。

## 14.4　移植医療の理解促進に携わっている方々への メッセージ

　本書の第Ⅱ部では，人々が，臓器提供について関心を持ち，考え，意思決定
をし，意思表示をし，それを家族に共有するまでの態度・行動変容について，
学際的・体系的に研究した結果を記述している。

　第5章で先行研究レビューを行ったように，世界では，臓器提供の意思決
定・意思表示について多様な視点で研究が積み重ねられている。一般啓発の領
域においても，ランダム化比較試験，メタアナリシスなどエビデンスレベルが
高い研究が多数なされ，実際の啓発活動に適用されている。

　日本においても，以下に沿った啓発活動を実施することで実効性が高まると
推察される。ぜひ，各地で展開されることを願っている。その積み重ねによ
り，一人でも多くの国民が，正しく移植医療を理解し，納得のいく意思決定が
できることに微力ながら貢献できれば幸いである。

### ① 『Evidence Based Enlightenment activities（EBE：科学的根拠に基づく啓 発活動）』を行う

　Evidence Based Enlightenment activities とは，理論（第3章の行動科学理
論）とエビデンス（第5章で示した先行研究，ならびに本書で明らかになった
エビデンス）を基にした研究計画にしたがって行う啓発活動のことである。

### ② ターゲットとそのインサイトに基づく啓発活動の計画を策定する

➤　目的：何のために今回の啓発活動を行うのかを明確にする。

➤　介入対象者：「一般」は年齢，ライフスタイルも多様であるが，今回は誰をメインターゲットにするかを明確にする。

➤　先行研究：今までにどのような結果が得られているのかをレビューする。

➤　調査と仮説：理論，エビデンス，ターゲットへの調査からインサイトを得て，仮説を導出する。

➤　介入デザイン：いつ，どのような方法で施策を行う（仮説の検証）のかを明確にする。

➤　成果指標：何を測って評価するのか，アウトプット（参加者数，配布数）だけではなくアウトカム（態度・行動の変化）も数値化できる指標を設定する。

　なお，本計画策定の手順として，第2章11節のLee and Kotlerモデル，それに従って意思表示の啓発活動についての計画を策定した第7章をご参照いただきたい。


### ③ 情報伝達から「行動変容」へ

　正しい知識は重要であるが，送り手が伝えたい情報を提供するのではなく，受け手の態度・行動変容に直接かかわる知識の獲得に主眼をおいた情報提供へと転換することが重要である。以下が明らかになっている。


### ●ネガティブな認識（不安，抵抗）の低減に寄与する知識

➤　臓器提供後のお身体は3〜5時間でかえってくる（提供後のプロセス）

➤　臓器提供後のお身体はきれいな状態でかえってくる，傷は1か所（提供後のプロセス）

➤　脳死になると回復することはない（提供後のプロセス）


### ●ポジティブな認識（意思表示の重要性）の増加に寄与する知識

➤　家族が脳死になった場合，約9割の人が家族の意思を尊重したいと思っている（意思表示の意義）

➤　意思表示をしていれば家族に負担がかからない（意思表示の意義）

➤　意思表示は書き直しできる（意思表示の手続）

## ④ 意思表示行動メカニズム（図13-2）に基づき介入を考える

本研究から，臓器提供の意思決定および意思表示行動は，「行動変容ステージモデル」を適用し，説明できることが明らかとなった。

鍵は，「**家族と臓器提供について話す機会**」，「**正しい知識を得て誤解に由来する不安がなくなる**」，「**意思決定・意思表示が他者から評価される**」ことであり，以下が，具体策である。

### 無関心層に関心を持たせる段階 ●

➤ 臓器提供の現況および価値についての知識を提供し，「共感」や「援助規範」を高める。

➤ 臓器提供の厳しい現状や臓器移植の意義，臓器提供の意思決定・意思表示の価値に関する知識を提供し，「共感」や「援助規範」を高める。

➤ 「ポジティブなイメージ」を与える。

### 意思決定を促す段階 ●

➤ 正しい情報を提供し続け，意思決定への「合理性」を高め，「提供の価値」を認識させる。

➤ 最重要は，不安に思っていることに対する正しい知識を提供して，不安や怖いというイメージを払拭する。

➤ そのためには，「家族と対話」し，移植医療について「向き合う時間」を設ける。

### 意思表示行動に移す段階 ●

➤ 家族に迷惑をかけないという「表示の価値」を認識させる。

➤ 家族や意思表示者と話し合う機会により，その大切さを納得し，自身が役に立つことを感じさせる（自己効力感）。

➤ 意思表示をすることが他者から評価される（誇りに感じる）環境づくりをする。

⑤ 科学的根拠に基づく施策のモデルを参考にする

　第 8 章～第 10 章記述した介入について，具体的な方法，使用した資材を WEB サイトにて公開している。誰にでも使用していただけるよう，無料でダウンロードできるようにしているため，広く活用していただければ幸いである。➤　　https://www.behavior-change.org/

　なお，使用された感想，工夫点，改善点などの意見をお寄せいただければ幸いである。それを反映させ，内容を随時改善していきたいと考える。皆が工夫点を共有し合い，皆でより良い啓発活動をつくっていける場にしたいと願っている。

⑥ 介入施策の効果を測る

　イベントなどでは，アウトプット（参加者数，配布数）だけではなくアウトカム（態度・行動の変化）を測定する。表 14-1 にしたがい詳細に測定できればよいが，約 60 問に答えるのが難しい場面も多い。そこで，代表的な設問 10 問と 5 問を提示したい（表 14-2）。これらは，一連の研究をとおして，意思決定や意思表示に影響を与える項目である。施策の前後に測定することで，その施策による変化も評価することができる。

## 14.5　残された課題と今後の方向性

　本一連の研究で残された課題に基づく方向性は大きく 3 点ある。1 点目は，臓器提供の意思決定と意思表示という具体的な行動の介入対象を拡大することである。2 点目は，具体的な行動において導出した行動メカニズムを，あらゆる向社会行動，さらには多様な行動に適用できるように精緻化することである。3 点目は，ソーシャルマーケティングを日本に正しく普及させ，人々の向社会行動を増加させることで，社会課題の解決に寄与することである。

　1 点目に関する課題は，本研究の社会実装における介入対象を主に大学生に限定したことである。ターゲティングをすることがソーシャルマーケティングでは重要であるため，まず最初は社会科学系大学を対象とした。今後，臓器提供意思表示行動の促進の実践について，新たな方向性を展開したい。

## 表 14-2　施策の評価に用いる代表的な測定項目

| 次元 | | 10 項目 | 5 項目 | 質問 | 回答選択肢 |
|---|---|---|---|---|---|
| 成果変数 | 行動変容ステージ | ● | ● | あなたは，今，『臓器提供の意思表示』について，どの段階にいますか。一つ選んでください。 | 1. 関心がない<br>2. 臓器提供やその意思表示に関心はあるが，まだ具体的には考えていない<br>3. 臓器提供やその意思表示に関心はあり，考え中<br>4. 臓器提供に YES/NO は決まった，意思表示するまではまだ考えていない<br>5. 意思表示をしようと心に決めたが，まだしていない<br>6. 意思表示をしている<br>7. 意思表示したことを，家族や友人に共有している<br>※ 5 段階の場合，「1. 関心なし，2. 関心あり，3. 意思決定した，4. 意思表示している，5. 家族に共有している」 |
| 過去経験 | 家族との会話 | ● | ● | 死後の臓器提供や意思表示について，家族と話し合ったことがありますか | しばしばある<br>数回ある<br>一度だけある<br>一度もない |
| イメージ | 誇り | ● | | 臓器提供に対して誇りを感じますか | 1. まったくそう思わない<br>2. そう思わない<br>3. あまりそう思わない<br>4. どちらともいえない<br>5. ややそう思う<br>6. そう思う<br>7. とてもそう思う |
| | 身近 | ● | | 臓器提供を身近に感じますか | |
| | 不安 | | ● | 臓器提供に対して不安に感じますか | |
| 認識 | 意思表示の価値 | ● | ● | 意思表示をしていれば家族に負担がかからないと思いますか | |
| 知識 | 脳死 | ● | | 脳死になると回復することはない | 1. ○<br>2. ×<br>3. わからない |
| | 臓器提供プロセス | | ● | 臓器を取り出す際に複数の傷ができる（誤）or お身体はきれいな状態でかえってくる（正） | |
| | | ● | ● | 臓器提供後のお身体は 3〜6 時間で家族のもとにかえってくる | |
| | 意思表示 | ● | | 意思表示は書き直しできる | |

注：本項目使用時には，瓜生原（2021）『行動科学でより良い社会をつくる』を出所として示すこと。
出所：筆者作成。

図 14-2　年代別アプローチによる行動変容促進

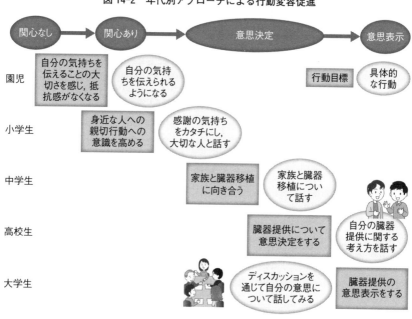

出所：筆者作成。

　その根拠として，大学生を対象とした介入（第8章，第9章）の結果，①大学生の約67％が意思決定すら行えていない，②意思決定層の55％は介入により意思表示行動に移行していたが，無関心層，および態度未決定層は14％に留まっていた，という2つの課題が明らかになった。そこで，まず，引き続き，大学生を対象とした意思表示行動を促進することの重要性が示された。次に，今後20年を見据え，大学生段階で意思表示をするためには，高校生までに一度は臓器提供について考え，意思決定を試みることの重要性が示唆された。すなわち，園児から大学生まで，年代別の行動目標を設定して，それに応じた介入手法を開発することである。具体的には，園児においては，自分の気持ちを伝えることの大切さを感じ抵抗感がなくなること，小学生においては，身近な人への向社会行動への意識を高めること，中学生においては，家族と共に臓器移植に向き合い対話をすること，高校生においては，臓器提供について

一度は意思決定をすることである（図 14-2）。

　ただし，本研究を進める中，若年層の教育に関して外部環境が大きく変化した。2019 年 4 月より，中学校における「道徳」の授業が教科化され，主要 7 社の教科書に「生命の尊さ」の題材として臓器提供が取り扱われるようになった。これは，全中学生の約 70％が，この授業を受け，臓器提供を題材に命の大切さについて考えることを意味する[4]。大変意義深いことだと考える。したがって，中学校教育においては，中学校教諭が臓器移植に関する授業を円滑に実施できる環境整備，授業をきっかけとした家族との対話を促すしくみが必要と考えられる（瓜生原ら，2019）。

　2 点目の課題は，臓器提供の意思決定，意思表示行動について，統合したメカニズム図（図 13-2）をあらゆる行動に適用できるようにさらなる検証を行うことである。そのためには，行動決定要因すべてを概念化する必要がある。自己効力感，他者の影響，行動の価値の知覚などは概念化したが，社会規範の「誇り」は向社会行動に共通な因子なのか，どのようなプロセスで醸成されるのか，などの検証に至ることができなかった。この点について研究を深め，普遍的な行動決定因子と行動メカニズムを明らかにしていきたい。その積み重ねにより，行動への障壁が高い高関与型の「向社会行動」が，あたりまえに行われる社会が構築されることに貢献したい。

　3 番目に関して，第 2 章に記述したとおり，日本はソーシャルマーケティングに関して国際標準から遅れをとっている状況であり，課題は山積である。本書でまず，定義，ベンチマーク・クライテリアなど必須の知識を提供している。そのうえで，今後，各国の手法を研究しながら，日本におけるソーシャルマーケティングの最適化プロセスを開発したい。また，同時に，日本におけるソーシャルマーケティングに関する研究拠点を設立し，国際共同研究，日本における普及に関するグランドデザインの提案を行いたい。これらの研究活動をとおして，ソーシャルマーケティングを日本に適した形で普及させ，人々の向社会行動を増加させることで，社会課題の解決に微力ながら寄与したいと思う。

## 14.6　『行動変容マネジメント』

　最後に，本書のタイトル『行動科学でより良い社会をつくる―ソーシャル
マーケティングによる社会課題の解決―』に込めた思いと，新しい概念である
『行動変容マネジメント』について述べたい。本書では，次のことを伝えよう
としている。

　「より良い社会」を実現するためには，社会課題の解決が不可欠であり，
社会を構成する一人一人が，社会に望ましいと思われる行動をとることが，
その第一歩である。その行動を促すためのアプローチとして，「行動科学」
を基盤とした「ソーシャルマーケティング」の枠組みが重要である。すなわ
ち，「行動変容のマネジメント」が鍵である。

　ではここで，一つ一つの要素について，改めて考察する。まず，「より良い
社会」とは何であろうか。それは，誰もが「よく」生きられる社会，換言すれ
ば，「誰もが幸福な社会」と考える。
　誰もが幸福になりたいと願ってきたことは，時代を越えて疑う余地のない事
実であろう。実際，古来より，幸福は倫理学の中心的な問題として取り上げら
れてきた。ソクラテスは，「善は幸福であり，善の善たるを知れば人間は誰も
が不善をなさない」と考えた（三谷，1992）。アリストテレスは，「善く生きる
ことと，幸福であることは同じ意味である。すなわち，真の幸福は，善く生き
ることのなかにあり，理性をよく働かせて善く生きる人間が幸福である」と述
べている（アリストテレス著，高田三郎訳，1998）。カントも，「すべての理性
的存在者が現実に所有する唯一の目的が幸福への意図にほかならない」と述べ
ている（カント著，宇都宮芳明訳，2004）。何も難解な哲学論議をしたいわけ
ではない。ここで，ソクラテスなどの哲学者の名前をあえて持ち出したゆえん
は，「幸福」という概念が古来から多くの先達によって重要概念として捉えら
れ，議論が積み重ねられてきたことを示したかったためである。
　しかし，幸福とは，各人の主観的な感じ方であり，万人にとっての幸福とは

何かを一義的に定義することは容易な作業ではない。とりわけ，時代が下がり多元的で多種多様な価値意識が浸潤しつつある現代社会においては，なおのこと「幸福とは何か」の一義的定義は困難となる。しかも，その主観的幸福感（subjective well-being）を測定する単一の尺度が存在するわけではない。主観的幸福感には，認知的側面と感情的側面があり，認知的側面は自己の生活に対する満足度を指し，感情的側面は楽しい，悲しいなどのポジティブ，およびネガティブ両面の感情をいう（Diener, et al., 1999；Larson, 1978）。例えば，伊藤ら（2003）が検証した主観的幸福感尺度は，人生に対する前向きな気持ち，自信，達成感，人生に対する失望感のなさ，至福感の5因子で構成されている。

　このような気持ちを抱くためには，少なくとも貧困から解放され，衣食住が満たされ，適切な医療や教育を受ける環境が整っていることが不可欠であろう。そこで，SDGsの考え方が鍵となる。SDGsは，幸福になる人を「誰一人取り残さない（no one left behind）」社会の実現を目指している。それは，2001年に国連総会で採択され，2015年まで実施された前身のMDGs（Millennium Development Goals；ミレニアム開発目標）が，努力の主体を途上国としており，社会課題の改善に大きく貢献した一方で，国や地域による格差が課題として残されたからである。先進国も発展途上国も平等にサステナブルな社会への目標達成に向け努力するべきであるという考えから生まれたのがSDGsである。以上より，**「より良い社会」とは，あらゆる社会課題が解決されている社会，すなわちSDGsが達成され，一人残さず「誰もが幸福な社会」である**と考える。

　では次に，「行動科学」についてである。「行動科学（behavioral science）」の起源は，Chicago大学の心理学者 J. G. Miller が提唱した『行動諸科学（behavioral sciences）』である。1949年，Miller は「人間の行動を経験的に検証しうる一般理論の展開をめざし，そこに含まれるだろう人類学，生化学，生態学，経済学，遺伝学，地理学，歴史学，言語学，数学，神経病学，薬学，生理学，政治学，精神医学，心理学，社会学，統計学，動物学の間に共通する言葉を作り，これら各分野の経験的技術を用いて検証可能な形で相互に連関する諸仮定，諸定理の系を作りだすこと」を提案し，様々な科学を含むとして「行動

諸科学」と名づけた（犬田，1968）。その後，1955 年には学会誌「行動科学」が発刊，behavioral science という名称が一般化した（田中，1969）。行動科学は，社会科学が中心的研究対象としている集団や制度を，人間行動に随伴するものとして捉えること（Voice of America, 1961）を意味しており，その定義について，小学館の日本大百科事典では以下のように説明されている。

　　"人間行動を，総合的にとらえ，厳密な科学的手法によって観察・記録・分析し，その法則性を明らかにすることによって予測可能性を高め，社会の計画的な制御や管理のための技術を開発しようとする，科学の動向を総称する。その特徴を要約すれば，研究の「総合化」「厳密化」「学際化」「応用科学的志向」などの点をあげることができる。"

　すなわち，**行動科学に基づく（「行動科学で」）とは，人間の様々な行動を理解し，適切な理論を応用して介入を行い，その分析によりメカニズムを明らかにし，変容可能とすること**を意味する。このプロセスは，**ソーシャルマーケティングで提示されるプロセス**に他ならない（第 2 章図 2-7，表 2-7）。この点は，マーケティングが行動科学の応用であることを考えると理解できる。

　また，行動科学を応用するにあたり，多様な学問領域の理論やエビデンスについて，「学際的」，「総合的」に検討する必要がある。実際，CiNii において，2011 年以降「行動科学」をキーワードとして検索したところ，1,647 件ヒットし，さらに絞り込む word として，経営 485 件，医療 359 件，健康 226 件，教育 227 件，環境 107 件，運動 69 件が挙げられた。日本において，行動科学が使われている分野は主に経営学，健康医学，教育であることが窺われ，これらの分野の理論やエビデンスを常に横断的な視点で総合的に研究することが重要である。この意味において，ソーシャルマーケティングと高い親和性を有する。

　本書の研究では，個々人が「関心を持ち，意思決定し，行動に移す」ための適切な介入を策定し，実装し，評価し，改善して次なる計画と実装につなげることの繰り返しが，社会課題の解決に近づく道のりであることを示した。その適切な介入を策定するために，対象者の障壁と動機づけを徹底的に調査すること，態度・行動に関するメカニズムを解明することが重要な鍵である。そのメカニズムの普遍化を試み，どのような社会的行動にも応用可能とすることに努

図 14-3　『行動変容マネジメント』

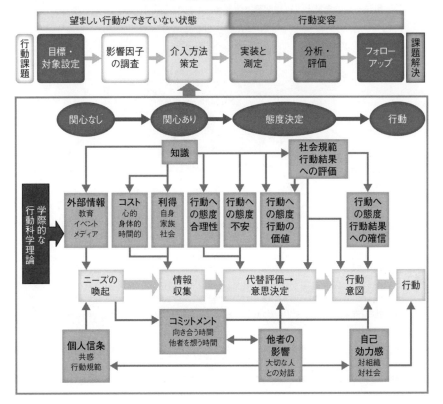

出所：筆者作成。

めた。また，プログラムの策定・実行・評価プロセスについて「ソーシャル
マーケティング」を適用し，実証することでその有用性を示した。

　これを踏まえ，『行動変容マネジメント』という新しい概念を提唱したい。
本書における定義は，**行動科学の諸理論とベースとなるメカニズム，先行研
究，対象者への深い調査によるインサイトから行動決定要因を明らかにし，介
入プログラムを策定，実行，評価を行うことで，社会に良い行動へと変容を促
し，社会の課題を解決していくことである**（図 14-3）。

　以上の，「より良い社会」，「行動科学」，「ソーシャルマーケティング」，「行

図 14-4　『行動科学でより良い社会をつくる―ソーシャルマーケティングによる社会課題の解決―』の含意と『行動変容マネジメント』の関係図

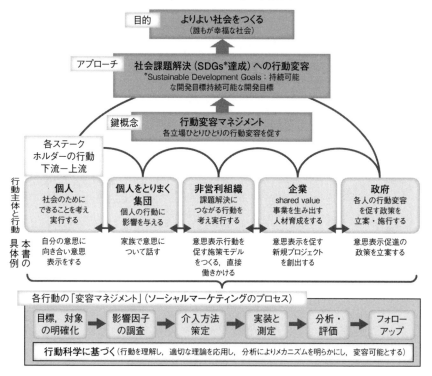

出所：筆者作成。

動変容マネジメント」の関係性を示したのが，図 14-4 である。

　図の中心部に描いたように，行動の主体と行動を拡大して考え，それぞれの行動変容に適用できることが，「行動変容マネジメント」という概念の重要な意義と考える。

　例えば，本書第Ⅱ部でテーマとした臓器提供の意思表示行動について考える（図 14-4 における「本書の具体例」）。まず，真のソーシャルマーケティングと位置づけられる，個人の社会に良い行動（意思表示行動）への変容を目標とする。そのためには，行動に影響を及ぼす家族と「意思について話す」という行動への変容が不可欠である。我々 SYVP のような非営利組織の一人一人が，

施策モデルをつくったり，直接働きかけるなど，課題解決に向けて行動することへの変容も必要である。さらには，共感した企業の社員が CSV を生み出すような事業を考えるという行動への変容，政府の職員が行動変容を促す施策を立案するための行動への変容も大切である。すなわち，あらゆる立場における一人一人の行動変容が重なり合って，個人の「社会に良い行動」を促すのである。**どのような立場にあっても，一人一人が，「より良い社会」に向けて行動を起こすことが重要であり，それを支えるのが，「行動変容マネジメント」で**ある。

　SDGs の達成に向けて，政府，企業，市民団体などが「どうすれば課題解決につながるのか」を模索している。本書で示した一連の研究は，行動科学に基づき，ソーシャルマーケティングを活用したプログラムの立案と実践を通して，「行動変容のマネジメント」を行うことが，その一つの答えであることを示したものである。

　2020 年 1 月，SDGs 達成のための「行動の 10 年（Decade of Action）」が提唱され，貧困，ジェンダー，気候変動，不平等などの解消に向けて，取り組みの加速化と規模の拡大がスタートした（国際連合広報センター，2020）。そんな矢先，新型コロナウイルス感染症（COVID-19）が世界的に流行し，感染拡大防止のために経済が停滞し，大規模な雇用が失われ，特に脆弱なグループに大きな影響を与えた。2020 年 6 月に発表された Sustainable Development Report 2020[5]（Sachs *et al.*, 2020）によると，特に負の影響を受けたのは，目標 1（貧困をなくそう），目標 2（飢餓をゼロに），目標 3（全ての人に健康と福祉を），目標 8（働きがいも経済成長も），目標 10（人や国の不平等をなくそう）である。

　この新型コロナウイルスの感染拡大は，我々の日常生活にも大きな影響をもたらした。ほとんどの国では，パンデミックの初期段階では，ロックダウンなどの対策が採用され，その理由について，オープンで率直な説明がなされた。感染拡大を防ぐための介入研究から得られた知見に基づき，専門家による科学的かつエビデンスに基づく対策について説明・説得がなされ，世界中の多くの人々がこれに従った。このような手法は，不安が大きい状況下，短期的には強力であるが，その影響力を長期間維持することは困難である。規制緩和が始ま

ると，人々はそれぞれの価値観に基づき行動を始める。今後は，初期とは異な
る行動変容への戦略が必要なのである。

　我々は，今後長期間にわたり，自らが外部環境の変化に適応していく必要が
ある。ウィズ／ポストコロナ時代には，「新しい生活様式への行動変容」が求
められている。しかし，行動変容をよびかけるだけでは，今までの行動習慣を
変えたり，新しい行動習慣を身に付けるのは難しい。画一的なメッセージを発
信するのではなく，行動志向によるグループごとに，様々な行動理論に基づ
き，最適化したメッセージを届け，行動の動機づけを提供するなどが不可欠で
ある。このような行動変容の鍵になるのが，本書で示した「ソーシャルマーケ
ティング」であり，「行動変容マネジメント」である。

　本一連の研究の先にある研究者としての aspiration は，「一人一人が誰かの
ためを想って行動し，それが連鎖する優しさにあふれた社会」の基盤となる研
究を行うことである。社会で生じている課題に対して，その本質に目を向け，
個々の行動を社会に望ましい方向に変革することで，課題解決に挑んできた。
多くの社会課題が存在するなか，具体的に，筆者が約 30 年問題意識としてき
た移植医療の課題を題材とし，その本質である「個々人の臓器提供意思表示行
動」に着目をしてきた。しかし，決して移植医療の問題のみに取り組みたいの
ではない。ある社会課題に「関心を持ち，意思決定し，行動に移す」ことは，
どのような領域においても解決につながる同様のアプローチであると信じてい
るからである。

　様々な領域において，本研究で明らかにした向社会行動のメカニズムが応用
され，『行動変容マネジメント』が遂行され，そこからエビデンスが蓄積され，
そのエビデンスが領域横断的に共有されることで，どのような社会的行動にも
応用可能な手法や評価方法が生み出されることを願っている。また，社会を構
成する一人一人が，その手法によって様々な社会課題に関心を持ち，主体的に
「社会に良い行動」を始めるのであれば本望である。

　一人一人が誰かのためを想って行動し，それが連鎖する優しさにあふれた社
会になること，『行動変容マネジメント』がその一助になることを願ってやま
ない。

**注**

1)　Evidence Based Medicine（根拠に基づく医療）を参考に筆者が作成した造語。

2)　例えば，次の web サイトに記載されている声。https://www.uryuhara.com/message

3)　どの職種にも共通する基礎的な能力として経済産業省により定義された。①前に踏み出す力：アクション（主体性，働きかける力，実行力），②考え抜く力：シンキング（課題発見力，計画力，創造力），③チームで働く力：チームワーク（発信力，傾聴力，柔軟性，状況把握力，規律性，ストレスコントロール力）」の3つの能力（12 の能力要素）から構成されている。（経済産業省，2006）。なお，活動結果について社会人基礎力育成グランプリ（経産省主催）で発表し，2015 年から 2019 年まで連続で最優秀賞，または優秀賞を受賞した。

4)　臓器提供を題材としてとりあげた7社の教科書は全体の70％で採用されている。文部科学省の統計によると，2019 年時点の中学生は 333 万人であり，大きなインパクトと考えられる。

5)　各国の SDGs 達成度合いがスコア化されランキングが発表されているが，2020 年は，スウェーデン（84.7），デンマーク（84.6），フィンランド（84.6）の北欧の国が上位を占め，日本（79.2）は 166 カ国中 17 位であった。

## おわりに
### ──支えてくださったすべての方々に深い感謝の気持ちをこめて──

　この本の最終段階にたどり着いた今，ほっとした気持ちと支えてくださった多くの方々への感謝の気持ちで溢れています。30年前の約束を果たしたい，研究を通して一人でも多くの困っている人を救いたい，助けてくださった方々の想いに応えたい…そんな使命感に駆られ，全身全霊で本書の執筆に向き合いました。少しでも想いに応えることができていたら，このうえない喜びです。また，この本を手にとってくださった方に対して，なんらかの社会課題の解決に寄与したいと心に感情が灯るきっかけ，また，行動するきっかけとなれたのであれば，とても嬉しく思います。

　本書は，同志社大学に着任した2014年から2017年度末までの4年間の研究を体系化したものですが，カタチにするのに約3年を要し，ようやく社会還元に至りました。この間，ご縁に恵まれ，数えきれない方々に支えていただきました。多くの方々の想いと優しさと思いやりから生まれた1冊です。すべての方々に御礼を申し上げる紙幅はないのですが，上梓に至るまでの感謝の気持ちを綴ることで，御礼にかえさせていただきたく思います。

　研究の原点は，1990年，豪ブリスベンで肝臓移植を受けた男児のお父様との出会いです（第1章3節参照）。この出会いがなければ，本研究に至ることはできなかったばかりか，私の人生は大きく変わっていたと思います。困っている人を助けたいという漠然とした思いから，「困っている人を救える社会の構築に寄与する」という人生の目的を明確にでき，自分のおかれた環境下で何をすべきか，常に考えられるようになりました。また，人生を俯瞰し，節目節目で生き方の選択をする勇気を得ることができました。

　40歳でそれまでとは異なる「経営学」の門戸を叩き，43歳で製薬企業を退職して研究者の道を歩み始めた時からずっと，経営学の視座で医療の社会問題

を解決することについて応援し続けてくださっている恩師の上林憲雄先生（神戸大学大学院経営学研究科教授）には，感謝の念に堪えません。前著『医療の組織イノベーション』の原形となった博士論文を厳しく丁寧にご指導くださったことが，研究者として独り立ちした今も生かされています。そればかりか，研究の壁にぶち当たった時，先生の視点で私の研究の意義を伝えてくださいます。その言葉にどれだけ勇気づけられたことか，研究に誠実に向き合う意欲につながっています。

　社会課題解決に向けて，博士課程では人的資源，特に医療専門職のプロフェッショナリズムに焦点を当てていましたが，その後，社会に望ましい個人の行動を増やすことに焦点が移りました。それは偶然のようで必然であった気がします。

　「ソーシャルマーケティング」に出会ったのは 2006 年でした。三品和広先生（神戸大学大学院経営学研究科教授）の「貴方が目指していることはソーシャルマーケティングだね」というお言葉がきっかけでした。その言葉が胸に残り続け，再燃したのは，2013 年に京都大学の「政策のための科学」という学際融合大学院の立ち上げと教育・研究に携わることになった時でした。そこでは，異分野・異領域の間，他業種・市民との間をつなぐ人材の育成を目指していました。特に，科学技術の倫理的・法的・社会的問題（ELSI）に関する研究を行うとともに，それらを市民にわかりやすく伝えることの重要性に触れ，自身も「社会とつながる研究者」になりたい！と強く思いました。移植医療の課題について，一方的な知識の提供だけでは理解は進みません。市民は何を不安に思っているのか，何を知りたいと思っているのか，物事を見抜く力を得る必要性を強く感じました。この 1 年は，その後の研究に大きく影響しました。その大切な時間を与えてくださった川上浩司先生（京都大学大学院医学研究科教授），一緒に「誰かのために」知の横断プロジェクトを行い，いつもくまモンを描いて励ましてくださった西山知佳先生（京都大学大学院医学研究科クリティカルケア看護学分野准教授），今も分子生物学についての講義を通して学際融合のおもしろさを瓜生原ゼミ生に教えてくださっている堀部智久先生（長浜バイオ大学バイオサイエンス学部教授）に厚く御礼申し上げます。

　2014 年 4 月，同志社大学の社会科学系の学生たちと接する場に身を置くこ

ととなり，その強みを活かした研究に専念する時でした。しかし，それと同時に大きな試練がやってきました。父の余命が数か月とわかり，私自身もがんの診断を受けました。茫然としました。怖くて不安な気持ちでいっぱいのスタートでした。術後しんどい中で，京都での授業や会議が終わるとすぐに広島に移動し，父の看病と母の介護をする不眠不休の日々でした。心身ともに極限まで追い込まれて過労で倒れてしまった翌日，「苦労かけてすまんのぉ」と言葉を残し，父の意識がなくなりました。父はどうしても11月まで生きたいという願いをもっていました。しかし，倒れた私を楽にするために急変して逝ってしまったのではないかと自責の念に苛まれました。福祉分野で尽力した父の姿を見て育った私も，いつしか社会に役立つ仕事を志すようになりました。喪失感と自責の念でなかなか前を向いて歩むことができなかったある日，父の写真を見つめていると声が聞こえてきました。「社会の役に立ちたい思うて研究者になったんじゃないんか。自分の役割をちゃんと果たさんにゃぁ。」それがきっかけとなり，意思表示行動のメカニズムの探究の研究を開始し，研究に没頭することが心の支えとなり，一日一日をなんとか前向きに過ごすことができるようになりました。

　少し長くなりましたが，これが，本研究に着手するに至った経緯です。そこから，日本人10,000名を対象とした定量調査を行い，「臓器提供意思表示」の行動変容についての仮説モデルを導出した時点で，これをどのように実証するのが，学術的かつ社会的によいのであろうか考え続けていました。同年10月，人生初めてのゼミに20歳前後の若者たちを迎えることになりました。50歳を目前に，「次世代の育成のために尽くしたい，自身が持ちうるすべてを伝えたい！」という気持ちで満ち溢れていました。大学教員になった時から自身の教育スタイルを模索し続け，アインシュタインの言葉『教育とは，学校で学んだすべてのことを忘れてしまった後になお自分の中に残っているもの。そして，その力を社会が直面する諸問題の解決に役立たせるべく，考え行動できる人間を育てることが，教育の目的である。』に心動かされていました。社会課題の解決に向けて真剣に学び，自身の手で解決したいと志す学生たちの姿を見ながら，「次世代を担う彼（女）らとともに社会に出て実証を行おう！」との結論に至りました。「若者と共に，学術性と社会性の両立を目指した研究活動を行

う」という新たな道を歩む背中を押してくれた瓜生原ゼミ第1期生には，同志として深く深く感謝しています。

　しかし，決意はしたものの，0からプロジェクト組織を立ち上げるのは容易ではなく，一人で悶々と悩む日々でした。まず，プロジェクトの名前を考えました。「一人一人が様々な社会課題に思いを馳せ，主体的に深く考えて行動し，その価値（value）ある考えや行動を共有（share）し，認め合い，それらが連鎖する社会を創りたい」との思いから，『Share Your Value Project（以下，SYVP）』と名付けました。次に，プランを策定し，以前に共に患者支援組織を立ち上げた仲間に相談をしました。淺川一雄さん（元ノバルティスファーマ株式会社常務取締役），小嶋伸さん（製薬企業勤務），四條飛鳥さん（Let's株式会社代表取締役），山田扶美子さんが親身になって忌憚ないご意見をくださいました。それぞれの視座で鋭いご助言をくださり，歩み始める自信につながりました。違う道を歩みながらも互いを信頼し誇りに思い合う大切な仲間たちです。25年ぶりに突然連絡をとったにも関わらず，私の構想に耳を傾けて，その後の鍵となる人々にご縁をつないでくださったのは，高校の同級生である安藤元博さん（博報堂執行役員）でした。そのご縁が，プロジェクトの創成期にとても大きな意味を持ちました。人に支えられて生きていることを実感する感謝の日々でした。

　そして，2015年4月，SYVPの研究活動を開始しました。バタバタの状態で活動の様子をFacebookで発信すると，高橋絹代さん（新潟県立看護大学成人看護学助教），野尻佳代さん（東京大学医学部附属病院看護部）が「是非一緒に盛り上げたい！」と駆けつけてくださいました。熱いハートの仲間たちに感謝しかありません。高橋さんは，富山国際大学付属高等学校メディア・テクノロジー部とのご縁をつないでくださり，様々なアイデアと行動力で両者の懸け橋としてご尽力くださいました。その結果，5年にわたる共同研究が始まり，毎年6月の研究発表に留まらず，2019年10月のMUSUBU2019では，日本初の「移植医療科学館」を実施するなど，共に創り上げて科学と社会を結びました。知性と好奇心に溢れた高校生たちと共に切磋琢磨することは，大学生たちの動機づけになり，知の創発を生みました。部員の皆さんと顧問として取り組みを支え続けてくださった橋本知彦先生に深く感謝申し上げます。

　その第1回目のSYVPソーシャルマーケティング研究会を2015年6月に開催した際，商学部長であった植田宏文先生は全面バックアップしてくださり，同僚の山内雄気先生は，コメンテーターとして貴重なご示唆をくださいました。また，研究開発機構の武市裕子さんは学内外の様々な方につないでくださり，長田直樹先生は私たちの研究活動の意義を認めてくださり，研究が発展するよう科学技術振興機構の研究助成などをご提案くださいました。サイエンスアゴラの存在も教えていただき，商学部生ながら2015年から5年連続出展し，多様な価値観を認め合いながら科学とともにある社会を目指す重要性を，学生とともに認識することができました。また，良心学研究センター長の小原克博先生（神学部教授）は「移植医療と良心」というテーマのシンポジウムなど研究発表の機会，ライフリスク研究センター長の八木匡先生（経済学部教授）は，年2回の研究会共催を継続してくださり，毎回鋭い視点でご助言をくださるなど，学生とともに研究を進める支援をしてくださいました。当時政策学部に所属されていた岡田彩先生（東北大学大学院情報科学研究科准教授）は，フレーミングに関する授業をはじめ，研究会，様々なイベントに必ずご参加くださり，御礼を言い尽くせないほどです。その卓越した研究力と指導力，寛大なお人柄から，学生たちの信頼が厚く，皆が大好きな先生です。以上のように，ご支援くださった学内の先生方，教育・研究に没頭できる環境を整えてくださった同志社大学に厚く御礼申し上げます。

　また，SYVPの研究活動創成期には，学外の多くの方々にも助けていただきました。まず，1年間，毎週の活動を写真と文章で詳細に記録しながら，私たちを見守り続けてくださった山口裕史さん（フリーライター）。その後も大事な場面に顔を出してくださる山口さんの存在は皆の心の支えであり，SYVP第1期生と言っても過言ではありません。商学部生が移植医療の問題に取り組むにあたり，基本的な知識や医療現場の実際について教えてくださった吉川美喜子先生（関西メディカル病院腎臓内科副部長）。医療への熱意と学生たちへの愛情に満ちた大きな存在です。「臓器提供意思表示」という行動にどのような価値づけをするのか，マーケティングの専門家としてその卓越したファシリテーション力で学生たちの興味を最大化してくださった大高香世さん（博報堂チーフビジネスプラニングディレクター），米満良平さん（博報堂イノベー

ションプランニングディレクター）。伝える側の視点で私たちの活動に多くのご
示唆をくださった北村理さん（産経新聞大阪本社編集委員）。そして，なんと
いっても加藤みゆきさん（膵腎同時移植者）。様々な苦悩と葛藤を乗り越えて
元気いっぱいに生きておられる姿に心打たれ，命の尊厳について改めて考えさ
せられます。彼女の生き様から命について真剣に向き合い，研究活動の意義を
実感した学生，人生で大切なことを学んだ学生は計り知れません。ゼミや「良
心学」におけるご講演に留まらず，ほぼすべての研究イベントにご出席され，
どの学生よりも活動を共にしてきてくださいました。いつも SYVP のチーム T
シャツとロゴをあしらったアクセサリーを身に着け，私たちを丸ごと愛してく
ださったみゆきさんの存在なしには，研究活動を進めることはできませんでし
た。私自身の心の拠り所でもありました。本当にありがとうございました。

　学生たちと共に研究を推進することをご支援くださった方々は後を絶ちませ
ん。島田光生先生（徳島大学大学院消化器・移植外科学分野教授）は，「徳島
移植フォーラム」で学生に研究発表の機会を設けてくださいました。その後も
毎年，徳島大学医療系の学生との研究発表交流の機会をくださるなど若年層の
育成に心血を注がれています。竹内弘一さん（KBS 京都キャスター）は，活
動紹介のためのラジオ出演機会をくださり，学生たちの研究意欲を高めてくだ
さいました。そして，1 年目の研究報告の場である SYVP ソーシャルマーケ
ティング研究会には，既出の方々に加え，中山健夫先生（京都大学大学院医学
研究科教授），若林直樹先生（京都大学経営管理大学院教授），梶川拓也さん
（株式会社サンブリッジ代表取締役社長）が講演者，および座長としてお越し
くださいました。この研究会は，1 年間の研究活動結果を社会還元することで
支えてくださった方々への感謝の意を表す場として，その後も毎年 2 月に継続
しています。既出，ならびに後にお名前を上げる先生方の他，勝又あずさ先生
（関西学院大学准教授），蔵満薫先生（神戸大学大学院肝胆膵外科学助教），早
田吉伸先生（県立広島大学大学院経営管理研究科准教授），曽山明彦先生（長
崎大学大学院移植・消化器外科学助教），高瀬進先生（京都大学経営管理大学
院助教），竹内由佳先生（鳥取環境大学経営学部講師），塚本一郎先生（明治
大学経営学部教授），名取良弘先生（麻生飯塚病院副院長），早瀬昇先生（社会福
祉法人大阪ボランティア協会理事長），深尾立先生（筑波大学名誉教授），南知

恵子先生（神戸大学大学院経営学研究科教授），渡辺好章先生（同志社大学名誉教授）が，お忙しい中，1日がかりで学生発表のためにお時間を割いてくださいました。その期待に応えることで先生方への感謝の気持ちを伝えようと，学生たちの研究発表にかける意気込みは半端なく，教育効果が極めて高かったと感じております。衷心より御礼申し上げます。

　2年目の2016年は，第8章の年間キャンペーンという社会実装を行い，数えきれない多くの方々にお世話になりました。福吉潤さん（株式会社キャンサースキャン代表取締役社長）は，マーケティングのおもしろさを講義で教えてくださったに留まらず，学生たちに実地経験の機会をご提供くださり，ソーシャルマーケティングの醍醐味を伝授くださいました。いつも学生の成長を促し，見守ってくださっており，深く感謝致しております。10月のMUSUBU2016におけるギネス世界記録® 挑戦『臓器提供認知向上レッスン "Largest organ donation awareness lesson"』（185頁参照）の共催をしてくださった一般社団法人日本移植学会，授業講師を務めてくださった理事長の江川裕人先生（東京女子医科大学消化器外科学教授）。会場が一体となって学ぶ素晴らしい授業を行ってくださったおかげで，ギネス世界記録® を達成でき，学生たちの努力が報われました。お忙しいスケジュールのなか当日かけつけて「感動した！」とメッセージをくださった門田守人先生（大阪大学名誉教授），移植学会における学生の出展やご支援をくださった相川厚先生（東邦大学名誉教授），レターカード作成にご助言くださった栗原未紀さんをはじめとした公益社団法人日本臓器移植ネットワーク広報部の皆さま，挑戦することの意義を教えてくださったギネスワールドレコーズジャパン株式会社の方々，「家族とわたし」をテーマにした絵を描いて（家族への想いをカタチにして）MUSUBU2016に温かみを添えてくださった一乗寺保育園・北野保育園・こぐま白雲北保育園・心月保育園・わかば園の園児さんと先生方，当日ステージに華を添えてくださったカパーフラオカイリマレイアーピキ・京都女子大学Cotton Candy・同志社大学喜劇研究会・京都よさこい連心粋の皆さま，総合司会の三浦摩紀さん，後援してくださった京都府・京都市・京都市教育委員会・京都新聞・京都放送・公益財団法人日本アイバンク協会・NPO法人日本移植者協議会・一般社団法人ミス日本協会の皆さま，ご協力くださった同志社大学商学部樹徳会の皆さま，出

町桝形商店街や近隣の飲食店の皆さまなど，すべての方々のお名前を挙げることができていませんが，応援してくださった皆さまに厚く御礼申し上げます。MUSUBU2016キャンペーンとしての社会実装をとおして実証したことは，行動変容ステージモデルに基づくメカニズムの解明と促進因子の特定に寄与し，学術的な意味をもちました。さらに，学生たちにとっては，困難を乗り越え自分たちで成し遂げ，社会に貢献したという自信と成長につながりました。

　2017年は第9章，第10章の社会実装を行いましたが，この年から，行政，医療機関，市民団体とのネットワーク「MUSUBU KYOTO実行委員会（https://www.musubu-syvp.com/musubu）」を組織し，毎月会議を開催しながら共同で企画・準備を進めました。この連携組織がハブとなり，多様なステークホルダーを含めた地域ネットワークを形成して市民が一体となって参画する仕組みを構築することができました。そのきっかけをつくってくださった中本晴夫さん，実行委員の中村友也さん・山下竜さん・小寺泰二さん・堀忍さん・松浦快仁さん・吉田周史さん（京都府健康福祉部健康対策課），串山律子さん・中尾俊雅先生・原田俊平先生・牛込秀隆先生（京都府立医科大学），薬真寺ゆり子さん（京都予防医学センター），岩井浩さん（京都腎臓病患者協議会），秋篠憲一さん（未来の会）に深謝の意を表したく思います。

　その後，2018年，2019年と活動の幅はさらに広がり，お世話になった方々の数も飛躍的に増加しました。様々な立場の方に応援していただいたおかげで，学生たちは各プロジェクトを責任もって遂行でき，研究活動に深みが増しました。お一人お一人の名前を記すことができないのですが，私たちの研究活動を応援してくださった方々，誠にありがとうございました。毎週の活動に直接関わってくださった方々の他，Facebookで応援してくださっている方々も約600名に至りました。商学部の学生たちが熱意をもって医療の社会課題に取り組んでいる姿勢に共感してくださる方々も多く，SNSを通して多くの励ましのお言葉をいただいてまいりました。同志社大学商学部の先輩である村山司さんは，投稿の度にコメントを記してくださいます。それに応えていくことで学生たちは社会に発信する意義を感じ，愛情を注いでくださる大先輩に一同深く感謝しております。

　この間，移植医療の当事者の方々にも多数支えていただきました。毎年ゴールデンウィークの中之島まつりにおいて，学生たちに移植啓発の機会をくださったNPO法人日本移植者協議会の下野浩さん，渡邉源喜さん，川瀬喬さんをはじめとした皆さま，誠にありがとうございました。学生たちは，初めて一般市民と対話するなかで，正確な知識を得ることの重要性や伝えることの難しさを知り，その後の活動に大いに活かされました。また，研究会やイベントにお運びくださったり，ご講演などを通して，移植医療や意思表示の尊さを学生たちや市民に伝えてくださった大久保通方さん，木内博文さん，髙見敬一さん，辰巳遥さん，成田健之介さん，原澤美鈴さん，原澤美智子さん，女鹿田陽さん，森原大紀さんに御礼申し上げます。森原さんには，2018年のMy Story Fes，Green Pride Fesで大役を務めていただいたばかりか，ひろしまグリーンリボンフェスへのゼミ生の参画機会をくださり，彼（女）らの視野拡大につながりました。また，私たちのホームページにも応援メッセージをくださいました（https://www.uryuhara.com/message）。その出だしの『私は，多くの社会問題の根底は「無知」もしくは「無関心」にあると考えています。』に強く共感しました。また，『無知による一方的な判断やレッテル貼りをするのではなく，起きていることを人々に伝え，なぜそのような事が起きるのか，どのように解決に導けばいいのかを考える』ことを共に行っていきたいと心底思いました。同じ価値観のもと影響を与え合う人々がいることで，大きな勇気をいただき，誠心を込めて活動できたのだと思います。深く感謝申し上げます。

　2016年間からの2年間，吉田秀雄記念事業財団から研究助成をいただき，深い感謝とともに研究に打ち込みました。しかし，社会実装を伴う研究は，多くの方に助けていただいたものの困難を極め，苦悶の日々が続きました。研究を断念することも考えた時，研究助成を受けているということは，その研究の意義を評価していただいているのだと自身をなんとか奮い立たせ，研究を完遂して社会に微力ながら貢献したいと再び一歩を踏み出すことができました。選んでくださった選考委員の先生方，2年にわたり研究を見守ってくださった理事長の森隆一さんはじめとした財団の方々，問合せにいつも優しく対応してくださった沓掛涼香さん，誠にありがとうございました。

　2018年秋，吉田秀雄賞（第16回）受賞を知らせるお電話を受け，涙が止まりませんでした。それ程に，熱意を込めて向き合い，様々な困難を学生たちと共に乗り越えた研究だったからです。さらに，吉田秀雄賞授賞式で，亀井昭宏先生（早稲田大学名誉教授）から「社会的にも意義のある研究内容であり，丹念な研究内容」とご講評いただいた時，あらゆる困難が報われた気がしました。どれだけ救われ，勇気づけられたか，その感謝の気持ちは言葉では言い尽くせない程です。その瞬間があったからこそ，その後，愚直に研究を続けることができ，本書の出版まで辿り着くことができました。

　さらに，本書が完成するまで，多くの方がお力添えくださいました。本書の原形となった吉田秀雄記念事業財団研究助成の報告書においては，共同研究者の岡田彩先生が，先行研究レビューの枠組みをご提案くださったり，第10章におけるリーフレットのフレーム分析を行ってくださったり，多大な貢献をしてくださいました。本書の草稿に対して，上林憲雄先生には本書全体の流れや鍵概念と表題の関係性などについて鋭いご指摘をいただき，第14章を深く論じるに至りました。いつも大きな質問で思考を深めてくださる恩師に尊敬の念を禁じ得ません。八木匡先生には本書第3章の行動経済学の節を，藤平春加先生（グリフィス大学 Social Marketing@Griffith 研究員）には第2章と第3章を丁寧にご高閲いただきました。特に，藤平先生とは，ソーシャルマーケティングとは何か，行動科学の諸理論をいかに社会実装に応用すべきかを何度も議論しました。藤平先生の知識と社会実装経験の豊富さに感銘を受け，さらなる研究の意欲がかき立てられました。その他，お忙しいお時間を割いて草稿をご査読くださった先生方，深い見識に基づくご示唆を賜った先生方に厚く御礼申し上げます。そして，三船理絵さん。草稿段階から何度も何度もご高閲くださったばかりか，600点を超える文献の整理や細かいチェックをしてくださり，彼女の存在なしには本書が完成しませんでした。いつも穏やかで，配慮に富み，正確な仕事をしてくださる彼女は，心折れそうになった時，優しく耳を傾けてくださったり，ご助言くださいます。彼女の存在にどれだけ救われてきたか，その感謝の気持ちは言葉では言い尽くせません。

　出版は，研究成果の社会還元であると同時に，支えてくださった方々に深い感謝の意を表することでもあると思い，真心を込めました。しかし，思い入れ

がある分，なかなか筆が進まない私を待ち続けてくださった株式会社文眞堂の前野隆さん（代表取締役），前野眞司さんに心より御礼申し上げます。前野眞司さんは，いつも穏やかに接しながら正確に事を進めてくださいました。温和な前野さんが粘り強く伴走してくださらなければ，納得のいく書を世に出すことはできなかったと思います。

　本書は，なんといっても，SYVP のメンバー（ゼミ生）の貢献なしには語れません。横田貴仁くん（2期生）は，リサーチアシスタントとして多大な貢献をしてくれました。切山英子さん（第1期生）は，草稿を的確に校閲してくれました。大学院時代も含め瓜生原ゼミを4年半見守り続け，率先して深く学ぶ姿勢を示し，後輩から信頼の厚い存在です。本書のカバーデザインをしてくれたのは田中美穂さん（第1期生）です。彼女は，在学中にデザイン学校に通い，100種のロゴ候補を描いたうえで SYVP のロゴ ➤◀ を生み出し，『ソーシャルマーケティング研究』の表紙デザインや，パンフレット作製まで手掛けてくれた SYVP のクリエーターです。本書表紙の social good の旗を手にした女神は，ウジェーヌ・ドラクロワによって描かれた「民衆を導く自由の女神」を模してあり，若者たちは同期の学生たちをイメージしたとのこと。「本書に導かれ，若者たちが切磋琢磨しながら社会に良い（social good）行動を増やしていく」ことを思い描いてデザインしてくれたそうです。その思いどおりの書になればいいなと思います。（女神のどこかに ➤◀ が隠されています。是非，探してみてください！）

　また，本書の研究に多大なる貢献をしてくれた歴代メンバーには，一人一人に惜しみない「どうもありがとう！」を心より伝えたく思います。研究の前では，学生も教員も平等に真摯な姿勢で取り組むというポリシーで，共に謙虚に研究に向き合い，同じ目標に向かって一緒に壁を乗り越え，喜怒哀楽を共にした仲間たちです。

◆1期生（2013年入学，SYVP2015年度メンバー）：安藤翔くん，遠藤卓也くん，金海秀謹くん，切山英子さん，酒井翼くん，櫻井清亜くん，佐藤雄亮くん，竹島万裕さん，田中美穂さん，塚本夏揮くん，橋本鴻太朗くん，原田希望くん，水野貴之くん，本村壮くん，若林希美さん

◆2期生（2014年入学，SYVP 2016年度メンバー）：浅田拓人くん，阿部彩さん，新井奈那さん，市木雄也くん，薄田侑弥くん，小川達郎くん，奥川季花さん，奥村慧くん，長壁哲平くん，金森怜也くん，金本咲希さん，鯉江敬子さん，小林優佑さん，谷口愛さん，冨野祐貴くん，滑健太くん，野田憲冬くん，廣瀬蘭さん，藤野哲也くん，細田喬祐くん，松下登志朗くん，横田貴仁くん，吉村春希さん

◆3期生（2015年入学，SYVP 2017年度メンバー）：青木隆太くん，石本早莉奈さん，泉谷あかりさん，岩崎晃生くん，荻野聖也くん，奥田亜衣子さん，栗栖崇くん，高木麻衣さん，中川稔基くん，中農未祐さん，中山健太郎くん，鍋坂由稀さん，橋本侑介くん，前井厚毅くん，前田美輝さん，森優太くん，八木利文くん，山田奈緒子さん

◆4期生（2016年入学，SYVP 2018年度メンバー）：阿部真以さん，上野夏生さん，大岩蒼汰くん，大迫夕莉さん，大西陸くん，大西崚介くん，金健一くん，久保田将くん，里深圭佑くん，竹内諒典くん，苦瓜美穂さん，西辻実加さん，波多野光さん，藤本実佑さん，細見あいりさん，松浦巧真くん，松野貴典くん，門口幹くん，劉韶娟さん，渡辺夏乃華さん

◆5期生（2017年入学，SYVP 2019年度メンバー）：石田菜夢さん，植野佳穂さん，大路悠真くん，大道友里恵さん，金村彩音さん，木村美月さん，児島巴奈絵さん，鈴木くるみさん，多賀勇輝くん，豊田洋亮くん，中川莉歌さん，西崎和菜さん，野田恵子さん，芳賀麗さん，橋川萌音さん，藤本涼佑くん，水野泰雅くん，山本真央くん

2018年10月，グリフィス大学主催のsocial marketing conferenceに参加するため，ブリスベンを訪れました。チェックインしたホテルの目の前にそびえ立っていた病院は，研究の原点となった男児が肝移植を受けた病院でした。感動を超え，運命に導かれたような気がし，動くことができませんでした。長年の想いがつながった瞬間でした。病院に入ると，そこには移植を受けた子供たちの写真が飾られており，これは，決して偶然ではなく必然だったのだと思いました。

1990年に授かったお父様の思いを私なりにカタチにして，ようやく研究の

意味を社会に還元できるようになったタイミングで原点の場所に立ったこと。それは，謙虚に，より本質的に問題解決に向けて探究することへの覚悟を運命づけられたのだと思いました。研究とは，常に本質の解明に向けて大胆に挑戦しつつ，緻密に愚直に続けるものだと思っております。真摯に研究と向き合い，学術の進展とより良い社会の構築に微力ながら貢献できるよう，一層の精進を重ねて参りたいと思います。

　最後に，私事で恐縮ですが，家族への感謝の気持ちを記すことをお許しいただければ幸いです。前著を刊行した2012年，両親は嬉しそうな顔で親戚じゅうに本を渡しに行ったそうです。そのことを父の死後に親戚から聞いた時，親孝行ができてよかったと素直に思いました。その顔を二度と見ることはできませんが，真摯に研究に向き合いその結果を社会に還元していくことで，空から微笑んでくれるのではないかと思って過ごしてきました。拙著を手にしたら，真っ先に父母のもとに献本し，「この世に命を授けてくれてありがとう」を伝えたいと思います。

　いつも私を優しく支えてくれている敬愛なる主人。私は人生の中で，彼ほど利他性に溢れた人に出会ったことがありません。見知らぬ他人に対しても，常に相手の立場にたって考え，行動をしています。日常生活の些細なことにも彼の行動は思いやりに溢れており，そんな彼がそばにいるからこそ，穏やかに毎日を過ごせます。知性と思慮深さと利他性に満ちた伴侶に巡り会えたから，私は，より良い社会とは何か，自分に何ができるのかを考えることに没頭できているのだと，深い感謝の気持ちでいっぱいです。どうもありがとう。

　本書を手に取り，今，ここにたどり着いてくださった皆さまに心から御礼申し上げます。本当にありがとうございました。

2020年12月<br>
両親と主人のゆかりの地・呉にて<br>
瀬戸内の島々を茜色に染める夕日にありがとうと呟きながら

瓜生原　葉子

# 参考文献

**【外国語文献】**

Aalto, M., Pekuri, P., and Seppä, K. (2003) "Primary health care professionals' activity in intervening in patients' alcohol drinking during a 3-year brief intervention implementation project," *Drug and Alcohol Dependence*, Vol. 69, No. 1, pp. 9-14.

Abadie, A., and Gay, S. (2006) "Impact of Presumed Consent Legislation on Cadaveric Organ Donation : A Cross Country Study," *Journal of Health Economics*, Vol. 25, pp. 599-620.

Abhyankar, P., O'Connor, D. B., and Lawton, R. (2008) "The role of message framing in promoting MMRvaccination : Evidence of a loss-frame advantage," *Psychology, Health & Medicine*, Vol. 13, No1, pp. 1-16.

Abraham, C., and Kools, M. (2012) *Writing Health Communication: An Evidence-Based Guide*, SAGE Publications Ltd.

Adams, J. S. (1963) "Towards An Understanding of Inequality," *Journal of Abnormal and Normal Social Psychology*, Vol. 67, pp. 422-436.

Adams, J. S. (1965) "Inequity in Social Exchange," *Advances in Experimental Social Psychology*, Vol. 2, pp. 267-299.

Afifi, W. A., Morgan, S. E., Stephenson, M. T., Morse, C., Harrison, T., Reichert, T., and Long, S. D. (2007) "Examining the Decision to Talk with Family About Organ Donation : Applying the Theory of Motivated Information Management," *Communication Monographs*, Vol. 73(2), pp. 188-215.

Ahn, J., and Park, H. S. (2016) "Reward for Organ Donation : Is It Effective or Not as a Promotion Strategy?" *International Journal of Nonprofit and Voluntary Sector Marketing*, Vol. 21, pp. 118-129.

Ajzen, I. (1985) "From Intentions to Actions : A Theory of Planned Behavior," *Action Control*, pp. 11-39.

Albarracín, D., Johnson, B. T., and Zanna, M. P. (Eds) (2005) *The handbook of attitudes*, Lawrence Erlbaum Associates Publishers.

Alderfer, C. P., Existence, Relatedness, and Growth (1972) *Human Needs in Organizational Settings*, New York : Free Press.

Almestahiri, R., Rundle-Thiele, S. R., Parkinson, J., Arli, D. (2017) "The use of the major components of social marketing : A systematic review of tobacco cessation programs," *Social Marketing Quarterly*, Vol. 23, No. 3, pp. 232-248.

Almosa, Y., Parkinson, J., and Rundle-Thiele, S. R. (2017) "Littering reduction : A systematic review of research 1995-2014," *Social Marketing Quarterly*, Vol. 23, No. 2, pp. 203-222.

Andreasen, A. R. (1994) "Social marketing : Its definition and domain," *Journal of Public Policy and Marketing*, Vol. 13, No. 1, pp. 108-114.

Andreasen, A. R. (1995) *Marketing social change: Changing behavior to promote health, social development, and the environment*, Jossey-Bass.

Andreasen, A. R. (2002) "Marketing social marketing in the social change marketplace," *Journal of Public Policy & Marketing*, 21(1), pp. 3-13.

Andreasen, A. R., and Herzberg, B. (2005) "Social marketing applied to economic reforms," *Social Marketing Quarterly*, Vol. 11, No. 2, pp. 3-17.

Andreasen, A. R. (2006) *Social marketing in the 21st century*, Sage Publications.

Andreasen, A. R., and Kotler, P. (2007) *Strategic marketing for nonprofit organizations* (7th ed.), Prentice Hall.

Andreasen, A. R. (2012) "Rethinking the relationship betweenbsocial/nonprofit marketing and commercial marketing," *Journal of Public Policy & Marketing*, 31(1), pp. 36-41.

Annas, G. J. (1988) "Brain Death ana Organ Donation : You Can Have One without the Other," *Hastings Center Report*, Vol. 18, No. 3, pp. 28-30.

Argyris, C., and Schon, D. (1996) *Organizational learning II*, Reading, MA : Addison-Wesley.

Arnold, R. Barlett, S., Bernat, J., Colonna, J. Dafoe, D., and Dubler, N. (2002) "Financial Incentives for Cadaver Organ Donation : An Ethical Reappraisal," *Transplantation*, Vol. 73(8), pp. 1361-1367.

Ashford, S., Edmunds, J., and French, D. P. (2010) "What is the best way to change selfefficacy to promote lifestyle and recreational physical activity? A systematic review with meta-analysis," *British Journal of Health Psychology*, Vol. 15, No. 2, pp. 265-288.

Aveyard, P., Cheng, K. K., Almond, J., Sherratt, E., Lawrence, T., Griffin, C., Evans, O. (1999) "GraphicCluster randomised controlled trial of expert system based on the transtheoretical ("stages of change") model for smoking prevention and cessation in schools," *BMJ*, Vol. 319, pp. 948-953.

Axsom, D., and Cooper, J. (1985) "Cognitive dissonance and psychotherapy : The role of effort justification in inducing weight loss," *Journal of Experimental Social Psychology*, Vol. 21, No. 2, pp. 149-160.

Bandura, A., Ross, D., and Ross, S. A. (1961) "Transmission of aggression through imitation of aggressive models, " *The Journal of Abnormal and Social Psychology*, Vol. 63, No. 3, pp. 575-582.

Bandura, A. (1977) "Self-efficacy : Toward a unifying theory of behavioral change," *Psychological Review*, Vol. 84, pp. 191-215.

Bandura, A. (1986) *Social foundations of thought and action: A social cognitive theory*, Englewood Cliffs, NJ : Prentice Hall.

Bandura, A. (1997) *Self-efficacy: The exercise of control*, New York : Freeman.

Bandura, A. (2004) "Health promotion by Social cognitive means," *Health Education & Behavior*, Vol. 31, No. 2, pp. 143-164.

Barke, C. R., and Nicholas, D. R. (1990) "Physical activity in older adults : The stages of change," *Journal of Applied Gerontology*, Vol. 9, pp. 216-223.

Bart, K. J., Macon, E. J., Humphries, A. L., Baldwin,R. J., Fitch, T., Pope, R. S., Rich, M. J., Langford,

D., Teutsch, S. M., and Blount, J. H. (1981) "Increasing the Supply of Cadaveric Kidneys for Transplantation," *Transplantation*, Vol. 31, No. 5, pp. 383-387.

Basu, P. K., Hazariwala,K. M., and Chipman, M. L. (1989) "Public Attitudes toward Donation of Body Parts, particularly the Eye," *Canadian Journal of Ophthalmology*, Vol. 24, No. 5, pp. 216-220.

Batson, C. D. (2011) *ALTRUISM IN HUMANS, First Edition*, Oxford University Press. (菊池章夫・二宮克美共訳『利他性の人間学　実験社会心理学からの回答』新曜社，2012年。)

Batten, H. L. (1990) "The social Construction of Altruism in Organ Donation," in Shanteau, J. and Harris, R. J. (Eds) *Organ Donation and Transplantation: Psychological and Behavioral Factors*, Washington DC：American Psychological Association, pp. 83-96.

Batten, H. L., and Prottas, J. M. (1987) "Kind Strangers：The Families of Organ Donors," *Health Affairs*, Vol. 6, No. 2, pp. 35-47.

Berkman, L. F., and Syme, S. L. (1979) "Social networks, host resistance, and mortality：a nine-year follow-up study of Alameda County residents," *American Journal of Epidemiology*, Vol. 109, No. 2, pp. 186-204.

Bertrand, J. T. (2004) "Diffusion of Innovations and HIV/AIDS," *Journal of Health Communication*, Vol. 9, pp. 113-121.

Black, D. R., and Smith, M. A. (1994) "Reducing alcohol consumption among university students：recruitment and program design strategies based on Social Marketing Theory," *Health Education Research*, Vol. 9, No. 3, pp. 375-384.

Black, D. R., Loftus, E. A., Chatterjee, R., Tiffany, S., and Babrow, A. S. (1993) "Smoking cessation interventions for university students：recruitment and program design considerations based on social marketing theory," *Preventive Medicine*, Vol. 22, No. 3, pp. 388-399.

Black, D. R., Blue, C. L., Kosmoski, K., and Coster, D. C. (2000) "Social marketing：developing a tailored message for a physical activity program," *American Journal of Health Behavior*, Vol. 24, No. 5, pp. 323-337.

Black, T. R., and Harvey, P. D. (1976) "A report on a contraceptive social marketing experiment in rural Kenya," *Studies in Family Planning*, Vol. 7, No. 4, pp. 101-108.

Bourdieu, P. (1986a) "The forms of capital." in Baron, S., Field, J., and T. Schulle,r (Eds), *Social capital — critical perspectives*, Oxford：Oxford University Press.

Bourdieu, P. (1986b) "The forms of capital," in：Richardson, J., *Handbook of Theory and Research for the Sociology of Education*, Westport, CT：Greenwood：pp. 241-58.

Bresnahan M., Lee, S., Smith, S., Shearman, S., Park C., and Yoo, J. (2007) "A Theory of Planned Behavior Study of College Students' Intention to Register as Organ Donors in Japan, Korea, and the United States," *Health Communication*, Vol. 21 (3), pp. 201-211.

Brietkopf, C. R. (2006) "Perceived Consequences of Communicating Organ Donation Wishes：An Analysis of Beliefs about Defending One's Decision," *Psychology and Health*, Vol. 21, pp. 481-497.

Brown, J. J. (2004) "An analysis of the Freshmen Alcohol Abuse Program," *Californian Journal of Health Promotion*, Vol. 2, No. 2, pp. 41-71.

Burroughs, T. E., Hong, B. A., Kappel, D. A., and Freedman, B. K. (1998) "The Stability of Family Decisions to Consent or Refuse Organ Donation : Would You Do It Again?" *Psychosomatic Medicine*, Vol. 60, No. 2, pp. 156-162

Callender, C., Burston, B., Yeager, C., and Miles, P. (1997) "A National Minority Transplant Program for Increasing Donation Rate," *Transplantaion Proceedings*, Vol. 29, pp. 1482-1483.

Cameron, A. M., Massei, A. B., Alexander, C. E., Stewart, B., Motgomery, R. A., Benavides, N. R., Fleming, G. D., and Segev, D. L. (2013) "Social Media and Organ Donor Registration : The Facebook Effect," *American Journal of Transplantation*, Vol. 13, pp. 2059-2065.

Cantarovich, F. (2004) "The role of education in increasing organ donation," *Ann Transplant*, Vol. 9, No. 1, pp. 39-42.

Carbonari, J. P., and DiClemente, C. C. (2000) "Using transtheoretical model profiles to differentiate levels of alcohol abstinence success," *Journal of Consulting and Clinical Psychology*, Vol. 68, No. 5, pp. 810-817.

Carducci, B. J., and Deuser, P. S. (1984) "The Foot-in the Door Technique : Initial Request and Organ Donation," *Basic and Applied Social Psychology*, Vol. 5, No. 1, pp. 75-81.

Carducci, B. J., Deuser, P. S., Bauer, A., Large, M., and Ramaekers, M. (1989) "An Application of The Foot in The Door Technique to Organ Donation," *Journal of Business and Psychology*, Vol. 4, No. 2, pp. 245-249.

Carins, J., and Rundle-Thiele, S. (2014) "Eating for the better : A social marketing review (2000-2012)," *Public Health Nutrition*, Vol. 17, No. 7, pp. 1628-1639.

Cerney, M. S. (1993) "Solving the Organ Donor Shortage by Meeting the Bereaved Family's Needs," *Critical Care Nurse*, Vol. 13, No. 1, pp. 32-36.

Checkland, P. (1981) *Systems thinking, systems practice*, New York : John Wiley.

Chell, K., and Mortimer, G. (2014) "Investigating Online Recognition for Blood Donor Retention : An Experiential Donor Value Approach," *International Journal of Nonprofit and Voluntary Sector Marketing*, Vol. 19(2), pp. 143-163.

Chien, Y. H. (2014) "Organ Donation Posters : Developing Persuasive Messages," *Online Journal of Communication and Media Technologies*, Vol. 4(4), pp. 136-153.

Chien, Y. H., and Chang W. T. (2015) "Effects of Message Framing and Exemplars on Promoting Organ Donation," *Psychological Reports*, Vol. 117(3), pp. 692-702.

Chkhoutua, A. (2012) "Incentives for Organ Donation : Pros and Cons," *Transplantation Proceedings*, Vol. 44, pp. 1793-1794.

Clapp, J. D., Johnson, M., Voas, R. B., Lange, J. E., Shillington, A., and Russell, C. (2005) "Reducing DUI among US college students : Results of an environmental prevention trial," *Addiction*, Vol. 100, No. 3, pp. 327-334.

Cleveland, S. E., and Johnson, D. L. (1970) "Motivation and Readiness of Potential Human Tissue Donors and Nondonors," *Psychosomatic Medicine*, Vol. 32, No. 3, pp. 225-231.

Cobb, S. (1976) "Social support as a moderator of life stress," *Psychosomatic Medicine*, Vol. 38, No. 5, pp. 300-314.

Cohen, S., and Wills, T. A. (1985) "Social support, and the buffering hypothesis," *Psychological*

*Bulletin*, Vol. 98, pp. 310-357.

Coleman, J. S. (1988) "Social Capital in the Creation of Human Capital," *The American Journal of Sociology*, Vol. 94, pp. S95-S120.

Cooper, C. (2007) "Successfully Changing Individual Travel Behavior : Applying Community-Based Social Marketing to Travel Choice," *Journal of the Transportation Research Board*, No. 2021, pp. 89-99.

Corlett, S. (1985) "Public Attitudes toward Human Organ Donation," *Transplantation Proceedings*, Vol. 17, pp. 103-110.

Cosse, T. J., and Weisenberger, T. M. (1999) "Encouraging Human Organ Donation : Altruism versus Financial Incentives," Journal of Nonprofit & Public Sector Marketing Vol. 6, No. 2-3, pp. 77-94.

Cox, A. D., Cox, D., and Zimet, G. (2006) "Understanding consumer responses to product risk information," *Journal of Marketing*, Vol. 70, No. 1, pp. 79-91.

Creecy, R. F., and Wright, R. (1990) "Correlation of Willingness to Consider Organ Donation Among Blacks," *Social Science & Medicine*, Vol. 31, pp. 1229-1232.

Crutchfield, L. R., and McLeod Grant, H. (2007) *Forces for Good : The Six Practices of High-Impact Nonprofits*, John Wiley & Sons, Hoboken.

Daellenbach, K., and Parkinson, J. (2017) "A useful shift in our perspective : integrating social movement framing into social marketing," *Journal of Social Marketing*, Vol. 7, No. 2, pp. 188-204.

Dann, S. (2010) "Redefining social marketing with contemporary commercial marketing definitions," *Journal of Business Research*, Vol. 63, No. 2, pp. 147-153.

Davidson, M. N., and Devney, P. (1991) "Attributed Barriers to Organ Donation among Black Americans," *Transplantation Proceedings*, Vol. 23, pp. 2531-2532.

Davies, J., and Louis, T. D. (1977) "Measuring the effectiveness of contraceptive marketing programs : Preethi in Sri Lanka," *Studies in Family Planning*, Vol. 8, No. 4, pp. 82-90.

Davitz, J. R. (1969) *Language of emotion*, New York : Academic Press.

De Jong, W., Franz, H. G., Wolfe, S. M., Nathan, H., Payne, D., Reitsma, W., and Beasley, C. (1998) "Requesting Organ Donation : An Interview Study of Donor and Nondonor Families," *American Journal of Critical Care*, Vol. 7, No. 1, pp. 13-23.

De Pee, S., Bloem, M. W., Satoto, Yip, R., Sukaton, A., Tjiong, R., Shrimpton, R., Muhilal., and Kodyat, B. (1998) "Impact of a social marketing campaign promoting dark-green leafy vegetables and eggs in central Java, Indonesia," *International Journal for Vitamin and Nutrition Research*, Vol. 68, No. 6, pp. 389-398.

Department of Health (2004) *Choosing Health: Marketing Healthier Choices Easier*, Public health white paper, Series No. CM6374, London : The Stationery Office.

Detweiler, J. B., Bedell, B. T., Salovey, P., Pronin, E., and Rothman, A. J. (1999) "Message framing and sunscreen use : Gain-framed messages motivate beach-goers," *Health Psychology*, Vol. 18, pp. 189-196.

Diamond, S., Schensul, J. J., Snyder, L. B., Bermudez, A., D'Alessandro, N., and Morgan, D. S. (2009)

"Building Xperience：A multilevel alcohol and drug prevention intervention," *American Journal of Community Psychology*, Vol. 43, No. 3-4, pp. 292-312.

Diener, E., Suh, E. M., Lucas, R. E., and Smith, H. L. (1999) "Subjective well-being：Three decades of progress," *Psychological Bulletin*, Vol. 125, pp. 276-302.

DTIRODaT (2019) International Registry in Organ Donation and Transplantation. https://www.irodat.org/?p=database#data (accessed 5.20.2020)

Durkheim, E. (1951) *Suicide: A Study in Sociology*, London：Free Press.

Eckert, J., Melancon, J., and James, G. (2010) "Using social marketing to impact alcohol consumption of first-year college students," *TAHPERD Journal*, Vol. 78, pp. 12-16.

Entman, R. M. (1993) "Framing：toward clarification of a fractured paradigm," *Journal of Communication*, 43(4)：pp. 51-58.

EUROBAROMETER72.3, SpecialEurobarometer333a. http://ec.europa.eu/commfrontoffice/publicopinion/archives/ebs/ebs_333a_en.pdf (accessed 3.30.2016)

Evanisko, M. J., Beasley, C. L., Brigham, L. E., Capossela, C., Cosgrove, G. R., Light, J., Mellor, S., Poretsky, A., and McNamara, P. (1998) "Readiness of Critical Care Physicians and Nurses to Handle Requests for Organ Donation," *American Journal of Crit Care*, Vol. 7, No. 1, pp. 4-12.

Eyler, A. A., Brownson, R. C., Donatelle, R. J., King, A. C., Brown, D., Sallis, J. F. (1999) "Physical activity social support and middle- and older-aged minority women：results from a US survey," *Social Science & Medicine*, Vol. 49, pp. 781-789.

Farquhar, J. W., Fortmann, S. P., Flora, J. A., Taylor, C. B., Haskell, W. L., Williams, P. T., Maccoby, N., and Wood, P. D. (1990) "Effects of communitywide education on cardiovascular disease risk factors：the Stanford Five-City Project," *The Journal of the American Medical Association*, Vol. 264, No. 3, pp. 359-365.

Feeley, M. (2009)"Living in Care Without Love - The Impact of Affective Inequalities onLearning Literacy," in Lynch, K. *et al.* (2009) *Affective Equality：Love, Care and Injustice*. London：Palgrave Macmillan, pp. 199-215.

Feldman, E. A. (1988) "Defiing Death：Organ Transplants, Tradition and Technology in Japan," *Social Science & Medicine*, vol.27, pp. 339-343.

Festinger, L. (1957) "A Theory of cognitive dissonance," Stanford University Press.（末永俊郎訳『認知的不協和の理論―社会心理学序説』誠信書房，1965 年。）

Fishbein, M. (1967) *Readings in attitude theory and measurement*, New York：Wiley.

Fishbein, M., and Ajzen, I. (1975) *Belief, Attitude, Intention, and Behavior: An Introduction to Theory and Research*, Reading, MA：Addison-Wesley.

Fischer, K. W., and Tangney, J. P. (1995) "Self-concious emotions and the affect revolution：Framework and overview," in J. P. Tangney and K. W. Fischer (Eds), *Self-concious emotions: The psycology of shame, guilt, embarrassment, and pride*, New York：Guilford Press, pp. 3-22.

Flood, R. L., and Jackson, M. C. (1991) *Critical systems thinking: directed readings*, New York：Wiley.

Fox, K. F. A., Kotler, P. (1980) "The Marketing of Social Causes：The First 10 Years," *Journal of*

*Marketing*, Vol. 44, No. 4, pp. 24-33.

Freedman, J. L., and Fraser, S. C. (1966) "Compliance without pressure : The foot-in-the-door technique," *Journal of Personality and Social Psychology*, Vol. 4, No. 2, pp. 195-202.

French, J. (2011) "Why nudging is not enough," *Journal of Social Marketing*, Vol. 1, No. 2, pp. 154-162.

French, J., and Blair-Stevens, C. (2010) "Key concepts and principles of social marketing," *Social marketing and public health : Theory and practice*, Oxford University Press, pp. 29-44.

French, J., Blair-Stevens, C., McVey, D., and Merritt, R. (2010) *Social marketing and public health: theory and practice*, Oxford : Oxford University Press.

French, J., and Gordon, R. (2015) *Strategic social marketing*, London : Sage Publications.

French, J. (2017) *Social marketing and public health: theory and practice, 2nd edition*, Oxford : Oxford University Press.

de Frutos, M. A. (1998) "Decreasing Serial Cost Sharing under Economies of Scale," *Journal of Economic Theory*, Elsevier, Vol. 79, No. 2, pp. 245-275.

Fujihira, H., Kubacki, K., Ronto, R., Pang, B., and Rundle-Thiele, S. R. (2015) "Social marketing physical activity interventions among adults sixty years old and older : A systematic review," *Social Marketing Quarterly*, Vol. 21, No. 4, pp. 214-229.

Gagnon, M. P., Godin, G., Gagné, C., Fortin, L. P., Lamothe, L., Reinharz, D., and Cloutier, A. (2003) "An adaptation of the theory of interpersonal behaviour to the study of telemedicine adoption by physicians," *International Journal of Medical Informatics*, Vol. 71, No. 2-3, pp. 103-115.

Gallup Organization (1993) *The American Public's attitudes towards Organ Donation and Transplantation*, Boston : The Partnership for Organ Donation.

Garrison, R. N., Bentley, F. R., Raque, G. H., Polk, H. C. Jr., Sladek, L. C., Evanisko, M. J., and Lucas, B. A. (1991) "There is an answer to the shortage of organ donors," *Surgery Gynecology and Obstetrics*, Vol. 173, No. 5, pp. 391-396.

Gimbel, R. W., Strousberg, M. A., Lehrman, S. E., Gefenas, E., and Taft, F. (2003) "Presumed Consent and Other Predictors of Cadaveric Organ Donation in Europe," *Progress Transplantation*, Vol. 13, pp. 17-23.

Glanz, K., Rimer, B. K., and Viswanath, K. (2015) *Health behavior: Theory, research, and practice (5th ed.)*, Jossey-Bass/Wiley.

Glasgow, R. E., Marcus, A. C., Bull, S. S., and Wilson, K. M. (2004) "Disseminating effective cancer screening interventions," *Cancer*, Vol. 101, Suppl. 5, pp. 1239-1250.

Glasgow, R. E., Vinson, C., Chambers, D., Khoury, M. J., Kaplan, R. M., and Hunter, C. (2012) "National institutes of health approaches to dissemination and implementation science : current and future directions," *American Journal of Public Health*, Vol. 102, No. 7, pp. 1274-1281.

Glassman, T. J., Dodd, V., Miller, E. M., and Braun, R. E. (2010) "Preventing high-risk drinking among college students : A social marketing case intervention," *Social Marketing Quarterly*, Vol. 16, pp. 92-110.

Glider, P., Midyett, S. J., Mills-Novoa, B., Johannessen, K., and Collins, C., (2001) "Challenging the collegiate right of passage : A campus-wide social marketing campaign to reduce binge drinking," *Journal of Drug Education*, Vol. 31, No. 2, pp. 207-220.

Glik, D., Halpert-Schilt, E., and Zhang, W. (2001) "Narrowcasting risks of drinking during pregnancy among African-American and Latina adolescent girls," *Health Promotion Practice*, Vol. 2, No. 3, pp. 222-232.

Glik, D., Prelip, M., Myerson, A., and Eilers, K. (2008) "Fetal alcohol syndrome prevention using community-based narrowcasting campaigns," *Health Promotion Practice*, Vol. 9, No. 1, pp. 93-103.

Gnant, M. F., Wamser, P., Goetzinger, P., Sautner, T., Steininger, R., and Muehlbacher, F. (1991) "The Impact of the Presumed Consent Law and a Decentralized Organ Procurement System on Organ Donation : Quadruplication in the Number of Organ Donors," *Transplantation Proceedings*, Vol. 23, pp. 2685-2686.

Goffman, E. (1974) *Frame Analysis*, Harper Colophon Books, New York.

Goldstein, N. J., Cialdini, R. B., and Griskevicius, V. (2008) "A Room with a Viewpoint : Using Social Norms to Motivate Environmental Conservation in Hotels," *Journal of Consumer Research*, Vol. 35, No. 3, pp. 472-482.

Gomberg, L., Schneider, S. K., and Dejong, W. (2001) "Evaluation of a social norms marketing campaign to reduce high-risk drinking at The University of Mississippi," *The American Journal of Drug and Alcohol Abuse*, Vol. 27, No. 2, pp. 375-389.

Gordon, R., and Moodie, C. (2009) "Dead cert or long shot : the utility of social marketing in tackling problem gambling in the UK?," *International Journal of Nonpro fit and Voluntary Sector Marketing*, Vol. 14, No. 3, pp. 243-253.

Gordon, R., Carrigan, M., Hastings, G. (2011) "A framework for sustainable marketing," *Marketing Theory*, Vol. 11, No. 2, pp. 143-163.

Gortmaker, S. L., Beasley, C. L., Sheehy, E., Lucas, B. A., Brigham, L. E., Grenvik, A., Patterson, R. H., Garrison, N., McNamara, P., and Evanisko, M. J. (1998) "Improving the Request Process to Increase Family Consent for Organ Donation," *Journal of Transplant Coordination*, Vol. 8, No. 4, pp. 210-217.

Grace, D., and Griffin, D. (2006) "Exploring Conspicuousness in the Context of Donation Behavior," *International Journal of Nonprofit and Voluntary Sector Marketing*, Vol. 11 (2), pp. 147-154.

Green, L. W., Ottoson, J. M., García, C., and Hiatt, R. A. (2009) "Diffusion theory and knowledge dissemination, utilization, and integration in public health," *Annu Review of Public Health*, Vol. 30, pp. 151-174.

Greenhalgh, T., Robert, G., Macfarlane, F., Bate, P., and Kyriakidou, O. (2004) "Diffusion of Innovations in Service Organizations : Systematic Review and Recommendations," *Milbank Quarterly*, Vol. 82, No. 4, pp. 581-629.

Greenhalgh, T., Robert, G., Macfarlane, F., Bate, P., Kyriakidou, O., and Peacock, R. (2005) "Storylines of Research : A Meta-Narrative Perspective on Systematic Review," *Social Science and Medicine,* Vol. 61, No. 2, pp. 417-430.

Gries, J. A., Black, D. R., and Coster, D. C. (1995) "Recruitment to a university alcohol program :

evaluation of social marketing theory and stepped approach model," *Preventive Medicine*, Vol. 24, No. 4, pp. 348-356.

Haddow, G. (2006) "Because You're Worth It? The Taking and Selling of Transplantable Organs," *Journal of Medical Ethics*, Vol. 32, pp. 324-328.

Haider, M., and Kreps, G. L. (2004) "Forty years of diffusion of innovations : utility and value in public health," *Journal of Health Communication*, Vol. 9, suppl. 1, pp. 3-11.

Hair Jr., J. F., Black, W. C., Anderson, R. E., and Tatham, R. L. (2006) *Multivariate Data Analysis*, 5th ed., New Jersey : Pearson Prentice-Hall.

Halpern, S. D., Loewenstein, G., Volpp, K. G., Cooney, E., Vranas, K., Quill, C. M., McKenzie, M. S., Harhay, M. O., Gabler, N. B., Silva, T., Arnold, R., Angus, D. C., and Bryce, C. (2013) "Default options in advance directives influence how patients set goals for end-of-life care," *Health Aff (Millwood)*, Vol. 32, pp. 408-417.

Harris, R. J., Jasper, J. D., Lee, B. C., and Miller, K. E. (1991) "Consenting to Donate Organs : Whose Wishes Carry the Most Weight?" *Journal of Applied Social Psychology*, Vol. 21, No. 1, pp. 3-14.

Healy, K. (2006) *Last Best Gifts: Altruism and the Market for Human Blood and Organs*, Chicago, IL : The University of Chicago Press.

Heider, F. (1958) *The Psychology of Inter-Personal Relations*, New York : Wiley.

Helms, A. K., Torbey, M. T., Hacein-Bey, L., Chyba, C., and Varelas, P. N. (2004) "Standardized Protocols Increase Organ and Tissue Donation Rates in the Neurocritical Care Unit," *Neurology*, Vol. 63, No. 10, pp. 1955-1957.

Herzberg, F. (1966) *Work and the Nature of Man*, New York : World.

Hessing, D. J., and Elffers, H. (1986) "Attitude towards Death, Fear of Being Declared Dead Too Soon, and Donation of Organs after Death," *Omega: Journal of Death and Dying*, Vol. 17, No. 2, pp. 115-124.

Hochbaum, G. M. (1958) *Public participation in medical screening programs: a socio-psychological study*, Public Health Service Publication No. 572, U.S. Government Printing Office, Washington, D.C..

Hoek, J., and Jones, S. C. (2011) "Regulation, public health and social marketing : a behaviour change trinity," *Journal of Social Marketing*, Vol. 1, No. 1, pp. 32-44.

Horton, R. L., and Horton, P. J. (1990) "Knowledge regarding Organ Donation : Identifying and Overcoming Barriers to Organ Donation," *Social Science & Medicine*, Vol. 31, No. 7, pp. 791-800.

Horwath, C. C. (1999) "Applying the Transtheoretical Model to eating behaviour change : challenges and opportunities," *Nutrition Research Reviews*, Vol. 2, pp. 281-317.

House, J. (1981) *Work stress and social support*, Reading, MA : Addison-Wesley.

Hovell, M. F., Sallis, J. F., Hofstetter, C. R., Spry, V. M., Elder, J. P., and Caspersen, C. J. (1990) "Identifying correlates of walking for exercise : An epidemiologic prerequisite for physical activity promotion," *Preventive Medicine*, Vol. 18, No. 1, pp. 856-866.

Hull, C. L. (1943) *Principles of Behavior, an Introduction to Behavior Therapy*, New York : D.

Appleton-Century.

Imada, H. (1989) "Cross-language comparison of emotional terms with special reference to the concept of anxiety," *Japanese Psychology Research*, 31(1), pp. 10-19.

Institution of Medicine (2002) *Speaking of health: assessing health communication strategies for diverse population*, Washington, D.C. : National Academies Press.

Ishikawa, Y., Hirai, K., Saito, H., Fukuyoshi, J., Yonekura, A., Harada, K., Seki, A., Shibuya, D., and Nakamura, Y. (2012) "Cost-effectiveness of a tailored intervention designed to increase breast cancer screening among a non-adherent population : a randomized controlled trial," *BMC Public Health*, Vol. 12, pp. 760-767.

Jacob, F. (1996) "Regional Awareness Campaign concerning Organ Sharing," *Transplantation Proceedings*, Vol. 28, p. 393.

James, S., and Skinner, H. (2009) "The Shoreline project for street drinkers : Designing and running a supported housing project for the 'unhousable'," *Social Marketing Quarterly*, Vol. 15, No. 3, pp. 49-66.

Janowitz, B., and Bratt, J. H. (1992) "Costs of Family Planning Services : A Critique of the Literature," *International Family Planning Perspectives*, Vol. 18, No. 4, pp. 137-144.

Janz, N. K., and Becker, M. H. (1984) "The Health Belief Model : A decade later," *Health Education Quarterly*, Vol. 11, No. 1, pp. 1-47.

Jasper, J. D., Harris, R. J., Lee, B. C., and St. Miller, K. E. (1991) "Organ Donation Terminology : Are We Communicating Life or Death?," *Health Psychology*, Vol. 10, pp. 34-41.

Jeffrey, R. W., Bjornson-Benson, W. M., Rosenthal, B. S., Lindquits, R. A., Kurth, C. L., and Johnson, S. L. (1984) "Correlates of weight loss and its maintenance over two years of follow-up among middle-aged men," *Preventive Medicine*, Vol. 13, No. 2, pp. 155-168.

Jenkins, D. H., Reilly, P. M., and William, C. S. (1999) "Improving the Approach to Organ Donation : A Review," *World Journal of Surgery*, Vol. 23, No. 7, pp. 644-649.

Johnson, E., and Goldstein, D. (2003) "Do Defaults Save Lives?," *Science*, Vol. 302, Issue 5649, pp. 1338-1339.

Johnson, S. J., Driskell, M. M., and Johnson, J. L. (2006) "Transtheoretical model intervention for adherence to lipid-lowering drugs," *Disease Management*, Vol. 9, No. 2, pp. 102-114.

Kahneman, D., Knetsch, J. K., Thaler, R. H. (1991) "Anomalies : The Endowment Effect, Loss Aversion, and Status Quo Bias," *Journal o Economic Perspectives*, Vol. 5, No. 1, pp. 193-206.

Kawachi, I. (2014) "Applications of behavioral economics to improve health," Berkman, L. F., Kawachi, I., and Glymour, M. M. (Eds), *Social Epidemiology*, New York : Oxford University Press, pp. 478-511.

Kelly, J. A., St. Lawrence, J. S., Diaz, Y. E., Stevenson, L. Y., Hauth, A. C., Brasfield, T. L., Kalichman, S. C., Smith, J. E., and Andrew, M. E. (1991) "HIV Risk Behavior Reduction Following Intervention with Key Opinion Leaders of Population : An Experimental Analysis," *American Journal of Public Health*, Vol. 81, pp. 168-71.

Kelly, K. J. (2013) "Academic Course Offerings in Social Marketing : The Beat Continues," *Social Marketing Quarterly*, Vol. 19, No. 4, pp. 290-295.

Kerner, M. S., and Grossman, A. H. (2001) "Scale construction for measuring attitude, beliefs, perception of control, and intention to exercise," *Journal of Sports Medicine and Physical Fitness*, Vol. 41, No. 1, pp. 124-131.

Kim, J., Rundle-Thiele, S., and Knox, K. (2019) "Systematic literature review of best practice in food waste reduction programs," *Journal of Social Marketing*, Vol. 9, No. 4, pp. 447-466.

Kirscht, J. P., Kirscht, J. L., and Rosenstock, I. M. (1981) "A test of interventions to increase adherence to hypertensive medical regimens," *Health Educatio Quarterly*, Vol. 8, No. 3, pp. 261-272.

Kliger, J., Nelson, K., Davis, R., Van Buren, C., and Davis, K. (1994) "Analysis of factors influencing organ donation consent rates," *Journal of Transpl Coordinator*.

Kline, R. B. (2005) *Principles and Practice of Structual Equation Modeling*, 2nd ed., New York : Guilford Press.

Kobus, G., Malyszko, J. S., and Malyszko, J. (2016) "Do Age and Religion Have an Impact on the Attitude to Organ Transplantation?," *Transplantation Proceeedings*, Vol. 48, pp. 1354-1359.

Kotler, P., and Levy, S. J. (1969) "Broadening the concept ofmarketing," *Journal of Marketing*, vol. 33, No. 1, pp. 10-15.

Kotler, P., and Zaltman, G. (1971) "Social Marketing : An Approach to Planned Social Change," *Journal of Marketing*, Vol. 35, No. 3, pp. 3-12.

Kotler, P., and Roberto, E. L. (1989) *Social marketing: Strategies for changing public behavior*, New York : The Free Press. (井関利明監訳『ソーシャル・マーケティング—行動変革のための戦略』ダイヤモンド社, 1995年。)

Kotler, P., and Andreasen, A. R. (2003) *Strategic marketing fornonprofit organizations* (6 ed.), Prentice Hall. (井関利明監訳『非営利組織のマーケティング戦略　第6版』第一法規, 2005年。)

Kotler, P., and Lee, N. R. (2009) *UP AND OUT OF POVERTY: THE SOCIAL MARKETING SOLUTION, 1ˢᵗ Edition*, Pearson Prentice Hall. (塚本一郎監訳『コトラー　ソーシャル・マーケティング—貧困に克つ7つの視点と10の戦略的取り組み』丸善, 2010年。)

Kozlowski, L. M. (1988) "Case Study in Identification and Maintenance of an Organ Donor," *Heart and Lung*, Vol. 17, No. 4, pp. 366-371.

Kubacki, K., Rundle-Thiele, S. R., Pang, B., and Buyucek, N. (2015a) "Minimising alcohol harm : A systematic social marketing review (2000-2014)," *Journal of Business Research*, Vol. 68, No. 10, pp. 2214-2222.

Kubacki, K., Rundle-Thiele, S. R., Lahtinen, V., and Parkinson, J. (2015b) "A systematic review assessing the extent of social marketing principle use in interventions targeting children (2000-2014)," *Young Consumers*, Vol. 16, No. 2, pp. 141-158.

Kubacki, K., Ronto, R., Lahtinen, V., Pang, B., and Rundle-Thiele, S. R. (2017) "Social marketing interventions aiming to increase physical activity among adults : a systematic review," *Health Education*, Vol. 117, No. 1, pp. 69-89.

Kupfer, T. R., Wyles, K. J., Watson, F., La Ragione, R. M., Chambers, M., and Macdonald, A. (2019) "Determinants of hand hygiene behaviour based on the Theory of Interpersonal Behaviour," *Journal of Infection Prevention*, Vol. 20, No. 5, pp. 232-237.

Kypri, K., Dean, J., Kirby, S., Harris, J., and Kake, T. (2005) " 'Think before you buy under-18s drink' : Evaluation of a community alcohol intervention," *Drug and Alcohol Review*, Vol. 24, pp. 13-20.

Lacetera, N., and Macis, M. (2010) "Social Image Concerns and Prosocial Behavior : Field Evidence from a Nonlinear Incentive Scheme," *Journal of Economic Behavior and Organization*, Vol. 76, pp. 225-237.

Lalonde, M. (1974) *A New Perspective on the Health of Canadians*, Ottawa, Ontario : Minister of Supply and Services Canada.

Larson, R. (1978) "Thirty years of research on the subjective well-being of older Americans," *Journal of Gerontology*, Vol. 33, pp. 109-125.

Lazer, W., and Kelley, E. J. (1973) *Social Marketing: Perspectives and Viewpoints*, Richard D. Irwin.

Leather, D. S., and Hastings, G. B. (1987) "Social marketing and health education," *Journal of Services Marketing*, Vol. 1, No. 2, pp. 49-52.

Lee, N. R., and Kotler, P. (2016) *Social marketing: Changing behaviors for good* (5*th* ed.), SAGE Publications, Inc.

Lee, N. R., and Kotler, P. (2019) *Social Marketing : Behavior Change for Social Good, 6th eds.*, SAGE Publications.

Lefebvre, R. C. (1996) "25 years of social marketing : looking back to the future," *Social Marketing Quarterly*, Special Issue, pp. 51-58.

Lefebvre, R. C., and Flora, J. A. (1988) "Social Marketing and Public Health Intervention," *Health Education Quarterly*, Vol. 15, No. 3, pp. 299-315.

Lefebvre, R. C. (2011) "An integrative model for social marketing," *Journal of Social Marketing*, Vol. 1, No. 1, pp. 54-72.

Levesque, D. A., Velicer, W. F., Castle, P. H., and Green, R. N. (2008) "Resistance among domestic violence offenders," *Violence Against Women*, Vol. 14, pp. 158-184.

Lewis, M. (2000) "Self-conscious emotions : Embarrassment, pride, shame, and guilt," in M. Lewis and J. M. Haviland-Jones (Eds), *Handbook of emotions* (*2nd ed.*), New York : Guilford Press, pp. 623-636.

Ling, J. C., Franklin, B. A., Lindsteadt, J. F., and Gearon, S. A. (1992) "Social marketing : its place in public health," *Annu Rev Public Health*, Vol. 13, pp. 341-62.

Linyear, A. S. and Tartaglia, A. (1999) "Family Communication Coordination : A Program to Increase Organ Donation," *Journal of Transplant Coordination*, Vol. 9, No. 3, pp. 165-74.

Lock, C. A., Kaner, E., Heather, N., Gilvarry, E., and McAvoy, B. R. (2000) "Changes in receptionists' attitudes towards involvement in a general practice-based trial of screening and brief alcohol intervention," *The British Journal of General Practice*, Vol. 50, No. 451, pp. 111-115.

Lock, M. (2001) *TWICE DEAD: ORGAN TRANSPLANTS AND THE REINVENTION OF DEATH*, University of California Press.（坂川雅子訳『の死と臓器移植の医療人類学』みすず書房, 2004 年。）

Loewenstein, G., Brennan, T., and Volpp, K. G. (2007) "Asymmetric paternalism to improve health behaviors," *JAMA*, Vol. 298, No. 20, pp. 2415-2417.

Low, H.-C., Lim, S.-G., Wai, C.-T., Costa, M. D., Prabhakaran, K., Kaur, M., and Wee, A. (2006) "Impact of new legislation on presumed consent on organ donation on liver transplant in Singapore : A preliminary analysis," *Transplantation*, Vol. 82, No. 9, pp. 1234-1237.

Luca, N. R., and Suggs, L. S. (2013) "Theory and Model Use in Social Marketing Health Interventions," *Journal of Health Communication*, Vol. 18, No. 1, pp. 20-40.

Lwin, M. O., Stanaland, A. J., and Chan, D. (2010) "Using protection motivation theory to predict condom usage and assess HIV health communication efficacy in Singapore," *Health Communication*, Vol. 25, No. 1, pp. 69-79.

MacFadyen, L., Stead, M., Hastings, G. (1999) "A synopsis of social marketing," Institute for Social Marketing, http://staff.stir.ac.uk/w.m.thompson/Social%20Enterprise/Library/Synopsis%20of%20Social%20Marketing.pdf (accessed 1 June, 2020)

Mandell, L., Bialous, S. A., and Glantz, S. (2006) "Avoiding 'truth' : Tobacco industry promotion of life skills training," *Journal of Adolescent Health*, Vol. 39, No. 6, pp. 868-879.

Manoff, R. K. (1985) *Social marketing: new imperative for public health*, Praeger Publishers Inc., U. S.

Marcell, K., Agyeman, J., Rapport, A. (2004) "Cooling the campus : Experiences from a pilot study to reduce electricity use at Tufts University, USA, using social marketing methods," *International Journal of Sustainability in Higher Education*, Vol. 5, No. 2, pp. 169-189.

Maslow, A. H. (1954) *Motivation and personality*, Harpers.

Matesanz, R. (1992) "Organ procurement in Spain," *Lancet*, Vol. 340 (8821), p. 733.

Matesanz, R., Miranda, B., Felipe, C., and Naya, M. T. (1996) "Continuous improvement in organ donation : the Spanish experience," *Transplantation*, Vol. 61, No. 7, pp. 1119-1121.

Matesanz, R., and Dominguez-Gil, B. (2007) "Strategies to Optimize Deceased Organ Donation," *Transplant Reviews*, Vol. 21, No. 4, pp. 177-188.

Mattern, J. L., and Neighbors, C. (2004) "Social norms campaigns : Examining the relationship between changes in perceived norms and changes in drinking levels," *Journal of Interventions on Alcohol*, Vol. 65, pp. 489-493.

Mayrhofer-Reinhartshber, D., Fitzgerald, A., Benetka, G., and Fitzgerald, R. (2006) "Effects of Financial Incentives on the Intention to Consent to Organ Donation : A Questionnaire Survey," *Transplantation Proceedings*, Vol. 38, pp. 2756-2760.

McAuley, E. (1993) "Self-efficacy and the maintenance of exercise participation in older adults," *Journal of Behavioral Medicine*, Vol. 16, No. 1, pp. 103-113.

McClelland, D. C. (1961) *The Achieving Society*, N. J. : D. Van Nostrand Co.

McGregor, D. (1960) *The Human Side of Enterprise*, McGraw-Hill.

McIntyre, P., Barnett, M. A., Harris, R. J., Shanteau, J., Skowronski, J., and Klassen, M. (1987) "Psychological Factors Influencing Decisions to Donate Organs," in Wallendorf, M. and Anderson, P. (Eds), *Advances in Consumer Research*, Vol. 14, pp. 331-332.

McKenzie-Mohr, D., Smith, W. (1999) *Fostering sustainable behaviour: an introduction to community-based social marketing*, Gabriola Island : New Society Publishers.

Meisler, S. H., and Trachtman, H. (1989) "Parental Attitudes toward Organ Donation," *Pediatric*

*Nephrology*, Vol. 3, pp. 86-88.

Meslin, E. M., Rooney, P. M., and Wolf, J. G. (2008) "Health-Related Philanthropy : Toward Understanding the Relationship Between the Donation of the Body (and Its Parts) and Traditional Forms of Philanthropic Giving," *Nonprofit and Voluntary Sector Quarterly*, Vol. 37, 1 suppl : pp. 44S-62S.

Messerlian, C., and Derevensky, J. (2007) "Evaluating the Role of Social Marketing Campaigns to Prevent Youth Gambling Problems," *Canadian Journal of Public Health*, Vol. 98, pp. 101-104.

Michie, S., Johnston, M., Abraham, C., Lawton, R., Parker, D., and Walker, A. (2005) "Making psychological theory useful for implementing evidence based practice : a consensus approach," *Quality and Safety in Healthcare*, Vol. 14, pp. 26-33.

Michie, S., Stralen, M., and West, R. (2011) "The behaviour change wheel : A new method for characterising and designing behaviour change interventions," *Implementation Science*, Vol. 6, No. 42.

Milberger, S. M., Davis, R. M., and Holm, A. L. (2009) "Pet owners' attitudes and behaviours related to smoking and second-hand smoke : A pilot study," *Tobacco Control*, Vol. 18, No. 2, pp. 156-158.

Miranda, B., and Matesanz, R. (1998) "International issues in transplantation : Setting the scene and flagging the most urgent and controversial issues," *Annals of the New York Academy of Science*, Vol. 862, pp. 129-143.

Mitchell, A. A. (1979) "Involvement : A Potentially Important Mediator of Consumer Behavior, " in *Advances in Consumer Research*, Edited by Wilkie, William, Ann Arbor : Association for Consumer Research, Vol. 6, pp. 191-196..

Moores, B., Clarke, G., Lewis, B. R., and Mallick, N. P. (1976) "Public Attitudes towards Kidney Transplantation," *British Medical Journal*, No. 1, pp. 629-631.

Morgan, S., and Miller, J. K. (2011) "Communicating about Gifts of Life : The Effect of Knowledge, Attitudes, and Altruism on Behavior and Behavioral Intentions Regarding Organ Donation," *Journal of Applied Communication Research*, Vol. 30(2), pp. 163-178.

Morisky, D. E., DeMuth, N. M., Field-Fass, M., Green, L. W., and Levine, D. M. (1985) "Evaluation of family health education to build social support for long-term control of high blood pressure," *Health Education Quarterly*, Vol. 12, No. 1, pp. 35-50.

Mossialos, E., Costa-Font, J., and Rudisill, C. (2008) "Does Organ Donation Legislation affect Individuals' Willingness to Donate Their Own or Their Relative's Organs? Evidence from European Union Survey Data." *BMC Health Services Research*, Vol. 8, pp. 48-57.

Murphy, S., Moore, G., Williams, A., and Moore, L. (2012) "An exploratory cluster randomised trial of a university halls of residence based social norms intervention in Wales, UK," *BMC Public Health*, Vol. 12, pp. 186-193.

NHS Blood and Transplant (2020) "What Does My Religion Say?," Last accessed March 6, 2018 at https://www.organdonation.nhs.uk/about-donation/what-does-my-religion-say/

Niles, P. A. and Mattice, B. J. (1996) "The Timing Factor in the Consent Process," *Journal of Transplant Coordination*, Vol. 6, No. 2, pp. 84-87.

Noar, S. M., and Zimmerman, R. S. (2005) "Health Behavior Theory and cumulative knowledge regarding health behaviors : are we moving in the right direction?," *Health Education Research*, Vol. 20, No. 3, pp. 275-290.

Nolan, B. E. and Spanos, N. (1989) "Psychosocial Variables Associated with Willingness to Donate Organs," *Canadian Medical Association Journal*, Vol. 141, No. 1, pp. 27-32.

Nunnally, J. C. (1978) *Psychometric theory, 2nd Edition*, McGraw-Hill, New York.

Ohnuki-Tierney, E. (1994) "Brain Death and Organ Transplantation : Cultual Bases of Medical Technology," *Current Anthropology*, Vol. 35, No. 3, pp. 233-254.

Owen, N., Glanz, K., Sallis, J. F., and Kelder, S. H. (2006) "Evidence-Based Approaches to Dissemination and Diffusion of Physical Activity Interventions," *American Journal of Preventive Medicine*, Vol. 31, pp. S35-S44.

Parisi, N., and Katz, L. (1986) "Attitude towards Posthumous Organ Donation and Commitment to Donate," *Health Psychology*, Vol. 5, No. 6, pp. 27-32.

Pavlov, I. P. (1927) *Conditioned reflexes*, London : Oxford University Press.

Payne, J. M., France, K. E., Henley, N., D'Antoine, H. A., Bartu, A. E., O'Leary, C. M., *et al.* (2011) "RE-AIM evaluation of the Alcohol and Pregnancy Project : Educational resources to inform health professionals about prenatal alcohol exposure and fetal alcohol spectrum disorder," *Evaluation & the Health Professions*, Vol. 34, No. 1, pp. 57-80.

Pedersen, C., Boersma, M. G., and Stein, H. H. (2007) "Digestibility of energy and phosphorus in ten samples of distillers dried grains with solubles fed to growing pigs," *J. Anim. Sci.*, Vol. 85, No. 5, pp. 1168-1176.

Peele, A. S. (1989) "The Nurse's Role in Promoting the Rights of Donor Families," *Nursing Clinics of North America*, Vol. 24, pp. 939-949.

Pelletier, M. (1992) "The Organ Donor Family Members' Perception of Stressful Situations during the Organ Donation Experience," *Journal of Advanced Nursing*, Vol. 17, pp. 90-97.

Perkins, H. W., Linkenbach, J. W., Lewis, M. A., and Neighbors, C. (2010) "Effectiveness of social norms media marketing in reducing drinking and driving : A statewide campaign," *Addictive Behaviors*, Vol. 35, No. 10, pp. 866-874.

Pessemier, E. A., Bemmaor, A. C., and Hanssens, D. M. (1977) "Willingnes to Supply Human Body Parts : Some Empirical Results," *Journal of Consumer Reseach*, No. 4, pp. 131-140.

Peters, T. G., Kittur, D. S., McGaw, L. J., First, R. M., and Nelson, E. W. (1996) "Organ Donors and Nondonors : An American Dilemma," *Archives of Internal Medicine*, Vol. 156, No. 21, pp. 2419-2424.

Peterson, T. R., and Aldana, S. G. (1999) "Improving exercise behavior : An application of the stages of change model in a worksite setting," *American Journal of Health Promotion*, Vol. 13, No. 4, pp. 229-32.

Pharr, J. R., and Lough, N. L. (2012) "Differentiation of social marketing and cause-related marketing in US professional sport," *Sport Marketing Quarterly*, Vol. 21, No. 2, pp. 91-103.

Porter, M. E., and Kramer, M. R. (2011) "Creating Shared Value," *Harvard Business Review 89*, No. 1-2, pp. 62-77.

Powell, J. E., and Tapp, A. (2008) "The Use of Social Marketing to Influence the Development of Problem Gambling in the UK : Implications for Public Health," *International Journal of Ment Health Addiction*, Vol. 7, No. 1, pp. 3-11.

Powpaka, S. (2008) "Modeling Organ Donation Behavior : A Test of the Theory of Planned Behavior Model," *Journal of Nonprofit and Public Sector Marketing*, Vol. 4(3), pp. 33-62.

Prentice-Dunn, S., and Rogers, R. W. (1986) "Protection motivation theory and preventive health : Beyond the health belief model," *Health Education Research*, Vol. 1, pp. 153-161.

Prochaska, J. O. (1979) *Systems of psychotherapy : A transtheoretical analysis*, Dorsey.

Prochaska, J., and DiClemente, C. (1983) "Stages and processes of self-change of smoking : towards an integrated model of change," *Journal of Consulting and Clinical Psychology*, Vol. 51, pp. 390-395.

Prochaska, J. O., DiClemente C. C., and Norcross J. C. (1992) "In search of how people change : Applications to addictive behaviors," *American Psychologist*, Vol. 47, No. 9, pp. 1102-1114.

Prochaska, J. O., and Velicer, W. F. (1997) "The Transtheoretical Model of Health Behavior Change," *American Journal of Health Promotion*, Vol. 12, No. 1, pp. 38-48.

Purewal, S., and Van Den Akker, O. B. A. (2010) "A Study of the Effect of Message Framing on Occyte Donation," *Human Reproduction*, Vol. 24(12), pp. 3136-3143.

Putnam, R. (1995) "Bowling alone : America's declining social capital," *Journal of Democracy*, Vol. 6, No. 1, pp. 65-78.

Rabkin, S. W. (1982) "Psychosocial determinants of weight reduction in overweight individuals," *Journal of Obesity & Weight Regulation*, Vol. 2, No. 1-2, pp. 97-106.

Radecki, C. M., and Jaccard, J. (1997) "Psychological Aspects of Organ Donation : A Critical Review and Synthesis of Individual and Next-of-kin Donation Decisions," *Health Psychology*, Vol. 16, No. 2, pp. 183-195.

Randhawa, G., Brocklehurst, A., Pateman, R., Kinsella, S., and Parry, V. (2012) "Religion and Organ Donation : The Views of UK Faith Leaders," *Journal of Religion and Health*, Vol. 51, pp. 743-751.

Randhawa, G., and Neuberger, J. (2016) "Role of Religion in Organ Donation - Development of the United Kingdom Faith and Organ Donation Action Plan," *Transplantation Proceeedings*, Vol. 48, pp. 689-694.

Rawl, S. M., Skinner, C. S., Perkins, S. M., Springston, J., Wang, H. L., Russel, K. M., Tong, Y., Gebregziabher, N., Krier, C., Smith-Howell, E., Brady-Watts, T., Myers, L. J., Ballard, D., Rhyant, B., Willis, D. W., Imperiale, T. F., and Champion, V. L. (2012) "Computer-delivered tailored intervention improves colon cancer screening knowledge and health beliefs of African-Americans," *Health Education Research*, Vol. 27, No. 5, pp. 868-885.

Redding, C. A., Morokoff, P. J., Rossi, J. S., and Meier, K. S. (2007) "A TTM-tailored condom use intervention for at-risk women and men," in T. Edgar, S. Noar, and V. Friemuth (Eds), *Communication Perspectives on HIV/AIDS for the 21st Century*, Hillsdale, NJ : Erlbaum.

Reid, M., and Wood, A. (2008) "An investigation into blood donation intentions among non-donors," *International Journal of Nonprofit and Voluntary Sector Marketing*, Vol. 13(1), pp. 31-

43.

Rikker, R. R., and White, B. W. (1995) "The Effect of Physician Education on the Rates of Donation Request and Tissue Donation," *Transplantation*, Vol. 59, No. 6, pp. 880-835.

Rivara, F. P., Boisvert, D., Relyea-Chew, A., and Gomez, T. (2011) "Last call : Decreasing drunk driving among 21-34-year-old bar patrons," *International Journal of Injury Control and Safety Promotion*, Vol. 19, No. 1, pp. 53-61.

Rodrigue, J. R., Scott, M. P., and Oppenheim, A. R. (2003) "The tissue donation experience : a comparison of donor and nondonor families," *Prog Transplant*, Vol. 13, No. 4, pp. 258-64.

Rodrigue, J. R., Cornell, D. L., and Howard, R. J. (2006) "Organ Donation Decision : Comparison of Donor and Nondonor Families," *American Journal of Transplantation*, Vol. 6, No. 1, pp. 190-198.

Roels, L., Vanrenterghem, Y., Waer, Y. M., Christiaens, N. R., Gruwez, J., and Michielsen, P. (1991) "Three Years of Experience with a 'Presumed Consent' Legislation in Belgium : Its Impact on Multi-organ Donation in Comparison with Other European Countries," *Transplantation Proceedings*, Vol. 23, pp. 903-904.

Roels, L., Kalo, Z., Boesebeck, D., Whiting, J., and Wight, C. (2003) "Cost-Benefit Approach in Evaluating Investment into Donor Action : the German Case," *Transplant International*, Vol. 16, pp. 321-326.

Roels, L., Spaight, C., Smits, J., and Cohen, B. (2008) "Donation Patterns in Four European Countries : Data from the Donor Action Database," *Transplantation*, Vol. 86, pp. 1738-1743.

Roels, L., Spaight, C., Smits, J., and Cohen, B. (2010) "Critical Care staffs' Attitudes, Confidence Levels and Educational Needs Correlate with Countries' Donation Rates : Data from The Donor Action® Database," *Transplant International*, Vol. 23, No. 8, pp. 842-850.

Rogers, R. W. (1975) "A protective motivation theory of fear appeals and attitude change," *Journal of Psychology*, Vol. 91, pp. 93-114.

Rogers, R. W. (1983) "Cognitive and physiological processes in fear appeals and attitude change : A revised theory of protection motivation," in J. T. Cacioppo and R. E. Petty (Eds), *Social psychophysiology*, New York : Guilford Press, pp. 153-176.

Rogers, E. M. (1995) *Diffusion of Innovations (4th edn)*, New York : The Free Press.

Rosel, J., Frutos, M. A., Blanca, M. J., and Ruiz, P. (1999) "Discriminant Variables between Organ Donors and Nondonors : A Post hoc Investigation," *Journal of Transplant Coordination*, Vol. 9, No. 1, pp. 50-53.

Rosenstock, I. M. (1960) "What research in motivation suggests for public health," *American Journal of Public Health and the Nation's Health*, Vol. 50, pp. 295-302.

Rothschild, M. L., Mastin, B., and Miller, T. W. (2006) "Reducing alcohol-impaired driving crashes through the use of social marketing," *Accident Analysis and Prevention*, Vol. 38, No. 6, pp. 1218-1230.

Rowland, M., Webster, J., Saleh, P., Chandramohan, D., Freeman, T., Pearcy, B., Durrani, N., Rab, A., and Mohammed, N. (2002) "Prevention of malaria in Afghanistan through social marketing of insecticide-treated nets : evaluation of coverage and effectiveness by cross-sectional surveys and passive surveillance," *Tropical Medicine & International Health*, Vol. 7, No. 10, pp. 813-822.

Rozin, P., Scott, S., Dingley, M., Urbanek, J. K., Jiang, H., and Kaltenbach, M. (2011) "Nudge to Nobesity I : Minor Changes in Accessibility Decrease Food Intake," *Judgment and Decision Making*, Vol. 6, No. 4, pp. 323-332.

Rumsey, S., Hurford, D. P., and Cole, A. K. (2003) "Influence of Knowledge and Religiousness on Attitudes toward Organ Donation," Transplantation Proceedings, Vol. 35, pp. 2845-2850.

Rundle-Thiele, S. R., Russell-Bennett, R., Leo, C., and Dietrich, T. (2013) "Moderating teen drinking : Combining social marketing and education," *Health Education*, Vol. 113, No. 5, pp. 392-406.

Ryckman, R. M., van den Born, B., Thornton, B., and Gold, J. A. (2004) "Intrinsic-Extrinsic Religiosity and University Students' Willingness to Donate Organ Posthumously," *Journal of Applied Social Psychology*, Vol. 35, Issue 1, pp. 196-205.

Sachs, J., Schmidt-Traub, G., Kroll, C., Lafortune, G., Fuller, G., Woelm, F. (2020) *The Sustainable Development Goals and COVID-19. Sustainable Development Report 2020*, Cambridge : Cambridge University Press.

Salim, A., Brown, C., Inaba, K., Mascarenhas, A., Hadjizacharia, P., Rhee, P., Belzberg, H., and Demetriades, D. (2007) "Improving Consent Rates for Organ Donation : The Effect of an In-house Coordinator Program," *Journal of Trauma-Injury Infection & Critical Care*, Vol. 62, No. 6, pp. 1411-1415.

Sallis, J. F., Haskell, W. L., Fortman, S. P., Vranizan, K. M., Taylor, C. B., and Soloman, D. S. (1986) "Predictors of adoption and maintenance of physical activity in a community sample," *Preventive Medicine*, Vol. 15, No. 4, pp. 331-341.

Sallis, J. F., Hovell, M. F., Hofstetter, C. R., Barrington, E. (1992) "Explanation of vigorous physical activity during two years using social learning variables," *Social Science and Medicine*, Vol. 34, No. 1, pp. 25-32.

Sallis, J. F., McKenzie, T. L., Conway, T. L., Elder, J. P., Prochaska, J. J., Brown, M., Zive, M. M., Marshall, S. J., and Alcaraz, J. E. (2003) "Environmental interventions for eating and physical activity : A randomized controlled trial in middle schools," *American Journal of Preventive Medicine*, Vol. 24, No. 3, pp. 209-217.

Samuelson, W., and Zeckhauser, W. (1988) "Status quo bias in decision making," *Journal of Risk and Uncertainty*, Vol. 1, pp. 7-59.

Sanner, M. A., Hedman, H., and Tufveson, G. (1995) "Evaluation of An Organ Donor Card Campaign in Sweeden," *Clinical Transplantation*, Vol. 9, pp. 326-333.

Schellenberg, J. R., Abdulla, S., Minja, H., Nathan, R., Mukasa, O., Marchant, T., Mponda, H., Kikumbih, N., Lyimo, E., Manchester, T., Tanner, M., and Lengeler, C. (1999) "KINET : a social marketing programme of treated nets and net treatment for malaria control in Tanzania, with evaluation of child health and long-term survival," *Transactions of the Royal Society of Tropical Medicine and Hygiene*, Vol. 93, No. 3, pp. 225-231.

Schellenberg, J. R., Abdulla, S., Nathan, R., Mukasa, O., Marchant, T. J., Kikumbih, N., Mushi, A. K.,

Mponda, H., Minja, H., Mshinda, H., Tanner, M., and Lengeler, C. (2001) "Effect of large-scale social marketing of insecticide-treated nets on child survival in rural Tanzania," *Lancet*, Vol. 357, No. 9264, pp. 1241-1247.

Schellstede, W. P., and Ciszewski, R. L. (1984) "Social marketing of contraceptives in Bangladesh," *Studies in Family Planning*, Vol. 15, No. 1, pp. 30-39.

Sears, S. R., and Stanton, A. L. (2001) "Expectancy-value constructs and expectancy violation as predictors of exercise adherence in previously sedentary women," *Health Psychology*, Vol. 20, No. 5, pp. 326-333.

Senge, P. (1990) *The fifth discipline*, London : Random House.

Shafer, T., Wood, R. P., Van Buren, C., Guerriero, W., Davis, K., Sullivan, H., Reyes, D., Levert-Cole, T., and Oppermann, S. (1998) "An In-house Coordinator Program to Increase Organ Donation in Public Trauma Hospitals," *Journal of Transplant Coordination*, Vol. 8, No. 2, pp. 82-87.

Shea, S., and Basch, C. E. (1990a) "A review of five major community-based cardiovascular disease prevention programs. Part I : rationale, design, and theoretical framework," *American Journal of Health Promotion*, Vol. 4, No. 3, pp. 203-213.

Shea, S., and Basch, C. E. (1990b) "A review of five major community-based cardiovascular disease prevention programs. Part II : intervention strategies, evaluation methods, and results," *American Journal of Health Promotion*, Vol. 4, No. 4, pp. 279-287.

Shen, L., and Dillard, J. P. (2007) "The influence of behavioral inhibition/approach systems and message framing on the processing of persuasive health messages," *Communication Research*, Vol. 34, No. 4, pp. 433-467.

Shulz, K. H., Meier, D., Clausen, C., Kuhlencordt, R., and Rogiers, X. (2000) "Predictors of Intention to Donate Organs : An Empirical Model," *Transplantation Proceedings*, Vol. 32, No. 1, pp. 64-65.

Siminoff, L. A., Gordon, N., Hewlett, J., and Arnold, R. M. (2001) "Factors Influencing Families' Consent for Donation of Solid Organs for Transplantation," *The Journal of the American Medical Association*, Vol. 286, No. 1, pp. 71-77.

Siminoff, L. A., and Lawrence, R. H. (2002) "Knowing Patients' Preferences about Organ Donation : Does it Make a Difference?," *Journal of Trauma-Injury Infection & Critical Care*, Vol. 53, No. 4, pp. 754-760.

Skinner, B. (1953) *Science and Human Behaviour*, New York : Macmillan.

Skumanich, S. A., and Kintsfather, D. P. (1996) "Promoting the organ donor card : A causal model of persuasion effects," *Social Science Medicine*, Vol. 43, pp. 401-408.

Slater, M. D., Kelly, K. J., Edwards, R. W., Thurman, P. J., Plested, B. A., Keefe, T. J., *et al.* (2006) "Combining in-school and community-based media efforts : Reducing marijuana and alcohol uptake among younger adolescents," *Health Education Research*, Vol. 21, No. 1, pp. 157-167.

Smith, S. M., Alcorn, D. S. (1991) "Cause marketing : a new direction in the marketing of corporate responsibility," *Journal of Consumer Marketing*, Vol. 8 No. 3, pp. 19-35.

Soh, P., and Lim, S. M. (1992) "Opting-Out Law : A model for Asia – the Singapore Experience," *Transplantation Proceedings*, Vol. 24, pp. 1337.

Sohl, S. J., and Moyer, A. (2007) "Tailored interventions to promote mammography screening : a meta-analytic review," *Preventive Medicine*, Vol. 45, No. 4, pp. 252-261.

Sönmez, Y., Zengin, E., Öngel, K., Kişioğlu, N., Öztürk, M. (2010) "Attitude and Behavior Related to Organ Donation and Affecting Factors : A Study of Last-Term Students at a University," *Transplantation Proceedings*, Vol. 42, pp. 1449-1452.

Stahl, T., Rütten, A., Nutbeam, D., Bauman, A., Kannas, L., Abel, T., Lüschen, G., Rodríguez Diaz, J. A., Vinck, J., Zee, J. van der (2001) "The importance of the social environment for physically active lifestyle : results from an international study," *Social Science & Medicine*, Vol. 52, pp. 1-10.

Stanovich, K., and West, R. (2000) "Individual differences in reasoning : Implications for the rationality debate?," *Behavioral and Brain Sciences*, Vol. 23, pp. 645-726.

Stanton, A. L. (1987) "Determinants of adherence to medical regimens by hypertensive patients," *Journal of Behavioral Medicine*, Vol. 10, No. 4, pp. 377-394.

Steering Committee of the Istanbul Summit (2008) "Organ Trafficking and Transplant Tourism and Commercialism : the Declaration of Istanbul," *The Lancet*, Vol. 372, pp. 5-6.

Stefanone, M., Anker, A. E., Evans, M., and Feeley, T. H. (2012) "Click to "like" Organ Donation : The Use of Online Media to Promote Organ Donor Registration," *Progress in Transplantation*, Vol. 22(2), pp. 168-174.

Sternfeld, B., and Ainsworth, B. E. (1999) "Physical Activity Patterns in a Diverse Population of Women," *Preventive Medicine*, Vol. 28, No. 3, pp. 313-323.

Studts, J. L., Ruberg, J. L., McGuffin, S. A., and Roetzer, L. M. (2010) "Decisions to Register for the National Marrow Donor Program : Rational vs Emotional Appeals," *Bone Marrow Transplantation*, Vol. 45(3), pp. 422-428.

Sun, H. J. (2014) "A Study on the Development of Public Campaign Messages for Organ Donation Promotion in Korea," *Health Promotion International*, Vol. 30(4), pp. 903-918.

Thaler, R. H., and Benartzi, S. (2004) "Save More Tomorrow : Using Behavioral Economics to Increase Employee Saving," *Journal of Political Economy*, Vol. 112, No. 1, pp. 164-187.

Thaler, R. H., and Sunstein, C. R. (2008) *Nudge: Improving decisions about health, wealth, and happiness*, New Haven, CT : Yale University Press.

Thapa, S., Prasad, C. V., Rao, P. H., Severy, L. J., and Rao, S. R. (1994) "Social marketing of condoms in India. Advances in Population," *Psychosocial Perspectives*, Vol. 2, pp. 171- 204.

Thomas, R. E., McLellan, J., and Perera, R. (2013) "School-based programmes for preventing smoking," *Cochrane Database of Systematic Reviews*, Vol. 2013, No. 4, pp. 1-363.

Thomson, N. M. (1993) "Transplantation - The Issues : A Cross Curriculum Programme for Secondary Schools," *Transplantation Peoceedings*, Vol. 25, pp. 1687-1689.

Thompson, E. B., Heley, F., Oster-Aaland, L., Stastny, S. N., and Crawford, E. C. (2013) "The impact of a student-driven social marketing campaign on college student alcoholrelated beliefs and behaviors," *Social Marketing Quarterly*, Vol. 19, No. 1, pp. 52-64.

Torres, M. P. (1998) "Using commercial advertising agencies in micronutrient promotion : lessons learned," *Social Marketing Quarterly*, Vol. 4, No. 4, pp. 17-26.

TPM-FUNDACIO IL3-Universitat de Barcelona (2007) *Transplant Coordination manual*, Barcelona, Spain : Limpergraf S.L.

Tracy, J. L., and Robins, R. W. (2007) "Self-concious emotions : Where self and emotion meet," in C. Sedikides and S. Spence (Eds), *The self in social psycology*, Frontiers of social psychology series, New York : Psychology Press, pp. 187-209.

Triandis, H. (1977) *Inter-Personal Behavior*, Monterey, CA : Brooks/Cole.

Tuck, J. P., Hirst, P. H., Peters, R. S. (1971) "The Logic of Education," *British Journal of Educational Studies*, Vol. 19, No. 2, pp. 214.

Tymstra, T. J., Heyink, J. W., Pruim, J., and Slooff, M. J. H. (1992) "Experience of Bereaved Relatives Who Granted or Refused Permission for Organ Donation," *Family Practice*, Vol. 9, No. 2, pp. 141-144.

Tversky, A., and Kahneman, D. (1974) "Judgment under Uncertainty : Heuristics and Biases," *Science*, Vol. 185, pp. 1124-1131.

Tversky, A., and Kahneman, D. (1979) "Prospect Theory : An Analysis of Decision under Risk," *Econometrica*, Vol. 47, pp. 263-91.

Tversky, A., and Kahneman, D. (1981) "The Framing of Decisions and the Psychology of Choice," *Science*, Vol. 211 (4481), pp. 453-458.

Uryuhara, Y. (2020) "Behavioural Change Regarding the Declaration of Intent to Donate Organs : The Case of Share Your Value Project," in Rachel, H., Lynne, E., and Abhishek, B. (Eds), *Broadening Cultual Horizons in Social Marketing: Comparing Case Studies from Asia-Pacific*, Springer, pp. 107-123.

US Department of Health and Human Services (2010) *Healty People 2020*, Washington, DC : Office of Disease Prevention and Health Promotion.

Vanrenterghem, Y., Waer, M., Roels, L., Lerut, T., Gruwez, J., and Vandeputte, M. (1988) "Shortage of Kidneys, A Solvable Problem? The Leuven Experience," Clinical Transplant, pp. 91-97.

Vanrenterghem, Y., Waer, M., Roels, L., Lerut, T., Gruwez, J., and Vandeputte, M. (1998) "Shortage of Kidneys, A Solvable Problem? The Leuven Experience," in *Clinical Transplants*, Los angels CA : UCLA Tissue Typing Lavboratry, pp. 91-97.

Varadarajan, P. R., and Menon, A. (1988) "Cause-Related Marketing : A Coalignment of Marketing Strategy and Corporate Philanthropy," *Journal of Marketing*, Vol. 52, No. 3, pp. 58-74.

Vernon, R., Ojeda, G., and Townsend, M. C. (1988) "Contraceptive social marketing and community-based distribution systems in Colombia," *Studies in Family Planning*, Vol. 19, No. 6, Pt.1, pp. 354-360.

Vinci, D. M., Philen, R. C., Walch, S. E., Kennedy, R., Harrell, M., Rime, C., *et al.* (2010) "Social norms tactics to promote a campus alcohol coalition," *American Journal of Health Education*, Vol. 41, pp. 29-37.

Voice of America (1961) *The Voice of America Forum Lectures: Behavioral Science Series*, Washington, D.C.（佐々木徹郎訳（1962）『行動科学入門』誠信書房。）

Von Pohle, W. R. (1996) "Obtaining Organ Donation. Who Should Ask," *Heart and Lung*, Vol. 25, No. 4, pp. 304-309.

Vroom, V. H. (1964) *Work and motivation*, Wiley.

Wakeford, R. E., and Stepney, R. (1989) "Obstacles to organ donation," *British Journal of Surgery*, Vol. 76, No. 5, pp. 35-439.

Wankel, L. M., and Mummery, W. K. (1993) "Using national survey data incorporating the Theory of Planned Behavior : Implications for social marketing strategies in physical activity," *Journal of Applied Sport Psychology*, Vol. 5, pp. 158-177.

Wansink, B., Payne, C. R., and Shimizu, M. (2011) "The 100-Calorie Semi-Solution : Sub-Packaging Most Reduces Intake Among the Heaviest," *Obesity*, Vol. 19, No. 5, pp. 1098-1100.

Weiss, S., Xu, Z. Z., Peddada, S., Amir, A., Bittinger, K., Gonzalez, A., *et al.* (2017) "Normalization and microbial differential abundance strategies depend upon data characteristics," *Microbiome*, Vol. 5, No. 27.

Wheeler, M. S., O'Friel, M., and Cheung, A. H. S. (1994) "Cultual Beliefs of Asian-Americans as Barriers to Organ Donation," *Journal of Transplant Coordination*, Vol. 4, pp. 146-150.

White, K. M., Poulsen, B. E., and Hyde, M. K. (2017) "Identity and Personality Influences on Donating Money, Time, and Blood," *Nonprofit and Voluntary Sector Quarterly*, Vol. 46(2), pp. 372-394.

White, P., and French, J. (2010) "Capacity building competencies and standards," in French, J., Blair-Stevens, C., Mcvey, D., Merritt, R, (Eds), *Social marketing and Public Health: Theory and Practice*, Oxford : Oxford University Press, pp. 291-300.

Whiting, J. F., Kiberd, B., Kalo, Z., Keown, P., Roels, L., and Kjerulfet, M. (2004) "Cost-effectiveness of Organ Donation : Evaluating Investment into Donor Action and Donor initiatives," *American Journal of Transplantation*, Vol. 4, No. 4, pp. 569-573.

Wiebe, G. D. (1951) "Merchandising Commodities and Citizenship on Television," *Public Opinion Quarterly*, Vol. 15, No. 4, pp. 679-691.

Williams, J. E., and Flora, J. A. (1995) "Health behavior segmentation and campaign planning to reduce cardiovascular disease risk among Hispanics," *Health Education Quarterly*, Vol. 22, No. 1, pp. 36-48.

Williams, J. R. (1992) "Increasingly artful : Applying commercial marketing communication techniques to family planning communication," *Integration*, Vol. 33, pp. 70-72.

Wolf, J., Servino, R., and Nathan, H. (1997) "National Strategy to Develop Public Acceptance of Organ and Tissue Donation," *Transplant Proceedings*, Vol. 29, No. 1-2, pp. 957-963.

Wolffenbuttle, B. H. R., Drossaert, C. H., and Visser, A. P. (1993) "Determinants of injecting insulin in elderly patients with Type 2 diabetes mellitus," *Patients Educe Counseling*, Vol. 22, pp. 117-25.

Woo, K. T. (1992) "Social and Cultual Aspects of Organ Donation in Asia," *Annals of the Academy of Medicine*, Singapore, No. 21, pp. 421-428.

Wu A. M. S., and Tang, C. (2009) "Solving the Dilemma : Family Communication about Organ Donation Among Chinese, Japanese, and Caucasian American College Students," *Journal of Applied Social Psychology*, Vol. 39, pp. 1639-1659.

Wymer, W. (2011) "Developing more effective social marketing strategies," *Journal of Social*

*Marketing*, Vol. 1, No. 2, pp. 17-31.

Xia, Y., Deshpande, S., and Bonates, T. (2016) "Effectiveness of social marketing interventions to promote physical activity among adults : a systematic review," *Journal of Physical Activity and Health*, Vol. 13, No. 11, pp. 1263-1274.

Yaser, Y. (1993) "Achieving self-sufficiency. The Turkey Contraceptive Social Marketing project sold 2.1 million cycles of low-dose pills in 1992," *Integration* Vol. 37, pp. 32-33.

Youngner, S. J., Landefeld, C. S., Coulton, C. J., Juknialis, B. W., and Leary. M. (1989) "Brain Death and Organ Retrieval : A Crosssectional Survey of Knowledge and Concepts among Health professionals," *Journal of the American Medical Association*, No. 261, pp. 2205-2210.

Yunus, M.（2009）*Creating a World Without Poverty*： *Social Business and the Future of Capitalism*, PublicAffairs.

Zajonc, R. B.（1968）"Attitudinal effects of mere exposure," *Journal of Personality and Social Psychology*, Vol. 9, No. 2, pp. 1-27.

**【日本語文献】**

赤澤輝和・野末よし子・井村千鶴・森田達也（2010）「緩和ケアについての市民・患者対象の啓発介入の実態調査」『Palliative Care Research』第5巻第2号，171-17頁。

アリストテレス著（高田三郎訳）（1998）『ニコマコス倫理学』岩波書店。

有光興記（2007）「誇りの経験的定義」『日本心理学会第71回大会発表論文集』926頁。

有光興記（2008）「特性誇り尺度の作成」『日本心理学会第72回台回発表論文集』1046頁。

有光興記（2015）「自己意識的感情の経験的定義の言語間比較」『感情心理学研究』第22巻第2号，53-59頁。

安藤有美・新堂研一（2013）「非行少年における視点取得能力向上プログラムの介入効果　視点取得能力と自己表現スタイルの選好との関連」『教育心理学研究』第61巻第2号，181-192頁。

井関利明（1995）『ソーシャル・マーケティング—行動変革のための戦略』ダイヤモンド社。

伊藤裕子・相良順子・池田政子・川浦康至（2003）「主観的幸福感尺度の作成と信頼性・妥当性の検討」『心理学研究』第74巻第3号，276-281頁。

犬田充（1968）『行動科学入門』日本経営出版。

上地広昭・竹中晃二（2012）「行動変容のためのソーシャル・マーケティングの活用」『日本健康教育学会誌』第20巻第1号，60-70頁。

梅原猛（1999）『「脳死」と臓器移植』朝日新聞社。

瓜生原葉子（2012）『医療組織のイノベーション—プロフェッショナリズムが移植医療を動かす』中央経済社。

瓜生原葉子（2016a）「戦略オーケストラ—臓器提供増加に資する総合戦略」『肝胆膵』第72巻3号，405-417頁。

瓜生原葉子（2016b）「大学教育におけるソーシャルイノベーションの実践とその有効性」『同志社商学』第67巻第5・6号，61-101頁。

瓜生原葉子（2017）「オプトアウト制度変更までに解決すべき課題—英国ウェールズ州一般に対する定量調査より—」『移植』第52巻，406頁。

瓜生原葉子（2018a）「アクションリサーチによる行動変容の実証─臓器提供意思表示を一例として─」『同志社商学』第 69 巻第 6 号, 203-228 頁。

瓜生原葉子（2018b）「ソーシャルマーケティングによる行動変容」『同志社商学』第 70 巻第 3 号, 41-69 頁。

瓜生原葉子（2019a）「自治体との協働による市民の行動変容促進─臓器提供意思表示のリーフレットを活用した事例─」『同志社商学』第 71 巻第 1 号, 133-154 頁。

瓜生原葉子（2019b）「高関与型向社会行動の変容に関する文献的考察」『同志社商学』第 71 巻第 1 号, 197-222 頁。

瓜生原葉子（2019c）「態度・行動変容に寄与する知識に関する実証研究」『同志社商学』第 71 巻第 2 号, 31-61 頁。

瓜生原葉子（2019d）「臓器提供への態度および意思表示行動に関する国際比較調査結果(1)」『同志社商学』第 71 巻第 2 号, 83-108 頁。

瓜生原葉子（2019e）「臓器提供への態度および意思表示行動に関する国際比較調査結果(2)」『同志社商学』第 71 巻第 3 号, 129-148 頁。

瓜生原葉子（2020a）「向社会行動の変容に関する国際比較─臓器提供への態度および意思表示行動を事例として─」『同志社商学』第 71 巻第 4 号, 33-72 頁。

瓜生原葉子（2020b）「臓器提供への態度および意思表示行動に関する国際比較調査結果(3)」『同志社商学』第 71 巻第 4 号, 145-163 頁。

瓜生原葉子（2020c）「向社会行動のメカニズムの探究─臓器提供への態度および意思表示行動を事例として─」『同志社商学』第 71 巻第 5 号, 155-183 頁。

瓜生原葉子（2020d）「革新を起こす」上林憲雄・庭本佳子（編著）『経営組織入門』文眞堂, 163-180 頁。

瓜生原葉子・荒木尚・永田繁雄・多田羅竜平・西山和孝・種市尋宙・日沼千尋・別所晶子・厚労科研（2019）「小児からの臓器提供に必要な体制整備に資する教育プログラムの開発」研究班「臓器移植に関する中学「道徳」授業の支援ツール開発」『移植』第 54 巻, 総会臨時号, 284 頁。

大迫夕莉・瓜生原葉子（2019）「高校生の意思表示行動に資する授業の開発」『日本腎移植臨床学会雑誌』第 7 巻第 2 号, 242-249 頁。

大西峻介・大岩蒼汰・瓜生原葉子（2019）「中学生の意思表示行動変容に資する授業の開発」『日本臨床腎移植学会プログラム・抄録集』第 52 巻, 184 頁。

小田亮（2011）『利他学』新潮社。

小田亮・大めぐみ・丹羽雄輝・五百部裕・清成透子・武田美亜・平岩界（2013）「対象別利他行動尺度の作成と妥当性・信頼性の検討」『心理学研究』第 84 巻, 28-36 頁。

カント著（宇都宮芳明訳）（2004）『道徳形而上学の基礎づけ』以文社。

木下富雄（2016）『リスク・コミュニケーションの思想と技術　共考と技法』ナカニシヤ出版。

木村堅一（1996）「防護動機理論に基づくエイズ予防行動意図の規定因の検討」『社会心理学研究』第 12 巻第 2 号, 86-96 頁。

木村堅一（2000）「説得に及ぼす脅威アピールの効果　防護動機理論からの検討」『社会心理学研究』第 39 巻第 2 号, 135-149 頁。

経済産業省（2006）「人生 100 年時代の社会人基礎力」。

国際連合広報センター（2020）『2030 アジェンダ』。https://www.unic.or.jp/activities/economic_social_development/sustainable_development/2030agenda/（2020 年 8 月 1 日）

小谷光正（2016）「環境マーケティングの進展とグリーンコンシューマーリズム」名古屋学院大学論集社会科学篇，第 53 巻第 1 号，13-24 頁。

小林英司（2008）「臓器取引とツーリズムに関するイスタンブール宣言」『移植』第 43 巻，368-377 頁。

桜井茂男（1988）「大学生における共感と援助行動の関係—多次元共感測定尺度を用いて」『奈良教育大学紀要』第 37 巻，149-153 頁。

神馬幸一・旗手俊彦・宍戸圭介・瓜生原葉子（2019）「臓器移植医療の過去・現在・未来」『年報医事法学 34』日本評論社，34-49 頁。

新村出（編）（2018）『広辞苑　第 7 版』岩波書店。

総務省統計局（2013a）『教育：高等専門学校・短期大学・大学・大学院の学科別学生数』総務省統計局。http://www.stat.go.jp/data/nihon/22.htm（参照 2017 年 8 月 1 日）

総務省統計局（2013b）『人口推計（平成 25 年 10 月 1 日現在）全国：年齢（各歳），男女別人口・都道府県：年齢（5 歳階級），男女別人口』総務省統計局。http://www.stat.go.jp/data/jinsui/2013np/（参照 2016 年 1 月 4 日）

高木修（1987）「順社会的行動の分類」『関西大学社会学部紀要』第 18 巻第 2 号，67-114 頁。

田中靖政（1969）『行動科学—情報時代の人間科学—』筑摩書房。

武村真治（1999）「ソーシャルマーケティングの保健医療分野への応用」『医学のあゆみ』第 191 巻第 8 号，842-843 頁。

田村誠・片山千栄・安部美恵子・阿部吉樹・小出昭太郎・柴山大賀・高橋志乃・田口敦子・丸山孝典（1996）「老人保健福祉計画の認知度とその向上策の検討 ソーシャル・マーケティングの手法を参考に」『日本公衆衛生雑誌』第 43 巻第 11 号，954-964 頁。

内閣府大臣官房政府広報室（1998）『臓器移植に関する世論調査（1998 年 8 月調査）』内閣大臣官房政府広報室。https://survey.gov-online.go.jp/h10/zouki-isyoku.html（参照 2020 年 3 月 31 日）

内閣府大臣官房政府広報室（1999）『臓器移植に関する世論調査，1999』。https://survey.gov-online.go.jp/h10/zouki-isyoku.html（2018 年 2 月 1 日現在）

内閣府大臣官房政府広報室（2000）『臓器移植に関する世論調査，2000』。https://survey.gov-online.go.jp/h12/zouki/index.html（2018 年 2 月 1 日現在）

内閣府大臣官房政府広報室（2002）『臓器移植に関する世論調査，2002』。https://survey.gov-online.go.jp/h14/h14-zouki/index.html（2018 年 2 月 1 日現在）

内閣府大臣官房政府広報室（2004）『臓器移植に関する世論調査，2004』。https://survey.gov-online.go.jp/h16/h16-zouki/index.html（2018 年 2 月 1 日現在）

内閣府大臣官房政府広報室（2006）『臓器移植に関する世論調査（2006 年 8 月調査)』内閣大臣官房政府広報室。https://survey.gov-online.go.jp/h18/h18-isyoku/index.html（2020 年 3 月 31 日現在）

内閣府大臣官房政府広報室（2007）『臓器移植に関する世論調査，2007』。https://survey.gov-online.go.jp/h18/h18-isyoku/index.html（2018 年 2 月 1 日現在）

内閣府大臣官房政府広報室（2008）『臓器移植に関する世論調査，2008』。https://survey.gov-on

line.go.jp/h20/h20-zouki/index.html（2018 年 2 月 1 日現在）

内閣府大臣官房政府広報室（2013）『臓器移植に関する世論調査, 2013』。https://survey.gov-on line.go.jp/h25/h25-zouki/index.html（2018 年 2 月 1 日現在）

内閣府大臣官房政府広報室（2017）『臓器移植に関する世論調査（2017 年 8 月調査）』。https:// survey.gov-online.go.jp/h29/h29-ishoku/index.html（2020 年 3 月 31 日現在）

中村八重（2006）「韓国の臓器移植における儒教―儒教は臓器移植を阻害するか？―」『アジア社会文化研究』第 7 巻，74-91 頁。

波平恵美子（1990）『脳死・臓器移植・がん告知』福武書店。

西方佳子・柴田愛・中村好男・岡浩一朗（2009）「ソーシャル・マーケティングを活用した介護予防の普及活動：行動変容関連指標および費用に対する効果」『応用老年学』第 3 巻第 1 号，26-35 頁。

新田耕作・政金生人・花房規男ほか（2019）「わが国の慢性透析療法の現況」『日本透析医学会雑誌』第 52 巻第 12 号，679-754 頁。

日本移植学会（2007）『臓器移植ファクトブック 2006』日本移植学会。

第 35 回 日本心臓移植研究会学術集会（2016）。

日本臓器移植ネットワーク（2007）『日本の移植事情』日本臓器移植ネットワーク。

日本臓器移植ネットワーク（2020a）『移植に関するデータ』日本臓器移植ネットワーク。http:// www.jotnw.or.hp/datafile/card.html（2020 年 3 月 31 日現在）

日本臓器移植ネットワーク（2020b）『臓器移植解説集』日本臓器移植ネットワーク。http:// www.jotnw.or.jp/studying/12.html（2020 年 3 月 31 日現在）

芳賀康浩（2014）「戦略的ソーシャル・マーケティングの基礎概念としての交換概念の再検討」『流通研究』第 16 巻第 3 号，3-24 頁。

箱井英寿・高木修（1987）「援助規範意識の性別，年代，および，世代間の比較」『社会心理学研究』第 3 巻第 1 号，28-36 頁。

平井啓（2017）「健康心理学的介入における情報伝達の在り方―ソーシャル・マーケティングと行動経済学―」*Journal of Health Psychology Research,* Vol. 29, Special issue, pp. 113-117.

平川秀幸（2001）"STS とは何か" http://hideyukihirakawa.com/sts_archive/sts_general/what_ is_sts.html（最終閲覧日 2018 年 3 月 9 日）

平田謙次・八原忠彦（1999）「「誇り」の動機付け機能と認知過程への影響」『経営行動科学学会年次大会：発表論文集』第 2 号，128-135 頁。

平湯文夫（2002）「利用したくなる情報空間をめざして―図書館の家具とレイアウト―」『情報の科学と技術』第 52 巻第 1 号，3-8 頁。

松村明（編）（2006）『大辞林　第三版』三省堂。

松本千明（2004）『保健スタッフのためのソーシャル・マーケティングの基礎』医歯薬出版。

松本千明（2008）『保健スタッフのためのソーシャル・マーケティング　実践編』医歯薬出版。

三谷隆正（1992）『幸福論』岩波書店。

水越康介・日高優一（2017）「ソーシャル・マーケティング研究における理論的視座の再検討」『JSMD レビュー』第 1 号第 1 巻，33-39 頁。

薬袋貴久（2003）「企業はなぜソーシャル・マーケティングに関わろうとするのか」『流通研究』第 6 巻第 2 号，53-68 頁。

八木匡・瓜生原葉子（2019）「行動変容のメカニズムと政策的含意」『行動経済学』第 12 巻，26-36 頁。

山根一郎（2007）「恐怖の現象学的心理学」日本人間関係学会『人間関係学研究 5』，28-135 頁。

横田貴仁・瓜生原葉子（2018）「一般啓発活動の効果測定を容易にする媒体の探索的開発」『日本腎移植臨床学会雑誌』第 6 巻第 1 号，42-47 頁。

リチャード・セイラー，キャス・サンスティーン著（遠藤真美訳）（2009）『実践行動経済学―健康・富・幸福への聡明な選択』日経 BP 社。

若松良樹（2020）「自己決定権は生き残れるか？」那須耕助・橋本努（編）『ナッジ!? 自由でおせっかいなリバタリアン・パターナリズム』勁草書房。

# 初出一覧

第1章：書き下ろし。

第2章：書き下ろし。

第3章：書き下ろし。

第4章：瓜生原葉子（2016）「戦略オーケストラ—臓器提供増加に資する総合戦略—」『肝胆膵』（第72巻3号，405-417頁）の一部を引用しているが，大半は書き下ろし。

第5章：瓜生原葉子（2019b）「高関与型向社会行動の変容に関する文献的考察」『同志社商学』（第71巻第1号，197-222頁）の一部を抜粋し，大幅に加筆・修正。

第6章：書き下ろし。

第7章：瓜生原葉子（2018b）「ソーシャルマーケティングによる行動変容」『同志社商学』（第70巻第3号，41-69頁）の一部を引用しているが，大半は書き下ろし。

第8章：瓜生原葉子（2018a）「アクションリサーチによる行動変容の実証—臓器提供意思表示を一例として—」『同志社商学』（第69巻第6号，203-228頁）の一部引用しているが，大半は書き下ろし。

第9章：書き下ろし。

第10章：瓜生原葉子（2019a）「自治体との協働による市民の行動変容促進—臓器提供意思表示のリーフレットを活用した事例—」『同志社商学』（第71巻第1号，133-154頁）を大幅に加筆・修正。

第11章：瓜生原葉子（2019c）「態度・行動変容に寄与する知識に関する実証研究」『同志社商学』（第71巻第2号，31-61頁）を大幅に加筆・修正。

第12章：国際比較調査結果において，その基礎となる国別の集計結果の詳細と質問票を掲載している。図表が多いため，先に以下の論文として掲載し，本書においては，それらの知見をまとめ，国により特有な因子，国を越えての共通の因子を特定し，それに関する学際的な考察をしている。原文から大幅に加筆・修正している。

瓜生原葉子（2019d）「臓器提供への態度および意思表示行動に関する国際比較調査結果(1)」『同志社商学』（第71巻第2号，83-108頁）

瓜生原葉子（2019e）「臓器提供への態度および意思表示行動に関する国際比較調査結果(2)」『同志社商学』（第71巻第3号，129-148頁）

瓜生原葉子（2020b）「臓器提供への態度および意思表示行動に関する国際比較調査結果(3)」『同志社商学』（第71巻第4号，145-163頁）

瓜生原葉子（2020a）「向社会行動の変容に関する国際比較—臓器提供への態度および意思　表示行動を事例として—」『同志社商学』（第71巻第4号，33-72頁）

第 13 章：瓜生原葉子（2020c）「向社会行動のメカニズムの探究─臓器提供への態度および意思
　　　　表示行動を事例として─」『同志社商学』（第 71 巻第 5 号，155-183 頁）の一部を引用し
　　　　ているが，大半は書きおろし。
第 14 章：書き下ろし。

　本研究はこれまでに受けた以下の交付による研究の成果の一部です。
・日本学術振興会 平成 25 年度 科学研究費補助金基盤研究（課題番号：25460619）『移植医療の
　社会価値の普及に関する実証研究』（代表研究者：瓜生原葉子)
・平成 28 年度 吉田秀雄記念事業財団助成『ソーシャルマーケティングによる移植医療の課題解
　決：臓器提供意思表示率の向上』（代表研究者：瓜生原葉子)
　また，本刊行物は，日本学術振興会 令和 2（2020）年度科学研究費補助金研究成果公開促進費
（課題番号 20HP5157）の助成を受けたものです。

# 索　引

## 【著者略歴】

**瓜生原 葉子** ✂ （うりゅうはら・ようこ）

同志社大学商学部 教授，ソーシャルマーケティング研究センター センター長。京都大学大学院医学研究科，京都府立医科大学 非常勤講師。日本学術会議 連携会員，EURAM（欧州経営学会）理事・日本代表，公益社団法人日本臓器移植ネットワーク 理事などを兼務。

　1989 年静岡薬科大学卒業。外資系製薬企業（Novartis, Eli Lilly）で臨床開発，マーケティングなどに 20 年間従事した後，医療コンサルティング会社代表を務める。神戸大学大学院経営学研究科にて 2007 年 MBA，2011 年博士号（経営学）を取得後，大阪大学大学院医学系研究科博士課程 2013 年中退。2013 年 4 月より京都大学大学院医学研究科助教，2014 年 4 月より同志社大学商学部准教授，2022 年 4 月より現職。

　主な著作に『医療の組織イノベーション』（中央経済社，2012），『行動経済学の現在と未来』（日本評論社，2019，分担執筆），『経営組織入門』（文眞堂，2020，分担執筆），*Broadening Cultural Horizons in Social Marketing*（Springer，2020，分担執筆）などがある。

　受賞歴は，第 1 回日本臨床腎移植学会メディカルスタッフ研究優秀賞，第 16 回吉田秀雄賞など。報道番組のゲストコメンテーター，メディア取材，招待講演多数。

　詳細な業績については，瓜生原葉子研究室ホームページ https://www.uryuhara.com/ を参照。

### 行動科学でより良い社会をつくる
—ソーシャルマーケティングによる社会課題の解決—

| | |
|---|---|
| 2021 年 2 月 22 日　第 1 版第 1 刷発行 | 検印省略 |
| 2024 年 4 月 6 日　第 1 版第 4 刷発行 | |

著　者　瓜 生 原　葉　子
発行者　前　野　　　隆
発行所　株式会社　文　眞　堂
　　　　東京都新宿区早稲田鶴巻町 533
　　　　電　話 03（3202）8480
　　　　F A X 03（3203）2638
　　　　http://www.bunshin-do.co.jp/
　　　　〒162-0041 振替 00120-2-96437

印刷・㈱真興社/製本・高地製本所

ISBN978-4-8309-5101-5 C3034